D1983565

Der Autor

Dr. Jochen Schmidt-Liebich, geb. 1943, studierte Geschichte, Politische Wissenschaften und Germanistik in Kiel und München. Von 1970 bis 1972 war er Wissenschaftlicher Assistent am Historischen Seminar der Universität München, von 1973 bis 1976 pädagogischer Mitarbeiter und stellvertretender Leiter der Volkshochschule Krefeld. Heute ist er Direktor der Regionalen Volkshochschule Konstanz-Siegen. Er veröffentlichte mehrere Arbeiten zur deutschen, englischen, französischen und amerikanischen Geschichte und Literatur.

Jochen Schmidt-Liebich:
Daten englischer Geschichte
Von den Anfängen bis zur Gegenwart

Deutscher
Taschenbuch
Verlag

dtv

Originalausgabe
Februar 1977

Umschlaggestaltung Celestino Piatti
Gesamtherstellung: C. H. Beck'sche Buchdruckerei, Nördlingen
Printed in Germany · ISBN 3-423-03134-4

Vorwort

Nach den bitteren Erfahrungen der jüngsten deutschen Geschichte sprachen westdeutsche Historiker allzu gern und häufig von der »Kapitulation vor der Geschichte?« (H. Heimpel), vom offenbar verlorengegangenen »Interesse an der Geschichte« oder von »Anspruch und Fragwürdigkeit der Geschichte« (R. Wittram). Im Zuge eines politischen, sozialen und geistigen Neubeginns räumte man denn auch in der Fachliteratur und in den Schulbüchern mit der deutschen und außerdeutschen Geschichte und Geschichtsschreibung auf und gelangte zu veränderten Auffassungen der Vergangenheit.

Nationale – gemeint war nationalistische – Historie war nun verpönt. »Haupt- und Staatsaktionen« im Sinne Rankes, also reine Individual-, Militär-, politische und Diplomatiegeschichte galten als konservativ, reaktionär-antiquiert und einseitig. Es sollte aus heutiger Begriffs- und Vorstellungswelt heraus ein »moderneres« und demokratischeres Geschichtsbild geschaffen werden. Da wurden »Strukturen« und »Schichten«, »objektive« und »subjektive« Bedingungen entdeckt, »relevante« Rollen-, Schichten- und Klassenphänomene gesucht, gefunden und analysiert. Der Einzelne galt nichts, die Gesellschaft alles – eine Position, die jedoch bald als wiederum einseitig relativiert werden mußte. Struktur-, Wirtschafts- und Sozialgeschichte, interdisziplinäre Forschungsansätze anstelle erstarrter traditioneller Formen und Betrachtungsweisen – das sind die heute gültigen Fragestellungen*.

An der Berechtigung und Notwendigkeit dieser Methoden und Fragestellungen kann kein Zweifel bestehen. Doch leider scheint es, als habe man dabei den Schüler, den Studenten im ersten Semester und den historisch und politisch interessierten Bürger vergessen. Anlage und Stil, Diktion wie Inhalt der meisten modernen wissenschaftlichen Publikationen entfremden dem Leser die Materie, die Geschichte, immer mehr, machen sie damit beinahe zu einer Geheimwissenschaft – sicherlich auch eine der Ursachen für das nachlassende Interesse an der Geschichte und für das verkümmernde Geschichtsbewußtsein. Es werden Kenntnisse vorausgesetzt, die auf der Schule in den Lehrplänen und Curricula der

* Vgl. dazu das Vorwort der Herausgeber zum Heft 1 (1975) der neuen Zeitschrift ›Geschichte und Gesellschaft. Zeitschrift für Historische Sozialwissenschaft.‹

Kombinationsfächer Geschichte, Politik, Gemeinschaftskunde kaum noch erworben werden können. In besonderem Maße ist dafür die Zurückdrängung des sogenannten Grund- oder Faktenwissens, vor allem bei den der Französischen Revolution vorausgehenden Epochen, verantwortlich. Das mußte der Verfasser bei eigenen Lehrveranstaltungen an der Universität und an der Volkshochschule selbst feststellen. Ein weiteres kommt ergänzend und erschwerend hinzu: Die weitgehende Nichtberücksichtigung der Geschichte anderer Staaten im Geschichtsunterricht der Schulen, vielleicht mit Ausnahme ihrer Absolutismus- bzw. Revolutionsproblematik (England, Frankreich, USA, Rußland).

Verlag und Verfasser hoffen, mit der gewählten Methode, die sich am ›Auszug der Geschichte‹ von Ploetz und am ›dtv-Atlas zur Weltgeschichte‹ orientiert, dabei aber sehr viel genauer und auch ausführlicher sein kann, dem interessierten Bürger, dem Schüler, Studenten, Lehrer und historisch Interessierten ein nützliches Nachschlagewerk an die Hand geben zu können. Einige Übersichten und das ausführliche Personen- und Sachregister sollen zur Aufschlüsselung und zum besseren Verständnis der Daten und Texte dienen; das ausführliche Literaturverzeichnis soll für das eingehendere Studium Hilfe leisten. Daß in der Auswahl der Daten notwendigerweise eine gewisse Subjektivität liegt und damit auch Lücken entstehen, ließ sich wohl nicht vermeiden. Auch aus diesem Grunde sind Kritik, Ergänzungen und Anregungen immer willkommen.

Inhalt

um 200000 v. Mensch von Swanscombe (30 km südl. London); 1935/36 wurden Schädelreste zusammen mit Werkzeugen des Acheuléen gefunden.

um 4000 bis 2000 v. Übergang von der Jäger- und Sammlerstufe zur bäuerlichen Kultur. Windmill Hill-Stufe, z. B. bei Avesbury (Wiltshire); Megalith-Kultur.

um 2000 v. Irland wird, u. a. wegen seines Goldreichtums, von aus Nordfrankreich kommenden Großsteingräberleuten besiedelt und kultiviert.

um 1800 v. Stonehenge (hängende Steine) in der Ebene von Salisbury (Wiltshire). Das wohl als astronomische Beobachtungsstation gedachte Stein-Denkmal ist das größte der Jungsteinzeit (frühe Bronzezeit) in Europa.
Einfälle der Becherleute; Streitaxt- und Bandkeramikkultur (Wessex-Culture).

1400 bis 800 v. Urnen-Kultur der mittleren und späten Bronzezeit.

seit 1000 v. Verbesserung und Ausbreitung der Bronzekultur und des Handels; Urnenfelder-Gefäße (Deverel-Rimbury-Gefäße).

seit 800 v. Keltische Stämme fallen auf den Inseln ein, denen sie nach den Urbewohnern den Namen Prytanni (bemalte Leute) geben: Ursprung des Wortes Britannien.

nach 550 v. Schon in der Eisenzeit treiben die Etrusker u. a. Handel mit Irland.

um 450 v. Die Kelten legen auf den britischen Inseln rechteckige Äcker an, die durch Erd- oder Steinwälle (celtic fields) eingehegt (begrenzt) werden.

seit 400/350 v. Keltenstämme der recht hoch entwickelten Latène-Kultur fallen in Ost- und Südengland, in Lincolnshire und Yorkshire ein. Höhenfestung von Cissbury Camp.

um 330 v. Der Geograph, Astronom und Mathematiker PYTHEAS VON MARSEILLE, ein weitgereister Grieche, berichtet zuverlässig über die bretonischen Inseln, die keltischen Einwohner, die mächtige Priesterkaste der Druiden, die Sitten, Rechte und Lebensweisen.

um 250 v. Erste Lautverschiebung: Trennung der germanischen von den indogermanischen Sprachen (z. B. pater-father-Vater).

um 200 v. Beherrschender Einfluß der Druiden-Kaste in Gallien, Britannien und Irland.

75 v. Einfälle belgischer Stämme (Belgae).

55 v. Im Sommer überquert GAJUS JULIUS CAESAR (100–44) mit zwei Legionen den Kanal, ohne jedoch auf den Inseln größere Erfolge zu erringen.

54 v. CAESARS zweite Expedition nach Britannien ist besser vorbereitet. Auf flachen Schiffen setzt er mit fünf Legionen und zweitausend Reitern über. Nach kleineren Gefechten zwingt er die im Süden ansässigen Stämme zu Verhandlungen. Damit wird der lebhafte Handel zwischen der Insel und Gallien gestoppt, vor allem die Zinn-Exporte von den Scilly-Inseln. – Die Römer, die immerhin die Themse überquert und Verulanum (St. Albans) erreicht hatten, ziehen sich aufgrund des heftigen Widerstandes der Catuvellauni zurück und verzichten für rund hundert Jahre auf weitere Eroberungszüge. – Der Name Albion für Britannien taucht auf: alb = gälisch »Höhe«; inn = gälisch »Land« oder »Insel«; also »Hochlandinsel« wegen der Kreide-Steilküste um Dover (Kent).

seit 50 v. Die Atrebaten, ein Stamm der Belgae, besetzen Berkshire und Hampshire. – Um 43/45 n. Chr. unterwerfen sie sich den Römern, behalten aber ihre westlichen Besitzungen als eigene »civitas« mit dem Hauptort Calleva Atrebatum (Silchester).

um 5. v. Chr. bis um 40 n. Chr. Während der römerfreien Zeit beherrscht der mächtige König CUNOBELINUS Südengland.

43 n. Kaiser CLAUDIUS (10 v.–54 n.) unterwirft Britannien mit vier Legionen (35–40000 Mann) erneut. Allein die Kelten in Wales behaupten sich. Nach ihnen nennen die Römer das Land Kymren oder Cambria. Claudius' Statthalter, AULUS PLAUTIUS, macht Camulodunum (Colchester) zur Hauptstadt.

vor 47 Erbauung des »Fosse Way«, einer römischen Heeresstraße von Axmouth über Bath und Leicester nach Lincoln.

zw. 47 und 80 Die Stämme der Iceni, Brigantes, Ordovices und Silures werden von den Römern unterworfen und zu »civitates« mit »municipia« (Hauptstädten mit römischen Bürgerrechten) erklärt.

seit 57 Aufstand gegen die Römer.

61 Der römische Statthalter und Schriftsteller SUETON (gest. um 70) zieht sich aus London zurück, das von Truppen der Iceni-Königin BOUDICCA (gest. 62?) geplündert wird. – Nach einem Massaker Vertreibung der Druiden.

78 bis 84 Statthalter Britanniens wird AGRICOLA (40–93), der Schwiegersohn des Politikers und Schriftstellers TACITUS (um 55 – nach 116). Er unterwirft Wales und weite Teile Schottlands, ohne jedoch die Highlands erobern zu können. Sicherung der Nordgrenze und weitgehende innere Konsolidierung.

79 Eburacum (York) wird größte römische Stadt in Britannien und zeitweise Verwaltungssitz.

um 100 Tacitus erwähnt Londinium (London) als wichtigen Handelsplatz.

122 bis 127 Errichtung des Hadrianwalles (Piktenmauer, -wall) durch Kaiser HADRIAN (76–138): Wallsystem mit 17 Kastellen, 80 Toren und 320 Türmen von der West- zur Ostküste (vom Solway-Busen bis zur Tyne-Mündung).

140 bis 142 Kaiser ANTONINUS PIUS (86–161) läßt den 36 Meilen langen Antoninuswall entlang der Clyde-Forth-Linie bauen. Obwohl strategisch bedeutend, wird er 185 aufgegeben.

197 Das Gebiet südlich und östlich der Flüsse Trent und Severn (»Fosse Way«-Linie) wird in die Provinzen Britannia inferior und B. superior eingeteilt.

2.–4. Jh. Die Römer bauen Straßen und befestigen London, York, Lincoln, Leicester und andere Städte bzw. Marktflecken. Die wilden Schotten müssen durch Grenzwälle (Limes) und kleinere Feldzüge niedergehalten werden. Es gibt einen regen Handelsverkehr mit dem Kontinent. Britannien wird die Kornkammer der nördlichen römischen Provinzen. Eine engere Verbindung (Verschmelzung) zwischen Römern und Briten findet jedoch nicht statt.

211 *4. Febr.*: Kaiser SEPTIMIUS SEVERUS (geb. 146) stirbt in Eburacum.

um 212 Es gibt fünf Städte (municipia oder coloniae) mit vollem römischem Bürgerrecht: Colchester, Lincoln, Gloucester, York und St. Albans. Zwölf weitere Städte (civitates) liegen in Kent; dazu kommen rund fünfzig kleinere Orte, Märkte und Poststationen. In der Nachbarschaft der Städte entstehen die »villae rusticae«, ausgedehnte Landsitze der vermögenden Römer.

um 280 London ist größte Stadt mit gut 20000 Einwohnern und wichtigster Handelsplatz.

zw. 284 und 305 Kaiser DIOKLETIAN (um 235–305) reorganisiert Britannien politisch-administrativ und militärisch. Einteilung in die vier Provinzen Britannia prima, B. secunda, B. Maxima und B. Flavia. Die militärische Verantwortung für den Norden trägt der Herzog der Briten, die für den Süden und den Küstenschutz der Herzog der Sachsen.

286 bis 291 Aufstand des Befehlshabers der Kanalflotte CARAUSIUS (gest. 293) zur Gründung eines selbständigen römischen Britannien.

306 *25. Juli*: Der Mitkaiser Diokletians und Wieder-Eroberer Britanniens, CONSTANTIUS I. CHLORUS (geb. um 264), stirbt in Eburacum.

368 Schwere Einfälle der Pikten, Skoten und Sachsen in Süd- und Mittelengland, die von Kaiser THEODOSIUS (347–395) nur vorübergehend abgewehrt werden können.

383 Theodosius zieht die römischen Truppen nach Gallien zurück und gibt den Hadrianswall auf.

um 400 Seeräuberplage vor den Küsten Englands. – ST. NINIAN predigt den schottischen Pikten das Christentum.

402 bis 407 Unter dem Feldherrn und Staatsmann FLAVIUS STILICHO (um 365–408), dann unter dem späteren Kaiser CONSTANTIUS III. (gest. 421) ziehen die Römer ihre Legionen endgültig zurück, um andere Gegenden des vom Zerfall bedrohten Reiches gegen die ständig angreifenden germanischen Völkerstämme zu verteidigen. Daraufhin rufen die fünf coloniae und zwölf civitates Rom um Hilfe, ohne Erfolg.

um 410/15 Der britische Mönch PELAGIUS (gest. um 429) leugnet die Erbsünde und behauptet, der Mensch könne aus eigener Kraft selig werden. Dieser »Pelagianismus« wird 431 vom Konzil zu Ephesus als häretisch verworfen.

zw. 420 und 450 Wegen der ständigen Angriffe der Pikten und Skoten rufen die Briten germanische Stämme zu Hilfe (Jüten, Sachsen), die aber bald eigene Königreiche bilden: Kent, Sussex, Essex, Wessex.

432 Der aus Wales stammende HL. PATRICK (um 385–461) bringt das Christentum nach Irland, das sich bald zu einer von Rom abweichenden »Mönchskirche« entwickelt und stark an den sozialen Gegebenheiten orientiert ist. Bedeutendstes Zentrum wird die Klosterschule von Armagh. – Bis ca. 800 hohe kulturelle Blüte.

um 450 bis 600 Wegen der fehlenden schriftlichen Zeugnisse spricht man von den »Dark Ages«.

457 Die Sachsen-Fürsten HENGIST, HORSA und ERIC besiegen die Briten, deren Verluste viertausend Mann betragen, bei Crayford.

seit 470 Im Zuge der »Teutonischen Eroberung« gelangen nach den Jüten und Sachsen auch die Angeln nach Britannien und gründen Königreiche in den Midlands und Nordengland: Zu Kent, Sussex, Essex und Wessex kommen Mercia, Northumbria und Middlesex. Die Angeln geben dem Land den Namen und die Sprache. – Die keltischen Briten werden von den »Angelsachsen« nach Norden und Westen abgedrängt und verschmelzen dort mit den alteingesessenen Kymren zu einem neuen Volksstamm, den Walisern.

um 500 (ev. 516) Die Briten schlagen die eindringenden Teutonen am Mons Badonicus (Südengland) und stoppen damit für fünfzig bis sechzig Jahre weitere Invasionsversuche im Westen und Südwesten.
In dieser Zeit soll Artus (Artur) gelebt haben, ein König oder Feldherr der keltischen Briten und Bretonen, um den sich bald Sagen und Legenden weben.
Die von den Angelsachsen aus England vertriebenen Bretonen besiedeln die Bretagne.
Etablierung des iro-schottischen Königreichs Argyle.

547 bis 559 IDA regiert das Angeln-Königreich Bernicia, das sich von Nordyorkshire bis ins Schottische und nach Cumberland erstreckt. Wird um 640 mit Deira zu Northumbria vereint.

563 Der HL. COLUMBA(N) (521–597) gründet auf der Hebriden-Insel Iona (oder Hy) vor der westschottischen Hochlandsküste ein Kloster, das die eigenständige irische Kirche mit schottischem Gedanken- und Glaubensgut verbindet.

577 In der Schlacht bei Dyrham (nördl. Bath) schlagen die Männer von Wessex die Britonen, töten drei Stammeskönige und erobern Bath, Cirencester und Gloucester.

596 Papst GREGOR D. GR. (540–604) schickt den Benediktinermönch AUGUSTINUS (gest. 604) als Missionar zu König ETHELBERT von Kent (zw. 522/30–616), »um aus den Angeln Engel zu machen«.

597 Augustinus gründet als Gegenpart zu Iona das Bistum (Erzbistum) Canterbury.

603 In der Schlacht bei Degsastan schlagen die Northumbrians die Iro-Schotten.

604 König ETHELBERT erhebt MELLITUS (gest. 624) zum Bischof von London (619 Erzbischof von Canterbury).

zw. 613 und 616 Die Northumbrians schlagen die Britonen bei Chester.

628 Erstmals wird ein König von Argyle zugleich König der Pikten genannt.

um 634 Begünstigt von König OSWALD D. HL. (604–642) gründet der Missionar AIDAN (gest. 651) das Kloster Lindisfarne (Northumbria).

um 645/50 Beisetzung eines angelsächsischen Königs (evtl. Ethelher) unter Beigabe eines reichen Gold- und Silberschatzes. 1939 im »Schiffsgrab von Sutton Hoo« (Suffolk) gefunden.

664 Auf der Synode zu Whitby (Yorkshire) entscheidet sich die englische Kirche zugunsten Roms und nicht im Sinne der Iro-Schotten (z.B. hart umstrittene Bestimmung des Ostertermins; Zustimmung Ionas 716). Die danach einsetzende Kirchenorganisation mit Festigung der Lehre und Disziplin hat dauernden Bestand.

668 bis 690 THEODORUS V. TARSUS D. HL. (um 602–690), Erzbischof von Canterbury, reformiert nach den Beschlüssen von Whitby die englisch-römische Kirche.

um 670 CAEDMON, der erste englische christliche Dichter, schreibt einen ›Hymnus auf den Schöpfer‹.

um 680/90 Großartige Buchmalereien: Books of Darrow, Kells, Lindisfarne. In der ›Historia Brittonum‹ taucht erstmals die König-Artur-Legende auf.

685 Die Pikten stoppen die Nordexpansion der Angeln bei Dunnichen Mere. Der Firth of Forth bleibt die Grenze.

7./8. Jh. ›Beowulf‹-Epos in 3182 Stabreimen (Datierung umstritten, doch sicher nach 730).

um 720 Northumbria verliert seine Vormachtstellung an Mercia.

731 Der Benediktiner BEDA VENERABILIS (um 672/73–735) vollendet seine ›Ecclesiastical History‹.

um 750 ›Waldere‹-Fragment (altenglisches Epos über Walther v. Aquitanien). Berühmt wird um 925 die Fassung des ›Waltariliedes‹ aus dem Kloster St. Gallen.

757 bis 796 König OFFA D. GR. von Mercia regiert als »overlord« (Oberkönig) über mehrere Teilfürstentümer Südenglands. – Rege Handelsbeziehungen zum Kontinent und enge Kontakte zu Karl d. Gr. (742–814) und zum Papst.

768 Die walisisch-keltische Kirche ordnet sich Rom unter.

781 Alkuin (um 730–804), ein Schüler der berühmten Theologieschule York, wird von Karl d. Gr. als Berater an den fränkischen Hof berufen.

seit 793 Zahlreiche Wikinger-Einfälle aus Norwegen und Dänemark, auch auf der Isle of Man, den Orkneys, Shetlands und Hebriden. Dabei Zerstörung der Klöster Lindisfarne (793), Jarrow-on-Tyne, wo Beda wirkte (794), und Iona (795).

796 London wird unter den Angelsachsen erstmals königliche Residenz. Handelsvertrag Offas mit Karl; u.a. werden die zum Export bestimmten englischen Tuche genormt und unter königliche Kontrolle gestellt.

um 800 Mercia verliert seine Vormachtstellung an das von der See her weniger bedrohte Wessex.

8.–13. Jh. Entstehung, Weiterschreibung und Sammlung der ›Brehan Laws‹, der alten einheimischen Gesetze und Entscheidungen der irischen Richter vor der englischen Eroberung.

802 Nach der Rückkehr aus der Verbannung (am Hof Karls d. Gr.) erobert der kentische Königssohn Egbert (reg. 802–839) Westsachsen und nennt sich fortan König von Wessex.

um 820/30 Die Wikinger erobern Irland und gründen um Dublin einen bis 1170 bestehenden »Staat«.

825 Egbert erobert Mercia infolge der Schlacht bei Ellendun.

827 bis 829 Egbert vereint die frühere Heptarchie der angelsächsischen Königreiche, d. h. Essex, Wessex, Sussex, Kent, Mercia, East Anglia und Northumbria, und nennt sich »King of the English«.

844 Unter Kenneth MacAlpine vereinigen sich Pikten und Skoten und gründen ein Königreich. Ausgangspunkt der eigenständigen schottischen Geschichte.

844 bis 878 Der walisische Fürst Rhodri the Great (Rhodri Mawr) beherrscht Gwynned, Powys und Teile von Südwales.

um 850 Die Engländer kennen bereits Heizwirkung und Anwendung von Steinkohle.

851 In der Schlacht bei Aclea (Ort unbekannt) schlägt König ETHELWULF von Wessex (gest. 858) ein großes dänisches Heer und bestätigt erneut die Machtposition von Wessex.
Der irische Frühscholastiker JOHANNES SCOTUS ERIUGENA (gest. 877) widerlegt in ›De divina praedestinatione‹ die augustinische Prädestinationslehre und wird als Ketzer und Häretiker verrufen.

855 König ETHELWULF zieht für den Papst von jedem Haushalt seiner Untertanen den »Peterspfennig« ein.

871 *8. Jan.*: Schlacht bei Ashdown (Berkshire); Sieg König ETHELREDS (gest. 871) und seines Bruders ALFRED (849–899) über ein großes dänisches Heer.
April: Nach dem Tod seines Bruders wird ALFRED (D. GR.) vom Großen Rat (Witenagemot) zum König erhoben.

874 Mit Ausnahme von Wessex haben die Dänen alle angelsächsischen Königreiche erobert. Gründung eines nördlichen Königtums mit dem Zentrum York und eines südlichen in den Midlands und East Anglia.

878 *Mai*: ALFRED siegt bei Edington über den Dänen-Führer GUTHRUM, der sich danach zwar taufen läßt, den Kampf aber fortsetzt.

Winter 878/79 Vor dem siegreichen GUTHRUM zieht sich ALFRED in die Sümpfe von Athelney (Somerset) zurück, um von dort aus den Widerstand zu organisieren.

879 *Frühjahr*: ALFRED schlägt GUTHRUM bei Chippenham vernichtend. In einem zu Wedmore geschlossenen Vertrag erhält er von dem Dänen Wessex zurück, dazu Teile Mercias und Northumbrias.

um 880/90 Die Wikinger gründen in Irland – neben Dublin – mit Wexford, Waterford und Limerick weitere Stadtstaaten.

884 ALFRED erhebt London zu seiner Hauptstadt.

seit 885 ALFRED teilt sein Land in Grafschaften (shires) ein, an deren Spitze ein earldorman (Earl) und als Stellvertreter, dann als königlicher Beauftragter, ein Sheriff stehen. Um den Normannen widerstehen zu können, fördert er den Grundbesitz: Land erhalten privilegierte Berufskrieger (Ritter als königliche Dienst- und Gefolgsleute).

891 Mit diesem Jahr endet die Hauptfassung der ›Angelsächsischen Chronik‹, der in Altenglisch geschriebenen Primärquelle für die Geschichte des angelsächsischen England seit 55 v. Chr. Von den sieben Fassungen ist eine lateinisch. Die sog. ›Peterborough-Chronik‹ reicht bis 1154, bis zum Tode

König Stephans. – Die Urheberschaft ist umstritten; manche Historiker nennen ALFRED D. GR. als Autor des Hauptteiles. Das könnte stimmen, denn in seinen letzten Lebensjahren beschäftigt sich Alfred mit Übersetzungen des Boethius, Gregors d. Gr., des Orosius und Bedas. – Daneben läßt er die Gesetze und Rechtssprüche von Mercia, Kent und Wessex sammeln und in einem Gesetzbuch zusammenfassen.

910 *5. Aug.*: In der Schlacht bei Tettenhall (Staffordshire) schlägt König EDUARD D. Ä. von Wessex (gest. 924/25?) die northumbrischen Dänen aus dem Königreich York. Damit beginnt die Rückeroberung der Midlands und East Anglias (911–918).

924/25 bis 939 Der Sohn Eduards d. Ä., ATHELSTAN (gest. 939), dehnt nach Siegen über die Dänen den Herrschaftsbereich von Wessex fast über ganz England aus und wird sogar als »imperator« oder »basileus« bezeichnet. Sein Reich läßt er durch gebildete Kleriker, durch eine Hof- und Kanzleiverwaltung festigen. So wird z. B. die Wessex'sche Unterbezirksverwaltung (shires) auf Nordengland ausgedehnt. – Beginn der eigentlichen »englischen Geschichte«.

um 939/40 Der HL. DUNSTAN (909 od. 924?–988), späterer Erzbischof von Canterbury, macht aus der Abtei Glastonbury (Wessex) eine Reformschule nach dem Vorbild Clunys (›Regularis Concordia‹).
HYWEL D. GUTE (um 910 – um 950) läßt die ›Welsh Laws‹ aufschreiben.

939 bis 946 Regierung König EDMUNDS (921–946), eines Bruders Athelstans. Er führt den Huldigungseid ein und nennt sich Beherrscher Englands und Overlord Schottlands.

957 Edmunds Sohn, EDGAR D. FRIEDFERTIGE (943–975), wird König von Mercia und Northumbria.

959 bis 975 EDGAR, der Urenkel Alfreds d. Gr., dehnt als König ganz Englands die angelsächsische Herrschaft bis nach Norwegen und Irland aus.

973 *11. Mai*: DUNSTAN, der Erzbischof von Canterbury, führt nach deutschem und französischem Vorbild ein feierliches Krönungs- und Salbungsritual für Edgar ein.

976 bis 1014 König BRIAN BORU von Munster versucht die nordische Herrschaft in Irland zu brechen und das Land politisch zu einen. Mit seinem Tod scheitert das Vorhaben.

978/9(?) *18. März*: Edgars Sohn und Nachfolger, König EDUARD D. MÄRTYRER (geb. 962?), wird auf Befehl seiner Stiefmutter ermordet. – Eduards

Stiefbruder ETHELRED »UNREAD« (der Ratlose; 968/69?–1016) regiert zwar lange, ist aber unfähig, den durch Dunstans und Edgars Kirchen- und Rechtspolitik geweckten Widerstand zu überwinden. Außerdem vermag er das Königreich nicht vor den erneut anrückenden Dänen zu schützen.

1002 *Frühjahr*: ETHELRED heiratet in zweiter Ehe EMMA, die Tochter des Normannenherzogs RICHARD I. OHNEFURCHT (942–996).
13. Nov.: Aus Angst vor einem Mordanschlag läßt ETHELRED alle Dänen in seinem Herrschaftsbereich ermorden (Massacre of St. Brice's Day).

1012 Canterbury wird von den Dänen geplündert, der Erzbischof ermordet.

Ende 1013 ETHELRED UNREAD wird vom siegreichen, zum Teil vom englischen Volk unterstützten Dänenkönig SVEN GABELBART (gest. 1014) abgesetzt.

1014 *Febr.*: Gabelbarts Sohn KNUT D. GR. (um 995–1035) wird von den dänischen Besatzungstruppen zum englischen König ausgerufen, jedoch nicht bestätigt, da die Engländer plötzlich ETHELRED zurückrufen.
In der Schlacht bei Clontarf (bei Dublin) schlagen die Iren unter Oberkönig BRIAN BORU die Wikinger und setzen damit den zweihundertjährigen Wikingerinvasionen endgültig ein Ende.

1016 *18. Okt*: Schlacht bei Ashingdon in Essex. Die Engländer unter König EDMUND IRONSIDE (vor 993–1016), dem Sohn des im April verstorbenen Ethelred, werden von den Dänen unter Gegenkönig KNUT vernichtend geschlagen, zumal einige englische Fürsten ihren König verrieten. Ein Abkommen nach dem Kampf gibt Knut ganz England bis auf Wessex, das sich aber nach Edmunds Tod (November) auch unterordnet.

1016 bis 1035 KNUT, nun König von ganz England, Overlord von Schottland und Irland, ab 1019 auch König von Dänemark und ab 1028 von Norwegen, geht an die Verwirklichung eines nord- und nordwesteuropäischen Großreichs. In England sorgt er für Frieden und Ordnung. Für eine einheitliche Rechtspflege werden die angelsächsischen Gesetze gesammelt. Weiter stellt Knut die angelsächsische Sprache als Hofsprache neben die dänische, fördert Kirche und Klöster, baut Bildungswesen, Handwerk, Heer und Flotte aus. Für seinen Herrschaftsbereich werden im ›Danelaw‹ verbindliche Rechtsnormen gesetzt, nachdem der König 1018 auf der Reichsversammlung zu Oxford Edgars Gesetzeswerk bestätigt hatte. – Wegen seiner häufigen Abwesenheit von England muß er die Herrschaftsgewalt delegieren, wozu er die zahlreichen angelsächsischen Shires in vier große Earldoms zusammenfaßt und die Earls (Grafen) von Wessex bzw. Mercia als königliche Stellvertreter einsetzt. Damit ebnet er aber zugleich der mittelalterlichen Territorialisierung und Feudalisierung Englands den Weg.

1018 Vereinigung der vier schottischen Königreiche.

1035 *12. Nov.*: Plötzlicher Tod KNUTS D. GR., dessen unfähige Söhne HAROLD HAREFOOT (1016/17–1040) und HARTHAKNUT (1018?–1042) – letzterer trinkt sich bei einer Hochzeit zu Tode – die weitreichenden Pläne ihres Vaters zunichte machen.

1035 bis 1042 Diese Jahre stehen ganz im Zeichen Graf GODWINES von Wessex (gest. 1053), des Günstlings Knuts, der sich zum intriganten Königsmacher aufwirft und seine Söhne als Grafen über Essex und East Anglia, Northumbria und Teile von Mercia einsetzt.

1040 *14. Aug.*: MACBETH (um 1005–1057) wird nach der Ermordung des seit 1034 regierenden Königs DUNCAN I. (geb. vor 1015) König von Schottland.

1042 EDUARD D. BEKENNER (um 1002–1066), ein Sohn Ethelreds und dessen zweiter Frau Emma, der Tochter des Normannenherzogs Richard I., besteigt den Thron. Wenn auch seine Regierungszeit als eine ruhige Phase erscheint, so ist er doch nicht in der Lage, sich gegen den machtbesessenen GODWINE und dessen Sohn HAROLD GODWINSON (1020?–1066) sowie die übrigen, beinahe unabhängig gewordenen Adligen durchzusetzen. Daß er heiliggesprochen wird, ist weit verständlicher als die Tatsache, daß mit seinem Namen eine große Reformgesetzgebung verbunden wird.

um 1048/50 Mit Hilfe befreundeter Fürsten und zur Unterstützung herbeigerufener normannischer Hof- und Kirchenleute kann EDUARD den Einfluß GODWINES brechen und seine Widersacher auf einer Versammlung der Großen in Gloucester bannen und ächten lassen.

1052 Die Unzufriedenheit der einheimischen Magnaten wegen der normannischen Überfremdung nutzt GODWINE aus. Er kehrt von Flandern aus nach England zurück und zwingt EDUARD, ihn wieder als Grafen von Wessex einzusetzen.

1053 Nach GODWINES Tod wird sein Sohn HAROLD GODWINSON zur beherrschenden Figur. Er wehrt die norwegischen Thronansprüche ab und drängt den normannischen Einfluß zurück.

1062 GODWINSON fällt in Wales ein, um den norwegerfreundlichen König GRUFFUDD AP LLEWELYN (vor 1023–1063) zu bekämpfen.

1063 Infolge ihrer Niederlage unterwerfen sich die walisischen Adligen und ermorden ihren König.

1065 Konsekration der Westminster Abbey. – Schwere Erkrankung König EDUARDS.

1066 *5. Jan.*: Tod EDUARDS D. BEKENNERS. – Nachfolger wird aufgrund einer königlichen mündlichen Zusage der fähige und erfolgreiche HAROLD GODWINSON – gegen den Einspruch des Normannenherzogs WILHELM (1027/28?–1087), dem Harold vor knapp zwei Jahren während einer kurzen Gefangenschaft einen erpreßten, aber doch heiligen Eid hatte ablegen müssen, seine, Wilhelms, Thronkandidatur zu unterstützen. – Das Königtum Godwinsons wird jedoch nicht nur vom Normannenherzog angefochten, sondern auch durch Aufstände in Northumbria und eine drohende Invasion der Norweger erschwert.
25. Sept.: HAROLD schlägt die verbündeten Northumbrians und Norweger bei Stamfordbridge in der Nähe Yorks.
28. Sept.: Herzog WILHELM landet in England, moralisch unterstützt vom Papst und den Herrschern Europas.
14. Okt.: Schlacht bei Hastings: WILHELM »DER EROBERER« siegt durch geschickten Einsatz seiner Bogenschützen und Berittenen über die durch den Kampf bei Stamfordbridge und den Eilmarsch nach Süden erschöpften und schlecht ausgerüsteten Mannen König HAROLDS, der ebenso wie seine Brüder fällt. – »The Norman Conquest« beendet die angelsächsische bzw. dänische Epoche Englands.

um 1066 England und Wales haben etwa 1,5 Mill. Einwohner, Schottland gut 300000, London 20–25000, Lincoln, York und Norwich mehr als 5000. Im Osten und Süden des Landes gibt es eine Reihe von »boroughs« (ursprünglich militärisch-politisch fixierte königliche Gutshöfe, die sich zu regionalen Marktflecken entwickeln) und größere Landgemeinden, während im Norden und Westen Einzelhof-Siedlungen vorherrschen. Die meisten Landleute sind freie Bauern, die aber zunehmend in Abhängigkeit geraten, da die Grundherren als »Produzenten« und Geldbesitzer sie dominieren. Der gewinnbringende Tuchhandel läuft über die Hafenstädte, die dadurch zu Ansehen und Blüte kommen. Die Lords als Führer der Adelssippen sind für den Landfrieden und die Rechtsordnung ihrer Gefolgsleute verantwortlich. Das Königtum versucht dagegen, über das eigene Gefolgschaftswesen (Vasallen) auch den alten Geburtsadel in einen abhängigen Dienstadel zu verwandeln. Lange Zeit war der König Volkskönig und Vollstrecker des Volksrechts. Die Großen waren Berater und Mitverwalter, nicht aber Mitregenten. Der Große Rat (Witenagemot) war letztlich nur königliches Gericht.
Seit dem Overlordship der Könige von Wessex (EGBERT, EDUARD D. Ä., ATHELSTAN) werden die Unterkönige und Stammeshäuptlinge über neue Shires und königliche Beauftragte (earldormen) unter königliche Kontrolle gebracht. Die seit KNUT drohende Gefahr der Territorialisierung durch mächtige Earls ist jedoch, wie die letzten fünfzig Jahre zeigen, durch königliche Domänenverwalter und Sheriffs nicht völlig gebannt. Innere

Zerstrittenheit, dynastische Streitigkeiten, Machtpolitik auf eigene Faust seitens der Earls und auch kirchlich-religiöse Spannungen in England ermöglichen nun die normannische Eroberung.

nach 1066 Normannischer (Bau-)Stil: große Kathedralen als Emporenbasiliken mit zweitürmiger Westfassade und Vierungsturm (Ely, Durham, Peterborough).

seit 1067 Die von WILHELM I. D. EROBERER zunächst in Hereford, Shrewsbury und Chester eingesetzten Markgrafen (Marcher Lords) werden zu einem wichtigen politisch-militärischen Faktor. Im Laufe der Zeit besetzen sie Wales und sorgen, ausgestattet mit besonderen Privilegien, für ein Gleichgewicht zwischen Krone und walisischen Herrschern (Prinzen). Strategisch bedeutsam werden sie vor allem in den Rosenkriegen 1455–1485. Ihre Machtstellung wird erst 1536 in der ›Act of Union‹ aufgehoben.

1067 bis 1077 Der nach der Schule von Canterbury angefertigte riesige »Teppich von Bayeux« schildert die normannische Eroberung von 1064 bis 1066.

1072 *Sommer*: König MALCOLM III. von Schottland (1031–1093), der MACBETH besiegt und seinen Vater DUNCAN gerächt hatte, unterwirft sich WILHELM im Vertrag zu Abernethy (Perthshire); 1091 nochmals bestätigt, berührt dieser die theoretische Oberhoheit des englischen Königs, jedoch die praktische Selbständigkeit Schottlands nicht.

1078 WILHELM beginnt zur Themse-Überwachung mit dem Bau des Tower of London; ältester Teil ist der »White Tower«.

1066 bis 1087 WILHELM schlägt alle Rebellionen nieder und unterwirft ganz England. Aus dem Recht der erfolgreichen Eroberung leitet er den Anspruch ab, daß alles Land dem König gehört und fremder Landbesitz sich fortan als königliches Lehen zu verstehen hat. Der König selbst ist größter Grundbesitzer, der rund sechshundert Adlige, Klöster und Bistümer zu unmittelbar belehnten Kronvasallen erhebt, d. h. sie müssen dem König dafür im Notfall (Krieg) Ritter stellen. Die neue Feudalschicht der Kronvasallen, meist Franzosen bzw. Normannen oder flandrische Edelleute, kann jedoch ihre Lehen und die damit verbundenen Rechte und Pflichten aufteilen und weitergeben an Afterlehnsleute, und diese wiederum an Freisassen/Freibauern (yeomen). Der verbindliche Treueid aber bleibt dem Magnaten vorbehalten. – Weiter errichtet Wilhelm I. eine Art Zentralregierung und eine königliche Verwaltung. Unter dem König steht der Große Rat der Kronvasallen (Curia Regis), aus dem später ein zweiter Rat zur praktischen Regierungsarbeit hervorgeht; wichtigste Ämter sind das Kanzleramt (chancellor) und das Schatzamt (treasurer). Die angelsächsische Einteilung des Reiches in Grafschaften (shires) wird beibehalten. An ihre Spitze tritt ein – jetzt absetzbarer – Sheriff mit administrativen, militärischen, fiskalischen und juridischen Befugnissen. – Für die aufgrund der zahlreichen Kriege häufige Abwesenheit bestimmt Wilhelm den italienischen Juristen, früheren Prior des Reformklosters Bec in der Normandie und Erzbischof von Canterbury, LANFRANC (um 1004–1089), zu seinem Stellvertreter. Lanfranc reformiert die englische Kirche, führt den Zölibat ein und trennt auf Befehl des Königs die geistliche von der weltlichen Gerichtsbarkeit, womit dem alten freien Gemeinrecht (common law) der Weg geebnet wird. Im übrigen verweigert Wilhelm dem Papst den Lehnseid und besteht auf dem Recht der königlichen Abts- und Bischofsernennung. – Mit den Normannen tritt auch ein Wechsel in der Landwirtschaft auf: Die Bodenbestellung erfolgt jetzt mit Zwei- oder Dreifelderwirtschaft (open fields). Größere Flächen finden Nutzung als Weideland, wodurch Schafzucht und Wollausfuhr verstärkt werden können. Insgesamt betrachtet, bleibt das normannische System der Grundherrschaft (manorial system) für mehr als vierhundert Jahre in Funktion, wenn auch seit den Agrarkrisen des 14. Jahrhunderts die Grundherrschaft in ein Pachtsystem übergeht.

1083 bis 1086 WILHELM läßt für seine 34 Grafschaften das ›Domesday Book‹, auch ›Liber iudicarius Angliae‹ (Buch des Jüngsten Gerichts), erstellen; es ist das erste englische Grund-, Kataster- und Steuerbuch und wird nicht durch baroniale Gerichte, sondern durch königliche Kommissare abgefaßt. – Neben dem königlichen Landbesitz (ein Fünftel bis ein Sechstel des gesamten Bodens) behaupten die zehn bis fünfzehn höchsten Magnaten bzw. Kronvasallen (alles Normannen) ein Viertel, die Kirche ein weiteres und die restlichen Barone (170, davon nur noch zwei angelsächsische) das letzte Viertel. Die einheimischen Grundbesitzer halten nur noch acht Prozent. Mit der vom Herrscher gesicherten Erblichkeit der Lehen entstehen mit der Zeit adlige Dynastien bzw. sich verselbständigende Magnatenfamilien. Im Gebiet des alten Danelaw halten sich noch freie Grundbauern als Nachkommen der dänischen Militärkolonisten.

1087 *9. Sept.*: Tod WILHELMS D. EROBERERS während eines kleineren Feldzuges in Frankreich, nachdem er seinem ältesten Sohn ROBERT (1051/2–1134) das Herzogtum Normandie, dem mittleren, WILHELM RUFUS (1056/60–1100), das englische Königreich übertragen und den jüngsten Sohn HEINRICH (1068–1135) mit Geld abgefunden hatte.
26. Sept.: WILHELM II. RUFUS besteigt den Thron.

1087 bis 1100 König WILHELM II. muß – bei Abwesenheit seines Bruders ROBERT, der am Ersten Kreuzzuge teilnimmt – einen Aufstand der normannischen Barone niederschlagen, die England von der Normandie getrennt sehen wollen. Außerdem führt er wieder Krieg gegen MALCOLM III. von Schottland. Ansonsten zeigt er wenig Herrscherqualitäten.

1093 *13./16. Nov.*: Mit der Schlacht bei Alnwick scheitert die schottische Invasion in Northumberland, da König MALCOLM und sein Sohn EDUARD im Kampf fallen, vielleicht aber auch auf Betreiben WILHELMS ermordet werden.

1099 *15. Juli*: ROBERT, Herzog der Normandie, hat Anteil an der Eroberung Jerusalems.

1100 *2. Aug.*: Tod WILHELMS II. RUFUS (Jagdunfall, vielleicht Mord).
5. Aug.: Gegen die besseren Ansprüche ROBERTS, der zudem von den normannischen Baronen unterstützt wird, besteigt der jüngste der Brüder als HEINRICH I. den englischen Thron, nachdem er den Magnaten eine Freiheitscharta in Aussicht gestellt hat.

nach 1100 Verstärkte Einwanderung der Juden, die zwar im Laufe der Zeit kontrolliert, hoch besteuert, aber nicht verfolgt werden. Erst 1290 werden sie aus England vertrieben.

1100 bis 1135 Glänzende Regierung HEINRICHS I., der 1114/18 mit den ›Leges Henrici‹ den Baronen die versprochene Freiheitscharta gibt. Besonders widmet er sich dem Ausbau der von WILHELM I. begonnenen Zentralverwaltung. Wichtigstes Organ ist die Hofkanzlei (Curia Regis) mit einem Kanzler und königlichen Sekretären an der Spitze; darüber steht aber noch ein »justician« als Stellvertreter des Königs und Chef des königlichen Gerichts. Die Rechte und Pflichten der Sheriffs werden erneuert, ergänzt und verschärft, während gleichzeitig auf eine Verbesserung des Verhältnisses zwischen König und normannischer Adelskaste sowie der angelsächsischen Bevölkerung größter Wert gelegt wird.

1106 *28. Sept.*: Schlacht bei Tinchebrai. HEINRICH annektiert das Herzogtum Normandie und setzt seinen Bruder ROBERT für den Rest des Lebens gefangen.

1107 Der unter WILHELM II. RUFUS ausgebrochene Konflikt um die Frage der Laieninvestitur wird beigelegt. König HEINRICH und Erzbischof ANSELM von Canterbury (1033–1109), der Vater der Scholastik und einer der führenden Geister seiner Zeit, einigen sich: Die geistlichen Würdenträger werden im Beisein des Königs gewählt und leisten diesem den Huldigungs-, Treu- und Lehnseid, während der König dafür auf Belehnung mit Ring und Stab verzichtet.

1118 Erste Erwähnung eines Schatzamtes (exchequer), vor dem die Sheriffs für ihre Grafschaften zweimal jährlich abrechnen (pipe rolls, bis ins 19. Jahrhundert).

1120 *25. Nov.*: Heinrichs einziger legitimer Sohn WILHELM (geb. 1103) fällt mit beinahe der gesamten normannischen Hochadelsjugend einem Schiffbruch zum Opfer.

1128 *17. Juni*: Heinrich läßt seine Tochter MATHILDE (1102–1167), die Witwe Kaiser HEINRICHS V. (1081–1125), zur Kronerbin erklären und mit dem sechzehnjährigen GOTTFRIED V. Plantagenet, Graf von Anjou (1112–1151), verheiraten. Die Barone werden zur Zustimmung gezwungen.

1129 Um eine weitere Feudalisierung des Grafenamtes zu verhindern, setzt HEINRICH 29 Earls ab und ersetzt sie durch je zwei »joint sheriffs«.

1135 *1. Dez.*: Tod HEINRICHS I. Sein erst zweijähriger Enkel HEINRICH (II.) (1133–1189), für den Mathilde die Regentschaft hätte führen müssen, wird von den Baronen entgegen früherer Versprechungen nicht als Thronerbe akzeptiert.
22. Dez.: König wird aufgrund zahlreicher Zugeständnisse und Versprechungen (Freiheitscharta), die er dann nicht hält, STEPHAN von Blois und Chartres (um 1100–1154), ein Enkel Wilhelms des Eroberers.

1135 bis 1154 »Anarchy« während der gesamten Regierungszeit STEPHANS.

1136 Für die Anerkennung seines Königtums durch Papst INNOZENZ II. (reg. 1130–1143) muß STEPHAN in der ›Charta ... de libertatibus Ecclesiae Anglicanae‹ Zugeständnisse an die päpstliche und geistliche Jurisdiktion machen.

1136/37 Bischof GEOFFREY von Monmouth (um 1100–1154) schreibt eine zwölfbändige ›Historia Regum Britanniae‹, in der er u. a. die Artus-Sage hervorhebt. – Das Werk ist im übrigen zumeist reine Erfindung: es leitet die Briten von dem Trojaner Aeneas ab und schafft ein keltisch-britisches Nationalbewußtsein.

1141 *8. April*: Nach der Gefangennahme STEPHANS läßt sich MATHILDE in Winchester zur »Imperatrix, Henrici Regis filia et Anglorum domina« ausrufen, muß jedoch auf eine Krönung verzichten.
25. Dez.: Nach seiner Freilassung wird STEPHAN zum zweitenmal als König bestätigt, da sich die Barone und der Klerus von MATHILDE betrogen fühlen.

1147 MATHILDE gibt den Kampf auf und kehrt nach Frankreich zurück. Ihrem Sohn HEINRICH wird von König LUDWIG VII. von Frankreich (1120/21–1180) die Normandie übertragen; dazu erbt er vom Vater Anjou, Maine und die Touraine sowie durch Heirat das Herzogtum Aquitanien. Dieses Angevinische Reich macht den Plantagenet zum mächtigen Territorialherrn.

1153 *6. Nov.*: Der Vertrag zu Winchester (ratifiziert im Dezember) zwischen König STEPHAN und »Empress« MATHILDE bestimmt ihren Sohn HEINRICH von Anjou, der in England gelandet war, zum Thronfolger.

1154 *25. Okt.*: Tod König STEPHANS. HEINRICH II. wird der erste Plantagenet-König Englands und einer der mächtigsten Herrscher seiner Zeit.

1154 bis 1159 NIKOLAUS BREAKSPEAR von Langley (geb. um 1090) wird Papst HADRIAN IV.; einziger Engländer auf dem Papststuhl.

1154 bis 1453 Die Engländer halten das Herzogtum Aquitanien als Teil des Angevinischen Reiches.

1157 Erster Feldzug HEINRICHS II. gegen Wales.

1159/60 Der Historiker, Politiker und Philosoph JOHANN VON SALISBURY (um 1115–1180), späterer Bischof von Chartres, veröffentlicht seine staatstheoretischen Hauptschriften ›Policriticus‹ und ›Metalogicon‹.

1162 Zweiter Feldzug HEINRICHS gegen Wales.

1164 *30. Jan.*: ›Constitution of Clarendon‹: Betonung der königlichen Rechte (Prärogativen) bei der Wahl von Bischöfen und Äbten; Abgrenzung der kirchlichen und weltlichen Rechtsprechung; Beschneidung der kirchlichen Steuerrechte usw. – THOMAS BECKET (1118–1170), früherer Kanzler Heinrichs und seit 1162 Erzbischof von Canterbury, lehnt die Constitutions ab, beharrt auf den kirchlichen Freiheiten und muß daher nach Frankreich fliehen.

1165 Dritter und letzter Feldzug gegen Wales, das endgültig unterworfen und mit England vereinigt wird.

1166 Im »Assize of Clarendon« institutionalisiert HEINRICH »pro pace et iustitia« ein Lehnsgericht unter königlichem Vorsitz, d. h. er sichert sich die oberste Gerichtsbarkeit und den Strafvollzug durch Sheriffs, Coroners und »Reiserichter«. – Eine »Carte Baronum« erfaßt alle Magnaten und ihre Steuerpflichtigkeit. Außerdem wird festgelegt, daß alle Aftervasallen dem König höhere Treue schulden als ihrem unmittelbaren Lehnsherrn (homagium ligium).
Der irische Clan-König RORY O'CONNOR von Connaught (1116?–1198) bekämpft den Provinzkönig DERMOT MACMURROGH von Leinster (1110?–1171), dem aber von Heinrich geholfen wird.

1170 *29. Dez.*: Ermordung des Erzbischofs THOMAS BECKET im Dom zu Canterbury, für die sich HEINRICH II. selbst einen Teil der Schuld zurechnet. – Becket war am 30. November nach England zurückgekehrt, hatte aber nach der unrechtmäßigen Krönung des Thronfolgers durch den Erzbischof von York seine Gegner gebannt und sich deshalb den Zorn des Königs zugezogen. Heinrich hatte gewünscht, den unbequemen Mahner loszuwerden, was vier seiner Höflinge wörtlich nahmen.
Scheinbarer Waffenstillstand und Ausgleich mit Wales.

1171/72 HEINRICH befriedet Irland, d. h. nach dem Tode DERMOTS verhindert er die Errichtung unabhängiger irischer Fürstentümer durch die sich ständig streitenden Ortsfürsten und Regionalkönige. Der Schwiegersohn Dermots, RICHARD DE CLARE, behält Leinster, sein Gegner RORY O'CONNOR wird Ober(Hoch-)könig. Alle irischen Fürsten aber müssen den englischen König als Oberlehnsherrn und die Degradierung ihres Landes zur »Lordship of Ireland« anerkennen. – Es entwickelt sich eine Dreiteilung: ein Herrschaftsbezirk englischer Magnaten um Dublin (Pale), im Westen unabhängige irische Stammeshäuptlinge, dazwischen Gebiete angloirischer Barone.

1172 *21. Mai*: Im Kompromiß zu Avranches erreicht HEINRICH die Lösung des nach Beckets Ermordung über ihn verhängten Bannspruches und verspricht dafür einen Kreuzzug sowie Zurücknahme einiger antikirchlicher Punkte der Clarendon-Konstitution von 1164. Tatsächlich jedoch gibt die Krone nur unbedeutende Rechte und Prärogativen an die Kirche ab.

1173 Heiligsprechung THOMAS BECKETS durch Papst ALEXANDER III. (vor 1120–1181); Beginn des Becket-Kults in England, der eine letzte Fortsetzung in der dramatischen Literatur des 20. Jahrhunderts findet.

1173/74 König WILHELM I. D. LÖWE von Schottland (1142?–1214) verbindet sich mit HEINRICH (1155–1183), dem zweiten Sohn König HEINRICHS II. zum Kampf gegen den Vater. In England einmarschiert, wird Wilhelm am 13. Juni 1174 bei der Belagerung von Schloß Alnwick gefangen und in der Normandie festgesetzt. Durch Anerkennung der Oberhoheit des englischen Königs über Schottland erhält er seine Freiheit wieder. Ein Übereinkommen mit dem späteren König RICHARD I. »LÖWENHERZ« (1157–1199), dem dritten Sohn Heinrichs II., im Jahre 1189 beläßt ihm die Selbständigkeit in Schottland.

um 1176 Der »Assize of Arms« (Wehrgerichtstag) regelt – natürlich mit Modifizierungen – bis ins 17. Jahrhundert den nicht-feudalen, nicht-ritterlichen Militärdienst für Kommunen und freie Bürger.

1176 Erster bekannter Sänger-(Barden-)Wettstreit in Cardigan (Wales); Vorstufe des »National Eisteddfod« von 1789.

1181 Letzte große Verschwörung seiner Söhne im Verein mit anderen Baronen und Grafen gegen HEINRICH II. (seit 1171). Erneuerung des angelsächsischen »fyod«, d. h. die Waffenpflicht aller freien Untertanen, also auch der Städter.

1189 *6. Juli*: Tod HEINRICHS II. in Chinon (Frankreich).
3. Sept.: Nachfolge und Krönung seines Sohnes RICHARD I.

1189 bis 1199 Dritter Kreuzzug gegen Sultan SALADIN (1138–1193) von Ägypten und Syrien, zu dem RICHARD im Juli 1190 aufbricht.

1191 *12. Juli*: König RICHARD I. erobert während des Dritten Kreuzzuges die Festung Akkon.

1192 *2. Sept.*: Friedensschluß zwischen RICHARD und SALADIN nach zwei Niederlagen des Sultans.
Dez.: Auf der Rückreise nach England wird Richard aus persönlichen Gründen von LEOPOLD V. (1157–1194), Herzog von Österreich und Steiermark, gefangengenommen und später an Kaiser HEINRICH VI. (1165–1197) ausgeliefert. – Inzwischen usurpiert sein Bruder JOHANN (1167–1216) die Regierung; offizielle Regenten bzw. Justitiars sind während Richards Abwesenheit von England HUGH DU PUISET (1125–1195), Bischof von Durham; WILHELM LONGCHAMP (gest. 1197), Bischof von Ely und Kanzler; WALTER VON COUTANCES (gest. 1207), Erzbischof von Rouen; und schließlich HUBERT WALTER (gest. 1205), der mächtige Erzbischof von Canterbury.

1194 *März*: Nach Zahlung eines außerordentlich hohen Lösegeldes, das HUBERT WALTER vom englischen Volk hatte aufbringen lassen, wird RICHARD vom Kaiser freigelassen. – Nach England zurückgekehrt, zwingt er seinen Bruder JOHANN zur Unterwerfung.

1196 Die »Aulnage« (alnage) legt erstmals Umfang und Güte von Wolle und Tuchen fest.

1199 *Frühjahr*: RICHARD schließt mit König PHILIPP II. AUGUSTUS von Frankreich (1165–1223), der ihm die englischen Besitzungen in Frankreich streitig macht, einen Waffenstillstand.
6. April: Tod des Abenteuer- und Heldenkönigs RICHARD LÖWENHERZ während einer Privatfehde mit dem Grafen von Limoges in Frankreich. – Zehn Jahre lang hatte sich der König zumeist im Ausland aufgehalten und damit die Machtposition der Barone und der hohen Geistlichkeit, die weitgehend die innenpolitische Regierungsverantwortlichkeit getragen hatten, gestärkt.
27. Mai: Nachfolge und Krönung von Richards Bruder JOHANN »OHNELAND«. – Das Bild Johanns ist von der Geschichtsschreibung negativ ge-

zeichnet worden, während Richard I. zu einem großen König emporstilisiert wurde. Johann war wohl verschlagen, meineidig und ohne große Moral, aber doch ein nicht zu unterschätzender Staatsmann, wie seine jahrelangen Auseinandersetzungen mit Papst INNOZENZ III. (um 1160–1216) und den englischen Baronen beweisen.

seit 1200 Die mächtigen Londoner Zünfte, die »Livery Companies« und »City Companies« bestimmen Handel und Handwerk und nehmen auch Einfluß auf die innen- und außenpolitische Entwicklung. – Beginn der englischen Frühgotik (Early English): Canterbury, Westminster Abbey.

1201 Erstes Parlament, »Stannery«, in Cornwall (bis 1752).

1204 *Juni*: Das Herzogtum Normandie ist endgültig für England verloren.

1208/9 Wegen des seit dem Tod HUBERT WALTERS (1205) vakanten bzw. umkämpften Erzstuhles von Canterbury kommt es zu einem Investiturstreit: König JOHANN, der einen eigenen Kandidaten eingesetzt hatte, verweigert dem päpstlichen Kandidaten die Einreise und wird dafür von INNOZENZ III. mit Interdikt und Exkommunikation bestraft.

1208 bis 1212 JOHANN führt Krieg gegen Wales, Irland und Schottland, verärgert aber durch die hohen Kosten, die er zum Teil über neue feste Steuern aufbringen läßt, die Barone und die Kirche. Dagegen erhalten zahlreiche königstreue Kommunen (rund 70) und die loyale City of London wertvolle »kommunale Freibriefe« – gegen Geld natürlich.

1209 In Cambridge existiert eine »universitas scholarium«.

1213 *15. Mai*: JOHANN beendet die innenpolitischen Streitigkeiten sowie den Konflikt mit dem Papst, indem er die Krone Englands formal dem Papst übergibt und sie als päpstliches Lehen wieder entgegennimmt. Diesen vordergründig höchst demütigenden, de facto aber klugen pragmatischen Akt bezeichnen die Barone als Verrat und Schmähung Englands und empören sich gegen den König.

1214 *27. Juli*: Schlacht bei Bouvines: JOHANN und sein Verbündeter, Kaiser OTTO IV. (um 1175/82–1218) werden von König PHILIPP II. vernichtend geschlagen. Johann muß seine Pläne zur Rückgewinnung des Angevinischen Reiches begraben.
Dez.: Die Barone geben auf einer Versammlung ihrem Mißmut über Johanns Politik gegenüber dem Papst, seine vielen Kriegszüge und die katastrophale Niederlage bei Bouvines, das fremde Söldnerwesen und die Ausweitung der königlichen Prärogative Ausdruck: Bis Ostern 1215 soll der König seinen Magnaten neue Garantien zusichern.

1215 *15./18. Juni*: ›Magna Charta libertatum‹, abgeschlossen zwischen König JOHANN und seinen Baronen. Von den 61 Kapiteln versuchen einige, die königliche Prärogative zu beschneiden oder wenigstens unter die Kontrolle der geistlichen und weltlichen Barone zu bringen: Freiheit der Kirche, Normierung der Rechtsprechung und Festlegung der Kompetenzen und Instanzen, Kontrolle der königlichen Gerichtsbarkeit, Klärung des Rechtsverhältnisses zwischen Monarch, Curia Regis und den großen Lehnsträgern. – Die Bedeutung der Magna Charta ist überschätzt und von der liberalen englischen Geschichtsschreibung des 19. Jahrhunderts zu einer Verfassungslegende stilisiert worden. Im Grunde ist die Johann abgepreßte Urkunde nicht viel mehr als die Bestätigung des seit Wilhelm d. Eroberer geltenden Rechts sowie seiner Erweiterungen und Modifizierungen. Die Charta ist eine Feudal-Urkunde, auch im berühmten 39. Artikel, der etwas über die Freiheit der Person sowie Anklage- und Inhaftierungsmöglichkeiten (Habeas-Corpus-Gedanke) aussagt. Das Volk bleibt ausgeklammert; Rechte, Freiheiten und Privilegien gelten allein für Magnaten und Ritter.

1215 bis 1217 Kampf zwischen den Baronen und den königlichen Söldnern, da JOHANN die Magna Charta verwässern will und den Papst zur Nichtig-Erklärung der Urkunde anruft.

1216 *18./19. Okt.*: Tod JOHANN OHNELANDS.
28. Okt.: Johanns neunjähriger Sohn folgt ihm als HEINRICH III. (1207–1272), obwohl einige Magnaten im Verein mit dem französischen Thronfolger, dem späteren LUDWIG VIII. (1187–1226), das im »Barons' War« verhindern wollen.

1217 Der Regent WILLIAM MARSHAL, Earl of Pembroke (um 1160–1219), läßt die Magna Charta in endgültige Form bringen (so bestätigt 1225).

1219 bis 1227 Ein loyaler Regentschaftsrat übernimmt für HEINRICH die Regierung, obwohl dieser bereits im Dezember 1223 mit päpstlicher Zustimmung für voll- und großjährig erklärt wird, den Thron aber noch nicht besteigen will.

1224 *Frühjahr/Sommer*: Eine Gruppe königsfeindlicher Adliger wird vom mächtigen Justitiar HUBERT DE BURGH (1180–1243) bezwungen (14. Aug.: Einnahme der Festung Bedford).

1227 *Jan.*: Der neunzehnjährige HEINRICH III. tritt die persönliche Herrschaft an und muß sich zunächst gegen HUBERT DE BURGH durchsetzen (Sturz 1232).

1228 *9. Juli*: Tod des Kardinals und Erzbischofs von Canterbury, STEPHEN LANGTON (geb. um 1160). Er hatte seit 1206 in Konvokationen, Diözesansynoden und Pfarr-Regulationen die Episkopalkirche gefestigt, sowie seit 1221 die Dominikaner bzw. seit 1224 die Franziskaner ins Land geholt und ihre rege öffentliche Arbeit genutzt.

1232 bis 1238 Heinrich besetzt die hohen Staatsämter (Justitiar, Schatzmeister, Kanzler) mit niederen Adligen oder kleinen Amtsträgern und schaltet den Exchequer, den Finanzhof der Curia Regis, durch Ausbau des persönlichen Haushalts (Wardrobe, Chamber, Rüstamt, Rechnungskammer) aus. Diese den Einfluß der Hochadligen schmälernden und viel Geld fordernden Neuerungen wecken den Widerstand der Barone, die einen Magnatenrat wünschen.

1242 *22. Juli*: In der Schlacht bei Taillebourg (Poitou) werden Heinrichs Besitzansprüche auf französische Territorien durch König Ludwig IX. »den Heiligen« (1214–1270) abgewiesen. Die Niederlage ist nicht zuletzt darauf zurückzuführen, daß der Große Rat, unwillig über Heinrichs ausländische Ratgeber, seine ständigen dynastisch motivierten Kriegszüge sowie über die nachgiebige Politik gegenüber dem Papst, die königlichen Geldforderungen für den neuerlichen Kriegszug abgelehnt hatte.

seit 1249 Erste College-Gründungen der Universität Oxford als ursprünglich geistliche Studien- und Hausgemeinschaften: University College, Balliol, Merton und St. Edmund Hall. Erster Kanzler wird Robert Grosseteste (um 1175–1253), der hochgelehrte Bischof von Lincoln und scholastische Philosoph.

1250 bis 1256 Heinrich von Bratton oder Bracton (gest. 1268) schreibt ›De Legibus et Consuetudinibus Angliae‹, ein berühmtes Rechtsbuch mit Einleitung und Kommentaren zu teils praktischen Rechtsfällen, dabei im großen und ganzen dem römischen Recht folgend. Das Werk ist von großer Bedeutung für das englische Rechts- und Verfassungsleben der nächsten Jahrhunderte.

1254 bis 1258 »Sizilianisches Geschäft«: Heinrich III. versucht angesichts des Machtverfalls der Hohenstaufer Sizilien für seine Familie als päpstliches Lehen zu gewinnen. Seine Finanzschwäche und überhöhte Forderungen Papst Alexanders IV. (um 1200–1261), sowie die politisch-militärischen Erfolge Manfreds von Hohenstaufen (1231–1266) lassen das Unternehmen im Dezember 1258 scheitern.

1256 bis 1259 Mehrere Mißernten verschlechtern die wirtschaftliche und Ernährungslage in England erheblich. Negative Wirkungen zeigen sich auch im Außenhandel.

1257 *13. Jan.*: Richard Graf von Cornwall (1209–1272), jüngerer Bruder König Heinrichs III., und Alfons X. d. Weise von Kastilien (1221–1284) bewerben sich um die deutsche Krone. Richard wird zwar von vier Kurfürsten gewählt und anschließend in Aachen gekrönt, kann sich aber in den fünfzehn Jahren seiner Regierung nicht gegen seinen Gegenspieler Alfons behaupten: »Interregnum« im Heiligen Römischen Reich Deutscher Nation.

1258 *Frühjahr*: Der Große Rat verweigert Geldzahlungen an den Papst, die ein Drittel der englischen Staatseinnahmen ausgemacht hätten.
Juni/Juli: In den »Provisions of Oxford« setzen die Barone eine Einschränkung der königlichen Gewalt durch: Der Große Rat der Vierundzwanzig wählt einen Ausschuß der Fünfzehn zur ständigen Kontrolle und Beratung des Königs. Dieser Rat, in dem u. a. der Erzbischof von Canterbury und der Bischof von Worcester sitzen, soll sich dreimal jährlich mit dem »halbierten« Rat der Vierundzwanzig der übrigen Barone zur Beratung der politischen und finanziellen Lage treffen. Die Provisionen, ein Jahr später durch die »Provisions of Westminster« ergänzt, sind staats- und verfassungsrechtlich von weit größerer praktischer Bedeutung als die Magna Charta.

1258/59 Führer der anti-königlichen Opposition wird ein Schwager HEINRICHS III., SIMON DE MONTFORT (um 1200–1265), Graf von Leicester und führendes Mitglied im Rat der Fünfzehn. Seine starke Hausmacht und politische Klugheit gefährden die königliche Existenz.

1259 *3. Dez.*: Vertrag zu Paris: LUDWIG IX. von Frankreich restauriert das Herzogtum Aquitanien und wird von HEINRICH als oberster Feudalherr in dessen französischen Besitzungen anerkannt.

1263 Angesichts der baronialen Opposition entbindet Papst URBAN IV. (um 1200–1264) HEINRICH von seinem Eid gegenüber seinen Untertanen.

1264 *23. Jan.*: LUDWIG IX. entscheidet im »Spruch zu Amiens« (Mise d'Amiens) den Streit zwischen HEINRICH III. und SIMON DE MONTFORT zugunsten des Königs. Die sechs Jahre alten »Provisions of Oxford«, diese Mitbestimmungsregelung für den englischen Adel und das feudalistisch zusammengesetzte Parlament, werden annulliert, Heinrich von jeder Pflicht, sie zu beachten, entbunden. Für Montforts Partei, für den Rat der Zwölf bzw. Vierundzwanzig ist der Spruch unannehmbar; er ist der Beginn des Bürgerkrieges.
14. Mai: MONTFORT schlägt HEINRICH bei Lewis und bemächtigt sich der Herrschaft. Der Thronfolger, Prinz EDUARD (1239–1307), gerät in Gefangenschaft.

1265 *20. Jan.*: SIMON DE MONTFORT beruft ein Parlament aus Baronen (Magnaten), Rittern (knights) und gewählten Bürgern (burgesses) als Grafschaftsvertreter nach London. Die Versammlung, die erstmals auch Nicht-Hochadlige in ihren Reihen sieht, gilt als Geburtstag des englischen Unterhauses.

4. Aug.: In der Schlacht von Evesham wird MONTFORT von Prinz EDUARD vernichtend geschlagen und findet mit seinem Sohn und zahlreichen Anhängern (Montfortianern) den Tod. – HEINRICH wird wieder in seine alten Thronrechte eingesetzt; die Fäden der Politik hält aber seitdem sein Sohn Eduard in Händen.

1266 Die Schotten erobern die Isle of Man.

1267 Der »doctor mirabilis« ROGER BACON (um 1214–um 1292), Minorit, Theologe, aristotelischer Naturphilosoph, Mathematiker und Naturwissenschaftler, der berühmteste Schüler Robert Grossetestes, sendet Papst CLEMENS IV. (gest. 1268) sein ›Opus maius‹.

1272 *16. Nov.*: Tod HEINRICHS III. – Sein Sohn, der Sieger über die Montfortianer, tritt als EDUARD I. unangefochten die Nachfolge an, obwohl er noch auf dem Rückweg vom Siebten Kreuzzug ist. Als großer Rechtsschöpfer, Parlamentsfestiger und Verwaltungsorganisator wird er später mit dem Ehrennamen »englischer Justinian« in die Geschichte eingehen.

seit Okt. 1274 EDUARD I. läßt in den ›Hundred Rolls‹ die gesamten Rechts- und Eigentumsverhältnisse überprüfen und den Vorrang der bürgerlichen Zivilgerichte (common law courts) vor den Adelsgerichten (Patrimonialrecht) und den Kirchengerichtshöfen sowie die Bedeutung des geschriebenen Rechts (statute law) sichern.

1278 EDUARD befreit die »Cinque Ports«, die fünf Häfen Dover, Hythe, Sandwich, Rye und Hastings von jeglicher Steuerzahlung, weil sie dem König im Bedarfsfalle Kriegsschiffe und Ausrüstung stellen sollen. – Das Privileg wird später auf weitere Hafenstädte Südenglands ausgedehnt.

1279 *23. Mai*: ELEANORE von Kastilien (um 1235/40–1290) erbt von ihrer Mutter das Ponthieu; ihr Mann EDUARD I. schlägt es im Namen seiner Frau seinen französischen Besitzungen zu, was König PHILIPP III. D. KÜHNE (1245–1285) im Vertrag zu Amiens anerkennt. – Trotz aller Vereinbarungen aber bleiben die englischen Besitzungen in Südwestfrankreich ein ständiger Stein des Anstoßes und möglicher Kriegsgrund zwischen beiden Staaten.

seit 1281 Die deutsche Hanse besitzt im Stalhof (steelyard) zu London einen fast autonomen und exterritorialen Handelsplatz.

1282/83 Aufgrund der harten Machtausübung der Marcher Lords kommt es in Wales zu einem Aufstand, der von EDUARD blutig niedergeschlagen wird. Der mächtigste Regionalfürst, LLEWELYN AP GRUFFUD OF GWYNNED, fällt am 11. Dezember 1282 in der Schlacht bei Carmarthen. Sein Bruder

David ap Gruffud wird am 3. Oktober 1283 wegen Verrats gegen Eduard in Shrewsbury hingerichtet.

1283 *12. Okt.*: Das ›Acton Burnell Statute‹, ein Teil der Gesetzgebung Eduards, regelt das Schuldner- und Gläubigerrecht im Waren- und Handelsverkehr (im Kaufmannsstatut von 1285 verbessert).

1284 Getreu einer alten Sitte und einem Versprechen gegenüber den unterworfenen walisischen Fürsten, ihnen einen »eingeborenen« Oberlehnsherrn zu geben, läßt Eduard seinen Sohn, den späteren Eduard II. (1284–1327), der in Caernarvon/Wales geboren wird, zum »Prince of Wales« ernennen. Seitdem führt der jeweilige älteste Sohn und Thronerbe Englands diesen Titel.
Hugh de Balsham (gest. 1286), Bischof von Ely, gründet Peterhouse, das erste College in Cambridge.

1285 Das ›Statute of Winchester‹ gibt eine Landfriedensordnung und regelt das Markt- und Straßenrecht sowie das Kaufmannsrecht. Ursprünglich in der Befugnis von Sheriffs, gilt das später von Friedensrichtern (justices of peace) überwachte Statut bis 1827.

1286 Das alte schottische Königshaus der Canmore erlischt im Mannesstamm.

1286 bis 1303 Mehrere Verträge zu Paris zwischen Eduard und Philipp IV. von Frankreich (1268–1314) sollen den englischen bzw. französischen Besitzstand in Frankreich regeln. Philipp annektiert fast ganz Aquitanien; trotz verschiedener Abkommen bleibt das Herzogtum bis 1360 (Frieden zu Brétigny) umstritten.

1290 Die Unterwerfung von Wales und staatsrechtliche Eingliederung in den englischen Herrschaftsbereich ist abgeschlossen. Eine gewisse politische, militärische und rechtliche Eigenständigkeit behalten jedoch die Marcher Lords.
Nach kurzen, doch heftigen Pogromen treibt Eduard – unter dem Beifall der Öffentlichkeit – die hauptsächlich als Geldverleiher und auch als königliche Finanziers tätigen Juden aus dem Land. – Erst in der Mitte des 17. Jahrhunderts werden sie wieder toleriert und in den wirtschaftlichen Prozeß integriert, in den politischen erst 1858.

1290 bis 1292 Erstes Interregnum in Schottland. Mit Einwilligung Eduards erhält John Balliol (1250–1313) am 17. November 1292 die Krone (bis 1296). – Als Eduard wegen des Konflikts mit Frankreich von den Schotten feudale Lehns-, d. h. Ritterdienste fordert, lehnen diese nicht nur ab, sondern verbünden sich sogar mit Frankreich zu einer Allianz, die für mehr als vierhundert Jahre für England gefährlich bleibt.

1294 Im Kampf gegen Frankreich verbündet sich EDUARD mit dem deutschen König Adolf von Nassau (um 1250–1298) und dem Grafen von Flandern.

1295 *Aug.–Nov.*: EDUARD beruft mit dem berühmten Satz: »Quod omnes tangit ab omnibus approbetur« (was alle angeht, muß von allen gebilligt werden) das sog. Model Parliament (Musterparlament): Geladen werden durch ein persönliches Schreiben des Königs alle weltlichen und geistlichen Lords; durch ein allgemein gehaltenes Einladungsschreiben des Lordkanzlers (writ) an die Sheriffs aber auch die Ritter (knights), städtischen Vertreter (burgesses) und die mittlere Geistlichkeit (diocesan clergy). Die Städte entsenden hohe Magistratsbeamte und die Grafschaften (shires) Grundbesitzer. – Daran ändert sich im Grunde bis 1832 bzw. 1872 (Reformbill bzw. Einführung des geheimen Wahlrechts) nichts. Wichtig jedoch, daß fortan Ritter und Städter als »commons« vertreten sind, wenn sie auch oft ungern kommen, da sie nur zur Kasse gebeten werden, aber nichts zu sagen, zu bestimmen haben.

1296 *27. April*: In der Schlacht bei Dunbar siegen die Engländer über die aufrührerischen Schotten.

seit 1296 Mit der Bulle ›Clericis Laicos‹ verbietet Papst BONIFAZ VIII. (1235?–1303) jede Besteuerung der Kirche ohne päpstliche Einwilligung. – Daraufhin verweigert ROBERT WINCHELSEY (vor 1240–1313), Erzbischof von Canterbury, die Steuerzahlungen an den König. Der daraufhin einsetzende Kirchenkonflikt löst sich durch die Schwächung des Papsttums seitens Frankreichs von selbst (1303/04).

1296 bis 1306 Zweites Interregnum in Schottland, währenddessen EDUARD I. die Throngeschäfte selbst wahrnimmt.

1297 Gegen EDUARDS Überspannung der königlichen Prärogative, die vor Rechtsbrüchen nicht halt macht, gegen die Wehrdienstverpflichtungen, Lebensmittelkonskribierungen und Steuereintreibungen wendet sich eine Adelsopposition, geführt von den Earls von Norfolk und Hereford. – Der König bequemt sich daher zu einer »confirmation of the charters« (›Confirmatio Cartorum‹), d. h. zu einer Bestätigung der Magna Charta, der »Provisions of Oxford« usw.

1298 *22. Juli*: In der Schlacht bei Falkirk schlägt EDUARD die Schotten unter WILHELM WALLACE (um 1270–1305), der später als schottischer Freiheitsheld vom englischen König gehängt wird.

um 1300 England und Wales haben etwa 3 Mill. Einwohner, Schottland wohl 400 000. – Die Erfindung und Anwendung der Walkmühle verlagert die Woll- und Tuchindustrie an die Flüsse und Seen und ermöglicht eine erhebliche Steigerung vor allem der hochwertigen Tuch-Fabrikation. Etwa 5 Mill. kg Wolle werden jährlich ausgeführt, vor allem über die Wollstapel Dordrecht, dann Antwerpen und Brügge. – Zahlreiche bisher abhängige Bauern erhalten als »farmer« Pachtland von den Grundherren und führen dafür Naturalien und Geldzins ab. – Vom König gefördert, verdrängen die bürgerlichen (zivilen) Rechtsanwaltsschulen (Inns of Court) die Geistlichkeit von den Gerichtshöfen.

1300 *März*: Das Parlamentsstatut ›Articuli super Cartas‹ richtet sich gegen die Willkürmethoden der königlichen Behörden, vor allem der Finanz- und Steuerbeamten.

nach 1300 Übergang zur Hochgotik (Decorated Style): Exeter, York, Lichfield.

1301 *Jan.*: Das in Lincoln tagende Parlament versucht, sowohl den König unter Kontrolle zu halten wie auch den Oberlehnsanspruch des Papstes über Schottland abzuwehren.

1303/04 Für die Null- und Nichtig-Erklärung der 1297 von Magnaten und Parlament erzwungenen ›Confirmatio Cartorum‹ durch den Papst überläßt EDUARD diesem die Annaten der englischen Kirche.

1306 *25. März*: Das zweite schottische Interregnum endet mit der Thronbesteigung ROBERTS I. (1274–1329).

1307 *Jan. bis März*: Parlament und Statut von Carlisle: Verbot für die Klöster, ihren im Ausland liegenden Mutterklöstern Abgaben zu leisten. Dieses Verbot richtet sich gegen die päpstlichen Provisionen.
7. Juli: Tod EDUARDS I. – Einen Tag später besteigt sein Sohn, der Prince of Wales, als EDUARD II. den Thron.

1310 Die Barone zwingen dem schwachen König, der sich mit unfähigen Günstlingen umgibt, ein Regime von 21 Ratgebern auf, den sog. Lords Ordainers.

1312 *Juni*: Der königliche Favorit, der zum Earl of Cornwall erhobene Gascogner PIERS GAVESTON, wird vom Führer der Adelsfronde, GUY DE BEAUCHAMP, Earl of Warwick (um 1280–1315), gefangengenommen und wenig später hingerichtet.
Der aufgelöste Tempelritterorden verliert seinen Besitz an eine Londoner Rechtsgelehrtenschule, die sich im »Temple« niederläßt.

1314 *24. Juni*: ROBERT I. schlägt EDUARD II. bei Bannockburn (Schottland) und sichert damit die Unabhängigkeit Schottlands.

um 1314/15 England exportiert jährlich etwa 30 000 Sack Wolle und 5 000 Stück Tuch (um 1550: 4 000 Sack Wolle und über 100 000 Stück Tuch) vor allem nach Flandern und Nordfrankreich.

seit 1315/16 Die in Irland einfallenden Schotten drängen die Engländer auf einen »Pale« um Dublin zurück.

1318 bis 1321 AYLMER DE VALENCE, Earl of Pembroke (gest. 1324), führt für den unfähigen König die Regierungsgeschäfte.

1322 Die 1310 dem König von den Lords Ordainers aufgezwungenen Rechts- und Regierungsvorschriften (ordinances) werden widerrufen.

1324 bis 1328 Ein vom Oxforder Erzkanzler gegen den Franziskanertheologen und -philosophen WILHELM VON OCKHAM (um 1285–um 1350) wegen seiner Lehren angestrengter Prozeß vor dem päpstlichen Gericht in Avignon bringt kein Ergebnis. Der Logiker, Nominalist und Subjektivist Ockham vertritt eine naturrechtliche Sozialphilosophie, in der die historische weltliche Herrschaft und der Primat göttlichen Rechts, also Staat und Kirche, als zwei autonome, doch einander zugeordnete Gebilde betrachtet werden. – Ockham flieht 1328 an den Wittelsbachischen Hof nach München und lebt dort als politisch-theologisch-philosophischer Berater Kaiser LUDWIGS IV. des Bayern (1287–1347).

1326 König ROBERT I. von Schottland beruft die geistlichen und weltlichen Lords sowie die Vertreter von sieben Städten seines Landes, um die Kriegskosten gegen England bewilligt zu bekommen. Das Ereignis gilt als Gründung des schottischen Parlaments.

1327 *Jan.*: Nach dem Sturz seiner Günstlinge, Vater und Sohn HUGH DESPENSER (1264–1326), wird EDUARD II. von Königin ISABELLA (1292–1358) und ihrem Liebhaber ROGER MORTIMER, Earl of March (1287–1330), durch das Parlament als abgesetzt erklärt, inhaftiert und im September ermordet.
25. Jan.: Thronbesteigung des fünfzehnjährigen EDUARD III. (1312–1377), des Sohnes EDUARDS II. und ISABELLAS, der zunächst völlig von seiner Mutter und MORTIMER beherrscht wird.

1328 *4. Mai*: Im Vertrag zu Northampton ratifizieren ISABELLA und MORTIMER sowie ROBERT I. den am 17. März zu Edinburgh geschlossenen Vertrag, der Schottlands Autonomie garantiert.

1330 *Okt.*: Sturz und Hinrichtung des zwar politisch-militärisch fähigen, doch herrschsüchtigen und intriganten MORTIMER. Beginn der Selbstregierung EDUARDS III. nach der Inhaftierung seiner Mutter ISABELLA.

1332 EDUARD schließt mit den flandrischen Städten ein Bündnis (erneuert 1338) und beginnt einen Handelskrieg gegen den Grafen von Flandern und Frankreich.

1336/37 ROBERT MANNYNG (um 1288–1338) schreibt eine gereimte ›Geschichte Englands‹.

1337 Beginn des Hundertjährigen Krieges zwischen England und Frankreich. Nach der Meinung heutiger Historiker liegt die Ursache hierfür weniger in EDUARDS Anspruch auf die französische Krone (seine Mutter ISABELLA war die Tochter Philipps IV.) gegenüber dem ersten Valois, PHILIPP VI. (1293–1350), als in seinem Interesse für die wirtschaftlich bedeutenden flandrischen Städte sowie im Eingreifen Philipps zugunsten der Schotten, die sich gegen England behaupten wollen. – Eduard verbietet die Wollausfuhr nach Flandern und fördert die einheimische Tuchherstellung unter Hinzuziehung flämischer Einwanderer.

1339 Der aus Yorkshire gebürtige Mystizist RICHARD ROLLE (um 1300–1349) schreibt für englische Nonnen eine ›Anleitung zum vollkommenen Leben‹.

um 1340 Einführung des »Admiral« als oberster Seefahrtsbehörde; wird erst viel später zu einem Marineoffiziersrang.

1340 *24. Juni*: Im Seegefecht von Sluys besiegen die Engländer die Franzosen.
EDUARD nimmt die französischen Lilien in sein Wappen auf (bis 1802).

1341 Die Engländer werden aus Schottland vertrieben, was EDUARD hinnimmt, um sich ganz dem Krieg mit Frankreich widmen zu können.

1346 *26. Aug.*: Geführt von EDUARD III., schlagen die Engländer das französische Ritterheer PHILIPPS VI. bei Crécy vernichtend. Dieser glänzendste Sieg Englands im Hundertjährigen Krieg beweist nicht nur die Überlegenheit der »modernen«, mit Langbogen bewaffneten Infanterie über mittelalterliche Ritterheere, sondern festigt für fast neunzig Jahre Englands Position in Frankreich.
17. Okt.: König DAVID II. von Schottland (1324–1371) fällt in Nordengland ein, um die mit ihm verbündeten Franzosen zu entlasten. Er wird bei Neville's Cross geschlagen und im Tower festgesetzt.

1347 bis 1558/64 Calais ist englischer Brückenkopf und Tuchstapel auf dem Festland.

1348 Mutmaßliche Stiftung des Hosenbandordens (Garter of the Knight) durch EDUARD III., um die sich pikante Histörchen ranken (z. B. Liebesaffäre mit der Gräfin von Salisbury, die beim Tanz ihr Strumpfband verliert, das vom König aufgehoben, als »Orden« angelegt und mit den Worten »Honi soit qui mal y pense« geschmückt wird, um die schöne Gräfin vor dem Spott der hohen Gesellschaft zu schützen).

1348 bis 1369 Mehrere Pest-Epidemien erreichen die britischen Inseln und reduzieren die Bevölkerung um mindestens ein Viertel. – Anfänge einer Arbeitsgesetzgebung. – Durch die Entvölkerung veröden riesige Acker- und Weideflächen; der Getreideanbau geht zurück, die Preise steigen; etwa ein Fünftel der Dörfer verschwindet.

seit 1350 Zur Aufbesserung der Staats- bzw. der königlichen Finanzen werden »tonnage« und »poundage« erhoben: Tonnage wird seit dem 12. Jahrhundert auf eine Tonne Wein bezahlt, Poundage als 1,1prozentiger Aufschlag auf alle im- und exportierten Güter. Seit 1415 stehen beide Steuern dem König persönlich zu.

1351 *9. Febr.*: Ein Statut setzt fest, daß alle Pfründen in England nur durch englische Kirchenpatrone besetzt werden dürfen.

1353 *Sept./Okt.*: Das Parlament billigt das erste ›Statute of Praemunire‹, um in geistlichen, dann auch in weltlichen Angelegenheiten (Beschwerden, Eingaben, Kirchen- und Dogmenfragen) ein Anrufen geistlicher oder gar päpstlicher Gerichte durch den englischen Episkopat zu verhindern. Umgekehrt können Entscheidungen und Forderungen des Papstes die englischen Bischöfe nur über die Common Law Courts und die Krone erreichen. Päpstliche Bullen, die Exkommunikation oder Provisionen zum Inhalt haben, dürfen – nach zwei weiteren Statuten (1365, 1393) – englischen Boden überhaupt nicht berühren. – Das Praemunire-Statut wird während der englischen Reformation (1530–1560) akut.
Die ›Ordinatio stapularum‹ verlegt den Wollstapel von Brügge nach England.

1355 In Oxford kommt es zwischen Bürgern der Stadt (Town) und Studenten und Akademikern (Gown) zu schweren Unruhen, bei denen in »Tavernenschlachten« über hundert Studenten getötet werden. Als Strafe muß die Stadt später bis 1825 ein Bußgeld (silverpenny) an die Universität zahlen.

1356 *19. Sept.*: In der Schlacht von Maupertuis/Poitiers siegen die Engländer unter König Eduards militärisch hochbegabtem ältesten Sohn, EDUARD der »BLACK PRINCE« (1330–1376), über das Heer König JOHANNS D. GUTEN von Frankreich (1319–1364), der in englische Gefangenschaft gerät.

1357 *Okt.*: Im Vertrag zu Berwick unterwirft sich DAVID II. von Schottland. Gegen eine große Geldzahlung wird er freigelassen, jedoch bald wieder inhaftiert, weil er den Kampf gegen EDUARD III. nicht aufgibt.

1360 *1. Mai*: Im Vertrag zu Brétigny bei Chartres zwischen JOHANN D. GUTEN und König EDUARD muß Frankreich den Südwesten, das Poitou und Calais an England abtreten. Dafür verzichtet Eduard auf die französische Krone.
Erlaß eines Bettelverbots.

1362 Englisch wird neben dem Lateinischen, das allmählich verdrängt wird, Gerichtssprache.
WILHELM LANGLANDS (1330?–1400) ›Piers Plowman‹ (Peter der Pflüger) erscheint: eine Mahnschrift zur Lage der unterdrückten und ausgebeuteten Bauern, die zudem von den Pest-Epidemien am härtesten getroffen werden, sowie gegen die Korruption in der katholischen Kirche. – In der zweiten Auflage (1377) taucht erstmals die Robin Hood-Legende auf. Datierung und Ortsbestimmung sind sehr schwierig, da bis ins späte 15. Jahrhundert variierend (von Richard I. bis zu den Rosenkriegen; südliches Yorkshire, Nottingham, Sherwood Forest).

1363 Mit der Errichtung eines festländischen Wollstapels in Calais kommen die englischen Tuchhändler (Merchant Adventurers) auf und drängen den flandrisch-französischen Einfluß zurück.

1364 *29. Sept.*: Die Schlacht bei Auray wird zwar von den Engländern gewonnen, kann aber den Besitz der Bretagne nicht sichern, da JOHANN IV. VON MONTFORT das ihm zugefallene Herzogtum neutral hält.

1366 *Febr.*: EDUARDS dritter Sohn LIONEL, Duke of Clarence (1338–1368), erklärt in den 35 ›Statutes of Kilkenny‹ die Eroberung Irlands durch England für vorerst gescheitert.

seit 1366 Der Reformtheologe JOHANN WICLIF (um 1320–1384) greift die päpstliche Finanzpolitik, die Klöster, das Mönchtum, den Zölibat, die Suprematsansprüche des Papstes und das verweltlichte Leben des Klerus an. Das Parlament weist den seit 1213 bestehenden Oberlehnsanspruch des Papstes zurück und verweigert formell die schon lange nicht mehr erfolgte Zahlung des »Peterspfennigs«.

1367 bis 1369 Wenig erfolgreiche, aber verlustreiche Feldzüge des Schwarzen Prinzen in Kastilien.

seit 1369 Die ständigen Kriege, die halben Erfolge in Frankreich und die Schlappe in Spanien, die enormen Kriegskosten und die häufige Abwesenheit EDUARDS von England führen zu einer Fronde der Magnaten, deren Einfluß in Regierung und Parlament zunimmt. – Um die Nobilität auf seine Seite zu bringen und die erforderlichen Gelder bewilligt zu bekommen, hatte Eduard seine zahlreichen Kinder mit den Großen des Landes verheiratet. Einer der Wortführer der opponierenden Barone ist sein dritter

Sohn, Johann von Gaunt (1340–1399), der 1359 Blanche (gest. 1362), die Erbin des Hauses Lancaster, geheiratet hatte und nach ihrem Tod zum Herzog von Lancaster aufsteigt.

1371 Wilhelm von Wykeham (1324–1404), Bischof von Winchester und Kanzler, fordert das Parlament zur Kriegsunterstützung auf. Darauf erhebt sich ein Anti-Klerikalismus in der Absicht, die hohen Ratgeber der Krone durch weltliche »officers of the realm« zu ersetzen. – Johann von Gaunt bestimmt danach die Richtlinien der Politik, da sich der alternde Eduard mehr und mehr von den Regierungsgeschäften zurückzieht.
In Schottland kommen die Stuarts auf den Thron, jedoch bis 1488 bekämpft von einer Adelsopposition unter den Douglas.

1376 Gegen Gaunt, die königliche Mätresse Alice Perrers (vor 1350–1400), die Höflinge und zahlreiche Londoner Geldleute wird der Vorwurf der Korruption und persönlichen Bereicherung erhoben. Während des »good parliament« (24. Februar – 8. Juni) klagen die Commons einige hohe Kronbeamte an, darunter den »chamberlain« Lord William Latimer (1329?–1381), der ebenso wie der einflußreiche Londoner Finanzier Richard Lyons durch das erste »impeachment« verurteilt und inhaftiert wird, während Alice Perrers den Hof verlassen muß. Ein königlicher Rat aus neun Lords und Prälaten, geführt vom Schwarzen Prinzen und dem Mann seiner Nichte, Edmund Mortimer, Earl of March (1351–1381), übernimmt die Regierungsverantwortung und versucht zusammen mit dem Parlament eine ständische Reform; mit dem überraschenden Tod des Schwarzen Prinzen aber, am 8. Juni, bricht der Rat der Neun wieder auseinander, und Gaunt, Latimer und die Perrers sind erneut Herren des Landes.

1377 *21. Juni*: Tod des amtsmüden und kränkelnden Eduard III. – Den Thron besteigt als Richard II. (1367–1400) der zehnjährige Sohn Eduards des Schwarzen Prinzen.

1377/78 Wiclifs Schriften ›De civili dominio‹, ›De ecclesia‹ und ›De officio regis‹ werden vom Papst mit mehreren Bullen bekämpft. Vor dem Haß und der Verfolgung der Kirche schützt ihn Johann von Gaunt.

1377 bis 1380 Dank der unfähigen und miteinander verfeindeten Magnaten (Regierungsfaktionen) erleidet England gegen die kastilische und französische Flotte sowie auf dem französischen Festland schwere Niederlagen mit hohen Verlusten.

1381 Im Frühsommer kommt es angesichts der verfahrenen innen- und außenpolitischen Situation und aufgrund einer neuen schweren Besteuerung, einer persönlichen »Kopf«steuer (poll tax), die wie üblich die besitzenden Stände bevorzugt, zu einem von Wat Tyler geführten Bauernaufstand, der weite Gebiete Englands erreicht. Neben der Verkettung politischer, sozialer und religiöser Probleme waren in starkem Maße die wirtschaftlichen Folgen der Pest, d. h. die um sich greifende Arbeitslosigkeit für die Revolte ausschlaggebend. – Dank der geschickten Verhandlungsführung des über sich hinauswachsenden jungen Königs können die Aufrührer besänftigt werden, wobei Tyler in London den Tod findet. Der Aufstand bricht am 28. Juni im Gefecht bei Billericay zusammen. – Während der Bauernunruhen, zu denen sich Umtriebe der Wiclif-Anhänger (Lollarden) gesellten, zeigt sich die soziale Zerrüttung des Landes sehr deutlich. Die verarmten Kleinbürger und Kleinbauern, ja selbst die von den Magnaten dominierten kleinen Landedelleute und Freibauern (Yeomen) geraten z. T. in die Abhängigkeit der Nobilität, so daß sich ein korruptionsanfälliges, fast anarchisches Patronage- und Klientelsystem etablieren kann, das die königliche Land- und Friedensordnung sprengt und Sheriffs ebenso wie Common Law Courts gefügig macht. – An der »Magnatenexplosion« mit folgendem Bastard- oder Afterfeudalismus war EDUARD III. mitschuldig: Ohne es zu ahnen, hatte er mit der Errichtung der Herzogtümer Lancaster, York, Gloucester und Clarence für seine Söhne der Krone eine gefährliche politische Konkurrenz geschaffen, deren Machtfülle die des Königs durchaus erreichte.

1382 JOHN GOWER (zw. 1330/50–1408) beschreibt in der lateinischen Dichtung ›Vox clamantis‹ den Aufstand von 1381.
Gründung der »Public School« Winchester als erste der Elite-Schulen wie Eton und Harrow.

1382 bis 1386 RICHARD II. versucht, den Krieg mit Frankreich, der nur Monarchie und Land schwächt, zu beenden. Die zu Macht und Einfluß gekommenen Barone aber lehnen »peace without victory« ab, erzwingen 1386 die Absetzung und Inhaftierung des klugen Kanzlers MICHAEL DE LA POLE, Earl of Suffolk (1330?–1389), und verdächtigen den König des Verrats.

1383 WICLIFS Übersetzung des ›Neuen Testaments‹ erscheint. Im gleichen Jahr erklärt eine Kirchensynode zu Oxford zehn seiner vierundzwanzig Lehrpunkte für häretisch, alle übrigens für irrig.

1385 *14. Aug.*: Mit Hilfe der Engländer schlägt König JOHANN I. von Portugal (1357–1433) bei Aljubarrota (Südportugal) JOHANN I. von Kastilien (1358–1390). – Mit der 1386 erfolgten Heirat Johanns mit einer Tochter Gaunts ist der Anfang eines bis in die Gegenwart gültigen englisch-portugiesischen Bündnisses gemacht.

1387 *14. Nov.*: THOMAS WOODSTOCK (1355–1397), Duke of Gloucester, Sohn EDUARDS III. und Onkel RICHARDS II., RICHARD Earl OF ARUNDEL (1346–1397), und THOMAS BEAUCHAMP, Earl of Warwick (gest. 1401), –

die sog. »Lords Appellant« – klagen Freunde Richards des Verrats an. Bevor die Klage im nächsten Parlament behandelt werden kann, schließen sich HEINRICH BOLINGBROKE, Earl of Derby (1366?–1413), und THOMAS Earl OF NOTTINGHAM, Duke of Norfolk (1366–1399), den Appellanten an. Der Versuch des Königs, die Bewegung militärisch zu stoppen, scheitert am 20. Dezember bei Redcote Bridge (Themse).

seit 1387 Der königliche Beamte und Dichter GEOFFREY CHAUCER (um 1340–1400) arbeitet an seinen ›Canterbury Tales‹, die nicht nur wegen der großartigen Schilderung von Land und Leuten, Sitten und Gebräuchen im ausgehenden 14. Jahrhundert berühmt sind, sondern auch wegen ihrer Bedeutung für die Entwicklung der modernen neuenglischen Sprache.

1388 *Febr./März*: Das am 3. Februar zusammengetretene »Merciless Parliament« (verdienstloses P.) behandelt, von den Lords Appellant gezwungen, die angebliche Verratssache und verurteilt die Grafen von Oxford und Suffolk, den Erzbischof von York, ALEXANDER NEVILLE (gest. 1392), und läßt sogar zwei Angeklagte, darunter Lord-Oberrichter Sir ROBERT TRESILIAN, hinrichten. Der König muß hilflos zusehen. Erst knapp zehn Jahre später kann er sich rächen.
15. Aug.: Die Schotten nutzen die innerenglischen Streitigkeiten und schlagen die Engländer unter HENRY PERCY »HOTSPUR« (1364–1403), dem Sohn HENRY PERCYS SR. (1342–1408), Grafen von Northumberland, in der Schlacht bei Otterburn.

1394/95 Vom 2. Oktober 1394 bis zum 11. Mai 1395 hält sich König RICHARD in Irland auf, um dort die englischen Ansprüche zu untermauern.

1396 *12. März*: RICHARD heiratet in zweiter Ehe ISABELLA (gest. 1409), die Tochter König KARLS VI. von Frankreich (1368–1422), und erreicht dadurch eine achtzehnjährige Kampfpause im Hundertjährigen Krieg, die zusätzlich durch ein Konkordat und eine Allianz mit dem Papst abgesichert wird.

1397 *Sept.*: RICHARD rächt sich für die vor zehn Jahren durch die Lords Appellant erlittene Schmach: Gloucester, Arundel und Warwick werden durch königstreue Magnaten des Verrats beschuldigt (appeal of treason), entmachtet, verurteilt und inhaftiert. Arundel wird exekutiert, der sich schuldig bekennende Warwick ins Exil geschickt und Gloucester wahrscheinlich ermordet. – Die Entscheidungen des »Merciless Parliament« werden annulliert und alte Verteidiger der königlichen Sache und Autorität der letzten achtzig Jahre nachträglich rehabilitiert.

1399 *3./4. Febr.*: Tod JOHANNS VON GAUNT. RICHARD untersagt dessen Sohn HEINRICH BOLINGBROKE, Earl of Derby, das Erbe Lancaster anzutreten. Dadurch verärgert er den mächtigen Baron, der schnell zum Führer einer antiköniglichen Front wird.

29. Sept.: Der zu keiner klaren Linie fähige und willkürlich herrschende Richard II. wird von der Adelsfronde zur Abdankung gezwungen. Mit seinem Tod fünf Monate später in der Verbannung erlischt das Haus Plantagenet in der direkten Linie.
30. Sept.: König wird der Sohn Gaunts, Heinrich IV. Bolingbroke, Herzog von Hereford und Lancaster. – Geldnot der Krone und Faktionskämpfe im Parlament und unter den Magnaten sorgen sofort wieder für Unruhe.

seit 1400 Wales versucht unter Führung des Fürsten Owen Glendower (Glyndwr) (zw. 1354/59– 1416?) die nationale Unabhängigkeit zurückzugewinnen (Owen Glendower's Revolt).
Zur gleichen Zeit Magnatenaufstand unter Führung der Percies von Northumberland und Edmunds, Duke of York (1341–1402).

1401 Heinrich sucht nicht nur den Ausgleich mit dem von den Baronen beherrschten Parlament, sondern auch mit der Kirche: Das Statut ›De comburendo haeretico‹, auf Drängen des Erzbischofs von Canterbury, Thomas Arundel (1353–1414), eingebracht, erlaubt die Verfolgung, Bestrafung und Hinrichtung der militanten Anhänger der Lehre John Wiclifs (Lollarden).

1403 *21. Juli*: Schlacht von Shrewsbury (auch Hateley Field). Die mit den Schotten verbündeten Percies und ihre Freunde werden von Heinrich geschlagen, wobei Henry Percy »Hotspur« fällt.

1405 Die Franzosen landen in Wales, um Owen Glendower zu helfen. Gleichzeitig versucht der Earl von Northumberland im Verein mit dem Erzbischof von York einen neuen Aufstand.

1406 *22. März*: Der schottische Thronfolger und Gegner Heinrichs IV., Jakob I. (1394–1437), wird gefangen und bis Ende März 1424 inhaftiert. Seit 4. April aber neuer König, führen für ihn die Herzöge von Albany als »governors« die Regierung in Schottland.
Heinrich muß die Machtposition des aristokratischen »council« anerkennen, um der Opposition der Magnaten die Spitze zu nehmen. – In den nächsten Jahrzehnten wechselt der Führungsanspruch ständig zwischen Yorkistischen und Lancaster-Faktionen, wobei die »royal prerogatives« ständig geschmälert werden. Vor allem das Geldbewilligungsrecht geht in die Hände von Council und Parlament über.

1407 Heinrich erteilt Londoner Tuch- und Weinhändlern ein Privileg (Monopol): Die »Merchant Adventurers haunting Brabant« werden zum mächtigsten kaufmännischen Syndikat und beherrschen bis 1480 fast vier Fünftel des englischen Außenhandels.

1408 *19. Febr.*: Tod HENRY PERCYS, Earl of Northumberland, in der verlorenen Schlacht bei Bramham Moor. – Seine Grenzfestungen werden von HEINRICH rasch hintereinander bezwungen und zum Teil geschleift.

1408 bis 1413 HEINRICH IV. und sein ältester Sohn, der spätere HEINRICH V. (1387–1422), beteiligen sich auf dem französischen Kriegsschauplatz an den Streitigkeiten zwischen Burgundern und Armagnacen (Orléanisten).

1411 Gründung der schottischen Universität St. Andrews.

1413 *20. März*: Tod HEINRICHS IV., dem sein Sohn, HEINRICH V., folgt. Der neue König bestimmt durch die ›Parliamentary Election Act‹, daß die Ausübung des aktiven und passiven Wahlrechts an ständigen Aufenthalt im Wahlkreis gebunden ist (bis 1774).

1414 *Frühjahr*: Unter Führung von Sir JOHN OLDCASTLE, Lord Cobham (1387–1417), einem Jugendfreund HEINRICHS V., welcher der Hussitischen und Wiclifschen Häresie angeklagt war, kommt es zu einem Aufstand der Wiclifianer oder Lollarden. Die Zentren sind Bristol, Essex und die Midland-Städte. Der religiös-politisch motivierte Aufruhr wird von Heinrich schnell niedergeworfen.

1415 *1. Aug.*: Aufdeckung der »Cambridge-Verschwörung« gegen den König. Ein Enkel Eduards III., RICHARD Earl OF CAMBRIDGE, und zwei Vertraute, HENRY Lord SCROPE OF MASHAM (geb. 1376) und Sir THOMAS GREY, wollen Cambridges Schwager EDUARD MORTIMER, Earl of March (1391–1425), einen Nachkommen Richards II., auf den Thron bringen. March verrät das Komplott, die drei Verschwörer werden hingerichtet.
25. Okt.: Schlacht bei Azincourt. Glänzender Sieg HEINRICHS V. über die Franzosen, deren Verluste auf 20000 Mann beziffert werden.

seit 1415 Bau einer mächtigen königlichen Flotte.

1420 *21. Mai*: Der Vertrag zu Troyes macht den englischen König zum Beherrscher Frankreichs. Beschlossen werden die Heirat HEINRICHS V. mit CATHERINE (1401–1437), der Tochter des geisteskranken KARL VI., und seine Einsetzung als Regent Frankreichs. Nach dem Tode KARLS soll die französische Krone HEINRICH und seinen Erben gehören.

1421 *Mai*: Heinrichs Schatzmeister berichtet dem Großen Rat (council), daß der Krieg mit Frankreich, d. h. Truppenanwerbung und -ausrüstung, Schiffbau, Kriegsfinanzierung und Unterhaltung der Besatzungsheere, nicht nur die Staatskasse überstrapaziert, sondern sich auch negativ auf die wirtschaftliche Lage – Verschuldung der Grafschaften, Verarmung der Bauern – auswirkt.

1422 *31. Aug./1. Sept.*: Plötzlicher Tod HEINRICHS V., dessen neun Monate alter Sohn als HEINRICH VI. (1421–1471) den Thron besteigt. Die Regentschaft führt für ihn als »protector« sein Onkel HUMPHREY Duke OF GLOUCESTER (1391–1447), ein gebildeter, ehrgeiziger und wegen seines Patriotismus vom Londoner Mob und der Bourgeoisie geliebter Renaissance-Magnat, aber auch politischer Intrigant.

1422 bis 1509 Die Familie Paston aus Paston/Suffolk führt eine ausgedehnte Korrespondenz: Die ›Paston Letters‹, sicher die berühmteste englische Briefsammlung, schildern das Leben einer Mittelstandsfamilie und sind für die Analyse der politischen, gesellschaftlichen, wirtschaftlichen und religiösen Bedingungen während der Spätphase des Hundertjährigen Kriegs, der »Rosenkriege« und der Anfänge der Tudors unentbehrlich.

1426 Im Großen Rat bekämpfen sich zwei Faktionen, geführt von GLOUCESTER bzw. dessen Onkel HENRY BEAUFORT, Bischof von Winchester (1377–1447). Um einen Privatkrieg zwischen beiden zu verhindern, kehrt Gloucesters Bruder, also auch er ein Bruder Heinrichs V. und Onkel Heinrichs VI., JOHN Duke OF BEDFORD AND LANCASTER (1389–1435), aus Frankreich zurück, wo er als Regent fungierte.
König JAKOB I. von Schottland zieht mehr Vertreter des kleinen Landadels (gentry) und der Städte ins Parlament, um ein Gegengewicht zu den schottischen Magnaten und »clans« zu schaffen.

1430 *23. Mai*: JEANNE D'ARC (1412–1431?), die den Verteidigungswillen des geschlagenen Frankreich wiedererweckt hatte, wird von den Burgundern gefangen und den Engländern ausgeliefert. Ein Jahr später wird sie nach einem großen Prozeß verurteilt und in Rouen verbrannt (wenn auch neueste Forschungen das anzweifeln).
Die Commons und die »upper middle class« als Exponenten der wahlberechtigten Städte (boroughs) setzen die 40-Shilling-Freeholder-Taxe für einen County-Abgeordneten fest (›Election of Knights of the Shires Act‹). – Dieses Zensus-Wahlrecht kann erst mit der Reformgesetzgebung (Reform Bill) seit 1832 modifiziert werden.

1433 BEDFORD kann den Krieg in Frankreich wegen erschöpfter Mittel nicht fortsetzen. Seine und des Schatzmeisters Forderungen nach 30000 Pfund werden wegen der bereits bestehenden Verschuldung von 164000 Pfund vom Parlament abgelehnt, erstmals mit der Formel: »by the authority of Parliament«.

1434 Rückkehr BEDFORDS nach Frankreich, um einen Aufstand in der Normandie niederzuschlagen.

1435 *5. Aug.–21. Sept.*: Kongreß und Vertrag zu Arras. England und Frankreich können sich bezüglich der englischen Ansprüche in Frankreich

nicht einigen. Die überhebliche englische Delegation verläßt den Ort. Dagegen unterzeichnen Frankreich und Burgund einen Vertrag, der einen Wendepunkt im Hundertjährigen Krieg bedeutet: Der englische Einfluß wird zurückgedrängt und geht unaufhaltsam verloren.
15. Aug.: Tod des Herzogs von BEDFORD; GLOUCESTER übernimmt die Regentschaft.

1440 Gründung von Eton-College.

um 1440 Angesichts des sich dahinschleppenden Krieges und der katastrophalen Finanzlage bildet sich eine Friedenspartei gegen GLOUCESTER, der einen Siegfrieden will. Führer sind sein Onkel Kardinal HENRY BEAUFORT, Bischof von Winchester, seine Neffen JOHN Earl (Duke) OF SOMERSET (1403–1444) und EDMUND Earl (Duke) OF SOMERSET (1404–1455), sowie WILLIAM DE LA POLE, Earl (Duke) of Suffolk (1396–1450). Im Laufe der Jahre sieht die gesamte königliche Regierung die Notwendigkeit eines baldigen Friedensschlusses ein. – Die landwirtschaftliche Depression, die zu Verödung und Landflucht geführt hatte, flaut allmählich ab. Wegen des Kriegs aber ist der Wollexport stark rückläufig, was durch verstärkte Tuchproduktion im eigenen Land nur bedingt ausgeglichen werden kann. Viele geistliche und weltliche Magnaten geben die Schafzucht zur direkten Marktbelieferung mit Fleisch und Wolle auf und begnügen sich mit dem Kassieren des Pachtzinses oder der Rendite ihrer Ländereien (Weide, Holz, Wassernutzung, Fischerei, Jägerei) – sofern diese überhaupt existierten und die Unkosten nicht die Erträge auffraßen. Nach der Landumschichtung während der Pest-Epidemien um 1350 liegt hier ein neuer Ansatz zur Verarmung, zum Abstieg eines Teils der Grundbesitzer. – Im Gegensatz zu den oft extensiv und am Markt vorbei produzierenden adligen Großgrundbesitzern vermögen die Groß- und Freibauern (yeomen) ihren Besitz zu halten oder auch zu vermehren, da sie den Markt realistischer einschätzen und ein breitgefächertes Angebot an Grundnahrungsmitteln wie Fleisch, Wild, Geflügel, Obst, Gemüse und Korn bereithalten. – Andererseits verarmen die Kleinbauern, die entweder ihren Arbeitsplatz auf den »estates« der Großgrundbesitzer verloren haben oder zwischen der besitzenden Gentry, den Yeomen und den auf dem Land Kapital investierenden reichen Städtern zerrieben werden: Agrarproletariat und Pauperismus entstehen. – Erschwerend tritt hinzu, daß frühere Allgemeinrechte wie Allmende, Fischen, Jagen längst per Dekret der Nobilität reserviert sind; die Bauern zur Wehrpflicht gepreßt werden, Trinken, Spielen, Raufen, Haß und Neid sowie Krankheiten und Seuchen die Lage der einfachen Leute verschlechtern. – Demgegenüber erstarken trotz mancher Rückschläge die Bankiers, Händler und Kaufleute, auf deren Schiffe, Kapital und internationale Beziehungen König und Magnaten während des Hundertjährigen Krieges angewiesen sind. – Politisch gesehen, zieht das Ende des mittelalterlichen England herauf. Die von Eduard III. für seine Söhne geschaffenen Herzogtümer Lancaster, York, Clarence und Gloucester,

Clarence und Gloucester, durch Einheirat mit anderen Magnaten-Familien reicher und mächtiger geworden als die Krone, übersteigern den feudalen Grundgedanken. Das Patronagesystem mit regionalen Privatarmeen (livery and maintenance) und der Afterfeudalismus führen zu lokalen Fehden, die durch dynastische und Handelsinteressen motiviert sind. Die königliche Verwaltung, die meist auch bestochen ist, vermag gegen die über Tod und Leben bestimmenden Barone, die sogar Räuberbanden mieten, nichts zu unternehmen.

1445 War das aktive Wahlrecht an Grundbesitz gebunden worden, so gilt für das passive der Yeomen- oder Freemen-Status bei Borough-Vertretern, der Knight- oder Esquire-Status bei Grafschaftsvertretern; letzteres ist eine nicht unerhebliche Einschränkung.

1449 *Juli*: KARL VII. von Frankreich (1403–1461) erklärt aufs neue den Krieg.

1450 *Juni*: Die Engländer müssen die Normandie räumen. Diese Niederlage, obwohl vorhersehbar, erscheint den meisten Engländern als eine Katastrophe aus heiterem Himmel, für welche die Regierung verantwortlich gemacht wird. WILLIAM, Duke OF SUFFOLK wird mittels eines Impeachment des Hoch- und Landesverrats angeklagt, verurteilt und bei einem Fluchtversuch getötet.
Sommer: Der politische Abenteurer JACK CADE, der sich für einen Somerset ausgibt, sammelt 30000 zumeist aus Kent stammende Rebellen, um in London, das er drei Tage lang grausam plündert, gegen die Unfähigkeit, Korruption und verheerende Finanzpolitik der Regierung zu protestieren. Cade wird wenig später bei London Bridge geschlagen und getötet.
Die englischen Kronschulden belaufen sich auf 400000 Pfund, während das Privateinkommen des Königs (livelihood) nur 5000 Pfund, der königliche Haushalt jedoch 24000 Pfund jährlich beträgt.
Gründung der schottischen Universität Glasgow.

1451 *Jan./Febr.*: RICHARD Duke OF YORK (1411–1460), King's Lieutenant of Ireland und nach dem Tode GLOUCESTERS (1447) Führer der Opposition, kehrt aus Irland zurück und macht Thronansprüche geltend, vor allem mit dem Hinweis auf die durch paranoide Züge offensichtliche Regierungsunfähigkeit König HEINRICHS VI. Richard, populär bei den Kaufleuten und dem einfachen Volk, wird dadurch zum Feind EDMUND BEAUFORTS, Duke of Somerset, der selbst nach dem Thron schielt.

1453 *Juni*: Die Engländer verlieren bis auf Calais alle ihre französischen Territorien. De facto ist das Ende des Hundertjährigen Krieges gekommen.
August: Endgültiger Ausbruch der Krankheit HEINRICHS. – RICHARD VON YORK fordert für sich die Regentschaft.

13. Okt.: Geburt des Thronfolgers EDUARD (gest. 1471). Obwohl Richard ihn anerkennt, wird er von der Königspartei (Lancaster) als potentieller Rivale bekämpft.

1455 *22. Mai*: Auf dem Weg nach London treffen die Yorkisten bei St. Albans auf die Königlichen: Die Yorkisten siegen, Somerset fällt, dennoch läßt RICHARD den König ungeschoren. – Beide Parteien suchen ihre Position zu verbessern und Verbündete zu sammeln. Die Regierungsautorität ist dahin; die mehr als dreißig Jahre dauernden »Rosenkriege« (Wars of the Roses) beginnen, mit einer weißen Rose als Feldzeichen für York und einer roten für Lancaster. – Der Hochadel Englands greift während der Kriegswirren abwechselnd auf beiden Seiten ein. Schlachtentod, Ermordungen und Hinrichtungen vernichten den altnormannischen und plantagenistischen Adel fast völlig. Am Ende des Bürgerkrieges (1483/85) haben sich das mittlere und Großbürgertum und die mit diesem zusammengehende Gentry als neue politisch-ökonomische Faktoren etabliert.

1459 Eine ›Bill of Attainder‹ erlaubt dem Parlament Anklage und Richterspruch zugleich. – In der Tudor- und Stuart-Zeit häufig angewandt, wird 1798 letztmals von ihr Gebrauch gemacht.
Die Feindseligkeiten zwischen York und Lancaster arten in einen Bürgerkrieg aus, wobei Mittelstand und Unterschicht fast völlig abseits stehen und der Selbstzerfleischung der Magnaten zusehen.

1460 *31. Okt.*: YORK beansprucht, vom Parlament unterstützt, die Krone.
30. Dez.: Herzog RICHARD VON YORK wird in der Schlacht bei Wakefield geschlagen und fällt.

1461 *17. Febr.*: Die ehrgeizige Königin MARGARET (1430–1482), Tochter des Herzogs von Anjou, schlägt die Yorkisten bei St. Albans. König HEINRICH, zwar wieder an der Regierung, aber ängstlich wegen der undisziplinierten Truppen seiner Frau, verweigert ihr den Einmarsch in London. Diesen schweren Fehler nutzen der älteste Sohn des gefallenen York, EDUARD (1442–1483), und sein bester Verbündeter und Cousin RICHARD NEVILLE, Earl of Warwick »The Kingmaker« (1428–1471), aus und marschieren in London ein.
4. März: Absetzung König HEINRICHS VI. – EDUARD VON YORK usurpiert als EDUARD IV. den Thron. Der Neunzehnjährige ist ein fähiger Soldat, integrer Charakter, lebenslustiger Renaissancemensch und fähiger Herrscher, der allerdings für zehn Jahre im Schatten des intriganten WARWICK steht, der vor allem seine Familie, die Nevilles, bereichern und mächtig sehen will.
29. März: Die Yorkisten schlagen am Palmsonntag in einem Schneesturm die überlegenen Kräfte der Lancastrians bei Towton. EDUARD erobert York zurück und sichert sich Nordengland, während HEINRICH VI. und Königin MARGARET nach Schottland flüchten.
28. Juni: Krönung EDUARDS IV.

1464 *1. Mai*: Während WARWICK einerseits im Norden Englands die königlichen Heere schlägt und andererseits in Friedensverhandlungen mit Frankreich steht, also die Politik des Landes bestimmt, heiratet EDUARD eigenmächtig und völlig überraschend ELISABETH WOODVILLE (1437?–1492), die Witwe und Schwester von Lancaster-Magnaten, deren große und einflußreiche Familie er als Gegenpart zu Warwick und seinen Nevilles einzusetzen gedenkt.

1465 *13. Juli*: HEINRICH VI. fällt bei Clitheroe in die Hände der Yorkisten.

1468/69 König LUDWIG XI. von Frankreich (1421–1483) schürt in England Aufstände gegen EDUARD IV., die von WARWICK und seinem Schwiegersohn GEORGE, Duke OF CLARENCE (1449–1478), dem Bruder Eduards, unterstützt werden.

1469 *Aug./Sept.*: EDUARD IV. wird von WARWICK inhaftiert.

seit 1469 Handelskrieg der Hanse gegen England (bis 1476).

1470 *März*: EDUARD erklärt WARWICK und CLARENCE zu Verrätern; sie fliehen nach Frankreich.
Sept.: Unterstützt von LUDWIG XI. kehren WARWICK und CLARENCE mit zahlreichen Lancastrians nach England zurück, nehmen London und befreien HEINRICH VI. aus dem Tower. EDUARD flieht nach Burgund, an den Hof seines Schwagers KARLS D. KÜHNEN (1433–1477).
3. Okt.: WARWICK »The Kingmaker« beherrscht England und bestätigt HEINRICH VI. wieder als König.

1471 *14. April*: Der im März aus burgundischem Exil zurückgekehrte EDUARD schlägt, nachdem er London erobert und HEINRICH abgesetzt hat, die Lancastrians bei Barnet, wobei WARWICK fällt.
4. Mai: Nach dem Tod WARWICKS sind die von MARGARET geführten Lancastrians ohne den alles überragenden politischen Kopf. Ihr letztes Aufgebot wird bei Tewkesbury vernichtend geschlagen. Heinrichs VI. Sohn, Prinz EDUARD (geb. 1453), und nahezu alle noch übriggebliebenen Lancaster-Magnaten finden den Tod.
21. Mai: EDUARD IV. läßt HEINRICH VI. im Tower ermorden; der Untergang des Hauses Lancaster ist perfekt. Die Restauration der königlichen Macht anstelle der Regentschaften und Kronräte (government of the realm), die Konsolidierung der innenpolitischen, d. h. vor allem wirtschaftlichen Lage kann beginnen. – Ein wesentlicher Punkt dabei sind die an die Krone gefallenen Estates und Vermögenswerte der Lancastrians.

1472 Die Schotten übernehmen die bislang dänischen Orkney- und Shetland-Inseln.

1474 *25. Juli*: Londoner Vertrag zwischen EDUARD und KARL D. KÜHNEN mit dem Ziel der Aufteilung Frankreichs. Er bleibt unwirksam aufgrund der fehlerhaften und überspannten Politik des Burgunders.

1475 *29. August*: Im Frieden zu Picquigny beenden – zur Überraschung KARLS D. KÜHNEN – EDUARD und LUDWIG XI. den Hundertjährigen Krieg de jure. Mit Ausnahme Calais' verzichtet England auf alle seine französischen Besitzungen. Eduard erhält dafür vom französischen König eine jährliche Rente von 50000 écus d'or; außerdem werden ihm die letzten Feldzugskosten erstattet und die Heirat des Dauphin mit einer seiner Töchter in Aussicht gestellt.

1476 Im Frieden zu Utrecht anerkennt England die Hanse-Privilegien. Der Drucker und Schriftsteller WILLIAM CAXTON (1422-1491) richtet in Nebenräumen der Westminster Abbey die erste Druckerei ein. Gefördert von EDUARD IV. und hohen Adligen, ist Caxtons Wirken von großem Einfluß auf die Entwicklung der englischen Schriftsprache.

1480 Kaufleute aus Bristol finanzieren eine Schiffsexpedition über den Atlantik, um neue Märkte zu erschließen. Das Unternehmen scheitert.

1482 EDUARDS Bruder, RICHARD Duke OF GLOUCESTER (1452–1485), erobert als »King's Lieutenant in the North« den Yorkisten umfangreiche Estates.

1483 *9. April*: Tod EDUARDS IV., der nach dem Sieg von 1471 und dem Frieden mit Frankreich 1475 die Krone finanziell von den Councils und Parlamenten hatte unabhängig machen und Handel und Gewerbe fördern können. – Eine Weiterentwicklung dieser guten Ansätze scheint zumindest schwierig, da Eduards Sohn und Nachfolger, EDUARD V. (geb. 1470), erst zwölf Jahre alt ist. Sein Onkel RICHARD OF GLOUCESTER führt daher für ihn als »protector of the realm« die Regierungsgeschäfte.
26. Juni: RICHARD setzt EDUARD V. ab, um dessen Verwandtschaft, vor allem die Woodvilles, an einer Vormundschaft zu hindern. Die meisten Engländer, die eine starke Regierung und keinen Bürgerkrieg mehr wollen, befürworten die Maßnahme. – Die Jahre später einsetzende Tudor-Propaganda, z. B. die ›Geschichte Richards des Dritten‹ von Sir THOMAS MORE (1478–1535), und die Dramen WILLIAM SHAKESPEARES (1565–1616) haben Richard III., wie er sich nun nennt, als eines der größten Scheusale der Geschichte bezeichnet. Vieles daran ist unwahr, manches übertrieben. Besonders der schwerwiegende Vorwurf, er habe seine beiden Neffen Eduard V. und dessen jüngeren Bruder Richard (geb. 1473) im Herbst (Aug./Sept.) des Jahres 1483 aus dynastischen Gründen im Tower ermorden lassen, ist heute umstritten. Sicher ist, daß der Usurpator eine starke Persönlichkeit mit großen politischen, militärischen und verwaltungstechnischen Kenntnissen war.

Okt.: Die von der Öffentlichkeit vermutete Ermordung der beiden königlichen Prinzen spaltet auch die Yorkisten in zwei Lager. Einer der mächtigsten Gefolgsleute Richards, HENRY STAFFORD, Duke of Buckingham (geb. 1454), rebelliert, wird jedoch geschlagen und getötet.

1483/84 RICHARD III. versucht vergeblich, durch Korruptionsstopp, gerechtere Justiz, Beschränkung der Dotationen und Sinekuren sowie durch Abschaffung der »benevolences« die öffentliche Meinung für sich zu gewinnen. Rückwirkend ab 1327 läßt er alle geschriebenen Gesetze, die ›Statutes‹, drucken.

1485 *Frühjahr*: RICHARD muß Abgaben erzwingen, um eine mögliche Invasion des Lancaster-Prätendenten HEINRICH TUDOR, Earl of Richmond (1457–1509), mütterlicherseits ein Nachkomme JOHANN VON GAUNTS, Herzogs von Lancaster, abwehren zu können. Er bleibt vorerst siegreich.
7. Aug.: HEINRICH TUDOR landet mit 2500 Mann in Milford Haven (Pembrokeshire) und marschiert durch Wales in Richtung Lichfield, wobei ihm viele Adlige, Gegner Richards, zustreben.
22. Aug.: Schlacht bei Bosworth (Fields), nordwestlich von Leicester. TUDOR besiegt RICHARD III., der von dreien seiner mächtigsten Gefolgsleute im Stich gelassen wird: Die Brüder Lord THOMAS STANLEY, später Earl of Derby (um 1435–1504), und Sir WILLIAM STANLEY (um 1436/37–1495) greifen im entscheidenden Moment des Kampfes auf Heinrichs Seite ein, während HENRY PERCY, Earl of Northumberland (erm. 1489), unerklärlicherweise zu spät kommt. Richard fällt im Kampf, noch auf dem Schlachtfeld wird HEINRICH VII. TUDOR zum König gekrönt. – Da sein Rechtsanspruch auf den Thron umstritten ist, glaubt allgemein niemand an eine lange Regierungszeit, zumal einige überlebende Yorkisten, aber auch Lancastrians, sofort Unruhe schüren.
7. Nov.: HEINRICH VII. erklärt sich per Parlamentsgesetz als neuer rechtmäßiger König und Repräsentant der Lancaster-Linie.
Nov./Dez.: Heinrich erläßt zur Wiederbelebung des Seehandels eine erste ›Navigation Act‹ (eine zweite 1490).

1486 *18. Jan.*: HEINRICH heiratet, wie vorher versprochen, ELISABETH VON YORK (1466–1503), die Tochter König Eduards IV., um die innenpolitische Lage zu entspannen und die Yorkisten zu versöhnen.
Der König bestätigt die Privilegien der Hanse in England (erneut 1504).
FRANCIS Viscount LOVELL (1454–1487?) versucht einen Aufstand gegen Heinrich.

1487 *Sommer*: Neue Bedrohung HEINRICHS, da das Kind LAMBERT SIMNEL (1487–1525) in Irland als Earl of Warwick und Eduard VI. ausgegeben wird, während der richtige EDUARD Earl OF WARWICK (1475–1499), ein Enkel Eduards IV., gefangen im Tower sitzt.
Nov./Dez.: Eine ›Star Chamber Act‹ schränkt das Unwesen der bewaffne-

ten und uniformierten Leibgarden und Gefolgsleute der Magnaten (livery and maintenance) ein.

1489 *März*: Kriegsvertrag Heinrichs mit Spanien und Kaiser Maximilian I. (1459–1519) zu Medina del Campo gegen Karl VIII. von Frankreich (1470–1498), um die eigenen Thronrechte und die erneuten Ansprüche auf die französische Krone außenpolitisch abzusichern.

1490 Zweite Navigationsakte und Handelsverträge mit Dänemark und Florenz.

1491 bis 1497 Neue Verschwörung gegen den König: Perkin Warbeck (1474–1499) gibt sich als Richard Duke of York und jüngster Sohn Eduards IV. aus. Er wird dabei von den irischen Lords und den Yorkisten unterstützt. Als Heinrich im November 1492 zu Étaples gegen viel Geld (insges. 745 000 Goldkronen) auf den französischen Thronanspruch verzichtet und somit Frieden schließt, schlägt sich Kaiser Maximilian auf die Seite der Verschwörer. Der König zerschlägt die Opposition in England und vereitelt 1495 ein von den Niederlanden aus unternommenes Landungsunternehmen Warbecks, der jedoch durch einen Bauern- und Bergarbeiteraufstand in Cornwall und die Hilfe König Jakobs IV. von Schottland (1473–1513) noch einmal gestärkt wird, aber 1497 in die Hände Heinrichs fällt.

1494 Angesichts der ständigen gegen die Krone gerichteten Unruhen in Irland sucht Heinrich das Land endgültig unter königliche Kontrolle zu bringen. Seinem dreijährigen Sohn Heinrich (1491–1547) überträgt er das Amt des Lord Lieutenant of Ireland; zum Stellvertreter (deputy) bestimmt er seinen fähigsten Berater, Sir Edward Poynings (1459-1521). Poynings beruft das irische Parlament nach Drogheda und verhaftet den mächtigsten Magnaten, Gerald Fitzgerald, Earl of Kildare (vor 1477–1513). Durch zahlreiche Gesetze (›Poyning Law‹) zerstört er die legislative und judikative Unabhängigkeit Irlands und zwingt ihm englische Gesetze auf. Ohne Einwilligung des englischen Königs und dessen vorherige Prüfung und Billigung neu einzubringender Gesetze darf in Dublin kein Parlament mehr tagen. – König Heinrich VII., der die Irlandfrage dilatorisch und defensiv behandeln will, zieht nach seinen Erfolgen über Perkin Warbeck Poynings von seinem Posten ab, zumal die Reform-Administration große Kosten verursacht, die durch das irische Steueraufkommen nicht zu decken sind.

1495 Das Parlament erläßt die ›De Facto Act‹, eine Art Amnestie für die während der Rosenkriege für die eine oder andere Seite eingetretenen Adligen, vor allem für die Yorkisten. Person und Eigentum sollen unangefochten bleiben. Damit sind die »Wars of the Roses« formell durch Gesetz beendet. – Eine Reihe weiterer Gesetze regelt – quasi als Ausführungsbestimmungen – Rechts- und Verfassungsfragen.

1496 Aufgrund des sich abzeichnenden Scheiterns des PERKIN WARBECK schließt Kaiser Maximilians Sohn, Erzherzog PHILIPP VON HABSBURG (1478–1506), der Statthalter der Niederlande, mit HEINRICH ein Friedens- und Handelsabkommen (Magnus Intercursus), womit der wichtige holländische Markt für England gerettet ist.
Der zurückgerufene EARL OF KILDARE wird als Deputy Lieutenant of Ireland eingesetzt. ›Poynings' Law‹ (oder: Statute of Drogheda) aber bleibt bis 1782 bzw. 1800 in Kraft.

1497 Waffenstillstand mit Schottland.

1497/98 JOHN CABOT (1450–1499?) unternimmt Seereisen nach Neufundland und zur nordamerikanischen Küste.

1499 HEINRICH läßt PERKIN WARBECK und den unschuldigen, im Tower inhaftierten echten EARL OF WARWICK hinrichten. Damit ist seine Herrschaft endgültig gesichert, wenn er sich auch noch mit einer Verschwörung zweier Neffen Eduards IV. herumschlagen muß, nämlich mit EDMUND DE LA POLE, Earl of Suffolk (1472?–1513), und dessen Bruder RICHARD (um 1480–1525).

um 1500 Das England HEINRICHS VII. zählt mit Wales etwa 3,2 Mill. Einwohner, die Hauptstadt London über 100000. – Der siegreiche Tudor kann sein Königtum wieder auf eine starke Hausmacht gründen, denn zu Lancaster kommen nun als Krongebiete York, Richmond, Cornwall, Chester, Warwick, March u. a. Die Rechtsgrundlage für diese Landerwerbungen sind ›Bills of Attainder‹ oder ›Forfeitures‹, also königliche oder parlamentarische Strafgesetze, die – im Gegensatz zum Impeachment – bestimmte Personen ohne formelle Anklage und Verteidigungsmöglichkeit als Hochverräter deklarieren und somit enteignen können. Der König ist wieder größter Grundherr, der zudem alte Feudalpflichten aufleben läßt, d.h. zahlreiche weltliche und geistliche Barone als unmittelbare Lehnsträger der Krone (tenants-in-chief) müssen ihm, dem Oberlehnsherrn, Geld zahlen, sei es eine Erbgebühr (relief), Vertretungsgebühr bei Minderjährigkeit des Erben (wardship) oder Auslösesumme (livery). – Die von Eduard IV. und Richard III. begonnene Verwaltungszentralisation setzt Heinrich zwar fort, überwacht sie aber mit Hilfe des »royal household« und dessen Unterinstanzen, von denen aus allein Politik gemacht und Recht gesetzt wird. – Weitreichende Unterstützung findet der König bei der Gentry und den Kaufleuten, denen an einer starken Kronmacht liegt. Durch Landakkumulation, straffe Finanzverwaltung (feudaler Fiskalismus) und drastisches Sparen gelingt es Heinrich, seine persönlichen Geldverhältnisse wie die des Landes zu verbessern. Während er am Anfang seiner Regierung etwa 52000 Pfund an Kroneinnahmen verbuchen kann, liegt die Summe 1507/09 bei 142000 Pfund jährlich (mit 4–5000 Pfund netto als echtem »Verdienst«). Neben den Landrenditen, königlichen

Pachten und Feudalabgaben bilden Zölle die zweite wichtige Geldquelle, wobei Heinrich aufgrund der königlichen Prärogative Exportgebühren für Wolle, Felle, Leder, Wein und andere Waren erheben kann (z. B. tonnage und poundage). Weitere Einnahmen fließen ihm aus Gebühren für Urkunden, aus Buß- und Strafgeldern zu. – Insgesamt ist die Krone politisch, rechtlich und finanziell abgesichert; das Land erholt sich schnell von der Katastrophe der Bürgerkriege; Ruhe und Ordnung herrschen; Handel und Wirtschaft blühen auf. Schlecht geht es dagegen den Bauern. Die Verpachtung war im Laufe des 15. Jahrhunderts kontinuierlich reduziert und das Ackerland häufig in Weideland umgewandelt und an wenige neue Pächter verteilt worden. Wo früher zweihundert Bauern hatten leben können, existieren oft nur noch drei oder fünf Hirten. Erschwerend tritt hinzu, daß Tausende von »acres« aus ehemaligem privaten Grundbesitz den größeren Städten zugeschlagen werden. Daß andererseits jedoch Leibeigene von willkürlich kündbaren »tenants-at-will« zu rechtlich abgesicherten »copyholders« oder »leaseholders« (der theoretisch freie Bauer schließt einen befristeten Pachtvertrag mit festgelegter Rente mit dem Landlord) aufsteigen, kann über den schwierigen grundherrlichen Wandlungsprozeß, über die Landflucht (horizontale Mobilität) mit folgender Arbeitslosigkeit nicht hinwegtäuschen. Krone und Parlament sehen sich schnell mit Sozialproblemen (ländliches Proletariat und Pauperismus) konfrontiert. – Entscheidend verändert hat sich die Adels-Szenerie: Um 1509 gibt es neben den beiden Erzbischöfen von Canterbury und York noch achtzehn Bischöfe sowie 27 Äbte und Prioren; 1303 waren es 75. Auch die Zahl der weltlichen Lords ist drastisch geschrumpft: 1454 saßen 53 Peers im Parlament, Heinrichs erstes Parlament im Jahre 1485 sieht noch achtzehn. Viele Earldoms sind verschwunden, als unabhängiges Dukedom ist allein Suffolk übriggeblieben. Der Weg ist also frei für eine neue Generation der Nobilität.
Für die gesamte englische Geschichte bis in die Zeit Heinrichs VII. sind – neben den seit 1422 erscheinenden ›Paston Letters‹ – äußerst wichtig die sog. ›Bruts‹, die ›Chronicles of England‹, sowie die ›Great Chronicle of London‹, die erst Ende des 17. Jahrhunderts kritisch ediert werden. Zeitgenössische Bearbeiter wie John Morton (um 1420–1500), Bischof von Ely, dann Erzbischof von Canterbury, tragen viel zur Entstehung der Tudor-Legende bzw. Verteufelung Richards III. bei. – Höhepunkt der Spätgotik (Perpendicular Style), der sich allmählich mit dem Tudor- bzw. Elizabethan Style verbindet.

1501 Heinrich VII. verheiratet seinen ältesten Sohn und Thronfolger Arthur (geb. 1486) mit Katharina von Aragón (1485–1536). Da Arthur bereits im April 1502 stirbt, bestimmt der König seinen zweitältesten Sohn Heinrich (geb. 1491) zum neuen Bräutigam, wofür er 1503 den päpstlichen Dispens erhält.

1503 *8. Aug.*: Heinrichs Tochter, Margarete Tudor (1489–1541), heiratet gemäß einem Heiratsvertrag von 1502 Jakob IV. von Schottland, wo-

durch die Vereinigung beider Kronen (1603) und Länder (1707) vorbereitet wird.
Der schottische Dichter William Dunbar (um 1460–um 1530) schreibt anläßlich dieser Hochzeit das allegorische Huldigungsgedicht ›Die Distel und die Rose‹.

1504 Heinrich entmachtet die korrupten und unfähigen Common Law Courts durch übergeordnete, auch als Appellations- und Kontrollinstanzen gedachte neugeschaffene Gerichte: Zunächst gibt es den Königlichen Rat aus Amtsträgern (Beamten), Juristen, Prälaten und Magnaten, der meistens – bei Abwesenheit des Königs – in der Star Chamber (Sternkammer) des Palastes in Westminster tagt und bei Bedarf einen inneren Zirkel (Privy Council) bildet. Der königliche Rat hat weitgehende rechtliche und gerichtliche Kompetenzen, die jedoch oft auf spezielle Royal Courts übertragen werden: Der Court of Common Pleas behandelt Zivilprozesse zwischen zwei Kontrahenten; der Court of King's Bench Strafsachen, die das Interesse des Königs berühren; der Court of Exchequer fungiert als Finanzgericht; der Court of Chancery behandelt zivilrechtliche Fälle nach Billigkeit (equity) und der Court of Requests Beschwerden über königliche Beamte. – Im ›Statute against Livery and Maintenance‹ erklärt Heinrichs Parlament das feudale Gefolgschaftswesen und damit die alte regionale und lokale Wehrstruktur für illegal. Das betrifft vor allem die Sheriffs und die lokalen Geschworenengerichte, deren Urteile nur zu oft willkürlich und durch Einschüchterung (embracery) sowie drohendes Auftreten der livrierten und bewaffneten Klientel der Magnaten (livery and maintenance) falsch oder erzwungen waren. An die Stelle des vom Baron abhängigen Sheriffs tritt nun der vom König bestellte und mit Untersuchungs-, Haft- und Strafrecht ausgestattete und jährlich neu ernannte (bestätigte) Friedensrichter (justice of peace), der sogar über einen Sheriff befinden kann.

1506 Der »Intercursus Malus«, ein neuer Handelsvertrag zwischen Heinrich und Erzherzog Philipp von Burgund, sichert England Vorteile zu.

1509 *21. April*: Tod Heinrichs VII. Tudor. – Einen Tag später besteigt sein zweitältester Sohn als Heinrich VIII. den Thron.
11. Juni: Heinrich heiratet, wie 1502/03 von seinem Vater beschlossen, Katharina von Aragón, die Witwe seines verstorbenen Bruders Arthur.

1509/10 Um sich Popularität zu verschaffen, ruft Heinrich die Bevölkerung zur Kritik an der königlichen Finanz- und Steuerverwaltung auf, läßt zwei Finanzkommissare seines Vaters verhaften, durch eine ›Act of Attainder‹ durch das Parlament verurteilen und – zu Unrecht – hinrichten.

1512 bis 1514 Krieg mit Schottland und Frankreich. Nach dem Sieg über die Franzosen bei Guinegate-Thérouane (16.August) schlägt Heinrich am 9. September 1513 die Schotten bei Flodden, wobei König Jakob IV. fällt, so daß Heinrichs Schwester MARGARETE die Regentschaft für ihren einjährigen Sohn, JAKOB V. (1512–1542), übernimmt. – 1514 wird nach dem Friedensschluß mit Frankreich Heinrichs jüngere Schwester MARIA (1496–1533) durch Ehekontrakt mit König LUDWIG XII. von Frankreich (1462–1515) verbunden, der jedoch kurz darauf stirbt.

1515 THOMAS WOLSEY (1475?–1530), Erzbischof von York und Kardinal, schon Hofkaplan und Ratgeber unter Heinrich VII., wird Kanzler, Vorsitzender im Rat und Siegelbewahrer, zugleich oberster Herr über Star Chamber, Chancery, Court of Requests und Court of Admiralty.

1516 (Sir) THOMAS MORE (Morus), Jurist, Kronbeamter und von 1529 bis 1532 Lordkanzler, veröffentlicht ›De optimo rei publicae statu deque nova insula Utopia‹. Bedeutender als dieser erste große »utopische« Staatsroman ist jedoch für seine Zeitgenossen seine unvollendete ›Hystory of Kyng Rychard III‹.

1517 Ausländerfeindliche Umtriebe (riots) in London.

seit 1518 Kardinal WOLSEY wird päpstlicher Legat. Seine unumschränkte Herrschaft über die englische Kirche, seine Geheimverbindungen mit Rom, seine Reform der mittelalterlichen Kirchenverwaltung zugunsten einer straffen hierarchisch-autokratischen Ordnung, seine Klosterauflösungen mit dem Ziel, der Staatskasse Ländereien und Geld zuzuführen, bringen ihm Mißtrauen in der Öffentlichkeit ein; sein wachsender Anti-Papismus jedoch schafft ihm Freunde. Sein und HEINRICHS VIII. Ziel ist, die Kirche der Krone unterzuordnen.

1521 *21. Okt.*: HEINRICH äußert sich in der Schrift ›Assertio Septem Sacramentorum‹ abfällig über die Lehren MARTIN LUTHERS (1483–1546) und wird dafür vom Papst mit dem Titel »Defender of the Faith« ausgezeichnet.

1525 Kardinal WOLSEYS »Amicable Loan« zur Finanzierung seiner kostspieligen Außenpolitik (Krieg mit Frankreich bzw. Spanien), eine vom Parlament nicht genehmigte Einnahmequelle, muß aufgrund starker Opposition vom König zurückgenommen werden.

1526 *22. Mai*: Liga von Cambrai: Frankreich, England, der Vatikan und mehrere italienische Stadtstaaten verbünden sich gegen Kaiser KARL V. (1500–1558).
Für seine Außenpolitik greift WOLSEY zum Mittel der Münzverschlechterung, obwohl eine allgemeine Preisinflation um sich greift, die die Landlords zu Einhegungen (enclosures), Preissteigerung, Pacht- und Renditenerhöhung zwingt. Wolseys Maßnahme bringt ihm zwar unter den Pächtern neue Freunde, nicht aber unter den Grundbesitzern, deren Praktiken er scharf untersucht.

1527 Beginn der Ehekrise zwischen HEINRICH und KATHARINA, die dem König zwar Töchter, jedoch keinen Thronfolger geschenkt hat. Heinrich verlangt die Aufhebung des päpstlichen Heiratsdispens von 1503, da ihm moralische und religiöse Zweifel über die Rechtmäßigkeit seiner Ehe gekommen sind. Dabei spielt die Zuneigung zu seiner neuen Mätresse ANNE BOLEYN (1507–1536), die gerne Königin werden will und ihren Liebhaber geschickt hinhält, zunächst nur eine untergeordnete Rolle.

1528/29 Den französisch-habsburgischen Konflikt (Krieg) gewinnt KARL V. gegen seinen alten Widersacher FRANZ I. von Frankreich (1494–1547). WOLSEYS von einer zur anderen Seite schwankende Politik, kostspielig genug, ist gescheitert, zumal der von ihm subventionierte Papst in kaiserliche Gefangenschaft gerät. Damit ist des Kardinals Traum, selbst die Tiara zu tragen, ausgeträumt.

1529 *29. Juni*: KARL V. und Papst CLEMENS VII. (1448?–1534) einigen sich.
3. Aug.: Der »Damenfriede« zu Cambrai beendet den Krieg zwischen Spanien und Frankreich; WOLSEYS Politik ist endgültig gescheitert. Der Papst nimmt sich der englischen Scheidungssache an, der Lordkanzler kann nicht mehr vermitteln.
18. Okt.: WOLSEY verliert sein Amt; Nachfolger wird der humanistisch gebildete, »moderne« Beamte Sir THOMAS MORE – unter der Bedingung, nicht in die Scheidungsaffäre verwickelt zu werden.
Nov./Dez.: Das seit 1523 erstmals wieder am 3. November zusammengetretene Parlament erläßt unter dem Druck HEINRICHS drei antikirchliche Statute.

1529/30 Einem Rat des Cambridger Theologen und späteren Erzbischofs von Canterbury THOMAS CRANMER (1489–1556) folgend, holt der König Gutachten über das kanonische Eheproblem ein: Oxford, Cambridge, die französischen Universitäten sowie einige italienische, wie Padua, Ferrara und Bologna, geben HEINRICH recht, die übrigen italienischen entscheiden mit den spanischen und deutschen gegen ihn. – Heinrich droht CLEMENS mit einem allgemeinen Konzil, was jedoch ohne Eindruck auf Rom bleibt.

1530 HEINRICH erpreßt zahlreiche englische Theologen und Bischöfe und läßt sie durch King's Bench wegen »preamunire« anklagen. Im Dezember dehnt er die Anklage auf den gesamten Klerus aus, der bei Erfolg der königlichen Maßregel seinen Besitz gefährdet sähe.

1531 *Febr.*: Auf zwei Konvokationen (Kirchenversammlungen) kaufen sich Canterbury durch eine Buße von 100000 Pfund, York von 19000 Pfund frei und erlangen das königliche Pardon, was durch eine ›Act of Parliament‹ bestätigt wird. In einem »Abjuration Oath« verlangt HEINRICH

darüber hinaus die Anerkennung als Oberhaupt der Kirche in England, was seiner Idee vom königlichen Supremat und des geschlossenen »body politic« entspricht.
Während Heinrich ursprünglich wohl auf ein Konkordat mit dem Papst hinaus wollte (wie 1516 FRANZ I.), entschließt er sich aufgrund der hinhaltenden Taktik des Vatikans zu einer drastischen Lösung der Frage. Beraten wird er hierbei von dem aus einfachen Kreisen in den Königlichen Rat aufgestiegenen Kaufmann und Rechtsanwalt THOMAS CROMWELL (1485–1540).
Der protestantische Cambridger Humanist Sir THOMAS ELYOT (1499?–1546) gibt im ›Governour‹ einen Fürstenspiegel.

1532 bis 1534 In mehreren ›Acts of Annates‹ sperrt HEINRICH VIII. dem Papst die zehnprozentigen Annaten (jährlichen Kirchenabgaben) und fügt sie dem eigenen Kronvermögen bei.

1533 *25. Jan.*: Heimliche Trauung HEINRICHS mit der schwangeren ANNE BOLEYN.
Febr./März: THOMAS CRANMER wird Erzbischof von Canterbury. Die hierfür notwendigen Bullen werden von Papst CLEMENS überraschenderweise gewährt.
Mai: CRANMER entscheidet als der höchste Geistliche im Rechtsbereich seines Königs, daß HEINRICHS Ehe mit KATHARINA VON ARAGÓN von Anfang an – nach kanonischem Recht – ungültig gewesen sei und somit die neue Verbindung mit der BOLEYN gültig ist.
Juli: CRANMERS Entscheidungen werden vom Papst verworfen, er selbst, die Teilnehmer des Gerichts und auch HEINRICH exkommuniziert.
7. Sept.: Zum Entsetzen des Königspaars wird eine Tochter geboren: ELISABETH (gest.1603).
Aufhebung der Klöster, die bis dahin ein Fünftel des gesamten englischen Grundbesitzes ausmachen bzw. halten.

1534 *Nov.*: Die ›Act of Supremacy‹ erklärt, daß der König Oberhaupt der englischen Kirche ist, mit allem Recht der Visitation, Reform, Predigt- und Liturgieüberwachung. Als drohende Absicherung folgt die ›Treasons Act‹.

1534 bis 1540 HEINRICH muß sich der Irland-Frage zuwenden. Vizekönig Earl GERALD FITZGERALD KILDARE JR. (1487?–1534) kann das Land nicht unter Kontrolle halten. Sein Sohn THOMAS (geb. 1513) versucht einen Aufstand, wird von den englischen Truppen geschlagen und 1537 hingerichtet. Auch die irisch-angloirische »Geraldinische Liga« gegen Londons Herrschaftsanspruch bricht 1540 zusammen. Heinrich, dem 1538 das irische Parlament auch die in Irland erfolgte Klosterauflösung und Landverteilung bestätigt hatte, verzichtet auf weiteren Krieg und läßt durch seinen neuen Vizekönig, Sir ANTHONY ST. LEGER (um 1496–1559), Privatverträge mit den irischen Magnaten abschließen, in denen er als oberster und direkter Lehnsherr anerkannt wird (Prinzip der Unterwerfung und Belehnung).

1535 *6. Juli*: Drei Wochen nach Kardinal JOHN FISHER (geb. 1459), Bischof von Worcester, wird auch THOMAS MORE wegen Nichtanerkennung der Suprematsakte sowie angeblichen Hochverrats auf Befehl Heinrichs hingerichtet. – Bereits im Frühjahr waren drei Karthäuser-Priore und ein Mönch grausam gehängt und gevierteilt worden.
Einrichtung des Court of Augmentation als neues Steueramt der Krone; 1547 als Court of Augmentation and Revenues of the King's Crown umgeformt; 1554 aufgelöst und in den Exchequer eingegliedert.
›Royal Injunctions‹ reformieren die Universitätsausbildung. Das Studium des Kanonischen Rechts wird verboten; dagegen werden Griechisch, Latein (römisches Recht), Hebräisch, Mathematik und Medizin gefördert und von Kontrolleuren (visitors) THOMAS CROMWELLS überwacht.
WILLIAM MARSHAL übersetzt und veröffentlicht den ›Defensor Pacis‹ des Marsilius von Padua (um 1280–1342/43). Heinrich nutzt die Schrift des hochmittelalterlichen Staatstheoretikers als Waffe für seine »absolutistischen« Ansprüche.

1536 *8. Jan.*: Tod KATHARINAS VON ARAGÓN. Anne Boleyn hat eine Fehlgeburt.
19. Mai: Hinrichtung ANNE BOLEYNS wegen – nicht erwiesenen – Verrats.
30. Mai: Dritte Ehe Heinrichs mit JANE SEYMOUR (1509–1537).
Sommer/Herbst: »Pilgrimage of Grace«: gefährliche Rebellion in Lincolnshire und im Norden gegen HEINRICHS und CRANMERS Kirchen- und Religionspolitik.
Die ›Ten Articles‹ (fünf betreffen den Glauben, fünf die Zeremonie) nehmen erste Abstriche am katholischen Ritus vor.
Wales wird endgültig mit England vereinigt, nachdem das ›Statute of Wales‹ mit den eigenständigen Rechts- und Kirchenverhältnissen aufgeräumt hatte.

1536 bis 1539 Auflösung der Klöster, deren Eigentum der Krone anheimfällt und den privaten, in Gold und Edelsteinen angelegten Kronschatz verstärkt. Durch zahlreiche Verkäufe an die Gentry (etwa zwei Drittel des klösterlichen Grundbesitzes) subventioniert HEINRICH diese Klasse und bereitet ihren politischen, sozialen und wirtschaftlichen Aufstieg vor.

1537 *12. Okt.*: Geburt des Thronfolgers EDUARD VI. (gest. 1553); Königin JANE SEYMOUR stirbt im Wochenbett.

1539 Die ›Six Articles‹ HEINRICHS, die vom Parlament gebilligt werden, verbieten Priesterehe, Laienkelch und Leugnung der Transsubstantiation und schützen die Feier der Messe und die Ohrenbeichte. – Dieser geschickte und gemäßigte Schachzug des Königs wird sehr populär.

1540 *6. Jan.*: Um sein Reformationswerk auch außenpolitisch zu sichern, heiratet HEINRICH in vierter Ehe die protestantische ANNA VON KLEVE (1515–1557).
9. Juli: Die Ehe mit Anna wird annulliert.
28. Juli: THOMAS CROMWELL, Earl of Essex, Schatzkanzler, Generalvikar der englischen Kirche, Großsiegelbewahrer und Lordkämmerer, wird aufgrund einer Intrige von THOMAS HOWARD, Earl of Surrey and Duke of Norfolk (1473–1554), hingerichtet. – Am gleichen Tag geht HEINRICH mit Norfolks Nichte KATHARINA HOWARD (um 1520–1542) eine fünfte Ehe ein. – Mit Cromwells Tod ist das Ende von Heinrichs Reformwerk gekommen. Der König hat sich durchgesetzt, alle Gegner sind beseitigt.

1541 Das irische Parlament bestätigt HEINRICH VIII. als König von Irland und akzeptiert zugleich seinen Suprematsanspruch. Die Ausgleichs- und Friedenspolitik scheitert jedoch bald aus mehreren Gründen: Die irischen Fürsten setzen ihre Privatfehden untereinander fort; die oktroyierte reformatorische Bewegung, an der die Iren keinen Anteil haben, wird nicht angenommen; Heinrichs Idee eines gewaltlosen Anschlusses Irlands und eines dauerhaften Landfriedens (royal peace) ist bei den streithaften Iren ohne vorherige totale Eroberung zum Scheitern verurteilt.

1542 *12./13. Febr.*: Hinrichtung KATHARINA HOWARDS.

1543 »Ferrers' Case«: Die Commons wahren ihr Recht auf Unverletzlichkeit der Person während ihres Parlamentsmandates. FERRERS, ein Abgeordneter, war von Zivilbehörden inhaftiert worden, obwohl er für eine Privatschuld Sicherheiten gegeben hatte. Die Commons holen ihn aus dem Gewahrsam; Lords, Richter und der König billigen die Parlamentsaktion. – HEINRICH geht eine sechste Ehe mit KATHARINA PARR (1509–1548) ein.

1543 bis 1546 FRANZ I. verbindet sich mit Schottland gegen England.

1547 *28. Jan.*: Tod HEINRICHS VIII. – Sein intelligenter und gebildeter, aber kränklicher Sohn aus der Ehe mit Jane Seymour besteigt als EDUARD VI. den Thron, während sein protestantischer Onkel EDUARD SEYMOUR, Earl of Hertford and Duke of Somerset (um 1500–1552), für zweieinhalb Jahre als Protektor die Regierungsgeschäfte führt.
SOMERSET läßt sofort die härtesten Gesetze Heinrichs, vor allem die ›Six Articles‹, vom Parlament widerrufen.

1549 Einführung des ›Common Prayer Book‹ (erste Fassung) CRANMERS.
14. Okt.: Sturz und Verhaftung SOMERSETS, der die Kirchenpolitik und Klosterreform Heinrichs fortgesetzt, sich aber zu pragmatisch in kirchlichen Dingen, zu milde gegenüber den berechtigten Forderungen revoltierender Bauern (Rebellion des ROBERT KETT, gest. 1549, im Juli/August), zu unnachgiebig gegenüber der finanzkräftigen und selbstbewußt politisieren-

den Middle Class bzw. Gentry gezeigt hatte. – Der fähige Somerset wird zwar schnell wieder befreit, muß sich aber künftig mit dem zweitmächtigsten Councillor JOHN DUDLEY, Earl of Warwick (1502?–1553), auseinandersetzen.

1550 *Juni*: SOMERSET verheiratet seine Tochter Anne (1538?–1588) mit Warwicks Sohn John (gest. 1554).

1551 *11. Okt.*: WARWICK ernennt sich selbst zum Duke of Northampton.
16. Okt.: SOMERSET kommt erneut in den Tower.

1553 *21. Mai*: NORTHAMPTON verheiratet seinen Sohn Lord GUILDFORD DUDLEY (hinger.1554) mit Lady JANE GREY (1537–1554), der Tochter von HENRY GREY, Marquis of Dorset and Duke of Suffolk (gest.1554), und Urenkelin HEINRICHS VII. Quasi in einem Staatsstreich erzwingt Northampton vom todkranken EDUARD VI. das Einverständnis zur Thronübernahme Janes. Daraufhin flüchtet MARIA (1516–1558), die Tochter HEINRICHS VIII. aus der Ehe mit Katharina von Aragón.
6. Juli: Tod König EDUARDS VI. – Den Thron besteigt – nach dem wohl erpreßten Willen Eduards – Lady JANE GREY, die Protestantin; unterdessen bereitet MARIA TUDOR vorsichtig ihre Rückkehr vor.
19. Juli: Die Nobilität und die Stadt London schlagen sich auf die Seite der legitimen Thronfolgerin. JANE GREY wird abgesetzt, die 37jährige MARIA Königin. – NORTHAMPTON wird wenig später, am 22. August, hingerichtet. Alle Befürworter der Reformation, CRANMER voran, kommen in den Tower.
Die gerade erst von Cranmer erlassenen ›42 Articles of Religion‹ werden von Marias Parlament ebenso außer Kraft gesetzt wie die meisten der von Eduard VI. durchgebrachten Religions- und Kirchengesetze. Allein die den Supremat und die Klosteraufhebung betreffenden Gesetze bleiben unberührt. Beginn der Rekatholisierung Englands.

1554 *Jan.*: Heiratsvertrag zwischen Königin MARIA und PHILIPP (II.), König von Neapel und Jerusalem, seit 16. Januar 1556 auch König von Spanien (1527–1598). Commons und Lords stimmen zu.
Ende Jan.: Kurz nach Bekanntwerden des Heiratskontraktes brechen einzelne Aufstände aus, der gefährlichste in Kent unter dem begabten Offizier Sir THOMAS WYATT (1521?–1554). Zu seinen 4000 in Rochester versammelten Leuten laufen ganze Truppenteile der Londoner Garnison über.
7. Febr.: WYATT dringt in London ein, wo MARIA unerschrocken, und von der City unterstützt, standhält. Am Abend ergibt sich der Aufrührer und wird mit seinen Offizieren in den Tower geworfen, wohin ihm wenige Tage später JANE GREY, ihr Vater SUFFOLK, ihr Mann GUILDFORD DUDLEY und ihr Onkel THOMAS GREY folgen. Sie werden sämtlich am 12. Februar hingerichtet. Von Wyatts Leuten läßt die »blutige« Katholikin Maria im Laufe der nächsten Wochen Hunderte hinrichten.

25. Juli: MARIA I. heiratet PHILIPP II., der zwar nicht zum König von England gekrönt, wohl aber als solcher instituiert wird. – Nach dem Heiratsvertrag vom Januar 1554 soll Philipp zwar mitregieren, Prärogativen wie Ämterverleihungen in Staat und Kirche und vor allem die Außenpolitik liegen jedoch ganz in Marias Händen. Ein Kind aus ihrer Ehe sollte England, Burgund und die Niederlande erben; bei Kinderlosigkeit Marias sollte Philipp alle Rechte in England verlieren.
29./30. Nov.: Beide Häuser des Parlaments votieren wieder für die Oberhoheit des Papstes, lehnen aber die Restauration der Kirchenländereien ab.
Gründung der Moscovy Company zum Handel mit Rußland.

1555 *11. Dez.*: THOMAS CRANMER wird wegen seiner antikatholischen Haltung als Erzbischof von Canterbury abgesetzt und am 21. März 1556 hingerichtet. – Sein Nachfolger wird der päpstliche Legat und Kardinal REGINALD POLE (1500–1558), der ein Jahr zuvor die Aussöhnung mit dem Papst vermittelt hatte.
Für die expansionistischen Pläne PHILIPPS werden in England 38 Kriegsschiffe im Gesamtwert von rund 150000 Pfund auf Kiel gelegt.

1555 bis 1557 PHILIPP von Spanien verliert allmählich das Interesse an seiner nur aus dynastisch-machtpolitischen Gründen geheirateten Frau, um so mehr als MARIA anscheinend kinderlos bleibt und die englisch-habsburgische Front gegen Frankreich, das wiederum gegen Maria durch zahlreiche Konspirationen (Schottland) intrigiert, nicht zustande kommt.

1556 Angesichts der von HEINRICH VIII. begonnenen Anglisierung Irlands und Stärkung der königlichen Macht und des englischen Rechts, die von den irischen und anglo-irischen Gutsbesitzern heftig abgelehnt werden, gibt MARIA das System der »Unterwerfung und Belehnung« zugunsten von Zwangsansiedlungen (plantations) auf. Zunächst in den Grafschaften Leix und Offaly werden loyale englische Siedler gegen rebellierende Iren oder Angloiren ausgetauscht – ohne größeren Erfolg.

1557 *7. Juni*: PHILIPP II. zwingt MARIA für sein eigenes Interesse in einen Krieg mit Spanien gegen Frankreich.
Dez.: Einige große schottische Lords schließen sich im ersten sog. »Covenant« zusammen: Die protestantische »Congregation of Christ« steht gegen die anglikanische, aber vor allem katholische »Congregation of Satan« (erneuert 1581).

1558 *6. Jan.*: Da MARIA jede Hilfe verweigert, fällt Calais nach kurzer Belagerung in französische Hände.
17. Nov.: Tod MARIAS I. – Thronbesteigung der 25jährigen ELISABETH I., der Tochter HEINRICHS VIII. aus der Ehe mit ANNE BOLEYN. Ihr Erster Minister und Ratgeber wird für vierzig Jahre WILLIAM CECIL, Lord Burgh-

ley (1520–1598), ein überaus fähiger, nüchtern und defensiv operierender Realpolitiker. – Beide haben keine leichte Aufgabe vor sich: England ist außenpolitisch bankrott, kirchlich-religiös unheilvoll zersplittert und wirtschaftlich und kulturell heruntergekommen. Der Große Rat hat seit Heinrich VII. immer das getan, was der König wollte, und ist in politische bzw. konfessionelle Richtungen gespalten. Das Parlament hatte seit 1547 nur Obstruktion geübt, anstatt positive und konstruktive Entscheidungen zu treffen oder gar Regierungsinitiativen zu ergreifen.
Nov./Dez.: Heinrich II. von Frankreich (1519–1559) erklärt Elisabeth für einen Bastard, ihren Thronanspruch für kanonisch ungültig und usurpatorisch und läßt Maria Stuart (1542–1587), die Frau seines Sohnes Franz (1544–1560) und Königin von Schottland, zur Königin von England proklamieren.

1559 *13. April*: Im Frieden zu Cateau-Cambrésis zwischen England, Frankreich und Spanien verspricht Frankreich die Rückgabe des eroberten Calais nach acht Jahren. – Im übrigen verpflichten sich England und Frankreich, nicht in die schottischen Thronwirren einzugreifen.
28./29. April: Eine vom Parlament, nicht von der Kirche verabschiedete ›Act‹ sowie eine neue ›Supremacy Bill‹ beenden die »Marian Reaction«. Der elisabethanische Kurs, der »Anglikanismus«, ist ein Kompromiß zwischen Katholizismus und Protestantismus.
Mai: Der Calvinist John Knox (1505–1572) kehrt aus seinem Genfer Exil nach Schottland zurück und bringt dort die politisch-konfessionelle Szene sofort in Aufruhr.
22. Juni: Durch seine Heirat mit Elisabeth (1545–1568), der Tochter Heinrichs II. von Frankreich, wird Philipp II. der Schwager Maria Stuarts und Elisabeths I.
Die »Uniformitätsakte« Elisabeths restituiert das Staatskirchentum ihres Vaters.

seit 1559 Die »jungfräuliche« Elisabeth I. hält alle Freier, vor allem die spanischen, aus politischen Erwägungen hin.

1560 *Jan./Febr.*: Elisabeth erzwingt die Zustimmung des irischen Parlaments und der Bischöfe zum ›Common Prayer Book‹, zur Uniformitäts- und zur Suprematsakte. Daraus resultieren Feindschaft des Papstes und Spannungen zwischen den ablehnenden Angloiren (Altengländern) und den Kolonisten der Tudorzeit.
27. Febr.: Im Vertrag zu Berwick zwischen Elisabeth und den schottischen »Lords of the Congregation of Christ« wird die Vertreibung der anticalvinistischen Franzosen beschlossen.
6. Juli: Nach einer militärischen Niederlage erklären die Franzosen im Vertrag zu Edinburgh ihren Verzicht auf Schottland und retten damit dort die Reformation, d. h. die ›Confessio Scotica‹ als calvinistisch-reformierte Bekenntnisgrundlage.

1561 *19. Aug.*: Nach dem Tod ihres Mannes FRANZ II. von Frankreich (1560) kehrt die katholische MARIA STUART nach jahrelangem Exil nach Schottland zurück, womit die Thronwirren ein Ende gefunden haben. Sofort nimmt Königin Maria den Kampf gegen KNOX' calvinistisch-presbyterianische Kirchenpolitik auf (›Book of Discipline‹).

seit 1562 (Sir) JOHN HAWKINS (1532–1595) unternimmt private Kaperfahrten von der afrikanischen zur westindischen Küste, um am lukrativen Negerhandel teilzuhaben, wobei er auf die stillschweigende Unterstützung Königin ELISABETHS rechnen darf.

1563 *Frühjahr*: ›Statute of Apprentices‹ bzw. ›Statute of Artificers‹: Erlaß für Handwerker, Arbeiter und Lehrlinge, um Handwerk, Wirtschaft und Landwirtschaft zu stabilisieren. Siebenjährige Ausbildungszeit für Lehrlinge und Gesellen. Ungelernte Männer zwischen 12 und 60 Jahren müssen, wenn nicht andere zwingende Gründe vorliegen, in der Landwirtschaft arbeiten; Frauen zwischen 12 und 40 Jahren dürfen ins Dienstleistungsgewerbe gehen. Arbeitsdauer und Entlohnung werden offiziell festgesetzt, die Löhne von den Stadträten (councillors) bzw. Friedensrichtern bestimmt. Arbeiter können ohne amtliche Erlaubnis ihren Wohn- bzw. Arbeitsdistrikt nicht verlassen (Eindämmung der Wanderungsbewegung und sozialen Mobilität). – Diese Bestimmungen werden erst 1813/14 grundlegend geändert.
Mit der Annahme der vom Erzbischof von Canterbury, MATTHEW PARKER (1504–1575), neu formulierten ›39 Articles‹ (statt der 42 von 1553), die drastische Einsparungen, volkswirtschaftliche Verbesserungen, Sozial- und Agrarreformen sowie Handelserleichterungen verheißen, ist – nach den kirchlichen Kompromiß-Gesetzen von 1559 – die Konsolidierungsphase der Herrschaft ELISABETHS (Elizabethan Settlement) erfolgreich abgeschlossen.

1564 *11. April*: Der Vertrag von Troyes beendet ELISABETHS erfolglose Intervention in den französischen Religionskriegen. Den Anspruch auf Calais gibt sie gegen Zahlung von 120000 écus d'or auf.
Im ›Book of Common Order‹ geben sich die Schotten eine puritanische (gereinigte, d.h. presbyterianisch, entkatholisiert und nicht-anglikanisch) Gottesdienstordnung.

um 1565 Erste Kartoffel-Importe aus Südamerika; schneller Anbau, da ihre Bedeutung als Grundnahrungsmittel bald erkannt wird.

1566 Erzbischof PARKER erläßt das ›Book of Advertisements‹ zur strikten Befolgung der Uniformitätsakte und Überwindung der »Vestiarian Controversy« (Kleider- bzw. Ornatordnung für Geistliche).

seit 1566 Infolge der spanischen Besetzung der Niederlande flüchten Tausende von Niederländern nach Ost- und Südengland. Die kaufmännisch oder naturwissenschaftlich gebildeten protestantischen »Bürgerlichen« beeinflussen die oppositionelle Gentry.

1567 *24. Juli*: MARIA STUART verzichtet angesichts der reformatorischen Bewegung und calvinistischen Adelsopposition zugunsten ihres einjährigen Sohnes JAKOB VI. (1566–1625) aus der Ehe mit HENRY STEWART, Lord Darnley (1545–1567), dessen Mörder, JAMES HEPBURN, Earl of Bothwell (1536?–1578), sie am 15. Mai d. J. geheiratet hatte. – Auf der Flucht wird sie am 19. Mai 1568 durch Gefolgsleute ELISABETHS gefangengenommen.

1568 Privilegierung erster »industrieller« Gesellschaften für den verstaatlichten Metallbergbau.
Gründung eines jesuitischen »Collegium Anglicum« zur Rekatholisierung Englands in Doai (span. Niederlande).
›The Bishops' Bible‹ wird die erste offizielle englische Bibel nach anglikanischem Muster.

1568 bis 1570 In die Thronstreitigkeiten zwischen ELISABETH und MARIA STUART mischen sich mit dem Ziel, Maria Stuart wenigstens wieder auf den schottischen, wenn nicht gar auf den englischen Thron zu bringen, Papst, Franzosen, Italiener, Spanier, Iren, katholische Schotten und Engländer.
THOMAS HOWARD, Duke of Norfolk (1536–1572), hält um Marias Hand an und wird für diese private bzw. politische Unklugheit von Elisabeth in den Tower gesperrt.
Neue protestantische Plantations-Versuche in den irischen Grafschaften Leinster und Munster scheitern.

1570 *Febr.*: Papst PIUS V. (1504–1572) erklärt in seiner Bulle ›Regnans in excelsis‹ die Exkommunikation und Absetzung ELISABETHS und befreit die englischen Untertanen vom Treueid. So ernst dieser Schritt auch auf den ersten Blick aussieht, er kommt entweder elf Jahre zu spät oder, da eine große katholische Koalition noch nicht in Sicht ist, wenigstens fünfzehn Jahre zu früh (span. Angriffsplan).
Sir THOMAS GRESHAM (1519–1579), seit 1551 als königlicher Faktor und Kaufmann in Antwerpen tätig und zum frühkapitalistischen Unternehmer und Finanzier aufgestiegen, gründet mit königlicher Hilfe nach längerer Vorbereitung die Londoner Börse als Konkurrenz zu Antwerpen. Die Börse als Mittel der freien Finanzpolitik soll für »gutes« Geld, Kapitalhäufung, Einheitswährung usw. sorgen.

1570 bis 1573 JOHN HAWKINS' Privatkapereien werden von (Sir) FRANCIS DRAKE (1540?–1596), einem der großen Seehelden Englands, im großen Stil fortgesetzt (Überfälle auf spanische Silberschiffe).

1571 *April/Mai*: Die 39 anglikanischen Artikel von 1563 werden vom Parlament noch einmal bestätigt. Art. 37 überträgt dem Monarchen die Jurisdiktion über die Kirche – bei Ausschaltung des Papstes.
Sept.: Aufdeckung des »Ridolfi Plot«: Seit März plant der Florentiner Bankier ROBERTO RIDOLFI (1531–1612), der in London wohnt und eine Filiale unterhält, gemäß einer päpstlichen Bulle den Umsturz zugunsten MARIA STUARTS und der Rekatholisierung Englands und Schottlands. Geholfen wird ihm wahrscheinlich vom Bischof von Ross (Schottland), JOHN LESLEY (1527–1596), sicher vom Papst und von NORFOLK. Dagegen zögert PHILIPP II., und sein Statthalter in den Niederlanden, FERNANDO ALVAREZ DE TOLEDO, Herzog von Alba (1508–1583), lehnt sogar scharf ab. – Norfolk wird verhaftet. 1572 gibt ELISABETH dem Drängen des Parlaments nach: Norfolk wird enthauptet. Ridolfi, zur Zeit der Aufdeckung des Komplotts in Italien, verliert sein Londoner Vermögen, macht aber noch eine glänzende Karriere als Florentiner Senator.

1571 bis 1577 Seit Eduard VI. ist die Frage nach der Art und Weise der Meßgewänder bzw. ihres Tragens bei der Einsegnung und Weihe von Klerikern akut (Vestiarian Controversy). Nachdem MATTHEW PARKER 1566 den Einheitsornat gefordert hatte, verdammen nun protestantische Puristen (Puritans) aufwendige Kleidung und Ornate. Die an sich höchst unwichtige Frage führt zu einer anti-episkopalistischen Agitation der Puritaner, die in den Ruf nach dem schottischen Presbyterianismus übergeht und im Parlament Platz greift. – Zugespitzt wird der Konflikt durch die beiden ›Admonitions to the Parliament‹ (1571 bzw. 1573), die das anglikanische, angeblich noch zu sehr katholisierende System und den Episkopat angreifen und mit militantem Feuer den Presbyterianismus fordern. Ihr Verfasser ist der Cambridger Theologe THOMAS CARTWRIGHT (1535–1603). Die anglikanische Sache verteidigt der Vizekanzler von Cambridge, Dekan von Lincoln und spätere Erzbischof von Canterbury, JOHN WHITGIFT (1530?–1604), in seiner ›Answer‹ (1572), nachdem er die Entlassung Cartwrights durchgesetzt hatte. Der theologisch-literarische Disput geht weiter mit Cartwrights ›Reply‹ (1573), Whitgifts ›Defense of the Answer‹ (1574) und Cartwrights ›Second Reply‹ (1575/77).

seit 1572 Nach der Niederlage der Hugenotten und dem Massaker der Bartholomäusnacht (Paris, 23./24. August) fliehen viele Hugenotten nach England, von dem sie seit 1562 unterstützt wurden, und bringen damit ihre kaufmännischen und handwerklichen Fähigkeiten in die englische Wirtschaft ein. – Nach der Aufhebung des Edikts von Nantes (1685) folgt gut hundert Jahre später ein neuer Einwanderungsstrom.

1575 Einrichtung von staatlichen Arbeitshäusern für Arme.

1576 *8. Febr.*: Die Commons bitten ELISABETH um Zustimmung zu der in WALTER TRAVERS' (1548?–1635) Schrift ›Book of Discipline‹ (1574) ausgesprochenen Forderung nach kirchlicher Selbstregierung auf freiwilliger Basis (Presbyter). – In derselben Parlamentssitzung attackiert der aus Oxfordshire stammende und Cornwall repräsentierende Puritaner PETER WENTWORTH (1530?–1596) Elisabeths anglikanische Politik sowie das Verbot, über andere kirchliche Ideen reden und schreiben zu dürfen. Wentworth wird von eigenen Kollegen zurückgehalten, gemeldet und im Tower inhaftiert, jedoch wenige Wochen später wieder entlassen. – Wentworth und sein Bruder PAUL WENTWORTH (1533–1593) fordern 1581 und 1587 erneut puritanisch-presbyterianische Reformen und werden zusammen mit Sir ANTHONY COPE (1548–1614) und drei weiteren Kollegen verhaftet, weil sie für das Recht des »freedom of speech« eintreten.

1577 bis 1580 FRANCIS DRAKE umsegelt die Erde, wobei er wiederum den spanischen Handel stört. – Zur gleichen Zeit suchen (Sir) MARTIN FROBISHER (1535?–1594) und (Sir) WALTER RALEIGH (1552?–1618) vom Atlantik aus die »Nordwestpassage« in den Pazifik, um den englischen Ostasienhandel von den Spaniern unabhängig zu machen.

1580 *Sommer*: Beginn einer wirksamen Jesuiten-Mission in England unter Leitung von EDMUND CAMPION (1540–1581) und ROBERT PARSONS (1545–1610).

1581 *Frühjahr*: Eine ›Test Act‹ erklärt Oxford zur »Anglican University«. Das Parlament erläßt Anti-Jesuiten-Gesetze.
1. Dez.: Der seit Juni inhaftierte CAMPION wird nach schweren Folterungen und großartigen Disputationen vor dem Privy Council und dem Königlichen Gericht hingerichtet.

1582 London erhält eine moderne Wasserversorgung.

1583 Ein Stuart-Komplott unter Leitung von FRANCIS THROCKMORTON (1554–1584) gegen ELISABETH wird vom Geheimdienst ihres Ministers Sir FRANCIS WALSINGHAM (1530?–1590) aufgedeckt. Der darin verwickelte spanische Gesandte in London, DON BERNARDINO DE MENDOZA (1541–1604), muß England verlassen.

um 1585 Die konfessionelle Landschaft Großbritanniens (Englands) nimmt allmählich folgende Gestalt an: Staatskirche ist der Anglikanismus (Episkopalismus). Als Gegner, d. h. als Nonkonformisten oder Dissenters gelten die Katholiken, im besonderen die Jesuiten. Auf protestantischer Seite stehen die Puritaner (schottische Presbyterianer, Separatisten, ab 1640 auch Cromwellsche Independenten, oder Kongregationalisten), später auch Gruppen wie die Baptisten (1633) und Quäker (1648/52) in Opposition.

1585 *Aug.*: England und die Vereinigten Provinzen der Niederlande unterzeichnen ein Beistandsabkommen. ELISABETHS Günstling ROBERT DUDLEY,

Earl of Leicester (um 1533–1588), kommandiert die englischen Hilfstruppen (bis 1587) wenig erfolgreich.

seit 1585 Kriegszustand mit Spanien.

1585/86 ELISABETH geht, beraten von BURGHLEY, WALSINGHAM und RALEIGH, an neue Plantations in Munster. Rund 160000 ha Land, die infolge der Aufstände in Kronbesitz gekommen waren, werden in Lehen von 1600 bis 4800 ha aufgeteilt und an englische Spekulanten (undertakers oder adventurers) abgetreten, die ihrerseits auf dem nun ihnen gehörenden Land englische – anglikanische oder protestantische – Familien ansiedeln sollen. Das Verfahren verläuft schleppend und wird durch Korruptionen gestört. 1592 findet eine Kommission heraus, daß von 85 neuen Großgrundbesitzern nur dreizehn auf ihren Estates leben und insgesamt nur 245 englische Familien angesiedelt worden waren. – Die Plantations gehen in den Folgejahren durch Hungersnöte, Krankheiten, Abwanderung und die späteren Aufstände (1595–1602) fast völlig verloren.
FRANCIS DRAKE überfällt die spanischen Schiffe am Kap Verde, brandschatzt die Küste von Ostflorida und kehrt mit einer Beute im Wert von 600000 Pfund heim. ELISABETH deckt diese Unternehmen, die halb »joint-stock-enterprises«, halb Piraterie sind, durch dilatorisches Verhalten gegenüber den spanischen Protesten oder gar durch Schutzbriefe. – Der englischen Flotte und den Kaperern kommt zugute, daß der seit 1578 als Chefberater und »Treasurer of the Navy« tätige HAWKINS jede Unterstützung seitens der Krone erhält und so den Schiffsbau und die Armierung verbessern kann. Einen von seinen Gegnern wegen seiner Finanzverwaltung angestrengten Prozeß kann der verdienstvolle Mann 1583 leicht gewinnen

1585 bis 1603 Während der Kriegsjahre wird England, vor allem London, in den Jahren 1592 und 1602/03 von der Pest und anderen Seuchen heimgesucht. Dazu kommt eine durch Mißernten in den Jahren 1593 bis 1600 hervorgerufene Hungersnot, die unerhörte Korn- und Lebensmittelpreise nach sich zieht. Die wirtschaftlichen und sozialen Erfolge und Errungenschaften der Jahre 1558 bis 1585 werden beinahe aufs Spiel gesetzt, da der Krieg jährlich etwa 330000 Pfund verschlingt. Insgesamt hat die Regierung von 1588 bis 1603 mehr als 4 Mill. Pfund Ausgaben, die zur Hälfte in Form von neuen Steuern vom Parlament genehmigt und auch erbracht werden. Die anderen 2 Mill. steuert die Königin aus den obligatorischen Kron- und Staatseinnahmen (ordinary revenues) bei, die von 200000 Pfund in den sechziger und siebziger Jahren über 250000 Pfund in den Jahren 1588 und 1589 auf mehr als 300000 Pfund zwischen 1597 und 1600 steigen. Zusätzlich beschaffen Krone und Regierung Geld durch Adelsverleihungen, Monopol- und Privilegien-Vergabe und Landverkauf. – Auf der anderen Seite knüpfen die Engländer Kontakte in Übersee, finden neue Absatzmärkte für Wolle, Halb- und Fertigwaren aus Tuch, zeichnen mitverantwortlich für den Zusammenbruch Antwerpens, müssen aber auch Rückschläge hinnehmen, so 1597 die Vertreibung der Merchant Adventurers aus Deutschland. Daß sich, ermutigt durch die Hawkins', Frobishers, Drakes und Raleighs, zahlreiche Einzelgänger, Freibeuter und Schleichhändler (interlopers) auf den Meeren und Binnenmärkten breitmachen, versteht sich in diesen Zeiten von selbst.

1586 *Juli*: Im Vertrag zu Berwick schließen ELISABETH und JAKOB VI. von Schottland ein Defensivbündnis gegen Frankreich und sichern sich gegenseitig die Eigenständigkeit der anglikanischen bzw. calvinistischen Glaubensausübung zu.
Aug./Sept.: »Babington-Verschwörung« gegen ELISABETH unter spanischer und jesuitischer Beteiligung. Führer ist Sir ANTHONY BABINGTON (1561–1586).

1587 *8. Febr.*: Hinrichtung MARIA STUARTS auf Schloß Fotheringhay als unmittelbare Folge der Babington-Verschwörung. – Zuvor hatte ELISABETH auf Drängen WALSINGHAMS dem Staatsrat endlich ihre Unterschrift zu der lange hinausgeschobenen Abrechnung mit Maria gegeben. – Das katholische Europa antwortet auf diesen zwar unerhörten, aufgrund Maria Stuarts politischer Dummheit jedoch verständlichen Affront mit einer drohenden antienglischen Haltung und bereitet den Krieg – unter Führung Spaniens – vor. Immerhin hält sich JAKOB VI. trotz des Todes seiner Mutter an den Vertrag von Berwick.
29. April/1. Mai: FRANCIS DRAKE vernichtet im Hafen von Cadiz die spanische Flotte. Von seinen dreißig Schiffen gehören sechs der Königin, die übrigen Kaufleuten und Privatiers. ELISABETH hatte ihren Angriffsbefehl widerrufen wollen, um keinen europäischen Krieg zu provozieren, doch Drake war bereits aus Plymouth ausgelaufen.

1588 *27. Juli–8. Aug.*: Die spanische »Armada« unter Admiral ALONZO PEREZ DE GUZMAN, Herzog von Medina-Sidonia (1550–1615), und die englische Flotte unter Admiral Lord CHARLES HOWARD OF EFFINGHAM (1536–1624), Vizeadmiral Sir FRANCIS DRAKE sowie Sir MARTIN FROBISHER und Sir WALTER RALEIGH treffen vor der englischen Südküste aufeinander. Der moralische Aspekt des britischen Seesieges ist weit größer als die tatsächlichen Verluste der Spanier (44 Schiffe), die trotz eines nachfolgenden Sturmes fast zwei Drittel ihrer großen Flotte nach Spanien zurückbringen.

1589 Allianz zwischen Prinz MORITZ VON ORANIEN (1567–1625), ELISABETH und dem Hugenottenführer HEINRICH VON NAVARRA (1553–1610), dem neuen König von Frankreich aus dem Hause Bourbon. Die Allianz hält auch nach der von Heinrich IV. aus Gründen der Staatsräson vollzogenen Konversion zum Katholizismus.

seit 1589 Der englische Versuch, Portugal von den Spaniern zu befreien, scheitert. Das durch Joint Stock Companies ohne Beteiligung der Königin finanzierte Unternehmen mit hundert Schiffen und knapp 20000 Soldaten unter Führung von Sir JOHN NORRIS (1547?–1597) und DRAKE kostet 8000 Mann, 60000 Pfund und die Reputation der Admiräle. – Ebenso schlagen alle weiteren Operationen in spanisch-portugiesischen Gewässern (Azoren, Puerto Rico) fehl.

1591 Gründung des »Trinity College« in Dublin.

1593 Erlaß der ›Conventicle Act‹ gegen die Puritaner, dann auch gegen papistische Rekusanten: Zweifel an der kirchlichen Autorität der Krone, Fernbleiben von der Kirche und Teilnahme an nonkonformistischen Versammlungen werden bestraft, bei Nichtabschwören (abjuration oath) mit dem Tode.

1595 Papst CLEMENS VIII. (1536?–1605) erkennt ELISABETHS Thronanspruch an und nimmt damit der antienglischen Koalition die Spitze.

1595/96 Neuerliche Rebellion in Ulster: HUGH O'NEILL, Earl of Tyrone (1540?–1616), und HUGH ROE O'DONNELL, Lord of Tyrconnel (1571–1602), werden von PHILIPP II. mit einer Landungsflotte von hundert Schiffen und 10000 Mann unterstützt, die jedoch schon beim Auslaufen von einem Unwetter zerschlagen wird. – Der Aufstand hält bis 1602/03 an.

1596 *27. Jan.*: Das Ableben des Todfeindes DRAKE wird in Spanien jubelnd begrüßt.
6./7. Juni: Lord HOWARD OF EFFINGHAM und ROBERT DEVEREUX, Earl of Essex (1566–1601), der neue Günstling und Liebhaber Elisabeths, besetzen und plündern Cadiz und versenken etwa vierzig spanische Schiffe. – Statt den Kronschatz und die Silberschiffe zu jagen, zerstreiten sich die beiden Kommandeure, so daß 1597 das Ende der britischen Seeherrschaft – für fünfzig Jahre – kommt.

1597 *Herbst*: Während der Parlamentssitzungen kommt es erstmals zu Angriffen der Commons wegen der Monopolverleihungen und gegen die Monopolgesellschaften. Um der allgemeinen Unzufriedenheit, nicht zuletzt wegen der Mißernten, der einfachen Leute und Bauern zu begegnen, bringt die Regierung ein Armengesetz (›Poor Law‹) durch, verbessert die Krankenversorgung und läßt Kornvorräte für Notzeiten anlegen, was besonders die Londoner City Companies befolgen.

1598 *Aug.*: HUGH O'NEILL siegt mit den irischen Aufständischen über die Engländer.
Mit dem Verlust der Hanse-Privilegien erlischt auch die Bedeutung des Londoner Stalhofs.

Der Geschichtsschreiber JOHN STOW (um 1525–1605) verfaßt nach seinen auf Quellenstudien beruhenden ›Chronicles of England‹ (1580) mit dem noch heute zitierten ›Survey of London‹ eine berühmte Stadtbeschreibung der britischen Metropole.

1598/99 JAKOB VI. veröffentlicht seine staatstheoretischen Schriften ›The Trew Law of Free Monarchies: or The Reciprock and Mutuall Dutie Betwixt a Free King and his Natural Subjects‹ und ›Basilikon Doron‹. Er betont das »divine right of Kings« und die »royal prerogative«. Er spricht sowohl vom modernen Herrscher, der Rücksicht auf Recht, Verfassung und Parlament nehmen und religiöse Toleranz walten lassen müsse, als auch vom König als Stellvertreter Gottes, »who cannot do wrong«; als »absolute power free from any conditions« kann die Krone das Parlament zur Seite schieben.

1599 *Aug./Sept.*: ESSEX wird Lord Lieutenant of Ireland, womit er fern von London, seiner Königin und damit fern von der Macht ist. Seine Verhandlungen – zu militärischen Leistungen ist er nicht fähig – mit dem Rebellen TYRONE grenzen an Verrat, seine befehlswidrige Rückkehr nach England inmitten zahlreicher Edelleute an einen Staatsstreich (24.–28. Sept.). ELISABETH bewahrt Ruhe und stellt Essex unter »Quarantäne«.

1600 *Juni*: Der Earl of ESSEX verliert durch den Spruch einer königlichen Sonderkommission seine Ämter.
5. Aug.: Mysteriöse und angeblich gegen JAKOB VI. von Schottland gerichtete »Gowrie-Verschwörung«, der JOHN RUTHVEN, Earl of Gowrie (geb. 1578), und sein jüngerer Bruder ALEXANDER (geb. 1581) zum Opfer fallen.
31. Dez.: Gründung der East India Company durch königliche Charta und Privilegien.
THOMAS WILSON (um 1560–1629) veröffentlicht ›The State of England 1600‹. Erster Versuch einer Analyse der englischen Gesellschaft (Klassen) mit Hilfe statistischer und pseudo-statistischer Information.

1601 *8. Febr.*: ESSEX versucht in einem tollkühnen Unternehmen die City of London, den Hof und den Tower in seinen Besitz zu bringen, indem er ein spanisches Komplott gegen die Königin erfindet, die er nun retten will. Sein und einiger privater Gefolgsleute Vorhaben, als die größten Männer Englands zu erscheinen, endet kläglich. ELISABETH, der Hof, die königliche Garnison und die Stadt bewahren Ruhe und lassen die politischen Abenteurer wegen Verrats festnehmen.
25. Febr.: Hinrichtung ESSEX'.
Mitte Sept.: Die Spanier versuchen ein letztes Mal, sich mit den irischen Rebellen gegen Elisabeth zu vereinen, aber ihre 3000 Mann werden bei Kinsale (südlich Cork) mitsamt den Iren vom neuen Deputy Lieutenant CHARLES BLOUNT, Lord Mountjoy (1563–1606), geschlagen.

1602 *Jan.*: Die geschlagenen Reste der Spanier, seit Wochen von Mountjoy belagert, ergeben sich. Damit bricht die irische Revolte endgültig zusammen.
Einrichtung der Bodleian Library in Oxford.

1602/03 Ende des Gälischen Krieges und der Stammesherrschaft in Irland. Ende März 1603 ergibt sich Hugh O'Neill, Earl of Tyrone. Die politischen, wirtschaftlichen und religiösen Konflikte schwelen weiter, trotz einer gewissen Prosperität zur Zeit Jakobs I. (Handelsverlagerung von West- und Südirland an die Ostküste um Dublin und Drogheda).

1603 *24. März*: Tod Königin Elisabeths I. nach 45jähriger Regierung. – Ohne Schwierigkeiten folgt ihr Neffe Jakob VI. von Schottland als Jakob I. auf dem englischen Thron.

um 1603 England und Wales haben 4 Mill. Einwohner, Schottland und Irland je 1 Mill. Um 1700 beträgt die Gesamtzahl etwa 9 Mill. bei einer Bevölkerungsdichte von 27 bzw. 33 Einwohnern pro qkm. London, eine der größten Städte Europas, hat 300000 bzw. 500000 Einwohner. Zu Beginn des Jahrhunderts sind Norwich mit 30000 und Bristol mit 25000 Einwohnern die größten Städte vor York und Newcastle-on-Tyne. Insgesamt gibt es 25 Städte (cities) und 641 Stadtgemeinden oder Landstädte (towns) mit nicht mehr als 5000 bzw. 1000 Einwohnern. – Die Stände (Klassen): Auf die große Zahl der Kleinbauern folgen die wohlhabenden Freibauern oder Freisassen (yeomen), die niedere und höhere Gentry (knights, squires, baronets) sowie die Kaufleute und höheren Beamten (Juristen, Professoren), schließlich Hochadel und hoher Klerus. Eine Sonderstellung nehmen die »citizens« der großen Städte, vor allem Londons, ein. Innerhalb der Gentry, der Bourgeoisie und des Hochadels besteht – im Gegensatz zu den kontinentalen Verhältnissen – starke vertikale und horizontale Mobilität (Gentry-Kontroverse, Peers-Schübe unter den Stuarts, Erbfolge im englischen Adel, adlige Einheirat ins kapitalkräftige Bürgertum). Um 1603 gibt es 550 Ritterfamilien, von denen gut 150 von Essex zur Durchsetzung seiner Politik geschaffen wurden (Neue Gentry). Sie erlangen zunehmend Bedeutung in Staat, Verwaltung und Handel. – Vier Fünftel der Bevölkerung leben von Landwirtschaft und Schafzucht, wobei im Laufe des 17. Jahrhunderts die Kleinbauern, teils mit langfristigen oder gar erblichen Pachtverträgen als »copyholders«, teils mit kurzfristigen und jederzeit kündbaren Verträgen als »tenants-at-will« lebend, durch die Vorschrift, den Landbesitz einzäunen zu müssen (enclosures), sowie die Agrarkrisen viel Boden an die adligen Großgrundbesitzer verlieren. Viele Bauern haben deshalb als Bergleute, Spinner und Weber einen Nebenerwerb, wenn sie nicht sogar ganz in die Stadt abwandern. Doch aufgrund der allgemeinen Preisrevolution und schleichenden Geldentwertung sind auch die von Renten bzw. Renditen lebenden Landlords betroffen. Immerhin kann durch intensivere Kultivierung und Verbesserung des

Aussaat-Ernte-Verhältnisses (auf 1:6) die Produktion gesteigert werden. – Am meisten profitieren können die Manufaktur- und Bergwerksbesitzer, die Händler und Kaufleute; allen voran die Textilfabrikanten in Yorkshire und Leeds sowie die Überseekaufleute. Durch zielstrebigen und kontinuierlichen Ausbau des Weg- und Straßennetzes kann der Binnenhandel gesteigert werden. Dennoch existiert ein Pauperismus-Problem, d. h. gegen Ende des Jahrhunderts leben mehr als eine Million Menschen am Rande des Existenzminimums bzw. von staatlicher Fürsorge. – Die von ELISABETH geförderte Kolonialpolitik nutzt zwar dem Schiffbau, führt aber zu einem katastrophalen Holzraubbau. Im- und Export, Gründung von Handelskompanien und Monopolunternehmen, das Aufsteigen von Großkapitalisten und die enorme Entwicklung Londons und der Seestädte stehen auf der einen Seite, ein Auf und Ab der binnenländischen Industrien, gehemmt durch Pest, Agrarkrisen, Kriege und internationale Verwicklungen zwischen 1603 und 1685 auf der anderen. – Allgemein gilt: Dem Aufschwung der Wirtschaft entspricht eine Umformung der Sozialstruktur, d. h. die Ständegesellschaft wird immer mehr zu einer Klassengesellschaft.
Mit den staatstheoretischen Schriften MACHIAVELLIS (1469–1527), JEAN BODINS (um 1530–1596) und RICHARD HOOKERS (1553/54–1600) werden die Ideen von königlicher Souveränität, Kompetenz, Prärogative, vom göttlichen Recht der Könige unter ELISABETH zwar aufgegriffen, aber noch nicht konsequent durchdacht. Erst JAKOB VI. (I.) greift die Frage nach Naturrecht, Common Law und Divine Right auf. – Der Staat der Tudors behält zwar das feudale Föderativsystem bei, fügt aber feste gesetzliche und institutionelle Elemente hinzu. Der Monarch hat im High Commission Court eine oberste Gerichtsbehörde für Kirche und Kirchenrecht. Regiert wird durch den Privy Council, eine Verwaltungs- und Exekutivbehörde, in der die höchsten Amtsträger tagen und beraten. Die hohen Richter treffen in der Star Chamber zusammen. Die obersten Gerichte stehen noch neben und nicht in der Regierung. Als königliche Verwaltungsspitze einer Grafschaft kreiert Elisabeth den Lord Lieutenant, der die Sheriffs und die Miliz unter sich hat. – Seit dem Tod HEINRICHS VII. (1509) hat das Unterhaus stark an Einfluß gwonnen, nicht zuletzt deshalb, weil HEINRICH VIII., die Protektoren EDUARDS VI., MARIA und schließlich ELISABETH die Zahl der Borough-Sitze beträchtlich erhöht hatten (1603: 372 ; 1509: 224), die zumeist von Angehörigen der Gentry eingenommen werden. Wichtigster Mann im Unterhaus wird der unbedingt loyale »speaker«, der die einzelnen Faktionen im Sinne des Tudor-Herrschers dirigiert. – Nach Auffassung der Tudors ist das Parlament einzig für drei Angelegenheiten da: die geforderten Steuern, Abgaben und Kriegsgelder zu bewilligen; ihm übertragene Gegenstände zu beraten und im Sinne der königlichen Regierung zu verabschieden; politischen Rat zu erteilen, wenn es gefragt wird. Ansonsten hat das Parlament zu schweigen und nicht an den königlichen Prärogativen zu rütteln oder gar nach der Verantwortlichkeit der Krone, der Minister oder des Privy Council zu rufen. Es schweigt auch – zähneknirschend; unter den Stuarts jedoch sollte sich das ändern.

Trotz des hohen Standes der Theologie ist die religiöse Unwissenheit in weiten Bevölkerungsschichten und quer durch alle Konfessionen erschreckend hoch. Wie im übrigen Europa führen Astrologie, Aberglaube (Wunder, Teufel, Dämonen) zu den irrigsten Vorstellungen, die ihren Ausdruck in furchtbaren Exzessen (Hexenprozesse) finden.

1603 *Frühjahr*: Im »Bye-Plot« des katholischen Priesters William Watson (um 1559–1603) und im »Main-Plot« Henry Brookes, Lord Cobham (gest.1619), werden vergebliche Versuche unternommen, den neuen König Jakob I. entweder zugunsten seiner Kusine Arabella Stuart (1575–1615) zu stürzen oder wenigstens zu politischen und religiösen Zugeständnissen zu zwingen. – Im Zuge des Main-Plots wird Sir Walter Raleigh verhaftet; die ausgesprochene Todesstrafe wird für Jahre ausgesetzt.
Sommer: Kurz nach Jakobs Ankunft in England (Krönung im Juli) legen ihm mehr als tausend puritanische Priester die ›Millinary Petition‹ vor, in der sie Reformen in Lehre und Gottesdienst fordern. Trotz seiner Unkenntnis der englischen Verhältnisse geht der König auf die Wünsche der seit Elisabeth bekämpften Puritaner ein.

1604 *14. Jan.*: Als Folge der ›Tausender-Petition‹ Einberufung einer Konferenz nach Hampton Court. Diskussion zwischen dem König, dem Erzbischof von Canterbury, John Whitgift, zehn weiteren Bischöfen und vier Vertretern der Puritaner in Gegenwart des Privy Council. Der anfängliche Reformwille Jakobs wird durch die Intransigenz der Bischöfe, die u. a. alle Puritaner als Presbyterianer verleumden, zunichtegemacht. Geringfügigen Konzessionen stehen repressive Maßnahmen gegenüber: Im ›Book of Canons‹ wird dem Klerus in 141 Artikeln vorgeschrieben, wie und was er zu predigen hat. Außerdem werden auf Betreiben des neuen Erzbischofs, Richard Bancroft (1544–1610), an die dreihundert puritanische Geistliche aus ihren Ämtern entfernt. Jakob, der geglaubt hatte, in England wie über die schottischen Clans und Presbyterianer herrschen zu können, erreicht nur eine momentane Stabilisierung der Anglikanischen Kirche und des königlichen Supremats im Sinne seiner Schriften sowie die vorläufige Niederhaltung des Ultra-Protestantismus. – Mit diesen Beschlüssen verärgert der König die Commons, die in ihrer ›Apology‹ das »ancient and undoubted right« auf freie Debatte in allen öffentlichen Angelegenheiten verteidigen.
März–Juli: »Shirley's Case«: Das Parlamentsmitglied Sir Thomas Shirley (1542–1612) war wegen privater Geldschulden inhaftiert worden. Das Parlament erzwingt – mit zögernd gegebener königlicher Zustimmung – die Freilassung des Kollegen, da während der Session die Immunität eines Abgeordneten nur wegen Verrat, Kapitalverbrechen oder Landfriedensbruch aufgehoben werden konnte.
August: Jakob, der sich als »peace-maker« versteht, beendet den zwanzigjährigen Krieg mit Spanien, um zwischen den katholischen und protestanti-

schen Mächten Europas vermitteln zu können. Mit dem Friedensschluß erleiden die Merchant Adventurers große wirtschaftliche Einbußen, die durch königliche Freibriefe lizensierte Kaperei hört auf.
Jakobs Anti-Tabak-Pamphlet ›Counterblaste to Tobacco‹ erscheint.

1605 *4./5. Nov.*: »Gunpowder-Plot« (Pulververschwörung) des Guy Fawkes (1570–1606). Attentatsplan der nach anfänglicher Tolerierung durch scharfe Strafgesetze unterdrückten Katholiken. Die Verräter werden vom Ersten Königlichen Staatssekretär, Sir Robert Cecil, Earl of Salisbury (1563–1612), rücksichtslos verfolgt und 1606 hingerichtet. – Der englische Katholizismus ist für rund zweihundertfünfzig Jahre in der Öffentlichkeit diskreditiert.

1606 *April*: Konstituierung eines Royal Council for Virginia und Privilegierung einer London Company für die Kolonisation in Nordamerika.
Frühjahr und Herbst: »Penal Legislation«: Überwachungs- und Strafgesetz zur Verfolgung des protestantischen Dissent und der katholischen Rekusaten. – »Oath of Allegiance«: Eid zur unbedingten Treue und Anerkennung der Person und (Kirchen-)Politik des Königs für die Katholiken.
»Bate's Case«: Jakobs Freigebigkeit, der Aufwand für seine große Familie, die auswärtige Politik und die neuerlichen Unruhen in Irland führen zu einem drohenden Staatsbankrott, dem der König durch Erhöhung der Importzölle – bisher Kronrecht – begegnen will. John Bate, ein Kaufmann der Londoner Levante-Kompanie, will diese nicht vom Parlament bewilligten Steuern nicht zahlen. Der Court of Exchequer gibt dem König recht, der sich daraufhin jegliche weiteren Zollfestsetzungen vorbehält.

seit 1606 Auswanderung der Kongregationalisten (reformierte Freikirche) nach Leyden und Amsterdam.

1607 Die London Company erreicht die Chesapeake-Bay mit 120 Emigranten und gründet Jamestown.
Sept.: »Flucht der Grafen«: Die ehemaligen irischen Aufrührer Hugh O'Neill, Earl of Tyrone, und Rory O'Donnell, Earl of Tyrconnel (1575–1608), fliehen auf den Kontinent. Das wird als Landesverrat ausgelegt, so daß ihre riesigen Ländereien an die Krone fallen. Beginn der »settlements und plantations« in Ulster.
Erste englische Niederlassung in Indien (Surat).

1607 bis 1610 Parlamentslose Zeit. Jakob regiert mit Robert Cecil, dem Privy Council, der Star Chamber und dem High Commission Court. Damit brechen die bereits unter Elisabeth latent vorhandenen Spannungen zwischen den königlichen Gerichten und Richtern und dem von der Magna Charta und dem Statute Law abgeleiteten Common Law oder Fundamental Law offen aus.

1608 Revidiertes ›Book of Rates‹, das der königlichen Kasse jährlich 70000 Pfund mehr einbringen soll. Die Commons merken, daß sie Gefahr laufen, bei allgemein starkem Wachstum des Außenhandels ihr Kontrollrecht über die Geld- und Steuerbewilligung zu verlieren.
Beginn größerer Auswanderungen über Holland nach Amerika aus politisch-religiösen Gründen.

1608 bis 1611 Bedeutende Plantations und Settlements in Irland durch englische und schottische Unternehmer und königliche Beauftragte.

1609 *23. Mai*: Die London Company wird finanziell wesentlich besser gestellt und gemäß ihrem Siedlungsziel in Virginia Company umbenannt.
JAKOBS ›Apology for the Oath of Allegiance‹ richtet sich gegen die oppositionellen Gruppen im Sinne seines absolutistischen Herrschaftsanspruches.
Nach dem Vorbild des Jesuitenordens gründet MARY WARD (1585–1645) die Kongregation der »Englischen Fräuleins«.
HENRY HUDSON (um1550–1611) entdeckt den nach ihm benannten Fluß in Nordamerika.

1610 *14. Mai*: Die Ermordung HEINRICHS IV. von Frankreich, des stärksten Widersachers gegen die habsburg-spanische Politik, zerstört JAKOBS europäische Pläne, so z. B. die erhoffte europäisch-protestantische Union.
Juli: Im wieder einberufenen Parlament kommt es auf Betreiben CECILS zum sog. »Great Contract«: Gegen den Erlaß alter Feudalpflichten wie dem königlichen Recht auf Requirierung, Dienststellung und Verwaltung von Gütern minderjähriger Adliger (purveyance, wardship) bieten die Commons dem König jährlich 200000 Pfund. Die mit vielen Nebenabsprachen verbundene und nicht klar fixierte Einigung scheitert am beiderseitigen Mißtrauen. Jede Seite will »the power of the purse« behalten, wobei für den König das Problem zwingender ist, denn er muß mit einem Defizit von rund 150000 Pfund rechnen, da Einnahmen (revenues) von 450000 Pfund rund 600000 Pfund an privaten und Hofhaltungskosten entgegenstehen.

1610/11 Die 1604 auf der Hampton Court-Konferenz in Auftrag gegebene neue anglikanische Bibelübersetzung erscheint als »Authorized Version«.

1611 Zur Verbesserung der prekären Finanzsituation greift JAKOB zum Mittel des Peers-Schubes. Außerdem kreiert er die Baronet-Würde, die 1095 Pfund kostet, was zum Unterhalt von dreißig Fußsoldaten für drei Jahre ausreicht. Diese Maßnahmen sowie Korruption, Schenkung, teure Monopolverleihungen und Zwangsauflagen (benevolences, forced loans) besonders für die reiche Gentry, fordern den Widerstand der Commons heraus.
In England erscheinen Homer-Übersetzungen von GEORGE CHAPMAN (um 1559–1634).

1611 bis 1620 Parlamentslose Zeit, nur unterbrochen durch das »Addled Parliament« (April/Juni 1614), das nicht einen Beschluß faßt. JAKOBS Mißwirtschaft geht weiter. Seine neuen Favoriten sind der Schotte ROBERT CARR, Earl of Somerset (1590–1645), und der spanische Gesandte DIEGO SARMIENTO DE ACUÑA, Graf Gondomar (1567–1626).

1612 Die von JAKOB 1599 begonnene Restauration des schottischen Episkopats wird vom schottischen Parlament gebilligt.

1613 *14. Febr.*: Heirat von JAKOBS ältester Tochter ELISABETH (1596–1662) mit FRIEDRICH V., dem protestantischen Kurfürsten von der Pfalz (1596–1632). – Im Zuge seiner Friedenspolitik hatte der König zudem eine Heirat seines ältesten Sohnes HEINRICH (1594–1612) mit einer spanischen Infantin favorisiert. Weite Kreise der Öffentlichkeit, vor allem CECIL und der Kronprinz selbst hatten dagegen intrigiert. Nach dem Tod beider im Jahre 1612 betrieb Jakob den Heiratsplan für seinen zweiten Sohn KARL (1600–1649) weiter, doch PHILIPP III. von Spanien gab seine Tochter an LUDWIG XIII. von Frankreich (1601–1643).
Gründung des »State Paper Office« zur Verbesserung und Koordinierung des innenpolitischen, dann aber vor allem diplomatischen Geschäftsverkehrs.
MICHAEL DRAYTONS (1563–1631) Epos ›Polyalbion‹ erscheint, eine Beschreibung Englands in Alexandrinern.

1614 Captain JOHN SMITH (1580–1631) nennt das Territorium der Plymouth Company in Nordamerika New England. Starke Besiedlung durch Puritaner, die die Arminianer der Anglikanischen Kirche in den folgenden Jahrzehnten verdrängen.
Erster Versuch der Engländer, die französische Provinz Acadie (heute: Nova Scotia und New Brunswick) zu übernehmen. – 1632 erobern sie die Franzosen zurück, 1654 eine englische Expeditionstruppe, 1667 wieder die Franzosen, 1689 die Engländer und 1697 erneut die Franzosen, bis der Frieden zu Utrecht 1713 Acadia endgültig den Briten zuspricht.

1615 ›A Remonstrance for the Right of Kings‹ – JAKOBS letzte große Schrift gegen Rom und die katholische Kirche.
GEORGE VILLIERS, später Duke of Buckingham (1592–1628), wird neuer Günstling des Königs. Von 1619 bis zu seinem Tode bestimmt er die große Politik Englands.

1615/16 Am Fall EDMUND PEACHAMS (um 1554–1616), der die Mißstände der königlichen Regierung in einer Schrift angeprangert hatte und deshalb eingekerkert und gefoltert wurde, prallen Royal Law und Common Law hart aufeinander. Kronanwalt Sir FRANCIS BACON (1561–1626), ein Großneffe des verstorbenen Cecil, erhebt Anklage wegen Hochverrats im Sinne der königlichen Prärogative; Sir EDWARD COKE (1552–1634) als

Lord-Oberrichter sieht in Peachams Verhalten eine gewisse Berechtigung und verteidigt ihn im Sinne des Common Law und der richterlichen Unabhängigkeit gegen die Weisung des Königs und seiner Gerichte. Coke verliert daraufhin 1616 sein Amt, bleibt aber bis zu seinem Tod der einflußreichste Theoretiker und Anwalt der Commons.

1616 *23. April*: Tod William Shakespeares, des größten europäischen Dramatikers seit der Antike.
Jakob gibt den Niederlanden drei bislang von den Engländern als Schutzmacht gehaltene Städte gegen mehr als 200000 Pfund Entschädigung zurück.
Der Seefahrer William Baffin (1584–1622) entdeckt die nach ihm benannte Baffin-Bay. – Mit ihm endet für zwei Jahrhunderte die Suche nach der Nord-West-Passage (gefunden 1903/06).

1618 *7. Jan.*: Sir Francis Bacon, jetzt Lord Verulam und 1621 Viscount St. Albans, wird Lordkanzler. Er verteidigt einen gemäßigten, »modernen« Absolutismus, setzt königliche Prärogative über das Common Law und fordert Rechtsprechung zugunsten der Souveränität des Herrschers und der Staatsräson.
29. Sept.: Dieser Staatsräson fällt Sir Walter Raleigh zum Opfer. Nach einer gescheiterten Spanisch-Guyana- bzw. »El Dorado«-Expedition (Edelstein- und Metallsuche) sowie Auseinandersetzungen mit den dortigen spanischen Truppen fordert Gondomar als Sühne für diese Beleidigung Spaniens den Tod Raleighs. Um seine Heiratsprojekte für den Thronfolger Karl nicht zu zerstören, gibt Jakob nach und unterschreibt das ungerechtfertigte Todesurteil für Raleigh.
Die ›Five Articles of Perth‹, anglikanische Predigt- und Gottesdienstbestimmungen, werden der Church of Scotland durch Jakob und seinen ersten kirchlichen Berater William Laud (1573–1645), dem späteren Bischof von London und Erzbischof von Canterbury, oktroyiert, 1621 vom schottischen Parlament angenommen und 1638 im »National Covenant« wieder abgelehnt.
John Selden (1584–1654) veröffentlicht seine ›Geschichte des Zehnten‹, eine historisch fundierte Streitschrift gegen das unsoziale Finanz- und Steuereintreibungsgebaren der Kirche, die sich darüber so aufregt, daß Selden nach mehreren Unterredungen mit Jakob angeklagt wird und sein Buch zurückziehen muß.
Der Leibarzt des Königs, William Harvey (1578–1657), entdeckt den doppelten Blutkreislauf. Seine grundlegende Schrift darüber erscheint erst zehn Jahre später.

1618 bis 1620 Spannungen mit Spanien und Holland; Ausbruch des Dreißigjährigen Krieges. Der vom böhmischen Adel 1619 zum König von Böhmen proklamierte Friedrich V. von der Pfalz, der »Winterkönig«, manövriert sich 1620 in eine aussichtslose politische, militärische und finanzielle Lage. JAKOB, der mit der protestantischen »Union« sympathisiert, hofft, seinem Schwiegersohn mittels Diplomatie – neues Heiratsprojekt für KARL: die spanische Infantin MARIA – helfen zu können – ohne Erfolg.

1619/20 Der Fabrikant und Bergtechniker DUD DUDLEY (1599–1684) entdeckt Koks als Ersatz für die ausgehende Holzkohle zur Eisenerzschmelzung. Sein fortschrittliches Verfahren wird von den Konkurrenten abgelehnt, seine Fabrik zerstört. Als illegitimer und reicher Sproß einer großen Adelsfamilie kann er jedoch seine Eisenwerke weiter ausbauen.

1620 *5. Aug.*: Mit 120 »Pilgrim Fathers« segelt das 180t-Schiff »Mayflower« von Southampton nach Neu-England (ein zweites Schiff muß nach Havarie gleich wieder umkehren). Die Emigranten – übrigens nicht nur politisch und religiös Verfolgte – siedeln sich im November in New Plymouth an.

1621 BACONS ›Novum Organum Scientiarium‹ soll nach seinen eigenen Worten die aristotelische Logik ersetzen. Das Werk wird geradezu zur Bibel der neuzeitlichen Erfahrungswissenschaft (Empirismus) erhoben.

1621/22 Da er ohne militärischen Einsatz, für den Geld notwenig ist, FRIEDRICH von der Pfalz nicht helfen kann, muß JAKOB im Januar 1621 das Parlament einberufen. Er hofft auf Tilgung seiner privaten Schulden in Höhe von 900000 Pfund und auf Bewilligung von Kriegsmitteln für ein Hilfscorps von 30000 Mann. Das Parlament beginnt die Session mit Angriffen gegen die Monopolpolitik der Krone und die Günstlingswirtschaft. Auf ein Impeachment gegen Sir FRANCIS MICHELL (1556–1628?) und Sir GILES MOMPESSON (1584–1651?) wegen notorischer passiver und aktiver Bestechung folgt ein zweites gegen Lordkanzler BACON wegen Korruption im Amt. Stellt Jakob sich im ersten Fall auf die Seite der Commons, obwohl BUCKINGHAM seinen Schützling Mompesson verteidigen will, so gibt er nun Bacon, den prominenten Staatsmann und Wissenschaftler, preis, um damit das eigentliche Ziel der Parlamentsangriffe, Buckingham selbst, vor einem Impeachment zu retten. Nach dieser opportunistischen »Lösung« bleiben als wichtigste Beratungspunkte die Geldbewilligung zum Eingreifen in den europäischen Krieg und das spanische Heiratsprojekt. Die Gelder werden teilweise bewilligt, doch die Heirat des Thronfolgers KARL mit einer Katholikin stößt vorerst auf heftigen Widerstand. Statt dessen fordert man eine protestantische Heirat, strikte Verfolgung der katholischen Rekusanten und Krieg gegen Spanien. Jakob verwehrt sich gegen diesen Eingriff in seine Prärogative, die Außenpolitik, weshalb das Haus am 18./21. Dezember 1621 in der »Great Protestation« auf dem freien Recht der Kritik und Kontrolle über alle Bereiche des Königreichs beharrt. Der König löst das Parlament Mitte Januar 1622 auf und schickt COKE als Wortführer der opponierenden Common Law-Partei in den Tower. Krone und Parlament trennen sich unversöhnlicher denn je.

seit 1622 Tätigkeit eines »Board of Trade« für Außenhandels- und Kolonialangelegenheiten.

1623 Endgültiges Scheitern der Spanienpolitik und des Heiratsprojekts durch hinhaltendes Lavieren Madrids; daher Kursänderung BUCKINGHAMS, d. h. Kriegspolitik gegen Spanien, Unterstützung der protestantischen Sache, vor allem der Hugenotten in Frankreich (La Rochelle).
Patentgesetz zum Schutze des Erfinders und der Erfindung.

1624 *Febr./Mai*: Das 4. Parlament stimmt für Krieg gegen Spanien und für Unterstützung des Pfälzers. Für die Bewilligung von Kriegsmitteln gesteht JAKOB dem Parlament zu: Anstellung von Beamten, die das Vertrauen der Commons besitzen; Aufhebung aller Monopole; parlamentarische Kontrolle neuer Finanz- und Steuervorlagen; dazu in der ›Subsidy Bill‹ das Mitspracherecht des Parlaments bei der Einsetzung von Schatzmeistern (treasurers).
Juni: Unterzeichnung eines Offensiv-Vertrages mit Holland; Projekt der französischen Heirat.
Kolonisierung der Insel St. Kitts (Westindien) durch Sir THOMAS WARNER (gest. 1649); wechselt bis 1967 häufig zwischen England, Frankreich und Spanien.
Der Philosoph HERBERT VON CHERBURY (1583–1648) schreibt mit ›De veritate‹ das erste bedeutende deistische Werk Englands.
BACONS ›Nova Atlantis‹ erscheint. Fragment einer Staatsutopie: Auf der platonischen Trauminsel Neu-Atlantis existiert ein Staatswesen, dessen Gegenwart und Zukunft durch die unbedingte Richtigkeit von deduktiver und induktiver Methode der Wissenschaft und die daraus resultierenden Ergebnisse, d. h. fortschrittliche Erkenntnisse gesichert sind. Daß gerade die wichtigsten Teile – Staatsform und Gesellschaftsstruktur – in Bacons Utopie fehlen, mag zwei Gründe haben: Entweder konnte er sie aus Arbeitsüberlastung (mit naturwissenschaftlichen Werken) nicht fertigstellen oder er wollte sie nicht zu Lebzeiten Jakobs, der ihn hatte fallenlassen, veröffentlichen, sondern warten, wie der Thronfolger Karl regieren würde.

1624/25 Veröffentlichung der ersten sog. »Farbbücher«, meist zur Rechtfertigung oder Dokumentation der Außenpolitik; in England als »bluebooks« (später auch für alle Parlamentsdrucksachen) bezeichnet.
Einführung von Tabak- und Branntweinsteuern bzw. -monopol.

1625 *27. März*: Tod König JAKOBS I. und Nachfolge seines Sohnes als KARL I.
1. Mai: Heirat KARLS mit HENRIETTA MARIA (1609–1669), der Tochter HEINRICHS IV. von Frankreich. – Der neue König ist ein lebens- und

kunstfreudiger Mensch, der jedoch nicht die intellektuellen Gaben seines Vaters Jakob hat, dem die heutige Forschung mehr Gerechtigkeit zukommen läßt, als es die Zeitgenossen taten.
18. Juni–12. Aug.: Das sog. »Oxford Parliament« wird wegen Widerspenstigkeit nach Hause geschickt.

1626 *6. Febr.–15. Juni*: Im 2. Parlament KARLS I. betreibt Sir JOHN ELIOT (1592–1632) ein Impeachment gegen BUCKINGHAM, dessen spanisch-französische und konfessionelle Doppelpolitik auf stärksten Widerstand der Puritaner und Presbyterianer stößt (Remonstrance vom 5. April). Karl läßt sich das nicht bieten, ordnet die Verhaftung Eliots an, obwohl die Commons ihm daraufhin sämtliche Geldmittel verweigern, und löst das Haus auf.

1626 bis 1628 Während KARL ein »irresponsible government« führt, geht BUCKINGHAMS pro-hugenottische Politik vor La Rochelle einem Fiasko entgegen.

1627 Auftauchen der »Habeas Corpus«-Frage. – Angesichts der innen- und außenpolitischen Probleme kann der König auf das Parlament nicht verzichten.

1628 *7. Juni*: KARL billigt die ›Petition of Right‹, um einem finanziellen Debakel zu entgehen. Die wichtigsten Punkte dieser von Sir EDWARD COKE, Sir JOHN ELIOT und Sir THOMAS WENTWORTH (1593–1641) initiierten ›Private Bill‹ lauten: keine Steuererhebung ohne Bewilligung des Parlaments; Unverletzlichkeit der persönlichen Freiheit des Bürgers; keine Inhaftierung ohne vorherige Angabe des Grundes (Habeas Corpus); auch König und königliche Beamte müssen sich an das geltende Fundamental Law halten; Regierungsverantwortlichkeit gegenüber dem Parlament. – Karl geht auf die Wünsche der Commons ein und erhält dafür Kriegsgelder für fünf Jahre. Mit der Petition beginnt der Kampf zwischen Krone und Commons erst, denn der König ist nicht gewillt, diese »erpreßten« Zugeständnisse alle zu halten.
26. Juni: Vertagung des Parlaments ohne Verurteilung BUCKINGHAMS.
23. Aug.: Buckingham wird von einem Leutnant FENTON ermordet (vgl. die romanhafte Ausschmückung in DUMAS' ›Die Drei Musketiere‹).
10. Okt.: Fall La Rochelles und Preisgabe der Hugenotten durch die halbherzig operierenden Engländer.

1629 *20. Jan.–10. März*: Der verfassungs-, religions- und finanzpolitische Streit zwischen König und Parlament geht weiter, so daß KARL nach einer Anklagerede gegen die Commons das Haus auflöst.
Ende des Krieges mit Frankreich und Spanien.

1629 bis 1640 Angesichts der ständigen Querelen mit den Commons und des Todes seines Günstlings Buckingham regiert KARL I. elf Jahre lang ohne Parlament, nur gestützt auf Privy Council, Star Chamber und High Commission Court. Seine hervorragendsten Berater und Verfechter der Politik des »Thorough« (hindurch!) sind WILLIAM LAUD (1628 Bischof von London, 1633 Erzbischof von Canterbury) und Sir THOMAS WENTWORTH, Earl of Strafford (1640), der sich wegen der radikalen und dogmatischen Haltung des Unterhauses vom führenden Anwalt der Commons zum Royalisten gewandelt hat. Karl, dem der überaus kluge Mann immer etwas rätselhaft blieb, macht Wentworth wider besseres Wissen nicht zu seinem Ersten Minister, sondern schickt ihn als »Lord President of the North« in die Provinz und 1633 als Lordstatthalter nach Irland, wo er sich bis 1639 durch geschickte Settlements und Plantations sowie durch den Aufbau einer straffen Verwaltung nach dem Muster eines »aufgeklärten Absolutismus« sehr verdient macht. Als Wentworth 1639/40 endlich die Fäden der Politik in seinen Händen hält, ist es zu spät. – In England weitet sich inzwischen der Kampf zwischen Krone und Parlament auf das kirchlich-religiöse Gebiet aus. Ziel der allgemeinen Kritik wird Laud, Arminianer und Verkörperung der monarchischen Bestrebungen in der Kirche. Laud will eine von Parlamentseinflüssen freie Kirche. Evangelische Seelsorge, Predigt und Lehre werden verboten, dagegen eine große Zahl von Bischöfen in den Privy Council gwählt. Gegen Konformität und Orthodoxie, gegen die Verbindung von Thron und Altar, gegen Sternkammer und Hochkommission wenden sich vor allem die den Episkopalismus hassenden Puritaner. – Den Hebel gegen die königliche Regierung glauben die Commons – nach altem Muster – bei den Finanzen ansetzen zu können, denn obwohl die Krone gemäß elisabethanischer Tradition eine kräftige Sozialpolitik (Armenpflege) in Angriff nimmt und die allgemeine wirtschaftliche Situation zu bessern bemüht ist, meint sie das auf dem Wege der Prärogative, der Erlasse und Verordnungen autoritär erreichen zu müssen.

um 1630 Der Baumeister und Architekt INIGO JONES (1573–1652) verhilft dem späten Renaissance-Baustil in England zum Durchbruch (palladianischer Stil).

1632 Gründung der Neu-England-Kolonie Maryland durch Lord CECIL CALVERT BALTIMORE (1605–1675). Die Kolonie gewährt Religionsfreiheit für alle christlichen Bekenntnisse.

1633 Gründung der Baptisten-Kongregation in London.

seit 1634 Angesichts des allmählichen Preisanstiegs und Nachlassens des Außenhandels – eine Folge der vom König sträflich vernachlässigten Überseepolitik – kann KARL I. nicht mehr von den eigenen Einkünften leben. Da die Commons das königliche Defizit zu decken nicht bereit sind, und wenn, dann nur unter religiösen und politischen Bedingungen, greift Karl zu neuen Methoden, um die Finanzen zu verbessern. Dabei geht es um die eigenmächtige, nicht bewilligte Erhebung der Tonnen- bzw. Schiffssteuer (tonnage and poundage bzw. ship-money): Tonnengehalt und Zahl der Besatzungsmitglieder eines Schiffes müssen in Geld umgerechnet und ein entsprechendes Entgelt an die königliche Kasse abgeführt werden.

1635 John Selden veröffentlicht seine Schrift ›Mare Clausum‹, in der er gegen das ›Mare Liberum‹ des großen Staats- und Völkerrechtlers Hugo Grotius (1584–1645) Englands Anspruch auf Seeherrschaft hervorhebt. Gründung der Kolonie Rhode Island und der Universität Harvard in Massachusetts.

1636/37 Erzbischof Laud versucht, die weitgehend unabhängige schottische presbyterianische Kirche durch ein ›Book of Canons‹, durch Anerkennung des königlichen Supremats und eine römisch-romanistische Liturgie einzuengen.

1637 *23. Juli*: Der erste Gottesdienst nach der neuen Liturgie in der Kirche St. Giles zu Edinburgh endet in einem Tumult.

1637/38 Als 1637 der Parlamentarier und Millionär John Hampden (1595–1643) das Zahlen der 20-Shilling-Taxe des Tonnen- und Schiffsgeldes verweigert, wird er angeklagt und 1638 von einem bestochenen Gericht mit 7:5 Stimmen verurteilt. Damit ist alles Vertrauen in königliche Gerichte geschwunden.

1638 *28. Febr.*: Gegen Lauds Episkopalismus und Dogmatismus, hinter dem viele zu Unrecht ein Wiedererstarken des Katholizismus befürchten, wenden sich die Schotten in einem »National Covenant«, in dem sich alle Stände zur Wahrung der Reinheit und Freiheit des Evangeliums zusammenschließen. Zum Sprecher des Bundes erhebt sich Archibald Campbell, Earl of Argyle (1598–1661).
2. Sept.–21. Nov.: Die schottische Nationalversammlung zu Glasgow weist das ›Book of Canons‹ zurück, erklärt die erfolgte Einsetzung von hochkirchlichen Bischöfen für nicht existent und führt unter Argyles Kommando wieder das presbyterianische System ein.
Abschaffung der Folter in England.

1639 *18. Juni*: Die »Pazifikation von Berwick«, die alle kirchlichen Angelegenheiten der schottischen Generalversammlung und alle zivilen dem Parlament zur Regelung bestimmt, verhindert im letzten Moment das endgültige Ausbrechen des »First-Bishops'-War«.
Aug.: Karl I. ruft endlich nach dem starken Mann, nach Wentworth, den er zum Lord Lieutenant of Ireland und Ersten Minister macht.
22. Sept.: Wieder zurück in England, rüstet Wentworth ein irisch-keltisches Heer für den Notfall (gegen die Schotten) aus, erreicht von den Iren eine größere Geldbewilligung an Karl und rät dem König zur Wiedereinberufung des Parlaments.

Die Engländer gründen eine Siedlung in Madras, das von 1659 bis 1752 Hauptsitz der East India Company ist.

1640 *10. Jan.*: KARL befürwortet einen Krieg mit Schottland.
13. April–5. Mai: »Kurzes Parlament«: Unter Führung von JOHN PYM (1584–1643), des »Mirabeau der englischen Revolution«, klagt das Unterhaus gegen KARL, STRAFFORD (Earl-Würde seit Jan.) und LAUD wegen Verletzung fundamentaler Grundrechte. Man wettert gegen das ungesetzliche Schiffsgeld, die Monopole, gegen Sternkammer und Hohe Kommission sowie gegen die Verletzung der ›Petition of Right‹. In den Finanz- und Glaubensfragen zeigt sich das Parlament unnachgiebig; die Unterstützung Karls im Kampf gegen die Schotten verweigert es. – Daher löst der König, nachdem keiner der Vermittlungsversuche Straffords etwas genützt hatte, das unbequeme Parlament auf.
Sommer: Eine Bischofskonferenz tagt weiter; LAUD, der die Zeichen der Zeit nicht erkennt, glaubt noch immer, die Bevölkerung Englands und Schottlands mit Härte und durch Bischöfe seiner Wahl disziplinieren zu können.
12. Aug.: Die Schotten wehren sich, veröffentlichen ein antiroyalistisches und pro-presbyterianisches Statement und bereiten sich auf einen bewaffneten Konflikt vor.
20. Aug.: Die parlamentarische Opposition in London ruft die Schotten gegen STRAFFORD und LAUD zu Hilfe; deren Truppen überschreiten daraufhin die Grenze; Beginn des »Second Bishops' War«.
Herbst: Strafford als Generalleutnant der königlichen Armee sucht einen militärischen, vor allem aber politischen Ausgleich mit den Schotten.
26. Okt.: Im Vertrag zu Ripon, der die Feindseligkeiten vorerst beendet, erhalten die Schotten bis zu einem endgültigen Abkommen täglich 850 Pfund und dürfen solange Northumberland und Durham besetzt halten.
3. Nov.: Aufgrund der unklaren politischen Lage beugen sich KARL I. und STRAFFORD den Peers und Commons und berufen ein neues Parlament, das »Lange Parlament« (bis 1653 bzw. März 1660). Erstmals hat das Parlament seine Einberufung erzwungen, ein unerhörter Schritt und Affront gegen absolutistische Ansprüche und Prärogative des Königs.
JOHN PYM, der »King of Parliament« vor seinen radikalen Kollegen JOHN HAMPDEN, Sir ARTHUR HASELRIG (gest. 1661), HENRY VANE JR. (1613–1662), Sohn eines königlichen Staatssekretärs, OLIVER ST. JOHN (1598–1673), OLIVER CROMWELL (1599–1658) und den gemäßigten Vertretern LUCIUS CARY, Lord Falkland (1610–1643), und Sir EDWARD HYDE (1609–1674), beginnt die erste Sitzung am 3. November sogleich mit heftigen Attacken gegen STRAFFORD und LAUD, wobei er den König ausnimmt. Er fordert ganz im Sinne des großen COKE die Gleichstellung der Puritaner und Presbyterianer mit den Anglikanern, die Rückkehr zum verfassungsgemäßen Gleichgewicht zwischen Krone und Parlament, die Abschaffung der Sternkammer und der Hohen Kommission sowie Finanzkontrolle durch das Parlament.

11. Nov.: Verhaftung STRAFFORDS, der trotz des gegen ihn geschmiedeten Komplotts ohne militärischen Schutz nach London zurückgekehrt war.
18. Dez.: LAUD wegen Hochverrats angeklagt.
21. Dez.: Anklage gegen Lordsiegelbewahrer Sir (Baron) JOHN FINCH (1584–1660), der jedoch fliehen kann.

1641 *28. Jan.*: PYM erhebt offizielle Anklage gegen STRAFFORD wegen Hochverrats, die durch nichts zu beweisen und zu halten ist.
8. Febr.: »Root and Branch«–(Stumpf-und-Stiel-)Debatte im Unterhaus zur radikalen Lösung aller politischen und religiösen Streitfragen: Abschaffung der königlichen Prärogative, Auflösung von Star Chamber, Privy Council und High Commission Court sowie der Episkopalverfassung.
16. Febr.: ›Triennial Act‹: Mindestens alle drei Jahre muß vom König das Parlament einberufen werden. Tut er es nicht, liegt die Aufgabe beim Lordkanzler, ansonsten bei den Sheriffs der Grafschaften. – Das Gesetz wird 1694 durch eine zweite ›Triennial Act‹ ergänzt und 1716 in der ›Septennial Act‹ dahingehend geändert, daß eine Parlamentsperiode nicht länger als sieben Jahre dauern darf. 1911 in fünf Jahre abgeändert.
22. März: Beginn des Prozesses gegen STRAFFORD.
29. März/1. April: Aufdeckung einer Armeeverschwörung.
10. April: PYM, HENRY VANE und WILLIAM PRYNNE (1600–1669) finden in einer konstruierten ›Bill of Attainder‹ gegen Strafford einen Ausweg aus der mißlichen Situation, gegen den Minister keinen ernsthaften Verdacht aussprechen zu können. Sie bereiten damit einen vorsätzlichen Justizmord vor.
13. April: In einer glänzenden Verteidigungsrede entkräftet STRAFFORD die lächerlichen Vorwürfe gegen seine Person.
2. Mai: MARIA (1631–1667), die Tochter KARLS I. und HENRIETTA MARIAS, wird mit WILHELM II. von Oranien (1626–1650) verheiratet.
8. Mai: Das House of Lords verabschiedet die ›Bill of Attainder‹ mit knapper Mehrheit (das Unterhaus hatte sie am 19. April mit einer 4:1 Mehrheit gebilligt).
9. Mai: KARL opfert seinen Minister und unterzeichnet die Bill.
12. Mai: Hinrichtung STRAFFORDS unter dem tosenden Beifall des Londoner Pöbels.
Juni/Juli: Der König stimmt der Abschaffung von Privy Council, Star Chamber und High Commission Court zu und verspricht, die absolutistische Finanzwirtschaft zu reformieren.
23. Okt.: »Irish Rebellion«: Nach dem Tod Straffords entlädt sich der irische Haß auf die Puritaner und die Plantations in einem Überfall auf die englischen und schottischen Neusiedler in Ulster, dem einige Tausend zum Opfer fallen.
1. Nov.: In dem Augenblick, als die englische Revolution abflaut und Karl in Schottland relative Ruhe vorfindet, dringt die Kunde von dem irisch-katholischen Massaker nach England. PYM und HASELRIG und vor allem der parlamentarische »newcomer«, der hinterwäldlerisch auftretende OLIVER

Cromwell nutzen die Greuelmärchen über die Ereignisse in Dublin und Umgegend für ihre Zwecke. – Der König und seine Generäle James Butler, Duke of Ormond (1610–1688), und Sir Charles Coote (gef. 1642) versuchen, den Aufstand des Phelim O'Neil (1604–1653), auch »Phelim der Brenner« genannt, mit drastischen Maßnahmen niederzuschlagen, was nur teilweise gelingt.
1. Dez.: Um den König, der gegen die Iren Geld und ein großes Heer braucht, zu erpressen, fordern die radikalen Commons in der ›Great Remonstrance‹ die reumütige Selbstbezichtigung der Krone, die Abhängigkeit der königlichen Beamten vom Parlament, die Auflösung der Episkopalkirche und den Oberbefehl über das Heer sowie die Übernahme der Miliz durch einen General ihres Vertrauens, Robert Devereux, Earl of Essex (1591–1646). – Die 204 Artikel der Remonstranz, die sich vom Heringsfang bis zum philosophisch-theologischen Problem der Allmacht Gottes erstrecken, gehen in ihrer Radikalität den gemäßigten Commons zu weit, die unter Führung von Lord Falkland und Edward Hyde eine gesonderte Position beziehen.

1641/42 Auch die Schotten wollen die Radikalkur der Haselrig, Vane, St. John, Prynne und Cromwell nicht mitmachen. Mit allen Mitteln der politischen Überredung und Bestechung verhandeln sie mit dem König, mit der finanzkräftigen City of London und mit dem Parlament, um letztlich die eigene Unabhängigkeit zu wahren.
In Übereinstimmung mit dem König konfisziert das Parlament ca. 2,5 Mill. acres von den irischen Rebellen. Aus dem Erlös werden ca. 1 Mill. Pfund für den Kampf gegen die Rebellen sowie für Landübernahme durch englische Bürger verwandt. Zehn Jahre später verstärkt Cromwell diese Politik der Adventurers durch neue Settlements und Plantations.

1642 *2. Jan.*: Gemäßigte Commons bestimmen in London, was den König zu der tödlichen Fehlbeurteilung verführt, die Radikalen um Pym seien durch interne Zwistigkeiten und die feindselige Haltung Irlands und Schottlands geschwächt.
4. Jan.: Nach einer kurzfristig vorbereiteten Anklageschrift will Karl die gefährlichsten Parlamentsführer verhaften lassen: Pym, Hampden, Haselrig, William Strode (1598–1645) und Denzil Holles (1599–1680), einen Schwager Straffords. Der Anschlag wird verraten, die Abgeordneten werden gewarnt und gerettet.
10. Jan.: Der Mißerfolg seines unüberlegten Verfassungsbruchs zwingt den König und seine Familie zur Flucht. – Die erste große bürgerliche Revolution, entstanden aus politisch-religiösen Motiven und nicht zuletzt aus der englisch-irisch-schottischen Verflechtung, beginnt, wobei die sozio-ökonomischen Bedingungen nur eine untergeordnete Rolle spielen.
18. Juni: In den ›Nineteen Propositions‹ hatten die Commons auf strengem kirchlich-synodalem-presbyterianischem Puritanismus und auf einer Reform der »Militia« und ihrer Kommandostellen in den Grafschaften be-

harrt. KARL lehnt ab und erläutert in einer Erklärung noch einmal seine Vorstellungen von Königtum, Regierung, Parlamentsrecht und Verfassung. – Der letzte Einigungsversuch ist gescheitert. Die Commons verlieren viele Sympathien wegen ihres übersteigerten doktrinär-radikalen Vorgehens, so daß auch ehemalige Gegner des Königs auf dessen Seite überschwenken. Beide Parteien, die royalistischen »Cavaliers« und die parlamentarischen »Roundheads« suchen nach Truppen. Die Bevölkerung (d. h. die Grafschaften), spaltet sich. Der schon am 2. März vom Parlament ausgerufene Landesverteidigungszustand wird zum Krieg.
Die Puritaner verbieten – bis 1660 – alle Theateraufführungen.
THOMAS HOBBES (1588–1679), Politiker und berühmter absolutistischer Staatsdenker, veröffentlicht in Paris sein erstes Hauptwerk ›De Cive‹.

1642 bis 1646 Während der ersten Phase des Bürgerkriegs ist Oxford Hauptquartier und Residenz des Königs. Die durch königliche Monopole und Privilegien reich gewordenen Kaufleute Londons und der Hafenstädte bzw. die Oligarchien der mittleren und oberen Schichten müssen den Entzug ihrer Vorrechte und finanzielle Verluste befürchten; sie stehen daher jahrelang auf seiten des Königs bzw. der Royalisten.

1642/43 Schlechtes Abschneiden der Parlamentstruppen: mangelnde Organisation; dezentralisierte Führung; Loyalität des Adels gegenüber der Krone; Unwillen der Royalisten wegen der Beschlagnahme ihrer Güter; Sorge der Königspartei um den Bestand der Kirche; militärische Überlegenheit des Gegners aufgrund besserer Führung sowie wirtschaftlicher und finanzieller Ressourcen.

1643 *30. Juni*: Schlacht bei Adwalton (Atherton) Moor: Die Royalisten behaupten Yorkshire mit Ausnahme Hulls.
17. Aug.: JOHN PYM verbindet, kurz vor seinem Tod, England und Schottland durch »A Solemn League and Covenant for Reformation and Defence of Religion, the Honour and Happiness of the King, and the Peace and Safety of the Three Kingdoms of England, Scotland and Ireland«. – KARL I. hatte kurz zuvor ein Freundschaftsangebot der Schotten abgelehnt, weil er den Presbyterianismus fürchtete. Auch Pym weiß, daß das Bündnis in praxi nicht allzu viel bedeutet, da die Schotten untereinander zerstritten sind: Führer der pro-englischen Parlamentspartei ist der Graf von ARGYLE, Haupt der royalistischen Gruppe JAMES GRAHAM, Earl of Montrose (1612–1650), ein begabter Feldherr und nobler Kavalier.
Getränkesteuer zur Deckung der großen Staatsausgaben.
Zusammenschluß der britischen Kolonien in Nordamerika zum Dominium Neuengland.

1643 bis 1653 »Westminster Assembly of Divines«: Diese Synode aus Theologen und Parlamentsmitgliedern soll durch Angleichung der anglikanischen Kirche an den schottischen Presbyterianismus eine einheitliche

Kirchenverfassung für England, Irland und Schottland im Sinne des Puritanismus schaffen. Die 1647 beschlossene und 1648 vom Parlament gebilligte ›Westminster Confession‹ wird zur verbreitetsten Bekenntnisschrift des reformierten Protestantismus in Schottland und Nordamerika, aufgrund der Stuart-Restauration (seit 1660) nicht jedoch in England und Irland.

1643/44 OLIVER CROMWELL sammelt eine Privatarmee um sich. Die »Ironsides« (Eisenseiten), eine Truppe aus militant-puritanischen (independentistischen) Gentry- und Yeomen-Soldaten, bewirken aufgrund ihrer straffen Zucht und alttestamentlichen Frömmigkeit einen militärischen Umschwung.

1644 *2. Juni*: In der Schlacht bei Marston Moor kann CROMWELL die Royalisten schlagen. Zum Dank wird ihm die Neubildung des Parlamentsheeres übertragen, was Cromwell zwar in glänzender Weise verwirklicht, aber gleichzeitig zum Ausbau der Machtstellung der Independenten in Heer und Verwaltung ausnutzt. Das erhöht die Spannungen mit den Presbyterianern, die sich auf »Liga« und »Covenant« berufen.
2. Sept.: Hatte sich bei Marston Moor Prinz RUPERT von der Pfalz (1619–1682), der Neffe Karls, trotz seiner militärischen Fähigkeiten geschlagen geben müssen, so wird die Niederlage der Königlichen fast wettgemacht durch die Kapitulation des Grafen ESSEX in Cornwall, der, statt die Kavaliere in offener Feldschlacht zu schlagen, das Land hatte erobern wollen. Diese Niederlage eines Generals des älteren Typus ebnet CROMWELL endgültig die Bahn.
13. Sept.: Die »Akkomodationsordonnanz« legt die Differenzen zwischen Independenten und Presbyterianern vorerst bei.
19. Dez.: Die ›Self Denying Ordinance‹ richtet sich gegen den Oberbefehlshaber des Parlamentsheeres, EDWARD MONTAGUE, Viscount Mandeville, Earl of Manchester (1602–1671), und die Presbyterianer in der Armee. Sie besagt, daß kein Offizier seinen Platz in der Truppe behalten darf, der einen Sitz in einem der beiden Häuser des Parlaments innehat; das gilt für die Dauer des Kriegs, ausgenommen ist allein Cromwell.
Der Dichter und Politiker JOHN MILTON (1608–1674) verherrlicht angesichts des Kampfes zwischen Krone und Parlament in ›Areopagitica‹, einer Abhandlung für Glaubens-, Gewissens- und Pressefreiheit, die »edle und mächtige Nation«.

1645 *10. Jan.*: Hinrichtung Erzbischof LAUDS nach vierjähriger Gefangenschaft und ohne formelles Urteil bzw. Prozeß.
28. Jan.: Das Parlament stimmt einer Umbildung des Heeres zu: Anstelle der verschiedenen kleinen Armeen gibt es nun nur noch ein einziges Heer unter dem Oberbefehl von Sir THOMAS FAIRFAX (1612–1671) und Oberst CROMWELL als Stellvertreter, da seine Ironsides etwa die Hälfte der gesamten Kavallerie ausmachen.

3. April: Die erste Self Denying Ordinance wird durch eine zweite »Selbstentäußerungsbill« erweitert: Alle Parlamentsmitglieder, die seit dem 20. November 1640, dem Zusammentritt des Parlaments also, einen militärischen oder zivilen Posten bekleiden, müssen diesen binnen vierzig Tagen räumen. Die Ausnahme bildet wieder CROMWELL, der zum General und Chef der gesamten Kavallerie befördert wird. – Sieg der Independenten über die Presbyterianer.
14. Juni: FAIRFAX und CROMWELL schlagen die Royalisten bei Naseby vernichtend, so daß selbst Prinz RUPERT zum Frieden rät. – Ende des Ersten Bürgerkrieges.
25. Aug.: Im Vertrag zu Glamorgan zwischen den rebellierenden irischen Konföderierten und PHILIP HERBERT Earl of Glamorgan (1584–1650) werden den Iren – gegen 10000 Soldaten – Kirchenkontrolle und Plantation-Grundstücke zurückgegeben. Dieses royalistische Manöver weckt einen Sturm unter den Commons.

1646 *16. Jan.*: Der entrüstete Protest des Parlaments über den Vertrag zu Glamorgan wird von KARL mit der Nichtanerkennung des Unterhauses beantwortet. Während in England der Bürgerkrieg ruht, geht in Schottland der Kampf zwischen ARGYLE und MONTROSE weiter. Die Spaltung Schottlands und den Zorn der zur Seite geschobenen Presbyterianer macht sich KARL zunutze, der glaubt, bei den Schotten Zuflucht und Unterstützung finden und eine Partei gegen die andere ausspielen zu können. Mit Mühe, d. h. durch eine großangelegte Bestechung, vermag das Parlament diese Pläne zu durchkreuzen. In den »Propositions of Newcastle« vom 14. Juli soll Karl den Covenant anerkennen, den Episkopat in Schottland verbieten und dem Londoner Parlament militärische und außenpolitische Befugnisse übertragen. Dies geht dem König denn doch zu weit, er lehnt ab; der Weg für ein schottisch-englisches Arrangement ist frei.

1647 *23. Jan.*: Für 400000 Pfund liefert Graf ARGYLE KARL I. an das noch immer stark presbyterianische Parlament aus.
Frühjahr: Die Radikalen erhoffen sich endlich die Regierungsübertragung durch den König, der aber eine solche »Scheinlegalisierung« ablehnt. Die Independenten zögern daher nicht länger, sondern marschieren in London ein; die feindlich gesinnte City bleibt ruhig, während die gemäßigte presbyterianische Partei das Feld räumt. Die Episkopalisten und Katholiken rüsten Truppenverbände zugunsten KARLS aus. CROMWELL sieht den Streitigkeiten abwartend zu.
3. Juni: Wahrscheinlich mit Wissen CROMWELLS wird KARL von Soldaten entführt.
6. Aug.: Bei heftigen Debatten im Londoner Parlament siegt wiederum die Independentenpartei. – Friedensverhandlungen haben kaum Aussicht auf Erfolg, da die Cromwellsche Richtung die Republik und eine Trennung von Staat und Kirche will.

28. Okt.: Die radikal-demokratischen Offiziere unter Führung der »kommunistischen« Levellers (Gleichmacher) legen dem Armee-Rat während der »Putney-Debates« das ›Agreement of the People‹ vor: Forderung nach mehr Demokratie, Aufhebung der sozialen Schranken, zweijährige Parlamentsdauer, religiöse Toleranz, Gleichheit vor dem Gesetz usw. Das Vorpreschen der Levellers, dieses »left wing« der Independenten, GERRARD WINSTANLEY (1609–nach 1660), JOHN LILBURNE (1614–1657), RICHARD OVERTON (vor 1640–1662) und WILLIAM WALWYN (1600–1680?), stößt vor allem wegen seiner sozialistisch-revolutionären Thesen bei den von FAIRFAX geführten Armee-Räten auf Unverständnis, ja krasse Ablehnung.
11. Nov.: KARL flüchtet auf die Insel Wight. Die Armee (die Radikalen also) antwortet umgehend mit den ›Four Bills‹, Cromwells Abwesenheit nutzend: Der König soll für zwanzig Jahre auf die Miliz verzichten, alle während des Kriegs vom Parlament erlassenen Gesetze bestätigen, alle seit 1642 von ihm geschaffenen Pairien kassieren und vor neuen Nobilitierungen das Parlament fragen, schließlich das Recht beider Häuser anerkennen, sich zu vertagen, wann und wohin sie wollen. – Diese ultimativen Forderungen der Generale und Agitatoren stoßen auf den Widerstand der Schotten, die für günstigere Regelungen eintreten und vor allem jeglichen Hinweis auf Presbyterianer- und Covenant-Rechte vermissen.
26. Dez.: KARL schöpft Hoffnung, wendet sich an die Schotten und verspricht in einem »engagement« gegen Rettung seiner Person die Anerkennung von Liga und Covenant, die Duldung der presbyterianischen Kirchenverfassung für drei Jahre und die Verfolgung der Sektierer und Independenten.

1648 *Anfang Jan.*: FAIRFAX hat Colchester genommen, CROMWELL Edinburgh besetzt. Sofort beginnen Verhandlungen mit ARGYLE, um die Schotten ruhig zu halten. Gleichzeitig bricht das Parlament alle Beziehungen zu Schottland und dem König ab.
15. Jan.: Parlament und Armee drohen jedem mit einem Hochverratsprozeß, der sich ohne Wissen des Parlaments mit KARL oder den Royalisten einigen will.
Frühjahr: Beginn des Zweiten Bürgerkriegs durch die Kavaliere, die ihre Offensive durch zahlreiche Flugschriften und Pamphlete vorbereiten und es somit den Rundköpfen gleichtun. – Die Independenten halten Stand: JOHN LAMBERT (1629–1683), der »Liebling der Armee«, behauptet den Norden; CROMWELL siegt in Wales; FAIRFAX und Cromwells Schwiegersohn HENRY Ireton (1611–1651), der spätere Deputy Lieutenant of Ireland, kontrollieren die mittleren Grafschaften.
17./18.Aug.: Der große Sieg CROMWELLS bei Preston bereitet den Untergang KARLS I. vor, der weiterhin in Haft bleibt.
6./7. Dez.: Um KARLS Verurteilung zu sichern, wird durch »Pride's Purge« (Austreibung, Reinigung; Thomas Pride gehörte zu den Richtern Karls I.) das Parlament drastisch beschnitten: Über achtzig meist presbyterianische Abgeordnete werden ausgeschlossen, weitere sechzig fliehen. Da sich auch

das Oberhaus auflöst bzw. auf unbestimmte Zeit vertagt, bleibt vom »Langen Parlament« nur ein radikaler »Rumpf« (rump) übrig. Der Independentismus hat auf der ganzen Linie gesiegt.

1649 *1. Jan.*: Da das Rumpfparlament der Anklage-Bill gegen KARL zustimmt, kann der Prozeß unter Leitung JOHN BRADSHAWS (1602–1659) beginnen. – Zur gleichen Zeit beschäftigt sich die Armee mit dem ›Agreement of the People‹ und verwirft es ebenso wie wenig später das Parlament. Nicht besser ergeht es einer ›Humble Petition‹ der linksradikalen jüngeren Offiziere.
30. Jan.: Mit weit mehr Haltung als seine Regierung es hätte erwarten lassen und unberührt von der haltlosen Anklage, er habe Recht und Verfassung Englands verraten, geht KARL I. in den Tod. – Die vom Volk erzwungene Hinrichtung eines souveränen Monarchen wird von den europäischen Staaten mit ungläubigem Staunen und Entsetzen aufgenommen. Ein Eingreifen in die englischen Wirren jedoch war und ist ihnen aufgrund der europäischen Spannungen, auch nach dem Ende des Dreißigjährigen Krieges, nicht möglich.
6./7. Febr.: Auflösung des Rumpfparlamentes; damit hat gegen den Widerstand Schottlands und Irlands die Monarchie aufgehört zu bestehen.
April/Mai: Unter Führung von WINSTANLEY machen einige Vertreter der Levellers und der »Fifth Monarchy Men«, einer politisch-religiösen Sekte, ihre kommunistischen Theorien wahr und gehen als »Digger« (Gräber) auf die Felder adliger Großgrundbesitzer in Surrey, um dort für sich, d. h. für die Allgemeinheit, Land zu bestellen. – Obwohl durch die »Einhegungen« niemand belästigt und der Hinweis auf die zwanzig Prozent unter dem Existenzminimum lebenden Menschen allseits akzeptiert wird, scheitert Winstanley, der sich nach mehreren Unterredungen mit FAIRFAX und auch CROMWELL deren politischen Verdächtigungen und folgenden Strafmaßnahmen nicht erwehren kann.
19. Mai: Die Armee proklamiert das »Commonwealth« und richtet einen Staatsrat ein, dem u. a. angehören: FAIRFAX, CROMWELL, VANE, HASELRIG, BRADSHAW, ST. JOHN und EDMUND LUDLOW (um 1617–1692). – Für die neue Regierung kommt es darauf an, die innenpolitischen Wirrnisse und religiösen Streitigkeiten vergessen zu machen, trotz des Sieges Maß zu halten und Toleranz zu üben und die desolate wirtschaftliche und finanzielle Lage schnell zu verbessern. Zum starken Mann wird natürlich OLIVER CROMWELL, der independentistische Gentry-General, der mit praktischer Religiosität und im Bewußtsein einer göttlichen Mission für das Wohlergehen und Ansehen, für die »salus publica« des englischen Volkes, antritt.
Mai/Juni: Die Iren unter dem auf die royalistische Seite übergeschwenkten Grafen von ORMOND und die Schotten unter MONTROSE nehmen den Umsturz in England nicht tatenlos hin, sondern rufen zu Widerstand und Revolte auf, dem die Katholiken nur zu gerne folgen. – Zur Bekämpfung des irischen Aufstandes geht CROMWELL selbst als Oberkommandierender dorthin.

11. Sept.: Der Ende Mai in Dublin gelandete CROMWELL schlägt ORMOND und statuiert im »Massaker von Drogheda« ein Exempel.
11. Okt.: Wie Drogheda, so wird auch Wexford grausam geplündert und geschleift. – Damit hat CROMWELL wieder einmal in wenigen Wochen »den Staat« gerettet; bereits im Frühjahr 1650 kann er nach England zurückkehren, um von dort aus neue Plantations und Settlements für Irland in Angriff zu nehmen.
27. Okt.: Kapitulation von Limerick.
MILTON, Sekretär für ausländische Sprachen (Länder) im Staatsraat, bricht in ›The Tenure of Kings and Magistrates‹ eine Lanze für das neue System.

1650 *27. April*: Graf MONTROSE nimmt im Namen KARLS (II). (1630–1685), den die Schotten am 6. Februar 1649 als legitimen Nachfolger des am 30. 1. 1649 hingerichteten Königs bestätigten, den Krieg gegen die Engländer wieder auf, wird bei Carbisdale (Sutherland) schwer geschlagen und von den Anhängern ARGYLES verhaftet.
21. Mai: MONTROSE, wegen seiner Jugend, Tapferkeit und Hochherzigkeit während des Bürgerkrieges noch heute eine Heldengestalt der schottischen Geschichte, wird in Edinburgh hingerichtet.
23. Juni: KARL landet in Garmouth und anerkennt sofort Liga und Covenant der Schotten, was er, um überhaupt zurückkehren zu können, schon am 1. Mai im holländischen Exil zu Breda getan hatte.
Juli: CROMWELL überschreitet mit 16000 Mann die schottische Grenze.
3. Sept.: CROMWELL stoppt den Vormarsch royalistischer schottischer Truppen nach England bei Dunbar.

1651 *3. Sept.*: Ein neuerlicher Invasionsversuch KARLS endet bei Worcester mit CROMWELLS Sieg und der völligen Niederlage der Schotten.
Okt.: Nach Handelsbesprechungen mit den Niederlanden in Den Haag verkündet CROMWELL, der das schottische Befriedungswerk JOHN LAMBERT, dann GEORGE MONCK (1608–1670) überläßt, die ›Navigation Act‹, um den holländischen Zwischenhandel auszuschalten. Kolonialgüter dürfen nur noch auf englischen Schiffen nach England gebracht werden.
THOMAS HOBBES' staatstheoretische Hauptschrift ›Leviathan‹ erscheint: eine Verteidigung der absolutistischen Monarchie als vernünftiges Staatsprinzip im »Kampf aller gegen alle«; von größtem Einfluß auf die Staatsdenker der Neuzeit.

1651/52 Nach dem Ende des englischen Bürgerkrieges und den Erfolgen in Irland und Schottland hält CROMWELL nach einer starken Zentralregierung und einer neuen Verfassung Ausschau. Die Revolutionäre wollen eine dauerhafte Union, ein großbritannisches Reich herstellen, was den Stuarts bislang nicht gelungen war. Doch die einflußreichen Geldgeber in London und den Seestädten hatten nicht KARL I. stürzen helfen, um dessen Absolutismus in eine Militärdespotie einzutauschen. Da auch auf die Masse kein Verlaß ist, kann sich Cromwell nur auf seine Armee von 30–40000 Mann stützen. Um das Geld für dieses große Heer aufzubringen, werden den geschlagenen Royalisten und Großgrundbesitzern hohe Zwangsgelder auferlegt, die manchmal zum Verkauf der Güter zwingen. – Um seine noch inoffizielle Alleinherrschaft auf eine breitere Basis stellen zu können, läßt er durch HENRY VANE eine ›Reformbill‹ ausarbeiten, die einer größeren Anzahl Mittelklassebürgern das Wahlrecht gibt, indem die Zahl der Grafschaftsrepräsentanten gemäß ihrem Steueraufkommen festgesetzt wird. Zusätzlich erscheint 1652 eine ›Amnestieakte‹ für Royalisten.

1652 Um der City von London entgegenzukommen und die ihren Verlusten nachtrauernden Handelskompanien zu besänftigen, forciert CROMWELL wieder die von JAKOB I. und KARL I. vernachlässigte Flotten- und Überseepolitik. Das führt im Frühsommer – auch wegen der ›Navigation Act‹ – schnell zum Ersten englisch-holländischen Seekrieg, den ROBERT BLAKE (1599–1657) und GEORGE MONCK gegen die Admiräle MICHIEL A. RUYTER (1607–1676) und MAARTEN H. TROMP (1598–1653) siegreich bestehen. – Zugleich führt Cromwell Krieg in Übersee gegen die Spanier (Westindien). Sein Plan, mit Deutschland, der Schweiz, den baltischen Staaten und Skandinavien eine protestantische Union zu bilden, muß jedoch aufgrund der kontinentalen Konstellationen ein Wunsch bleiben.
Nach der Befriedung Irlands können die Generalleutnants CHARLES FLEETWOOD (um 1615–1692), Schwiegersohn Cromwells, und EDMUND LUDLOW sowie Oberst JOHN LAMBERT im Auftrag CROMWELLS, des Staatsrates und des Rumpfparlaments an neue Plantations und Settlements gehen und verdiente Adventurers, Offiziere und independentistische Genossen belehnen.
MILTON feiert in neuen Schriften die Innen- und Außenpolitik des Commonwealth, des Staatsrates und Cromwells.
Etablierung des ersten Kaffeehauses als politisch-gesellschaftlichem Treffpunkt in London.
Der Schuhmacher und Wanderprediger GEORGE FOX (1624–1691) gründet nach Anfängen um 1648/49 die christlich-mystische »Gesellschaft der Freunde«, die Quäker.

1653 *28. Febr.–2. März*: Admiral BLAKE siegt im Ärmelkanal über die niederländische Flotte unter TROMP.
20. April: CROMWELL beschließt, das bereits entmachtete Rumpfparlament gänzlich aufzulösen und dafür eine starke Zivilregierung aus »gläubigen Männern« zu etablieren.
4. Juli–11. Dez.: Von der Armee begünstigt und durch den Armee-Rat ausgewählt, tagt das independentistische »Parliament of Saints«, nach einem Mitglied auch »Barebone's Parliament«, sonst noch »nominated« oder »little parliament« genannt. Ihm gehören 129 englische, fünf schottische und sechs irische Abgeordnete an. Es führt die Zivilehe ein, läßt durch ein Komitee das Recht kodifizieren und will den Court of Chancery abschaffen. Eine Attacke gegen kirchliche Patronage und Ämterwirtschaft

bringt eine Minderheit des Parlaments auf die Idee, die begonnenen Reformen mit einem Mehrheitsbeschluß auf CROMWELL zu übertragen.
6. Dez.: LAMBERT verkündet im Namen der Armeekommission und der drei Nationen von England, Irland und Schottland die Auflösung von »Barebone's Parliament« und bittet CROMWELL, das Amt des höchsten Beamten im Staate anzunehmen.
16. Dez.: Das ›Instrument of Government‹, Englands erste geschriebene Verfassung, verkündet im Namen des Armee-Rates, daß die höchste gesetzgebende Gewalt der drei Teilreiche samt den Kolonien bei einer Person mit dem Titel »Lordprotector« neben dem »im Parlament versammelten Volk« liegen soll. CROMWELL als Lordprotektor und Generalkapitän ist mit allen Würden eines Monarchen – nur die Krone fehlt – ausgestattet. Ihm zur Seite steht ein auf Lebenszeit gewählter Staatsrat. Als kontrollierende legislative Gewalt steht also ein auf drei Jahre gewähltes Parlament mit 460 Mitgliedern neben Cromwell, der aber während der »Parlamentsferien« (die er anordnen kann) zusammen mit dem Staatsrat die gesamte Exekutive in Händen hält. Gesetze und Steuern müssen vom Parlament genehmigt, aber außerordentliche Ausgaben grundsätzlich gebilligt werden. Im übrigen wird Toleranz gewährt – nur nicht für Papisten und Prälaten (Katholiken bzw. streng episkopalistische Anglikaner). Insgesamt enthält das ›Instrument‹ über zweihundert Artikel zu Steuer-, Wahlrechts-, Armee-, Kirchen-, Religions- und kulturpolitischen Fragen. – Doch viel steht nur auf dem Papier: Cromwell ist faktisch Alleinherrscher, da der Staatsrat mit seinen Anhängern besetzt ist, mit FLEETWOOD, LAMBERT und JOHN DESBOROUGH (1608–1680), einem Schwager des Protektors. Das Parlament ist mit Hilfe der Truppe immer unter Druck zu setzen. – Unklar ist auch, wie Cromwell die divergierenden kirchlich-religiösen Gruppen im Parlament und im Staatsrat unter einen Hut bringen will (Levellers, Fifth Monarchy Men, Anabaptisten usw.) und wie sich die pragmatische und opportunistische City von London verhalten wird.

1654 *Jan.*: Amtseinführung CROMWELLS.
5. April: Friedensvertrag mit den Niederlanden.
Mai: Attentatsversuch auf CROMWELL in London.
Aug.: CROMWELL schlägt einen royalistischen Invasionsversuch in Schottland nieder.
3. Sept.: Zusammentritt von CROMWELLS erstem Parlament, das sofort das ›Instrument of Government‹ angreift, die Autorität des Lordprotektors anzweifelt, seine finanzpolitischen Maßnahmen verwirft oder unterläuft und somit schnell zu verstehen gibt, daß weite Teile der Bevölkerung mit dem neuen System nicht einverstanden sind.

1655 *22. Jan.*: CROMWELL läßt das widerspenstige Parlament auflösen.
11. Mai: Eine englische Flotte unter Admiral Sir WILLIAM PENN (1621–1670), dem Vater des Quäker-Missionars und Kolonisators, besetzt das als Negerhandelsplatz und Zuckerrohrgebiet wichtige Jamaica.

CROMWELLS Flotte vertreibt die gefährlichen »Barbaresken«-Korsaren (Moslem-Piraten) aus dem Kanal und schlägt sie vor der nordwestafrikanischen Küste.
CROMWELL regiert ohne Parlament quasi als Militärdiktator. Mehrere Royalisten- und Levelleraufstände (der gefährlichste in Salisbury) zwingen ihn, England und Wales in elf Distrikte unter dem Kommando eines Generalmajors einzuteilen, die kommunalen und regionalen Behörden streng zu überwachen, harte Strafmaßnahmen zu ergreifen, unbewilligte Steuern zu erheben und ein »heiliges« Polizeisystem zu errichten, das im Verbot jeglicher öffentlicher Unterhaltung und Vergnügungen endet (Pressezensur; Tanz-, Theater-, Wett- und Pferderennverbote usw.).

1656 *10. Juli*: Angesichts des chronischen Geldmangels, der seine weitgesteckten außenpolitischen Pläne zum Scheitern zu bringen droht, lädt CROMWELL zu seinem zweiten Parlament ein.
17. Sept.: Zusammentritt des Parlaments, das jedoch auf dreihundert Mitglieder reduziert ist.
Der Gentry-Abkömmling JAMES HARRINGTON (1611–1677) veröffentlicht seine staatstheoretische Schrift ›The Commonwealth of Oceana‹, in der Cromwells Protektorat in toto gebilligt, aber im einzelnen kritisiert wird, weil statt Volksherrschaft eine Oligarchie waltet.
Den Juden wird nach 360 Jahren der Vertreibung wieder das Wohn-, Handels- und Eigentumsrecht in England zugebilligt.

1657 *Frühjahr*: Zahlreiche »middle-class«-Abgeordnete schlagen CROMWELL vor, den Titel König anzunehmen, um das in der Bevölkerung unpopuläre Protektorat auf eine gesetzlich und rechtlich bessere Grundlage zu stellen. Außerdem raten die Rechtsgelehrten, die verhaßten Generalmajore zu übertölpeln und einfach fallenzulassen.
8. Mai: CROMWELL entmachtet zwar teilweise die Generale, lehnt aber die Königskrone ab, da zwei oder drei der mächtigsten Staatsratsmitglieder und Generale, unter ihnen LAMBERT, sich von ihm lossagen.
25. Mai: Das Parlament gibt in der ›Humble Petition and Advice‹ ein Amendment zum ›Instrument of Government‹: mehr Konstitutionalismus als unter den Generalen; CROMWELL wird Lordprotektor auf Lebenszeit mit dem Titel »His Highness« und dem Recht der Nachfolgebestimmung; Einrichtung einer Zweiten Kammer mit vierzig bis siebzig Peers; im Staatsrat weniger Militärs, mehr Bürgerliche und Verlust an Macht und Kompetenz; Festlegung der Steuern und Billigung auch außerordentlicher Revenuen durch das Parlament; schließlich darf der Protektor nicht korrekt gewählte Abgeordnete – wie bisher bei Bedarf – einfach aus dem Haus vertreiben.
26. Juni: Mit großem Pomp zieht CROMWELL in Westminster ein. England ist eine Monarchie ohne Monarch.

1658 *20. Jan.*: CROMWELLS drittes und letztes Parlament tritt gemäß der ›Humble Petition‹ zusammen. – Zahlreiche seiner bisherigen Helfer sind

ins neue Oberhaus gezogen, so daß im Unterhaus die neugestärkten Republikaner im Verein mit den unzufriedenen Offizieren um LAMBERT und FLEETWOOD in die Opposition gehen und wieder eine scharfe Verfassungsdebatte starten.
4. Febr.: CROMWELL erscheint mit Soldaten in Westminster, ruft Gott als Richter und Zeuge für seine großen Vorhaben an und löst das Parlament auf.
Sommer: CROMWELL, der für sich in Anspruch nimmt, das Schwert Gottes auf Erden zu sein und England groß und mächtig machen zu wollen, muß zu ungesetzlichen Mitteln und Methoden greifen, die ihn dem Volk, der Geistlichkeit, der Armee, den Independenten wie Presbyterianern verhaßt machen. Der Mann, der England Recht, Ordnung und unbedingt eine Verfassung hatte geben wollen, kann weder seine Legitimität sichern, eine gemäßigte Mittellinie im Sinne einer konstitutionellen Monarchie finden, Freiheit der Person und des Geistes gewähren, noch eine erfolgreiche Außen- und Überseepolitik führen, weil er trotz aller guten Ansätze die riesigen Staatsschulden nicht auszugleichen vermag.
3. Sept.: Nach zwei weiteren Attentatsversuchen im Sommer stirbt OLIVER CROMWELL am Jahrestag seiner Siege von Dunbar und Worcester. – Nachfolger wird sein politisch und militärisch wenig begabter Sohn RICHARD CROMWELL (1626–1712), ein gutmütiger »country clown«, der nur für Landbau und Pferde etwas übrig hat.
4. Sept.: Staatsrat, Armee und City von London anerkennen den neuen Protektor gemäß der ›Humble Petition‹; nicht zuletzt deshalb, weil sie ihn für ungefährlich halten.
Spätherbst: RICHARD CROMWELL sieht sich einer Opposition aus Republikanern, Levellers, Fifth Monarchy Men, Baptisten, Quäkern und Laudianern gegenüber; die letzteren zwei Bewegungen läßt er verfolgen und unterdrücken. – Auch die unzufriedenen Offiziere opponieren, weil sie sich nicht einer zivilen Autorität unterwerfen wollen.
14. Okt.: LAMBERT, FLEETWOOD und DESBOROUGH fordern die Trennung des Generalrates vom Protektorat, neue Chargenbesetzungen und pünktliche Soldzahlungen. In ihrer Petition bitten sie um eigene Oberbefehlshaber für England, Schottland und Irland und um die Zusicherung, daß kein Offizier ohne Kriegsgerichtsurteil aus seiner Stellung entfernt werden darf. RICHARD CROMWELL beruft sich jedoch auf das ›Instrument of Government‹ und die ›Humble Petition and Advice‹ und lehnt ab.
18. Okt.: Als RICHARD CROMWELL FLEETWOOD zum Generalleutnant der Armee befördert, geben sich die Offiziere vorerst zufrieden.
3. Dez.: Da die radikalen Sektierer immer lauter nach einer Änderung der kirchlich-politischen Verhältnisse rufen, raten der Sekretär des Staatsrats JOHN THURLOE (1616–1668), FALCONBRIDGE, ein Schwager Richard Cromwells, und OLIVER ST. JOHN dem Lordprotektor zur Wiedereinberufung des Parlaments.
JOHN DRYDEN (1631–1700) verherrlicht in ›Heroische Stanzen‹ Oliver Cromwell ebenso opportunistisch wie wenig später die katholikenfreund-

liche und absolutistisch orientierte Politik der Stuarts nach der Restauration von 1660.

1658/59 Während der schwache RICHARD CROMWELL sich in England und Schottland vor immer größere Probleme gestellt sieht, sorgt sein weit klügerer, befähigter und energischerer Bruder HEINRICH CROMWELL (1628–1673) in Irland für Ruhe und Ordnung.

1658 bis 1662 England okkupiert Dünkirchen, vermag die Festung jedoch nur mit Mühe zu halten und verkauft sie 1662 an Frankreich.

1659 *27. Jan.*: Zusammentritt des neuen Parlaments, in dem auch Royalisten und presbyterianische Republikaner sitzen. Im Gegensatz zu HENRY VANES ›Reformbill‹ von 1651 hatte man das Wahlrecht der großen Städte zugunsten der alten kleinen Boroughs beschnitten. – Die Debatten drehen sich um Anerkennung des Protektorats, die Stellung des Heeres und der Offiziere. HASELRIG hält eine Brandrede gegen den politischen, militärischen und wirtschaftlichen Verfall Englands.
März: Die unzufriedenen Offiziere spalten sich: Um RICHARD CROMWELL scharen sich die mittleren Offiziere; um LILBURNE die Commonwealthsmen; um LAMBERT, FLEETWOOD und DESBOROUGH die mächtigste Gruppe, die »Wallingfordhouse Party«.
6. April: Im Namen der Armeen von England, Irland und Schottland legen die Offiziere die ›Humble Representation and Petition‹ vor und fordern stärkere Positionen in der Politik, mehr Generalsposten und Unabhängigkeit vom Protektor und vom Parlament. – Die Commons wehren sich, während die Republikaner abwarten.
18. April: Die Commons verlangen das Verbot der Offiziersversammlung während der Parlamentssession und das ungestörte freie Recht der Debatte im Unterhaus. – VANE und HASELRIG als führende Republikaner lehnen den Angriff auf die Armee ab.
22. April: RICHARD CROMWELL, der sich für die Volksvertretung entschieden hatte, wird von LAMBERT, FLEETWOOD und DESBOROUGH unter Androhung eines Bürgerkrieges zum Einlenken gezwungen. Nicht in der Lage, sich mit General GEORGE MONCK in Schottland sowie seinem Bruder HEINRICH in Irland zu verständigen, löst Richard das Parlament auf und zieht sich von den Staatsgeschäften zurück. Mit dem Parlament, seiner stärksten Stütze, verlassen auch die letzten Getreuen, THURLOE, FALCONBRIDGE und ST. JOHN, London.
Ende April: Die niederen Chargen in der Armee und die Republikaner sehen ihre Stunde gekommen und fordern die Rückkehr zum Commonwealth, während der ohnmächtige FLEETWOOD versucht, mit Hilfe MONCKS die hereinflutenden Royalisten zurückzuschlagen. Doch weite Kreise in der Bevölkerung wünschen die Restauration des Rumpfparlamentes.
2.–6. Mai: LAMBERT, VANE, HASELRIG und LUDLOW einigen sich über die Wiederberufung des Rumpfparlamentes mit der Auflage, Indemnität für

die vergangene Zeit zu gewähren, RICHARD CROMWELLS Schulden zu bezahlen und ihm eine lebenslängliche Pension auszusetzen. Die Republikaner gestehen das zu, fordern aber den Rücktritt des Protektors.
7. Mai: Das Rumpfparlament zieht in Westminster ein.
24./25. Mai: RICHARD CROMWELL akzeptiert die Restauration des Commonwealth und tritt formell zurück. Er lebt noch vierzig Jahre als unbeachteter Privatmann.
Juni/Juli: FLEETWOOD als Oberbefehlshaber wird bald abgesetzt; HASELRIG, VANE und LUDLOW reißen die Macht an sich, richten Kommissionen und einen Sicherheitsrat ein, verfolgen mit Hilfe der Generäle die Royalisten, können sich aber auf die Dauer gegen die LAMBERT, FLEETWOOD und OVERTON nicht durchsetzen, zumal das Parlament zwar Geld bewilligt, nicht aber Rangerhöhungen vornimmt und vor allem nicht die versprochene Indemnitätsakte verabschiedet.
Juli/Aug.: LAMBERT, der starke Mann, schlägt einen Aufstand der Royalisten und Presbyterianer unter WILLIAM BOOTH nieder, die auf die Hilfe des ehemals königstreuen MONCK gehofft hatten.
Ende Aug.: In der »Derby Petition« verlangen die Offiziere als Dank für ihren Sieg größere Unabhängigkeit und die Beförderung LAMBERTS. Das überhebliche Parlament lehnt ab.
22. Sept.: Der »Rumpf« beschließt Maßnahmen gegen die Offiziere und die Festsetzung LAMBERTS.
5.–15. Okt.: Das Parlament weist die erneuten Bitten der Offiziere zurück, revidiert alle Erlasse der Jahre 1653 bis 1658 und kehrt zum System der unbewilligten Ausgaben zurück. MONCKS Schweigen ausnutzend, enthebt das Parlament sogar LAMBERT, DESBOROUGH und sechs andere Offiziere ihrer Ämter und bereitet ihre Verhaftung vor. Lambert wehrt sich, zieht nach Westminster, fegt das Parlament hinweg (15. 10.) und etabliert einen Sicherheitsausschuß, der die jüngsten Entscheidungen des Parlaments aufhebt und an die Ausarbeitung einer neuen Verfassung geht.
Okt./Nov.: In London herrschen Chaos und Anarchie; LAMBERT und Genossen können ohne Hilfe der City und ohne Geld nicht operieren; alles hängt von der Entscheidung MONCKS in Schottland ab, der als einziger noch über eine intakte Armee verfügt; KARL STUART wartet bereits in Calais, um mit Hilfe der Royalisten, Spanier und Franzosen vielleicht nach England übersetzen zu können.
15. Nov.: MONCK entscheidet sich gegen die Armee und für den Einmarsch in England zugunsten des Parlaments und einer gottgegebenen Regierung. – LAMBERT, der mit seiner Truppe in den Norden gezogen war, um Monck zuvorzukommen, kann seine Soldaten nicht bezahlen, hat kein Futter für die Pferde und muß seine Truppe auseinanderfallen sehen.
13. Dez.: Angesichts des abwartenden MONCK und der unruhigen Londoner Bevölkerung gibt FLEETWOOD den Rufen nach einer zivilen Regierung nach; er plädiert weder für Königtum noch für eine Diktatur, sondern für ein Zweikammersystem mit Senat und Unterhaus sowie Trennung von Legislative und Exekutive.

26. Dez.: Das Rumpfparlament zieht wieder ein; die Leitung des Staatsrates übernimmt HASELRIG, der sofort die radikalen Offiziere verbannt und MONCK belobigt.

1660 *1. Jan.*: General MONCK überschreitet mit seinen »Coldstream-Guards« die schottisch-englische Grenze, begeistert begrüßt von der englischen Bevölkerung.
3. Febr.: MONCK zieht in London ein, mißtrauisch beobachtet vom Parlament und der City, die seine weiteren Pläne nicht kennen. Er sondiert die Lage und spielt eine Gruppe gegen die andere aus. In dem Moment, als die Republikaner glauben, er stehe auf ihrer Seite, sagt er sich von ihnen los.
10./11. Febr.: In einem Brief an den »Rumpf« spricht sich MONCK für die Vergrößerung des Parlaments, d. h. für die Wiederzulassung der Presbyterianer, aus.
21. Febr.: Unter allgemeinem Jubel etabliert sich wieder das Lange Parlament von 1648. Im neuen Council sitzen zahlreiche ehemalige »Rumpers« oder gemäßigte Presbyterianer wie MONCK, THOMAS FAIRFAX, EDWARD PRYNNE und ANTHONY ASHLEY COOPER (1621 – 1683), der spätere Earl of Shaftesbury. – Parlament und Council führen zunächst einen verfassungsmäßigen Zustand herbei: Das Militär wird reorganisiert; LAMBERT wird in den Tower geworfen, seine Anhänger verlieren ihre Ämter; die seit dem Royalistenaufstand vom Sommer 1659 Verhafteten werden freigelassen; in der Kirche kommen Liga und Covenant zu ihrem Recht; die City von London erhält ihre früheren Privilegien zurück.
März: MONCK verläßt die Sache der politisch unfähigen Presbyterianer und Parlamentarier und damit die Idee des Commonwealth und beginnt Geheimverhandlungen mit KARL STUART und dessen engstem Berater EDWARD HYDE.
16. März: Angesichts eines in Kürze ohne die Repräsentanten Irlands und Schottlands zusammentretenden freien Parlaments löst sich das Lange Parlament in einem Tumult auf.
4. April: Im holländischen Exil zu Breda gibt KARL STUART eine »Deklaration« für den Fall seiner Rückkehr auf den englischen Thron ab, die in allgemeinen Floskeln bezüglich der Religionsfragen, der Güterverluste der Royalisten und der politischen Ereignisse und Gesetze der letzten elf Jahre gehalten ist. MONCK, der Parlamentssprecher und der Lord Mayor von London akzeptieren diese ›Deklaration von Breda‹.
25. April: Zusammentritt des neuen, royalistisch-presbyterianisch geprägten Parlaments. MONCK läßt sowohl den Kavalier-Peers im Oberhaus wie den Presbyterianern im Unterhaus ihre Sitze.
28. April: Die Deklaration KARLS wird in London offiziell übergeben.
5. Mai: Das Parlament stimmt für die Rückkehr des Königs; MONCK, die Armee und die Flotte sowie die City von London schließen sich an.
11. Mai: Die Repräsentanten des Parlaments, der City und der Kirche reisen nach Breda, um mit KARL die Modalitäten und Konsequenzen der Thronübernahme zu besprechen.

25. Mai: KARL II. STUART landet in Dover und begibt sich nach Canterbury, wo vor allem MONCK und HYDE große Ehrungen erfahren.
29. Mai: KARL zieht unter riesigem Jubel in London ein. Die Jahre des Bürgerkriegs, des Commonwealth, des Protektorats, der Armut und der Zufälligkeiten haben damit ein Ende gefunden. – Die Frage ist, ob Karl seine zu Breda gegebenen Erklärungen und Versprechungen, d. h. »liberty to tender consciences« und Bestätigung der seit 1649 erfolgten Besitzumschichtungen zuungunsten der Royalisten sowie Regelung der Kirchen- und Religionsverhältnisse durch das Parlament, halten wird.

25. April–13. Sept.; 6. Nov.–29. Dez.: Die Restauration der Stuarts infolge der Rückkehr KARLS II. war das Werk des gemäßigten Puritanismus, wie er sich eben im sog. Convention Parliament zeigt. Mit der Berufung Karls wird die Monarchie konstitutionell; Parlamentsoligarchie und Königtum einigen sich auf einen Kompromiß, auf ein »government by law« ohne radikale und militärische Elemente. Das Convention Parliament macht 37 Gesetze, darunter eines zur eigenen Legalisierung, andere zur Abschaffung alter Feudallasten, zur Festsetzung der königlichen Einnahmen und Ausgaben, zur Restauration gewisser Kirchen- und Kronländereien. Weiter bestätigt es, daß Gerichtshöfe und Regierungsinstrumente der königlichen Prärogative wie Privy Council, Star Chamber und High Commission Court für immer verboten sind. Neben einer neuen ›Navigation Act‹ wird die Religionsfrage durch eine ›Act of Indemnity and Oblivion‹ gelöst: Die ›Deklaration von Breda‹ wird befolgt, allein einige der Königsmörder von 1649 werden 1661 verurteilt und hingerichtet.
Einführung einer Branntweinsteuer.
Königliche Charta für die »Company of Royal Adventurers Trading to Africa«. – Seit 1662 besitzen die Afrikakompanie sowie ihre Nachfolgeorganisationen das Sklavenhandels-Monopol bis 1802 bzw. 1827.

1660 bis 1669 Der königliche Beamte und Admiralitätssekretär (Sir) SAMUEL PEPYS (1633–1703) verfaßt ein in Geheimschrift gehaltenes privates Tagebuch über sein eigenes sowie das Londoner Leben und Treiben und die Pest- und Brandkatastrophe von 1665/ 66. – Die Geheimschrift wird erst 1825 entziffert.

1661 *18. Febr.*: Ansetzung von Neuwahlen.
April/Juni: »Savoy-Conference« zwischen den Bischöfen und dem presbyterianischen Klerus. Bestätigung der Hampton Court-Konferenz von 1604, jegliche presbyterianischen Formen in Kirche und Liturgie werden verboten.
8. Mai: Das neue Parlament bewirkt gegenüber dem Convention Parliament einen Ruck nach rechts zugunsten der Kavaliere. Dies seit zwanzig Jahren erstmals wieder frei gewählte Parlament tagt in zahlreichen Sitzungen bis 1678/79 (Long oder Pensionary Parliament). – Die nächsten drei, vier Jahre bringen eine Reihe von Gesetzen, die unter dem Namen ›Claren-

don Code‹ bekannt sind, obwohl EDWARD HYDE, nun Earl of Clarendon, wenig damit zu tun hat. Das Gesetzespaket konsolidiert das »Restauration Settlement«.
Frühjahr: Aufstand der Fifth Monarchy Men.
Sommer/Herbst: Die ›Corporation Act‹, das erste Gesetz des Clarendon Code, festigt die Vorherrschaft der Anglikaner in England. Zu lokalen und öffentlichen Ämtern werden nur Personen zugelassen, die das Abendmahl nach anglikanischem Ritus nehmen. Diese von der Unterhaus-Kavaliersmehrheit durchgebrachte Act zur Restaurierung der Bischofskirche im Sinne Lauds ist letztlich vom Parlament und nicht mehr vom König getragen. – Das Bündnis von »Landlord« und »Parson« wird für lange Zeit die Stütze der Squirearchy.
Dem König wird das Halten eines stehenden Heeres verboten, dafür die Führung der loyalen Grafschafts- und Stadtmilizen, der bewaffneten Macht der wohlhabenden Klasse, anvertraut.
Eine ›Non-Resistance Act‹ bezeichnet bewaffneten Widerstand gegen den König prinzipiell als ungesetzlich.

1662 *Frühjahr*: ›Act of Uniformity‹, zweites Gesetz des Clarendon Code. Alle Geistlichen, die den geforderten Eid und die Benutzung des revidierten ›Common Prayer Book‹ verweigern, sollen ihre Ämter verlieren. Davon sind rund zweitausend Geistliche betroffen. – ›Licensing Act‹, drittes Gesetz des Clarendon Code. Der Erzbischof von Canterbury und der Bischof von London erhalten ein geistliches Aufsichtsrecht über Druck und Presse. – Im »Abjuration Oath« sollen die Schotten der »Solemn League and Covenant« abschwören. – Eine von KARL II. eingebrachte ›Declaration of Indulgence‹ zur Fernhaltung der Dissenter vom Parlament wird vom Unterhaus abgelehnt. – Eine ›Act of Settlement‹ soll die Landstreicherei eindämmen. Die geistlichen Inspektoren können Neuzuzügler ohne festen Beruf und Wohnsitz gerichtlich belangen. Dieses Seßhaftigkeitsgesetz trägt stark zur Immobilität der Armen bei.
21. Mai: KARL II. heiratet die katholische KATHARINA von Braganza (1638–1705).
Tanger und Bombay werden englisch (letzteres wird 1668 an die East India Company übergeben).
Die Hafenfestung Dünkirchen wird an König LUDWIG XIV. von Frankreich (1643–1715) zurückgegeben, um Kosten zu sparen.
Nach Vorarbeiten von FRANCIS BACON und Londoner Wissenschaftlern und Gelehrten (1645) etablierte sich 1660 eine Gruppe von Männern um den Physiker und Chemiker ROBERT BOYLE (1627–1691) und den großen Baumeister (Sir) CHRISTOPHER WREN (1632–1723), die nun zur »Royal Society« wird. Neben dem König selbst gehören ihr bald an der Staatsmann ANTHONY ASHLEY-COOPER, Earl of Shaftesbury, der Philosoph und Staatstheoretiker JOHN LOCKE (1632–1704), der Naturforscher ROBERT HOOKE (1635–1703) und der Mathematiker und Physiker (Sir) ISAAC NEWTON (1643–1727).

John Graunt (1620–1674) begründet mit einer Londoner Sterbetafel die Bevölkerungs- und Medizinalstatistik.
Thomas Fullers (1608–1661) geographisch-biographisches Nachschlagewerk ›History of the Worthies of England‹ erscheint postum.

1663 Gründung der Neu-England-Kolonie Carolina.

1664 *Frühjahr*: Die ›Conventicle Act‹, viertes Gesetz des Clarendon Code, verbietet den durch die ›Act of Uniformity‹ ausgestoßenen Geistlichen, eigene Zirkel und Kongregationen zu bilden. Nur zum familiären Gottesdienst oder unter Anwendung des ›Common Prayer Book‹ dürfen sich mehr als fünf Personen zu Konventikeln zusammenfinden. Nichtbeachtung wird mit Haftstrafen geahndet.
Aug.: Die Engländer erobern das holländische Neu-Amsterdam, das als persönliche Kolonie in den Besitz des Herzogs von York übergeht unter dem Namen New York. – Die ebenfalls eroberten Kolonien New Jersey und Delaware gehen an andere Besitzer bzw. 1682 an William Penn (Delaware). – Im Dritten englisch-holländischen Seekrieg (1672/73) müssen die neuen Kolonien vorübergehend wieder aufgegeben werden.

1664 bis 1667 Zweiter englisch-holländischer Seekrieg, den Karl II. vor allem mit Kolonialstreitigkeiten motiviert.

1665 *Okt.*: Die ›Five Mile Act‹, das fünfte und letzte Gesetz des Clarendon Code, verbietet nicht-anglikanischen Pfarrern und Lehrern das Wohnen innerhalb einer »kommunalen« Fünf-Meilen-Zone, wenn sie nicht eine feierliche Loyalitätserklärung abgeben. – Das Nonkonformistengesetz wird erst 1812 aufgehoben.
›Act of Settlement and Explanation‹: Die Settlement Acts von 1652/53 hatten die Ländereien der irischen Rebellen an Adventurers und Cromwellianer verteilt bzw. Katholiken und Rebellen nach Clare und Connaught umgesiedelt. Das Gesetz von 1662 hatte die neuen Besitzverhältnisse gemäß der ›Deklaration von Breda‹ belassen, aber die Katholiken wieder in den früheren Stand zu setzen versucht. Da zuwenig Land vorhanden ist, müssen nun Adventurers und Cromwell-Pächter ein Drittel ihrer Estates an Royalisten abgeben.
Im Jahr der großen Beulenpest (68 000 Tote) nimmt dennoch die »Öffentlichkeit« zu: ›The London Gazette‹, ein amtliches Publikationsorgan, und die ›Philosophical Transactions‹, die erste englische wissenschaftliche Zeitschrift, erscheinen.

1666 *2.–7. Sept.*: »The great fire of London« zerstört die City vom Tower bis zum Temple und von der Themse bis Smithfield. Unter den 89 ausgebrannten Kirchen befindet sich auch die alte St. Pauls-Kathedrale.

1667 *Juni*: Die holländische Flotte dringt in die Themse vor und verbrennt bei Chatham viele englische Kriegsschiffe.

31. Juli: Der Friede von Breda beendet den Zweiten englisch-holländischen Seekrieg. Ratspensionär JOHAN DE WITT (1625–1672) bietet für die Niederlande einen Kompromißfrieden der meist siegreichen Holländer an mit Rücksicht auf die drohende außenpolitische Gefahr durch LUDWIG XIV.
29. Aug.: Sturz des Leitenden Ministers CLARENDON durch die Commons, denen seine Ausgleichs- und Friedensbemühungen, vor allem aber die jüngsten außenpolitischen Mißerfolge nicht gefallen. Einem drohenden Impeachment entzieht er sich durch Flucht ins Exil.
Herbst: Konstituierung eines »Committee of Accounts« durch die Commons, das die Verwendung der bewilligten Gelder kontrollieren soll; ein Schlag gegen die königliche Prärogative, 1678 bei der Abberufung des englischen Flandernheeres erstmals praktiziert.
JOHN MILTONS ›Paradise lost‹ erscheint (dazu 1671 ›Paradise regained‹).

1667 bis 1673 Nach dem Sturz CLARENDONS zieht KARL II. einige Minister und Ratgeber an sich, die nach den Anfangsbuchstaben ihrer Namen als »Cabal«-Ministerium bezeichnet werden. Mit ihnen beginnt eine Ära der königlichen Geheimdiplomatie: THOMAS CLIFFORD, Baron C. of Chudleigh (1630–1673) (= C), 1668 Schatzmeister, 1672 Lordschatzkanzler; Sir HENRY BENNET, Baron (Earl) of Arlington (1618–1685) (= A), 1662–1674 Staatssekretär des Äußeren; GEORGE VILLIERS, Duke of Buckingham (1628–1687) (= B), 1667–1674 Leitender Minister; ANTHONY COOPER, Baron Ashley, Earl of Shaftesbury, 1672/73 Lordkanzler (= A); JOHN MAITLAND, Earl (Duke) of Lauderdale (1616-1682) (= L).

1668 *April*: Der Friede von Saint-Germain zwischen England, Frankreich und den Niederlanden (Generalstaaten) beendet den Devolutionskrieg LUDWIGS XIV. – Am 2. Mai tritt Spanien im Frieden zu Aachen bei und verzichtet auf die jetzt englischen Besitzungen in Westindien und Nordamerika.
Unter englischem Druck anerkennt Spanien die Selbständigkeit Portugals.
Sir CHRISTOPHER WREN entwirft nach dem Brand von 1666 einen großartigen Gesamtbebauungsplan für London, der trotz seiner Modernität wegen der damit verbundenen hohen Kosten von der Regierung und vom Londoner Magistrat abgelehnt wird.

1669 KARLS Politik zwischen Frankreich und den Niederlanden schlägt wieder zugunsten der Franzosen aus. Wichtigster Aspekt, daß sowohl LUDWIG XIV. als auch der englische König die aufstrebende »Kaufmannsrepublik« niederhalten wollen, natürlich im Interesse des eigenen Handels.

1670 *Frühjahr*: Beginn von Geheimverhandlungen zwischen KARL und LUDWIG, begünstigt durch die Tatsache, daß Karls Schwester HENRIETTA MARIA (1644–1670) seit 1661 mit Ludwigs Bruder PHILIPP, Herzog von

Orléans (1640–1701), verheiratet ist und er selbst zunehmend mit dem Katholizismus liebäugelt.
1. Juni: Geheimvertrag zu Dover zwischen KARL II. und LUDWIG XIV.: Gegen eine Subsidienzahlung von zwei Millionen französischen Pfund und eine französische Eventualstreitmacht von sechstausend Fußsoldaten verspricht Karl seine Konversion zum Katholizismus und einen baldigen Angriff gegen die Niederlande. Für England unterzeichnen CLIFFORD und ARLINGTON, während die protestantischen Ratgeber des Cabal-Ministeriums nicht informiert werden.
Privilegierung der Hudson Bay Company zugunsten Prinz RUPERTS von der Pfalz und anderer Unternehmer.

1671 Die ›Game Act‹ bestätigt die staatstragende sozio-ökonomische Position des Gentry-Landlords, der als Jagdherr Haussuchungs- und Beschlagnahmerecht erhält.

1672 *Febr.*: KARL II. erläßt eine neue ›Declaration of Indulgence‹, eine nationale Einheits-Erklärung aufgrund königlicher Initiative und Prärogative zum Krieg gegen die Niederlande.
Febr./März: Das Parlament lehnt die Erklärung ab und gibt erst Geld für den dritten englisch-holländischen Krieg (März), nachdem KARL eine Zurücknahme der die Katholiken begünstigenden Indulgenzerklärung zugesichert hat. Immerhin, der neue Krieg ist im Lande unpopulär, die Banken zahlen nicht in ausreichendem Maße, zumal wenig zuvor ein Bankkrach stattgefunden hatte, so daß Karl sogar eigenes Vermögen zuschießen muß.
7. Juni: Die holländische Flotte unter DE RUYTER bringt den Engländern bei Southwold Bay eine Niederlage bei.
WREN beginnt nach dem Vorbild von St. Peter in Rom mit dem Wiederaufbau der zerstörten St. Pauls-Kathedrale (1710 fertiggestellt).

1673 *Febr./März*: Das Parlament zwingt den König zur Zurücknahme der ›Declaration of Indulgence‹: Für die Bewilligung einer Kriegskosten-Summe von 1,2 Mill. Pfund muß der König in der ›Test Act‹ zugestehen, daß ein ziviles oder militärisches Amt nur innehaben darf, wer dem anglikanischen Ritus und Glauben folgt. – Spektakuläres Ergebnis ist daraufhin der Rücktritt CLIFFORDS und des Lord High Admirals JAKOB von York und Albany (1633–1701), Karls Bruder. – Mit der ›Test Act‹ wird der Dissent völlig in den nichtpolitischen Raum abgedrängt.
9. Juni: Sir THOMAS OSBORNE (1632–1712), späterer Earl of Danby und Duke of Leeds, wird Lord Treasurer und einflußreicher Minister – mit Parlamentsdeckung – als Nachfolger CLIFFORDS.

1674 Im Frieden von Westminster zieht sich England aus dem Krieg zurück; dennoch weiterhin königliche Geheimpolitik. Ungeregelt – auch nach einem Zusatzvertrag – bleibt die Frage der maritimen Vorherrschaft.

Frühjahr: Einige Nachwahlen (by-elections) zeigen eine Unzufriedenheit mit der Außenpolitik der Krone, den absolutistischen und Rekatholisierungstendenzen. Das alte, sich selbst überlebende Kavaliersparlament beginnt zu zerbröckeln, die puritanische Opposition kommt wieder. Die letzten Minister des stark angefeindeten Cabal-Ministeriums treten zurück; dafür übernimmt DANBY die beinahe aussichtslose Aufgabe, »King and Church« zu einem Ausgleich, den König zu einem Abrücken vom Katholizismus und die Außenpolitik auf eine der Öffentlichkeit genehme Linie zu bringen.

seit 1674 DANBY »managt« und besticht das Unterhaus, um es zu einer royalistisch-kavaliersmäßigen Position zu bewegen. Gab es 1661 vierzig linientreue »placemen« unter den Commons, so werden es bis 1675 rund zweihundert. – Die Anfänge des englischen Parteiwesens sind sicherlich in diesem Jahr zu suchen.

1675 *April/Mai*: Im wieder zusammengetretenen Parlament hofft DANBY für neue Repressivmaßnahmen gegen Katholiken und Nonkonformisten sowie durch die Inaussichtstellung eines wirtschaftlichen Aufschwungs bei baldigem Frieden von den Commons neue Gelder für die Unterhaltung der Flotte und die Billigung zu einem staats- und kirchentreuen »Non-Resistance-Oath« im Sinne des Anglikanismus zu erhalten. Erstaunlicherweise werden weder der Eid noch der Rückzug der Truppen, dafür aber fast ein Impeachment gegen Danby von den Commons gebilligt.
27. Aug.: KARL und LUDWIG XIV. unterzeichnen einen Geheimvertrag, in dem Karl die Auflösung des Parlaments – gegen jährlich 100000 Pfund französischer Subsidien – für den Fall verspricht, daß das Parlament neue Gelder an eine Kriegserklärung an Frankreich verknüpfen sollte.
Okt.: Das Parlament ist zerstritten und in zwei Faktionen gespalten: DANBY führt die »Court Party«, BUCKINGHAM und SHAFTESBURY führen die oppositionelle »Country Party«. Sie plädieren für Auflösung des Kavaliersparlaments, um Danby zu stürzen. – Das geschieht zwar nicht, Karl bekommt aber auch kein Geld.
Gründung der Sternwarte (Royal Observatory) Greenwich.

um 1675 In England taucht erstmals der Begriff »Balance of Europe« auf; später wird die sog. »Balance of Power«, d. h. der Machtausgleich zwischen den kontinentaleuropäischen Mächten, zu einer Maxime der britischen Außenpolitik (bis 1918 bzw. 1939).

1676 *Febr.*: Neues Geheimabkommen zwischen KARL und LUDWIG des Inhalts, nicht dem jeweiligen Gegner des anderen zu helfen sowie keinen Frieden ohne Zustimmung des Vertragspartners zu schließen. Da DANBY sich weigert, das Papier gegenzuzeichnen, muß der König es auf seinen eigenen Eid nehmen. – Die Folge sind französische See- und Landsiege gegen das Deutsche Reich, Spanien und die Niederlande.

WREN beginnt mit dem Bau der Bibliothek des Trinity College, Oxford (beendet 1695).

1676 bis 1680 Mehrere Gesetze regeln und schützen die Sonntagsruhe in England.

1677 *15. Febr.*: Zusammentritt des Unterhauses. Angesichts der französischen Expansionspolitik und Siege bewilligen die Commons ein Flottengeld, fordern aber zugleich das Überschwenken Englands auf die antifranzösische Seite und eine Koalition mit den Niederlanden. DANBY beschwichtigt das Unterhaus mit neuen Gesetzen gegen die Katholiken, während die oppositionellen Lords im Oberhaus verhaftet werden, weil sie es wagen, eine parlamentarische Kompetenzdebatte anzufangen.
Aug.: KARL versteigt sich trotz der allgemeinen Unzufriedenheit zu einem neuen Geheimabkommen mit Frankreich, nur um seine auf über zwei Millionen Pfund angewachsenen Schulden durch französische Subsidien etwas abtragen zu können.
17. Nov.: Überraschenderweise genehmigt KARL II. die Heirat seiner Nichte MARIA (1662–1695), der Tochter seines Bruders Jakob von York, mit WILHELM III. von Oranien (1650–1702), dem Statthalter der Niederlande und Erzfeind der Franzosen. – Diese pragmatische und opportunistische Kehrtwendung in der Außenpolitik mittels einer Heirat zwischen der präsumtiven englischen Thronerbin und dem protestantischen Oranier läßt die antifranzösische Agitation im Land verstummen.
Dez.: Vertrag zwischen England und den Niederlanden: Beide Staaten wollen sich um einen Frieden zwischen Spanien und Frankreich bemühen, England zieht seine in französischem Sold stehenden Truppen zurück und wird ein Expeditionskorps ausrüsten. – Folgerichtig stellt LUDWIG XIV. seine Subsidienzahlungen an KARL ein.

1678 *7. Febr.*: Entgegen dem letzten Geheimabkommen tritt das von KARL berufene Parlament wieder zusammen. Bruch des Bündnisses zwischen England und Frankreich, da LUDWIG den außenpolitischen Versprechungen Karls nicht mehr glauben kann.
Febr./März: Der französische König versucht, die gegnerische Allianz zu sprengen, wobei ihm KARL entgegenkommt, indem er zusichert, Frankreichs Friedensbemühungen aktiv zu unterstützen. Daß der englische König dies nur gegen neue Subsidien tun will, entspricht seiner bisherigen Schaukelpolitik.
Mai: Frankreich nimmt an, aber kein Minister KARLS wagt diesen neuerlichen »Umfall« mit seiner Unterschrift zu versehen.
23. Mai: Das für kurze Zeit vertagte Parlament erfährt von KARLS Politik des »re-engagement«, kann es jedoch nicht verhindern.
26. Juli: Im Auftrage DANBYS und mit Wissen KARLS schließt der englische Gesandte im Haag, Sir WILLIAM TEMPLE (1628–1699), mit den Niederlanden ein Bündnis mit der Auflage, den Krieg mit Frankreich und Spanien zu beenden.

11. Aug. und 17. Sept.: Der Friede von Nimwegen beendet den Krieg zwischen Spanien, Frankreich, dem Deutschen Reich und den Niederlanden. Frankreich ist auf der Höhe seiner Macht, England aufgrund der zweifelhaften Politik KARLS ohne jegliches Ansehen. – Während sich die letzten Verhandlungen noch bis zum 5. Februar 1679 hinziehen, zeigt sich in England, daß die frankophilen, katholisierenden und absolutistischen Tendenzen das Renommee der Krone im gleichen Maße schmälern wie der französische Merkantil-Protektionismus den englischen Wirtschafts- und Handelsinteressen widerspricht.
Okt.: Nach einer neuen ›Test Act‹ (dazu die ›Papist Disabling Act‹ gegen die Katholiken) sitzen nur noch konformistische Lords im Oberhaus.

1678 bis 1681 Popish Plot, Exclusion Crisis und Exclusion Bills: Im August und September 1678 nutzen Dr. EZEREL TONGE (1621 –?) und der Kaplan TITUS OATES (1649–1705) die allgemeine Unsicherheit und setzen das Gerücht von einem großen Jesuitenkomplott – mit Ermordung KARLS, Inthronisierung seines katholischen Bruders JAKOB und Brandlegung in London – in die Welt. Ihre Phantastereien gewinnen durch offizielle Anklage beim Londoner Richter Sir EDMUND BERRY GODFREY (1621–1678) starkes Gewicht; um so mehr, als dieser wenig später ermordet wird. Verdächtigt wird vor allem EDWARD COLEMAN (hinger. 1678), der Sekretär der zweiten Frau JAKOBS von York, der streng katholischen MARIA BEATRIX von Modena (1658–1718), wegen seiner Beziehungen zu FRANCOIS »PÈRE« LACHAISE (1624–1709), dem Beichtvater LUDWIGS XIV. Das Komplott bewirkt eine antipapistische Hysterie, Katholikenjagd und 35 Mordprozesse, darunter gegen Lord WILLIAM HOWARD, Viscount STAFFORD (1614–1680) und OLIVER PLUNKET (1629–1681), Erzbischof und Primas von Irland. – Nach der ›Test Act‹ vom Oktober löst Karl II. angesichts der Angriffe gegen die Königin, Maria von Modena und DANBY am 30. Dezember 1678 sein Kavaliersparlament auf. Die Neuwahlen im Februar 1679 bringen einen großen Sieg für die Opposition; die Regierungspartei behauptet nur noch 25 bis 30 Sitze. Um die Court Party überhaupt zu retten, zieht der König neben seinen gemäßigten Ministern auch Vertreter der Country Party ins Kabinett, darunter SHAFTESBURY. Danby wird im März entlassen. Im Mai 1679 bringen die Commons neben Strafgesetzen gegen Staatsverschwörer eine ›Exclusion Bill‹ ein, die das Thronfolgerecht des katholischen Jakob von York annullieren soll. Statt dessen soll JAMES STUART, Duke of Monmouth (1649–1685), ein illegitimer Sohn Karls II., ein Protestant, Nachfolger werden. Karl will die Bill verhindern und löst daher das Parlament am 12. Juli auf, nachdem er am gleichen Tag noch die ›Habeas Corpus-Amendment-Act‹ gebilligt hatte, nach der kein Engländer ohne Angabe von Gründen zu verhaften ist bzw. nach seiner Verhaftung das Recht hat, seinen Fall vor einem ordentlichen Gericht vorgetragen zu wissen. – Am 17. Oktober 1679 tritt Karls viertes Parlament zusammen. Da es sofort eine weitere ›Exclusion Bill‹ zugunsten des jungen MONMOUTH einbringt, der am 2. Juli einen Aufstand schottischer Covenanters bei

Bothwell Bridge niedergeworfen hatte, wird es siebenmal ausgesetzt und am 21. Oktober 1680 endgültig aufgelöst. – Am 15. November 1680 kommt es anläßlich der Frage des Thronausschlusses JAKOBS zu einem siebenstündigen Rededuell zwischen SHAFTESBURY und dem Court-(Tory) Vermittler (Trimmer) Sir GEORGE SAVILE, Viscount and Marquess of Halifax (1633–1695), im Oberhaus. Es ist Ausdruck des öffentlichkeitsbewußten, den Londoner Mob einkalkulierenden Wahlbetriebes. Shaftesburys Methoden sind revolutionär: Gründung des militanten »Green-Ribbon-Club«, Einsatz von zentral gesteuerten Wahlagenten und Agitatoren, Bildung überregionaler Parteigruppen, die in die Boroughs und Wahlkreise einbrechen und teilweise den lokalen Gentry-Mandatsträgern, den »virtual owners«, Parlamentssitze entreißen. Wenn auch die Country-Politiker (Whigs) um Buckingham und Shaftesbury in den Londoner Straßen, Kaffee- und Clubhäusern die Massen ansprechen, so geraten sie auf dem Land, wo sich Gentry und Klerus (Manor and Rectory) verbinden, schnell in den Geruch, selbstherrliche Opportunisten, Freigeister, Skeptiker und Umstürzler zu sein. Shaftesburys Eintreten für Monmouth untergräbt die erbliche Monarchie, entfremdet ihn den beiden Häusern. 1681 klagt das Parlament ihn an und schickt ihn in den Tower. Von einem Londoner Gericht freigesprochen, flieht er Ende 1682 nach Holland, wo er im Januar 1683 stirbt. – Am 21. März 1681 tritt ein neues Parlament in Oxford zusammen (Oxfordian Exclusion Parliament): Erneutes Anwachsen der Opposition unter SHAFTESBURY. Ziel aller Anstrengungen ist im April der neuerliche Ausschlußversuch JAKOBS von York mittels einer dritten ›Exclusion Bill‹. – Die eigentlichen parteipolitischen Differenzierungen sind Merkmal dieser Jahre, und zwar nach dem Straßen- und Kaffeehausstil der Zeit: Auf der einen Seite stehen die Tories oder »Petitioners« oder »Anti-Exclusionists« als Exponenten der früheren Court Party. Der Name Tory (ursprünglich gebraucht für irische »outlaws«) steht für alle, die nicht an das Papisten-Komplott des TITUS OATES glauben, für die irischen Freunde Jakobs, für die Gegner der ›Exclusion Bill‹, für die Anhänger des dynastischen Erb- und des göttlichen Herrschaftsrechts. Auf der anderen Seite stehen die Whigs (ursprünglich schottische rebellierende Pferdetreiber, Covenanters und radikale Presbyterianer) für Antipapismus, Ausschluß, Common Law und Verteidigung der englischen Freiheiten. Die Tories verteidigen die Identität von Staat und Kirche, den Zusammenhang von Monarchie und Bischofskirche, das Prinzip des »Non-Resistance« gegen die oberste königliche Gewalt aufgrund des göttlichen und natürlichen Rechts der Dynastie. Die Whigs unter Shaftesbury stellen dem Glaubensfreiheit und Toleranz, Naturrecht und Urvertrag (Sozialvertrag) gegenüber, was Widerstandsrecht beinhaltet und das Parlament über den König stellt.

1680 Sir ROBERT FILMERS (1588–1653) zwischen 1635 und 1642 entstandene staatstheoretische Schrift ›Patriarcha. A Defence of the Natural Power of Kings against the Unnatural Liberty of the People‹, eine im Sinne

Jakobs I. und Karls I. royalistisch-absolutistisch, und vom »divine right of Kings« geprägte Arbeit, erscheint absichtlich während der Umtriebe der Whigs.

1682 *Mai*: Jakob von York kehrt aus dem flandrischen Exil zurück.
Der Quäker William Penn (1644–1718) gründet die religiös-tolerante und indianerfreundliche Kolonie Pennsylvania.
William Petty (1623–1687), ein früher Vorläufer der Physiokraten, fördert die »Politische Arithmetik« (Bevölkerungsstatistik).

1683 *April*: »Rye-House-Plot«: Nach dem Scheitern der ›Exclusion Bills‹ planen whigistische Extremisten und alte Cromwellianer die Ermordung Karls II. und Jakobs in der Nähe von Rye House (Hertshire). Das Komplott wird vereitelt und im Juni aufgedeckt. – Die vor wenigen Jahren erlassenen scharfen Strafgesetze gegen Staatsverschwörer richten sich nun gegen die Whigs selbst. Arthur Capel, Earl of Essex (1631–1683), verübt Selbstmord; William Lord Russell (1639–1683) und General Algernon Sidney (1622–1683) werden hingerichtet, obwohl sie mit den Umstürzlern nur sympathisiert, nicht jedoch aktiv eingegriffen hatten. Sie beide sind die ersten Whig-Märtyrer. – In einem politischen Schauprozeß werden die Fragen Widerstand und Hochverrat behandelt. Die Universität Oxford erklärt sich gegen eine Regierungsgewalt des Volkes, das Oxford Parliament schlägt sich auf die Seite Karls, der mittels einer ›Corporation Act‹ whigistische Amtsinhaber entfernen bzw. kontrollieren und Bewerber um ein öffentliches Amt ablehnen kann. Nur strenge Anglikaner und Konformisten können Würden und Mandate übernehmen. Karl stützt sich in seinen letzten Jahren nicht auf Katholiken oder gar andere Dissenters, sondern einzig auf die Tories.

1685 *6. Febr.*: Nach kurzer plötzlicher Krankheit stirbt Karl II., auf dem Sterbelager zum Katholizismus konvertierend. – Am gleichen Tag besteigt mit dem Herzog von York als Jakob II. erstmals wieder seit der »Bloody Mary« ein Katholik den Thron.
Mai/Juli: »Argyle's Rebellion«: Zusammen mit »Rye House«-Verschwörern versucht Archibald Campbell, Earl of Argyle (1629–1685), einen Umsturz zugunsten des Herzogs von Monmouth, der selbst die »Monmouth Rebellion« entfacht. Kurz nach einem Einfall in die schottischen Lowlands scheitert die gegen das Königtum Jakobs II. gerichtete Revolte. Am 18. Juni wird Argyle von Königstreuen gefangen und am 30. ohne Prozeß exekutiert. Am 15. Juli folgt ihm Monmouth aufs Schafott. – Das zur gleichen Zeit tagende Parlament ist nahezu Whig-frei und bewilligt 700 000 Pfund zum Ausbau von Armee und Flotte. Als der König die höheren Offizierschargen vorwiegend mit Katholiken besetzt, protestieren die Commons mit Hinweis auf die ›Test Act‹, worauf das Parlament auf November vertagt wird.

Sept.: Lord Chief Justice Sir GEORGE JEFFREYS (1648–1689) hält über die Aufständischen grausames Gericht in den »Bloody Assizes«. Man vermutet 150 bis 320 Gehängte und mehr als 800 nach Westindien Deportierte. – Zum Dank erhebt ihn JAKOB zum Lordkanzler.

1686 *9. Juli*: »Augsburger Liga«: Defensivallianz zwischen Österreich, Spanien, Schweden, den Niederlanden und norddeutschen Staaten gegen LUDWIG XIV. und zur Befolgung der Friedensschlüsse von Münster/Osnabrück 1648/49, 1659 (Pyrenäenfriede) und Nimwegen 1678/79. – Der folgende Krieg endet 1697 mit dem Vertrag zu Rijswijk.
22. Aug.: JAKOBS Methode, wichtige Ämter in Staat, Kirche und Armee mit Katholiken zu besetzen, gipfelt in der Ernennung SAMUEL PARKERS (gest. 1688), eines heimlichen Katholiken, zum Bischof von Oxford.

1687 *14. April*: Eine dritte Indulgenzerklärung setzt die Rekatholisierung fort, suspendiert die Gesetze des Clarendon Code und hebt de facto die ›Test Act‹ auf. – Als demzufolge der Master der Universität Oxford, OBADIAH WALTER zum Katholizismus konvertiert, um im Amt zu bleiben – und auch bleibt –, protestieren fünfundzwanzig Fellows des Magdalen College; sie werden entlassen. ISAAC NEWTONS Hauptwerk ›Philosophiae naturalis principia mathematica‹ erscheint.

1688 *7. Mai*: Ergänzende Indulgenzerklärung, die von den anglikanischen Kanzeln herab verlesen werden soll. Eine Bischofs-Petition plädiert für Rücknahme des Verlesungsbefehls, womit der Episkopat sein eigenes Dogma des unbedingten Gehorsamsprinzips widerruft. – Der anschließende Prozeß gegen sieben Bischöfe endet mit Freisprüchen, die allgemein bejubelt werden. – Ende der Non-Resistance-Idee.
10. Juni: Die überraschende Geburt eines Sohnes JAKOBS II., JAKOB EDUARD (gest. 1766), führt in der Öffentlichkeit zur Furcht vor einer katholischen Dynastie, zumal auch auf dem Kontinent ähnliche Ereignisse ablaufen: 1685 Aufhebung des Edikts von Nantes; Verbot der Waldenser; Übergang der pfälzischen Kurwürde an das katholische Haus Pfalz-Neuburg usw.
30. Juni: Sieben prominente Politiker senden WILHELM III. von Oranien unter dem Eindruck der verhaßten Katholisierungspolitik des Königs eine Einladung zur Regierungsübernahme. – Die ideelle Selbstaufgabe der Tory- und Staatskirchendoktrinen von Non-Resistance und »Passive Obedience« wird nötig, um den inneren Widerspruch zu lösen, der darin liegt, daß ein katholischer König die vor einhundertfünfzig Jahren durch Trennung von Rom gewonnenen Rechte als Oberhaupt der anglikanischen Kirche ausüben soll.
15. Nov.: Im Wissen um die Unbeliebtheit des Königs und die nationale Opposition landet WILHELM bei Brixham, worauf die königliche Familie nach Frankreich flieht, da ihr weder die Mehrheit der Armee noch die vor

zwei Monaten nach Hause geschickten Commons und Lords zu helfen bereit sind.
29. Dez.: Ansetzung eines neuen Parlaments für Februar 1689.

1689 *22. Jan.*: »Convention Assembly« (Parliament): Das provisorische Parlament klagt den König wegen Vertragsbruches, Hochverrats, Verletzung der Grundrechte an und erklärt aufgrund der Flucht des Königs den englischen Thron für vakant.
28. Jan.: Offizielle Resolution des Parlaments zur Absetzung JAKOBS II.
13. Febr.: WILHELM III. und seine Frau MARIA besteigen offiziell den englischen Thron; auf eine Berufung hin also und mit vom Parlament vorher zur Bedingung erhobenen verfassungsmäßigen und rechtlichen Auflagen. – Diese Machtübernahme, dieser legale und unblutige Staatsstreich, die »Glorious Revolution«, ist von der Whig-Geschichtsschreibung des 19. und 20. Jahrhunderts (Macaulay, Carlyle, Trevelyan) weit überschätzt worden: Sie war keine Revolution im heutigen Sinn; sie brachte noch keine Demokratie und noch keine Parlamentssouveränität; der König, »King in Parliament«, besaß noch weitreichende innen- und außenpolitische Prärogativen, die politische Gewalt lag weiterhin in den Händen von Nobilität und Gentry. Parlamentsreform, Verfassungs-, Partei- und Wahlfragen werden erst um 1765/70 zu entscheidenden Problemen, in Angriff genommen aber erst seit der ›Reform Bill‹ 1832.
März: JAKOB landet in Kinsale (Irland), um von dort aus den Thron zurückzuerobern.
17. April–30. Juli: Erfolglose Belagerung Londonderrys durch JAKOB.
Aug.: Landung eines von WILHELM geschickten Expeditionskorps in Irland.
Sept.: WILHELM bringt England und Schottland in die am 12. Mai zwischen Habsburg, Holland, Spanien, Brandenburg, Sachsen, Hannover, Bayern und Savoyen geschlossene Allianz gegen Frankreich ein.
Im Zuge der einer Wahlkapitulation sehr ähnlichen ›Bill of Rights‹ erläßt das Parlament eine ›Toleration Act‹ für die Dissenters, vor allem für die Puritaner. Ausgenommen sind die Unitarier und Katholiken. – Für Schottland wird ein presbyterianischer Zweig der Staatskirche eingerichtet. – Für die Beamten und den Klerus ist ein »Oath of Abjuration« obligatorisch, in dem sie dem Haus Stuart ab- und den Oraniern bzw. später Hannoveranern Treue schwören müssen. (Erst 1867/68 durch einen allgemeinen Treueid ersetzt.) Die ›Muting Act‹ bewilligt der Krone die Mittel für den Unterhalt von Streitkräften jeweils nur für ein Jahr.
Beginn des englischen Handels in Kanton; 1715 Einrichtung einer Faktorei.
Offizielle Kreierung zweier Außensekretariate (Nord, Süd).

1690 *20. März–23. Mai*: Die Frühjahrswahlen bringen einen überraschenden Wahlsieg der Tories (bis 1694).
1. Juni: JAKOB unterliegt in der Schlacht an der Boyne (Fluß in Irland) dem englischen Heer unter WILHELMS Führung. Die politisch-religiöse Bedeu-

tung des Sieges – ganz abgesehen von der Mit-Niederlage Frankreichs – der Protestanten über die Katholiken ist bis heute ungebrochen (Gedenktag, Boyne-Feiern).
Die East India Company gründet Kalkutta.
Der Staatsdenker, empiristische Philosoph und Pädagoge, Politiker und königliche Beamte JOHN LOCKE veröffentlicht seine ›Two Treatises of Government‹, eine gegen FILMERS ›Patriarcha‹ gerichtete, auf Gewaltenteilung, Liberalität und Toleranz zielende Staats- und Regierungslehre.

1691 *3. Okt.*: Der Vertrag von Limerick beendet den »William's War« in Irland.

1692 *Jan./Febr.*: Massaker von Glencoe: Der Clan der Macdonalds von Glencoe leistet den Unterwerfungseid für WILHELM und MARIA fünf Tage zu spät (6. Januar), wird verraten und bestraft: 38 Familienmitglieder werden ermordet.
Frühjahr: Eine »Land Tax«, d. h. eine Steuererhöhung, deckt etwa drei Viertel der vom Parlament für den Krieg mit Frankreich bewilligten jährlichen drei bis vier Millionen Pfund. Diese Landsteuer, manchmal bis zu 20 Prozent der Einnahmen und Renten aus Grundbesitz betragend, belastet einseitig die Landlords, während die kapitalkräftigen Händler, Kaufleute und Finanziers der Regierung Geld vorschießen und dafür noch Zinsen nehmen können.
29. Mai–3. Juni: Sieg der englisch-holländischen Flotte über die französische bei La Hogue, wodurch ein Landungsunternehmen gegen England verhindert werden kann.

1693 WILLIAM PENNS ›Essay on the Present and Future Peace of Europe‹ beinhaltet konkrete Vorschläge für eine europäische Föderation.
Im Zuge des Aufschwungs der Londoner Börse, des freien Unternehmertums und des Frühkapitalismus (mit liberalistischen Zügen) sowie der Gründung zahlreicher Aktiengesellschaften wird auch die East India Company unter Leitung ihres allmächtigen Direktors, Sir JOSIAH CHILD (1630–1699), in eine solche Form umgewandelt.
Die »National Debt« (Nationalschuld) wird festgestellt und jährlich durch neue Akzisen abgesichert bzw. verringert.

1694 *Frühjahr*: Die ›Triennial Act‹ bestimmt, daß das Parlament vom König regelmäßig einberufen wird und alle drei Jahre neu zu wählen ist.
Gründung der privilegierten privaten (Zentral-)Notenbank von England, um den Krieg gegen Frankreich besser finanzieren zu können. Die Bank wird später zu einem wichtigen Regierungsinstrument. – Als Soforthilfe schießt die Bank der Regierung 1,2 Mill. Pfund gegen 8 Prozent Zinsen vor.
Verdoppelung der Salzsteuer.
Eine ›Lottery Act‹ sieht erstmals eine langfristige allgemeine Anleihe vor; sie bringt eine Million Pfund ein, jedoch gegen 14 Prozent Jahreszins und Prämienausschüttung.

1694 bis 1698 bzw. 1710 Eine Whig-Junta (Junto), die zugleich eine harte antifranzösische und Kriegspolitik vertritt, bestimmt die hohe Politik: JOHN Baron SOMERS OF EVESHAM (1651–1716), Lordsiegelbewahrer und Lordkanzler (1693–97, 1697–1700); EDWARD RUSSELL, Earl of Oxford (1653–1727), Admiral of England von 1694–99; CHARLES TALBOT, Earl (Duke) of Shrewsbury (1660–1718), mehrmals Sekretär der Auswärtigen Angelegenheiten und 1714 Lordschatzkanzler; THOMAS Baron (Earl, Marquess) WHARTON (1648–1715); ROBERT SPENCER, Earl of Sunderland (1641–1702), ehemaliger Sekretär des Äußeren und Lord President of the Council; CHARLES MONTAGUE, Baron (Earl) of Halifax (1661–1715), 1697–99 und 1714/15 Lordschatzkanzler.

1695 *Frühjahr*: Das Unterhaus weigert sich, wohl von LOCKE beraten, die ›Licensing Act‹ von 1664 gegen »seditious, treasonable, and unlicensed books« zu erneuern. Damit entfallen die zahlreichen amtlichen Vorzensuren und Eingriffe in das Druck- und Pressewesen. Beginn des Aufstiegs der englischen Publizistik, wenn auch die Möglichkeit von Nachzensur, ›Stamp Acts‹ und dirigistischer Subvention bis 1792 bestehen bleibt.
Einrichtung der Bank of Scotland.

1696 Regelmäßige Veröffentlichungen durch das Parlament.
›Lloyd's Register‹ und Seenachrichten erscheinen künftig regelmäßig.
Einführung des Titels »Admiral of the Fleet« für den Oberbefehlshaber der Flotte.
Der Philosoph und Theologe JOHN TOLAND (1670–1722) veröffentlicht sein deistisches Werk ›Christianity Not Mysterious‹, das in dem Satz gipfelt: »Nichts im Evangelium widerspricht der Vernunft oder übersteigt sie.«

1697 *20. Sept.*: Im Frieden zu Rijswijk, der den großen Koalitionskrieg beendet und die Expansionspläne LUDWIGS XIV. vorerst stoppt, anerkennt der französische Monarch seinen Gegner WILHELM III. als legitimen König von England.
Herbst: Infolge eines gescheiterten jakobitischen Attentatsversuches auf WILHELM werden verräterische Beziehungen einiger Minister zu JAKOB aufgedeckt, worauf die Whig-Junta stürzt.

1698 *Juli/Aug.*: Parlamentsneuwahlen geben ein uneinheitliches Bild: Streitigkeiten um die Armeereduktion, die Minderung der Staatsschulden und Steuerlasten, die Auflösung von WILHELMS holländischer Leibgarde sowie die Günstlingspolitik. Angesichts der Querelen umgeht der König den Rat und greift zum Mittel der Geheimdiplomatie mit LUDWIG XIV., die im Winter 1698 und im März 1700 zu Teilungsverträgen in der Frage der spanischen Thronfolge führt.

um 1698 Der niederländische Außenhandel übertrifft den englischen noch um das Dreifache. – In England setzt sich der Niedergang der Ackerwirtschaft zugunsten der Weidewirtschaft fort, da Rohstoffe für die Textilindustrie benötigt werden. – Durch die ›Navigation Act‹ von 1651 waren die Schotten vom Handel im englischen Bereich ausgeschlossen worden. Versuche, auf eigene Faust durch die Company of Scotland Überseehandel zu betreiben und in Mittelamerika (Panamazone) zu kolonisieren, scheitern, da WILHELM seine Unterstützung verweigert, und die Spanier die schottischen Kolonisten brutal vertreiben. – Als Spätfolge des Bürgerkrieges und vor allem der Glorreichen Revolution greift in den nordamerikanischen Kolonien eine inflationistische Papiergeldpolitik um sich, die von der Bank von England nicht behoben werden kann.

um 1700 Die Gesamtbevölkerung von England und Wales beläuft sich auf etwa 5,5 Mill. Einwohner, die Schottlands auf 1,5 Mill. und die Irlands auf gut 2 Mill. Die Bevölkerungsdichte beträgt 33/34 Einwohner pro qkm; die Sterblichkeitsziffer vier Prozent (1800 : 2,6%). Die weitaus meisten Menschen leben im Süden und zwar von der Land- und Weidewirtschaft; dagegen wachsen die Städte vor allem in Lancashire und in den westlichen Midlands. – London zählt mehr als 500 000 Einwohner, die anderen Städte kommen zusammen auf etwa 850 000. Bristol hat 50 000 Einwohner, was weder Manchester, Liverpool, Sheffield, Leeds, Halifax, Birmingham oder Coventry erreichen. – Nach Berechnungen der Volkswirtschaftler Sir WILLIAM PETTY und GREGORY KING (1648–1712) leben rund 3 Mill. Menschen auf dem Land und erwerben ein Einkommen von 25 Mill. Pfund, dagegen 300 000 Bürger von Industrie und Handel mit allerdings 10 Mill. Pfund Einkommen. – Die Spitze der sozialen Skala bilden die erblichen und lebenslänglichen Peers (Lords), von denen es rund 7000 gibt, darunter nicht wenige Emporkömmlinge (New Rich) aus bürgerlichen Kreisen. Mehr als 40 Familien besitzen jährliche Einkommen und Grundrenditen von 30-40 000 Pfund. Es folgt die Gentry, von der die gut situierten Squires mehr als 1000 Pfund jährlich haben, einige wenige bis zu 10 000 Pfund, die ärmsten Commoners unter ihnen (declining gentry) jedoch nur 500 Pfund. – Kennzeichnend für die Jahre seit der Glorreichen Revolution ist infolge von Agrarkrisen (1690), erhöhten Armenabgaben und Landsteuern (seit 1692) die Verkümmerung der Kleingentry und das Verschwinden des unabhängigen Freibauerntums bei gleichzeitigem Aufstieg der auch Handel treibenden und Kapital häufenden Großgrundbesitzer, die sich wie die Stadtregimenter oligarchisieren und als örtliche Friedensrichter zugleich über Recht, Gesetz, Administration, Löhne, Arbeitseinsatz und Strafen entscheiden. Die Folge ist ein Jahrhundert später, daß das offene Feldsystem mit extensiver Wirtschaftsweise dem konkurrenzfähigen Großbetrieb mit abhängigen Pächtern und Verwaltern weicht. – Neben der uneinheitlichen Gentry, die aufgrund der Bürgerkriegswirren stark angewachsen war und die neben Parvenüs wie dem Geldverleiher HUMPHREY SHALCROSSE und dem »Plotter« Sir JOHN WILDMAN (1623–1693) vielfältige politische, soziale und religiöse Verschachtelungen aufweist, gewinnen Handel, Gewerbe und Finanzen an Bedeutung. Gregory King schätzte 1688 allein

64 000 handeltreibende Kaufleute. Seit der Stuart-Restauration waren die Maßnahmen der Regierung zur Erhaltung der alten Sozialordnung unzulänglich geblieben, was die Ablösung des korporativen Staates, den »Fortschritt« des einzelnen durch Individualverträge und Einzelleistungen begünstigte. Industrielle und soziale Angelegenheiten wie Arbeitsangebot, Lohn und Besitzwechsel, Landwirtschafts- und Industrieproduktion richten sich mehr und mehr nach den freien Marktkräften. Die defensive Handels- und merkantilistische Schutzpolitik der Regierung unterliegt den Ansprüchen der investitionssüchtigen Bankers, Traders und Landlords. Das Zusammengehen von Handel und Finanzen aufgrund des kapitalbedürftigen Fern- und Zwischenhandels bewirkt, begünstigt durch die Schwäche der königlichen Zentralgewalt, den Sieg der freien Unternehmerinitiative (enterprise oder entrepreneurship) über die alte Gebundenheit (customs). Zwischen 1667 und 1672 reorganisierte Sir GEORGE DOWNING (um 1624–1684) als Sekretär der königlichen Schatzkommission mit Hilfe des Parlaments das Finanz- und Anleihewesen. Die Freigabe des Wollhandels 1689, die Errichtung der Bank von England 1694, die Münzreform (wobei LOCKE als Berater tätig ist) und die Wiedererrichtung des Board of Trade (als Ausgleichsinstanz zwischen Monopolisten und Freihändlern) im Jahre 1695, die Abschaffung der Exportzölle auf Korn, Mehl und Brot 1699 sowie die Lockerung der Monopole einiger privilegierter Kompanien, darunter die East India Company, seit 1688/89 – all das sind Anzeichen einer Aufweichung des klassischen Merkantilismus nach französischem Muster, mit Tendenzen zum nationalen Freimarkt und endlich auch Freihandel, wie ihn John Locke in seinen wirtschaftspolitischen Schriften vertritt. – Im übrigen tragen die Nationalschuld mit gesichertem Zinsdienst sowie die finanzpolitischen Leistungen des Grafen von HALIFAX und Lord (Earl) SIDNEY GODOLPHINS (1645–1712) viel zur Sicherung der bestehenden Macht- bzw. Herrschaftsordnung und zur Prosperität bei. Gegenüber all diesen Neuerungen, die eine beträchtliche horizontale und vertikale Mobilität nach sich ziehen, verlieren die mittelständischen Handwerker, Gesellen und gelernten (Fach-)Arbeiter ihren sozialen Status, denn der Verfall der ständischen Korporationen, der freie Arbeitsmarkt und das Anwachsen des Manufaktur- und Verlags-(Heimarbeits-)Wesens schmälern ihre Existenzgrundlage. – Das untere Ende der sozialen Skala bildet neben den abhängigen Kleinbauern und Tagelöhnern auf dem Lande die Masse der städtischen ungelernten Arbeiter, Hilfskräfte, Dienstboten und Gelegenheitsarbeiter (labouring poor), die ständig das Gespenst der Arbeitslosigkeit vor Augen hat und bei jeder Schlägerei, Aufrührerei, Landstreicherei und Räuberei mitmacht (riots, robbery). Dennoch begünstigt die wachsende Verarmung und Unzufriedenheit (Pauperismus) noch keine einheitliche sozialrevolutionäre Bewegung. Sie entsteht erst nach 1770. Dabei ist jedoch nicht zu übersehen, daß Regierung und Parlament bei Entscheidungen zunehmend den Problemen der Masse Rechnung tragen bzw. auf sie Rücksicht nehmen müssen, z.B. bei der Festlegung des Wahlalters auf 21 Jahre.

1700 *1. Nov.*: Tod König KARLS II. von Spanien (geb. 1661), der testamentarisch PHILIPP VON ANJOU (1683–1746), einen Enkel LUDWIGS XIV., zum Thronerben bestimmt hatte, was dem zweiten englisch-französischen Teilungsvertrag widersprach und sofort den Einspruch Englands und Habsburgs hervorruft. Beginn antifranzösischer Koalitionsgespräche, um der drohenden Hegemonialstellung Frankreichs zu begegnen, das eine Einkreisung befürchtet.
Dez.: Das neue, stark Tory-orientierte Parlament rafft sich angesichts der Kriegsgefahr und des Todes des letzten Sohnes von ANNA STUART (1665–1714), der Tochter Jakobs II. und Gemahlin des dänischen Kronprinzen, zu einer gesetzlichen Sicherung gegen den Stuart-Legitimismus und Katholizismus auf, um WILHELMS eigenwillige Außenpolitik zu sichern und vor allem die hannoversche Erbfolge vorzubereiten.

1701 *Frühjahr*: ›Act of Settlement‹ zur Regelung der protestantischen Erbfolge aufgrund der Kinderlosigkeit WILHELMS III. und des Todes aller Kinder der Thronfolgerin ANNA. Erbberechtigt wird das Haus Hannover, dessen Kurfürstin SOPHIE (1630–1714) als Tochter der ELISABETH von der Pfalz eine Enkelin Jakobs I. ist. Zudem muß künftig jeder Throninhaber Anglikaner sein oder werden. Weitere wichtige Verfassungsklauseln sind: Kein Amtsträger der Krone ist für das Unterhaus wählbar (Inkompatibilität); die Staatsgeschäfte sollen über den Königlichen Rat (Privy Council) führen, und zwar mit Ministerverantwortlichkeit; Unabsetzbarkeit der Richter bei ordnungsgemäßer Amtsführung; ohne Zustimmung des Parlaments kann kein auswärtiger Krieg geführt werden, es sei denn in zur Krone gehörenden Ländern (Kronkolonien); ein Impeachment kann vom König weder aufgehoben noch aufgehalten werden.
Mai: In der »Kent-Petition« drängt die verunsicherte und erregte Öffentlichkeit das Parlament zum Handeln, d. h. der König soll zu einer klaren Stellungnahme hinsichtlich der außenpolitischen Lage gezwungen werden. Das Haus lehnt ab und läßt die Überbringer der Petition verhaften, worauf WILHELM das zerstrittene Parlament auflöst, nachdem es kurz zuvor noch einen »Abjuration Oath« für die exulierten Stuart-Anhänger (Jakobiten) verabschiedet hatte.
Aug./Sept.: LUDWIG XIV. vertreibt die Holländer aus den belgischen Garnisonen und Festungen und bricht damit den Frieden zu Rijswijk. Er anerkennt JAKOB II. und nach dessen Tod am 16. September den Prinzen JAKOB EDUARD, den Prätendenten, als legitimen Souverän Englands.
7./17. Sept.: Der von WILHELM zum Oberkommandierenden ernannte JOHN CHURCHILL, Earl (Duke) of Marlborough (1650–1722), handelt in Den Haag die zweite Große Allianz gegen Frankreich und Philipp V. von Spanien aus.
Nov./Dez.: Die Parlaments-Neuwahlen ergeben ein lähmendes Tory-Whig-Gleichgewicht. In der Außenpolitik aber gibt es keinen Streit, die Kriegskredite werden bewilligt.
Gründung des Yale-College in Connecticut (1887 Universität).

1702 *8. März*: Tod König WILHELMS III. – Thronbesteigung der »guten Königin« ANNA, der Tochter Jakobs II. aus der Ehe mit Anna Hyde (gest. 1671), der Tochter des Earls of Clarendon.
11. März: Mit dem ›Daily Courant‹ erscheint die erste englische Tageszeitung.
4. Mai: Kriegserklärung an Frankreich.
Juli/Aug.: Neuwahlen bringen den Tories zusätzliche 50 Sitze. Dennoch bildet ANNA ein gemischtes Ministerium mit MARLBOROUGH als »Captain General« und »Master of the Ordonance«, Sir GODOLPHIN als Lordschatzkanzler, den Tories DANIEL FINCH, Earl of Nottingham and Winchelsea (1647–1730), als Sekretär des Äußeren und LAURENCE HYDE, Viscount Hyde of Kenilworth, Earl of Rochester (1641–1711), als Statthalter (Generalgouverneur) von Irland. Dazu kommen u. a. SOMERS und HALIFAX aus der alten Whig-Junta. ROBERT HARLEY, Earl of Oxford (1661–1724), ein »Old Whig« und nun gemäßigter Tory, wird Sprecher des Unterhauses, dann 1704–1708 Staatssekretär des Auswärtigen und 1710–14 Leitender Minister.
Herbst: Eine ›Occasional Confirmity Bill‹ soll jeden mit drastischen Geldstrafen belegen, der sich durch das anglikanische Abendmahl für ein öffentliches Amt qualifiziert hat, nun aber doch am nonkonformistischen Gottesdienst teilnimmt. Die Bill scheitert knapp am Einspruch der Lords (erneut im Herbst 1704).
MARLBOROUGHS Kriegsführung erbringt die Maas-Linie mit Lüttich. Dafür erhält er den Herzogstitel ebenso wie für die Tatsache, daß er und vor allem seine kluge, doch intrigante Frau zu den intimsten Freunden ANNAS zählen.

1703 *27. Dez.*: Der nach dem englischen Gesandten in Lissabon Sir PAUL METHUEN (1672–1757) benannte »Methuen-Vertrag«, ein Wirtschafts- und Handelsabkommen zwischen England und Portugal, erlaubt englische Woll- und Tuchexporte nach Portugal und dafür günstige Einfuhr portugiesischer Weine. Zudem öffnet der Vertrag England den brasilianischen Markt. Das bis 1836 bestehende Abkommen trifft jedoch weniger den französischen Weinexport, als daß es die portugiesische Wollfabrikation ruiniert.
Baubeginn beim Buckingham Palace in London.

1704 *Frühjahr*: MARLBOROUGHS offensive Kriegsführung, seit 1702 von den Tories ständig kritisiert, ist erfolgreich. Nach dem Ausscheiden einiger Hochtories erlangen Marlborough, GODOLPHIN und HARLEY eine Schlüsselstellung. Das Kriegssekretariat übernimmt der erst 25jährige HENRY ST. JOHN, Viscount Bolingbroke (1678–1751). Sie bestimmen die englische Politik der nächsten vier Jahre.
4. Aug.: Eine englische Flotte besetzt überraschend Gibraltar.
13. Aug.: Schlacht bei Blenheim (Blindheim oder auch Höchstädt, in Bayern): MARLBOROUGH und der kaiserlich-österreichische Feldherr Prinz EUGEN von Savoyen (1663–1736) schlagen die Franzosen vernichtend.

Der verarmte Kaufmann, Politiker und Schriftsteller DANIEL DEFOE (um 1659–1731) gründet vom Gefängnis aus die erste regelmäßig erscheinende englische Wochenschrift mit politischem Einschlag, die ›Review‹.

1705 *Mai*: Die Parlamentswahlen fallen zugunsten der Regierungstories und der Whigs aus. MARLBOROUGHS Frau SARAH JENNINGS (1660–1744), von enormem Ehrgeiz besessen, drängt auf das Ausscheiden der führenden Tories zugunsten ihres Schwiegersohnes CHARLES SPENCER, Earl of Sunderland (1674–1722), der Staatssekretär neben HARLEY wird. ANNA hält sich durch Ernennung zahlreicher Tory-Bischöfe schadlos.
Die ›Regency Act‹ erlaubt im Gegensatz zur ›Act of Settlement‹ Ansätze eines Kabinetts (Cabinet Council).
Der Physiker und Astronom (Sir) EDMUND HALLEY (1656–1742) sagt die Wiederkehr des seit 1682 von ihm berechneten und seit Jahrhunderten bekannten Kometen für 1758 voraus (Halleyscher Komet). Er wertet dabei antike Aufzeichnungen sowie die Arbeiten von Regiomontanus, Kopernikus, Kepler und Newton aus.

1706 *Frühjahr*: Während die Commons gemäß der jeweiligen Finanz- und Anleihepolitik seit einigen Jahren »Commissioners of Public Accounts« wählen können, wird den Lords jede Mitarbeit verweigert; sie können nur noch Ja oder Nein zu einem Finanzgesetz – in toto – sagen. Die Commons bewilligen nicht nur Gelder, sondern entscheiden auch über deren Verwendung (appropriation).
23. Mai: Großer Sieg MARLBOROUGHS über die Franzosen bei Ramillies (in der Nähe Namurs).
Erste »moderne« Lebensversicherungsanstalt in London.

1707 *25. April*: Die Niederlage der Engländer unter Lord (Earl) HENRY GALWAY (1648–1720) bei Almanza gegen ein französisch-spanisches Heer unter JAMES FITZJAMES, Herzog von Berwick (1670–1734), einem illegitimen Sohn Jakobs II. und einer Schwester Marlboroughs, führt zu einer wichtigen Entscheidung im Spanischen Erbfolgekrieg: Den spanischen Thron besteigt der französische Prätendent PHILIPP V., nicht der österreichische, der spätere Kaiser KARL VI. (1685–1740).
29. April: Proklamation des ersten Parlaments von Großbritannien infolge der Union mit Schottland. Im Unterhaus sitzen 45 schottische Abgeordnete, im Oberhaus 16 schottische Peers als Vertreter der 4000 schottischen Wähler, was praktisch nur auf einen großen »pocket borough«, hinausläuft. – Die schottisch-presbyterianische Kirche (Kirk) wird neben dem Anglikanismus als zweite Staatskirche akzeptiert. – Eine zweite ›Regency Act‹ regelt die Thronfolge technisch-institutionell: Bei Ableben ANNAS sollen das Privy Council weiter amtieren, das Parlament bis zur Ankunft des Thronfolgers tagen und ein höchstes Richtergremium über Prärogative und Realm wachen. – Ansätze zu einer Gewaltenteilung zugunsten des Parlaments werden sichtbar.

22. Aug.–1. Sept.: Auf Vermittlung Englands und Hollands kommt es im Nordischen Krieg zur »Konvention von Altranstädt« zwischen Kaiser Joseph I. (1678–1711) und König Karl XII. von Schweden (1682–1718). Gründung der Society of Antiquaries of London (Neugründung 1717, königliche Charta 1751). Die zweitälteste Royal Society fördert Altertumskunde, Geschichte und vor allem die Archäologie.

1708 *Mai/Juni*: Neuwahlen mit großem Sieg der Whigs. Anna sieht sich gezwungen, Harley und St. John zu entlassen und der Whig-Junta hohe Ämter einzuräumen, zumal wieder einmal die Jakobiten-Furcht umgeht: Im März/April war eine französische Flotte auf Betreiben Jakob Eduards zum Firth of Forth ausgelaufen, um 6000 Soldaten nach Schottland zu bringen. Schlechtes Wetter, Navigationsfehler und das Erscheinen englischer Schiffe verhinderten das Vorhaben.
11. Juli: Sieg Marlboroughs über die Franzosen bei Oudenarde (span. Niederlande).
Zusammenschluß der East India Company mit der 1698 gegründeten English Company of Merchants auf Betreiben der Regierung.

1709 *11. Sept.*: Verlustreicher Sieg Marlboroughs und Eugens über die Franzosen bei Malplaquet.
29. Okt.: Charles Viscount Townshend (1674–1738), Diplomat und später Staatssekretär des Auswärtigen, unterzeichnet einen »Barriere-Vertrag« zur Regelung der umstrittenen französisch-holländischen Grenze bzw. Grenzfestungen mit den Niederlanden.
(Sir) Richard Steele (1672–1729) gibt die moralische Wochenschrift ›Tatler‹ heraus.

1710 *März*: »Sacheverell-Prozeß«: Der Hochkleriker Dr. Henry Sacheverell (um 1674–1724) hatte am 5. November 1709 (Jahrestag der Landung Wilhelms III.) in der St. Pauls-Kathedrale eine Predigt gehalten, in der er die Prinzipien der Glorreichen Revolution, der Dissenters und des Whig-Ministeriums angriff. – Godolphin läßt ihn anklagen, erreicht aber mit einer knappen Mehrheit von 69:52 Stimmen nur eine dreijährige Suspendierung des Predigers. – Der Prozeß nützt allein der Hochkirche, die die Königin auf ihrer Seite weiß. Anna trennt sich auf Betreiben ihrer neuen Favoritin, der schönen Abigail Masham (vor 1690–1734), von Sarah Marlborough, entläßt Sunderland und schließlich auch Godolphin, ohne daß die anderen Whig-Minister einen Finger rühren, da sich alle, aufeinander eifersüchtig, ehrgeizig und mehr oder weniger bestechlich, über den Mißerfolg des anderen freuen.
Sommer: Die Wahlen sind das Resultat der allgemeinen Unzufriedenheit und Kriegsmüdigkeit; sie bringen den größten Wahlsieg der Tories in der englischen Geschichte.
Der Philosoph und Theologe George Berkeley (1685–1753), Bischof von Cloyne (Irland), veröffentlicht in der Auseinandersetzung mit Descartes

und Locke ›A Treatise concerning the Principles of Human Knowledge‹, eine Philosophie des subjektiven Idealismus und Okkasionalismus.
Um die Kommerzialisierung zu steuern, wird das passive Wahlrecht in den Boroughs an dreihundert Pfund, in den Grafschaften an sechshundert Pfund Jahreseinkommen aus freiem Grundbesitz (freehold) oder verbriefter Bodenpacht (copyhold) gebunden.

1710 bis 1714 Hochtory-Regierung unter HARLEY und BOLINGBROKE. Sie steuern, ganz im Sinne ANNAS, einen anti-whigistischen, auf Restauration der Stuarts zielenden Kurs.

1711 *Frühjahr*: Die ›Occasional Conformity Bill‹ geht im Tory-Parlament durch.
27. Sept.: Friedenspräliminarien zwischen England und Frankreich auf Betreiben HARLEYS.
31. Dez.: Da MARLBOROUGH als Exponent der Kriegspartei die Zeichen der Zeit nicht erkennen und Frankreich noch immer zu einem Siegfrieden zwingen will und die Friedensbemühungen HARLEYS ablehnt, verliert er nach dem Posten des Captain General auch sein Amt als Oberbefehlshaber im Ausland.
Gründung der staatlich privilegierten South Sea Company als Tory-Konkurrenz zur Bank von England; Schatzkanzler HARLEY wird ihr Gouverneur. Nach dem Frieden zu Utrecht (1713) übernimmt sie die gesamte Staatsschuld und erwirbt die von Spanien abgetretenen Handelsprivilegien, d. h. sie sichert sich den südatlantischen Markt – und den Sklavenhandel.
JOSEPH ADDISON (1672–1719), Schriftsteller und Politiker, und RICHARD STEELE geben die moralische Wochenschrift ›Spectator‹ heraus.

1712 Der Spanische Erbfolgekrieg schleppt sich hin. Der neue Oberbefehlshaber JAMES BUTLER, Herzog von Ormond (1665–1745), hat Befehl, jeden Kampf zu vermeiden. Um die parlamentarische Unterstützung zu erhalten, kreiert ANNA zwölf neue Tory-Peers, die die Whig-Majorität im Oberhaus brechen, und verfügt eine ›Stamp Act‹ (Stempelsteuer) für Zeitungen, um öffentliche Kritik an einem möglichen Verzichtfrieden auszuschließen.
Durch JOHN ARBUTHNOTS (1667–1735) stuart-freundliche Satire ›The History of John Bull‹ wird ein englischer Nationalcharakter geschaffen: stämmig, kampfeslustig, nüchtern, praktisch und ehrlich. – Der Ausdruck »John Bull« wird erstmals auf Bolingbroke angewandt.
Letzte Hexenhinrichtungen in England.

1713 *26. März–13. Juni*: Frieden zu Utrecht mit zahlreichen Einzelverträgen zu politischen, militärischen und wirtschaftlichen Fragen: England erhält von Frankreich das Hudson-Territorium, Nova Scotia, Acadia und Neufundland sowie Gibraltar und Menorca von Spanien. Die nordamerikanischen Erwerbungen öffnen die Tür nach Kanada und legen den Grundstein für das »First British Empire«. – In dem mit Spanien geschlossenen »Asiento« (Asiento-Vertrag) erhält England für 33 Jahre das Monopol für den jährlichen Verkauf von 4800 Negersklaven in den spanischen Kolonien sowie die Konzession, jährlich ein Schiff mit 500 Tonnen englischer Ware in die spanischen Kolonien zu bringen. Der Asiento wird im Friede zu Aachen 1748 auf vier Jahre verlängert und 1750 im Vertrag zu Madrid gegen 100000 Pfund aufgehoben. Ein eigens neugegründeter spanischer Asiento wird jedoch durch englischen Sklavenschmuggel über Jamaica unterlaufen. Insgesamt verdienen die South Sea Company (bis 1750) und England bis 1820/33 riesige Summen am Sklavenhandel.

1714 *Frühjahr*: Tories und Anglikaner wollen in der ›Schism Act‹ den Dissentern die Erziehung ihrer Kinder nehmen und sie von der »established church« lizensierten Personen übergeben. Die hervorragenden Schulen und Akademien des Dissent sollen aufgelöst und die Lehrer entlassen werden.
Sommer: BOLINGBROKE verfolgt eine heftige Tory-Politik mit dem Ziel einer Stuart-Restauration oder wenigstens eines jakobitischen Kabinetts.
27. Juli: In einer Art Staatsstreich zwingt BOLINGBROKE HARLEY und andere Gemäßigte zum Rücktritt.
1. Aug.: Unerwarteter Tod der 46jährigen ANNA. – Sofort treten die ›Act of Settlement‹ und die ›Regency Bill‹ von 1707 in Kraft. Die Thronfolge von Hannover mit den Whigs im Gefolge rettet den Dissent. – BOLINGBROKES Tory-Intermezzo von 1710 bis 1714 ist gescheitert; er selbst geht ins Exil; seine Parteifreunde bleiben bis 1761 (Sturz Pitts) von der hohen Politik ausgeschlossen.
›The Fable of the Bees‹ (Bienenfabel) des Arztes und Philosophen BERNARD DE MANDEVILLE (1670–1733) erscheint. Grundthese: Der Gemeinnutzen ergibt sich aus dem Zusammenwirken und der Maximierung der egoistischen Einzelinteressen.

1715 *Frühjahr*: Bei den Unterhauswahlen verlieren die Tories stark an Boden.
1. August: Ohne Schwierigkeiten besteigt der Kurfürst von Hannover als GEORG I. (1660–1727) den englischen Thron.
Sommer/Herbst: In Schottland versuchen die Jakobiten einen Aufstand unter JOHN ERSKINE, Earl of Mar (1675–1732), der am 13. November bei Sheriffmuir von JOHN CAMPBELL, Earl (Duke) of Argyle and Greenwich (1678–1743), niedergeschlagen wird. – Daraufhin verlieren alle Tories ihre Ämter; BOLINGBROKE und ORMOND fliehen nach St. Germain an den Hof JAKOB EDUARDS, des »Old Pretender«.
Von der Regierung wird die ›Riot Act‹ durchgesetzt: ein repressives Gesetz gegen die Umtriebe der Unterschichten. Die Friedensrichter erhalten Vollmachten zu drastischen Bestrafungen.

1716 *Frühjahr*: Die ›Septennial Act‹ setzt eine Parlamentsperiode auf sieben Jahre herauf, sichert damit die Whig-Herrschaft ab, fördert den

»crown-influence«, das Patronagesystem und die Autonomie des Parlaments gegenüber der Öffentlichkeit.

1717 *April*: Schatzkanzler Sir ROBERT WALPOLE, später Earl of Orford (1676–1745), greift das Problem der Tilgung der Nationalschuld in Höhe von 54 Mill. Pfund mittels eines Tilgungsfonds (Sinking Fund) an. Da diese Sanierungspolitik inneren und äußeren Frieden benötigt, gerät Walpole in Gegensatz zu Staatssekretär JAMES Earl OF STANHOPE (1673–1721), dem Protagonisten einer aggressiven Außenpolitik. GEORG I. hält Stanhope und SUNDERLAND, den neuen Schatzkanzler, so daß Walpole und TOWNSHEND demissionieren müssen.
Zusammenschluß der vier Londoner Freimaurer-Logen zur Großloge von England.

1718 *Febr./März*: Nach Aufhebung der ›Schism Act‹ und der › Occasional Confirmity Act‹ durch STANHOPE werden Nonkonformisten als Amtsträger zugelassen, wenn binnen sechs Monaten kein Einspruch erfolgt.
2. Aug.: England, Österreich, Frankreich und die Niederlande bilden eine Quadrupelallianz gegen Spanien.
11. Aug.: Admiral GEORGE BYNG, später Lord Torrington (1663–1733), schlägt in der Seeschlacht am Kap Passaro (Sizilien) die spanische Flotte König PHILIPPS V. unter Admiral CASTAÑETA vernichtend und versetzt damit der expansionistischen Politik – Ambitionen auf Sardinien und Sizilien – des leitenden spanischen Ministers, Kardinal GIULIO ALBERONI (1664–1752), einen schweren Schlag.

1718/19 Fortsetzung der Kriegspolitik gegen die öffentliche Meinung, die neue riesige Schulden befürchtet. Dies und eine krasse Bevorzugung der Whigs (geplanter Peersschub) durch STANHOPE erlauben WALPOLE, eine unabhängige Opposition aus Tory-Backbenchers (Hinterbänklern) und eigener gemäßigter Whig-Anhängerschaft zustandezubringen. Angesichts solcher Umstände ruft Stanhope Walpole und TOWNSHEND in die Regierung zurück.

1719 *April/Juni*: Neue jakobitische Umtriebe in Schottland, angeregt und begünstigt von Kardinal ALBERONI.
Nach den Abenteuern des schottischen Matrosen ALEXANDER SELKIRK (1676–1721) schreibt DANIEL DEFOE seinen berühmten Roman ›Life and Strange Surprising Adventures of Robinson Crusoe of York‹, eine aufklärerische Apologie des zivilisierten, kultivierten und intellektuellen Europäers.

1719 bis 1721 Englands Engagement im Nordischen Krieg (1700–1721) zahlt sich nicht aus: In den Friedensschlüssen von Stockholm und Fredericksborg (9. Nov. 1719, 25. Jan. und 3. Juli 1720) sowie den Schlußverhandlungen zu Nystadt (10. Sept. 1721) muß das von England unterstützte

Schweden – nach dem Tode KARLS XII. – seine Vormachtstellung im Ostseeraum aufgeben und die Positionen Rußlands und Brandenburg-Preußens anerkennen. Die »Ruhe des Nordens« im »Mare Balticum« ist für Jahrzehnte hergestellt.

1720 *August*: »South Sea-Bubble«: Die englischen Südseespekulationen über die South Sea Company, die Privatbanken und die Kolonialgesellschaft des schottischen Finanz-Scharlatans JOHN LAW (1671–1729) enden mit einem Eklat. Der Zusammenbruch offenbart riesige Spekulationen und Korruption in höchsten Regierungskreisen und führt vor allem in Frankreich, das sich bei dem Wett-, Investitions- und Aktienfieber stark engagiert hat, zum Staatsbankrott. – Um der Spekulationswut zu entgehen, verbietet die ›Bubble Act‹ die Gründung neuer Aktiengesellschaften, es sei denn das Parlament genehmigt sie. – Als einziges Regierungsmitglied ist WALPOLE nicht in den Skandal verwickelt. Es gelingt ihm, Hof und Regierung aus den Untersuchungen herauszuhalten und durch eine Kette finanzpolitischer Maßnahmen (Entschädigungen, Schuldverschreibungen, Anleihen usw.) das Schlimmste zu verhindern. – Seine Gegner haben sich entweder selbst disqualifiziert und ruiniert oder geraten in den Strudel der Ereignisse. STANHOPE stirbt im gleichen Jahr, SUNDERLAND 1722.

1721 *3./4. April*: WALPOLE wird Lordschatzkanzler. Seine De-facto-Position als erster Premierminister Großbritanniens wird am 15. Mai 1730 de jure und offiziell von König GEORG II. (1683–1760) bestätigt. Bis 1742 bestimmt er die Politik im Sinne von Frieden und Stabilität (pax Walpoliana). Als Premier und Parlaments-Manager hält er mehr von »Corruption« denn von Parteigefolgschaft, Ideologien und Programmen. – WALPOLE hütet sich vor übereilten und verletzenden Schritten. Die Thronrechte des Hauses Hannover und die Machtposition der Whigs am Hof und im Parlament sind gesichert. In den Lokalverwaltungen läßt er den Tories ihre Vormachtstellung, der »established church« ihre Privilegien. Mit anderen Worten: Er rührt nicht an Squirearchy und Kirche, an Pfarre und Universität und festigt damit den inneren Frieden. Die politische Führungsspitze jedoch organisiert er zum Unwillen des Parlaments nach seinen Vorstellungen, wobei ihm Opportunismus, Kabale und Intrige jederzeit recht sind.

1721/22 »Atterbury's Plot«: jakobitische Verschwörung unter dem Herzog von ORMOND und dem Hochtory und Bischof von Rochester, FRANCIS ATTERBURY (1663–1732). Die Regierung wird vom französischen Premier und Außenminister Kardinal GUILLAUME DUBOIS (1656–1723) gewarnt. Nach der Bestrafung der Schuldigen wird den Katholiken und anderen Dissenters eine Spezialsteuer auferlegt.

1722 Letzte Hexenprozesse und Hinrichtungen in Schottland.

1723 *Frühjahr*: Das Parlament ermächtigt die Landgemeinden, »Unionen« zum gemeinsamen Bau von Arbeitshäusern zu errichten, aus denen

die Manufaktur- und Großgrundbesitzer gegen Unterhaltszahlung billige Arbeitskräfte bei Hochkonjunktur oder Ernten ziehen können.
Merkantilistische Steuer- und Zollreform. Ausbau des Londoner Freihafens, um den Schmuggel unter Kontrolle zu bringen. Einrichtung einer Akzisesteuer für Tee, Kaffee und Schokolade.

1724 *März/April*: WALPOLE drückt seinen einzigen wirklichen Konkurrenten, den Führer der alten Sunderland-Gruppe und Staatssekretär des Äußeren, Lord JOHN CARTERET, später Earl of Granville (1690–1763), beiseite. Carteret hat die Unterstützung der beiden Mätressen des Königs und der hannoverschen Ratgeber des politisch unbedeutenden GEORG I., verwickelt sich aber in Hof- und Mätressenintrigen, was WALPOLE benutzt, um ihn als Generalgouverneur und Lord Lieutenant of Ireland abzuschieben. – Zur Überraschung aller wird nicht der fähige WILLIAM PULTENEY, später Earl of Bath (1684–1764), Nachfolger als Secretary of State, sondern der reiche THOMAS PELHAM HOLLES, Herzog von Newcastle (1693–1768), der über eine umfangreiche Wahl- und Ämterpatronage verfügt, die Walpole für seine eigenen Ziele einzusetzen gedenkt. Somit kontrolliert er Krone, Hof und Regierung, die schottischen Commoners und die Bischöfe im House of Lords. – Gegen diese Formen von Protektionismus, Kontrolle, Bespitzelung und Korruption bildet sich eine Opposition von unzufriedenen Whigs und anderen Gegnern der Regierung unter Pulteneys Führung.

1725 *1. April und 30. Mai*: Das »Wiener Bündnis« zwischen Spanien und Österreich verunsichert die englischen Kaufleute und Überseehändler, da sie eine privilegierte kaiserliche Ostende-Kompanie im spanischen Handel befürchten.
24. Sept.: England antwortet im Vertrag zu Hannover – mit Frankreich und Preußen. Während TOWNSHEND neue Bündnisse sucht, strebt WALPOLE nach Ausgleich und Frieden.
Nach seiner Übersetzung der ›Ilias‹ (1715–1720) überträgt ALEXANDER POPE (1688–1744) auch die ›Odyssee‹ Homers.
GEORG I. stiftet den Bath-Orden (Order of the Bath).

1726 JONATHAN SWIFTS (1667–1745) Satire auf die menschliche Überheblichkeit, ›Gulliver's Travels‹, erscheint.

seit 1726 De facto Kriegszustand mit Spanien.

1727 *11. Juni*: Tod König GEORGS I.; den Thron besteigt sein Sohn GEORG II, auch er kein bedeutender Monarch.
Angesichts der außenpolitischen Wirren (Spanien, Österreich, Italien) greift WALPOLE auf den Fonds zur Tilgung der Staatsschuld zurück.
Das oppositionelle Blatt ›Craftsman‹ erscheint (bis 1742).
Gründung der American Philosophical Society in Philadelphia.
Die Quäker fordern die Abschaffung der Sklaverei.

seit 1727 Jährliche Indemnitätsgesetze erlauben sogar Nonkonformisten den Eintritt ins Unterhaus. GEORG II. subventioniert auch nicht-anglikanische Kircheneinrichtungen.

1728 *6. März*: Die »Konvention von Pardo« zwischen Spanien, Frankreich, England und Österreich soll den Frieden sichern.
EPHRAIM CHAMBERS (1680–1740) ›Cyclopaedia or Universal Dictionary of Arts and Sciences‹ erscheint. Vorbild der französischen Enzyklopädie von 1751.
JOHN GAYS (1685–1732) Singspiel ›The Beggar's Opera‹ parodiert die italienische Oper.

1729 *9. Nov.*: Im Vertrag zu Sevilla beenden England und Spanien den herrschenden Kriegszustand und verbinden sich mit Frankreich zu einer antihabsburgischen Liga.

1730 *16. Mai*: WALPOLE entläßt seinen Secretary of State TOWNSHEND.
19. Juni: Neuer Außensekretär wird WLLIAM Lord STANHOPE, später Earl of Harrington (1690–1756), ein Protegé des Herzogs von NEWCASTLE.

1731 *16. März*: Im Vertrag zu Wien (und London) erhält Österreich noch einmal die Anerkennung der »Pragmatischen Sanktion« von 1713 (zur Regelung der weiblichen Erbfolge in den habsburgischen Erblanden) und die Garantie seiner italienischen Besitzungen, dafür verzichtet es auf die Ostende-Kompanie. – Infolgedessen ist die außenpolitische und die damit verbundene Ministerkrise behoben; WALPOLE widmet sich wieder den Finanzen.

1731/32 Verbot für die englischen Manufaktur- und Fabrikarbeiter, in die nordamerikanischen Kolonien auszuwandern.

1732 10, Downing Street (nach dem früheren Diplomaten und Finanzfachmann Sir GEORGE DOWNING) wird Wohn- und Amtssitz der britischen Premiers.

1732/33 *Frühjahr*: WALPOLES Ankündigung, die Akzisesteuer von 1723 auf Tabak und Wein auszudehnen, stößt auf den wütenden Protest der Parlamentsopposition, der Stadt London und der vom Schmuggel profitierenden Händler. Als auch eine starke Whig-Gruppe um den König sich auflehnt und auf seinen Sturz hinarbeitet, gibt WALPOLE seinen Plan auf und greift fortan auf den Sinking Fund zurück; nicht jedoch, ohne vorher einige Gegner des »Excise Scheme« abgesetzt zu haben, darunter PHILIPP DORMER STANHOPE, Earl of Chesterfield (1694–1773), den späteren Außensekretär, CHARLES POWLETT, Duke of Bolton (1685–1754), und den Feldmarschall RICHARD TEMPLE, Viscount Cobham (1669?–1749).

1734 *März/April*: Die Wahlen können für WALPOLE nur mit großen Wahl- und Bestechungsgeldern und mit Hilfe der kontrollierten Boroughs gewonnen werden. In den Grafschaften und größeren Städten siegt die Tory-Opposition, so daß die Regierungsmehrheit im Unterhaus auf etwa fünfzig Sitze reduziert wird.
Englisch-russischer Handelsvertrag, der den britischen Kaufleuten beträchtliche Vorteile einräumt.

1735 Die sozialkritischen Zyklen ›Das Leben einer Dirne‹ und ›Das Leben eines Wüstlings‹ des Malers, Zeichners und Kupferstechers WILLIAM HOGARTH (1697–1764) erscheinen.

seit 1736 FRIEDRICH LUDWIG, Prinz von Wales (1705–1751), macht wegen familiärer Streitigkeiten »Leicester House« zum Mittelpunkt einer whigistischen Opposition.

1737 Tod der Königin KAROLINE (geb. 1683), in der WALPOLE eine starke Stütze hatte. Die Opposition gegen ihn wächst.

1738 *18. Nov.*: Dritter Vertrag zu Wien zwischen Frankreich und Österreich zur Beilegung der polnischen Thronfolgefrage, ohne daß WALPOLE, der seit 1733 die Außenpolitik vernachlässigt, etwas davon weiß. – Angesichts der diplomatischen Isolierung Englands, des französisch-spanischen Familienkontraktes von 1733 und der ständigen Streitigkeiten zwischen spanischen und englischen Schiffen im Südatlantik verlangen die »Patrioten« um den jungen Parlamentsabgeordneten WILLIAM PITT (1708–1778) im Namen der Öffentlichkeit und Londons den Krieg mit Spanien. NEWCASTLE, HARRINGTON und Lordkanzler PHILIPP YORK, Earl of Hardwicke (1690–1764), schließen sich an.
Die Prediger-Brüder JOHN (1703-1791) und CHARLES WESLEY (1707–1788) sowie GEORGE WHITEFIELD (1714–1770) gründen als Zweig der anglikanischen Kirche die Methodisten-Bewegung, die zu einem bedeutenden religiös-kulturellen Faktor in der anglo-amerikanischen Gesellschaft wird.

seit 1739 Zusammenbruch der Friedenspolitik WALPOLES. Schlecht vorbereitet geht England in einen Krieg mit Spanien (bis 1748) und sieht sich auch in den Ersten und Zweiten Schlesischen Krieg 1740–42 und 1744–45 hineingezogen, wobei auch außereuropäische Kriegsschauplätze beschickt werden müssen.

1740 Gründung der Universität Philadelphia.

1741 *Febr.:* Ein Mißtrauensvotum (want of confidence) gegen WALPOLE scheitert mit 290 zu 106 Stimmen.

April: Die Wahlen erbringen einen spektakulären Sieg der Kriegspartei, zumal auch NEWCASTLE und HARDWICKE sich für Krieg und eine neue Koalitionsregierung aussprechen. – WALPOLE resigniert, verliert jeden Einfluß und tritt Mitte Februar 1742 nach mehr als zwanzigjähriger Regierungszeit zurück.

seit 1741/42 Nach Walpoles Sturz bestimmen HENRY PELHAM (1694–1754) als Premier und Schatzkanzler (1743–54), sein Bruder NEWCASTLE als Staatssekretär des Äußeren (1746–54) und Premier (1754–56, 1757–62), HARRINGTON und STANHOPE-CHESTERFIELD die politische Szene. Die Pelhams interessieren sich vorrangig für Bestechungs- und Wahlmanöver und können dabei auf eine starke persönliche Klientel bauen. Besonders Newcastle profiliert sich als einer der größten Parlamentsmanager und »boroughmonger« aller Zeiten. Er ist kein bedeutender Diplomat, schon gar kein Staatsmann, doch ein Partei- und Finanzvirtuose, der überall geschäftliche, persönliche und amtliche, familiäre und finanzielle Fäden knüpft und sich damit beinahe unentbehrlich und allwissend macht. – Bei all diesen Fähigkeiten haben die Pelhams doch kein Gespür für die Zeichen der Zeit, für die imperiale Aufgabe Englands, wie sie sich in Westindien, Indien und auf dem nordamerikanischen Kontinent zusehends stellt. – Das Ineinandergreifen von europäischen und überseeischen, von politischen und wirtschaftlichen Problemen sieht aber WILLIAM PITT, später Earl of Chatham, der dem Kreis der jungen Unterhaus-Patrioten entstammt, den Parlamentssitz des »rotten borough« Old Sarum innehat und finanziell unabhängig ist. Als Sprößling einer »interlopers«-Familie (sein Großvater war Gouverneur von Madras gewesen) kennt er die Sorgen der Londoner und der Überseekaufleute. Er lehnt das Patronage-System der Whig-Magnaten verächtlich ab und betreibt, da er deren Scheitern voraussieht, langsam aber sicher seine Karriere, die ihm zwar öffentliche Anerkennung, jedoch vor 1756 nur das Amt eines Kriegszahlmeisters einbringt (1746–47).

1742 *11. Juni*: England vermittelt den deutschen Sonderfrieden zu Breslau zwischen FRIEDRICH II. von Preußen (1712–1786) und MARIA THERESIA von Österreich (1717–1780).

seit 1742 WALPOLE folgend, favorisieren die PELHAMS eine »broad-bottom-administration«, d. h. ins Kabinett werden Vertreter der verschiedensten politischen Richtungen gezogen. Damit hat die Regierung die zahlreichen politischen Faktionen (Parteigruppierungen nach Führerpersönlichkeiten, d. h. Klientelparteien) unter Kontrolle.

1743 *Frühjahr*: GEORG II. und seine Regierung erreichen eine Allianz zwischen England, Österreich und Sardinien, um die Bourbonen aus Italien zu vertreiben. Das Parlament schreckt jedoch noch vor einer förmlichen Kriegserklärung und einem massiven Angriff auf Frankreich zurück.

27. Juni: Nach Ausbruch der Feindseligkeiten jedoch erficht König Georg II. persönlich den Sieg von Dettingen über die Franzosen.

1744 bis 1747 Englisch-französischer Seekrieg.

1745 *8. Jan.*: Quadrupelallianz Englands, Österreichs, Sachsens und der Niederlande gegen Preußen.
11. Mai: Die Engländer und Hannoveraner unter Wilhelm August, Prinz von Großbritannien und Hannover, Herzog von Cumberland (1721 bis 1765), unterliegen in der Schlacht bei Fontenay den Franzosen unter dem Marschall Moritz Graf von Sachsen (1696–1750).
25. Dez.: Friedrich II. von Preußen erzwingt den Sonderfrieden zu Dresden, an dessen Zustandekommen die englische Diplomatie seit August gearbeitet hat.
Auflösung der schottischen Clan-Verfassung.

1746 *17. Jan.*: Letzter Sieg der aufständischen Jakobiten in der »Forty-Five-Rebellion« in der Schlacht bei Falkirk.
16. April: Der letzte jakobitische Aufstand unter dem »young Pretender« Karl Eduard »Bonnie Charles« (1720–1788) scheitert in der blutigen Schlacht bei Culloden Moor.
Während des österreichischen Erbfolgekrieges (Zweiter schlesischer Krieg) verliert die East India Company Madras an den französischen Gouverneur von Pondichéry, Joseph-François Dupleix (1697–1763).

1748 *18. Okt.*: Der Friede von Aachen beendet den österreichischen Erbfolgekrieg, nachdem sich die Seemächte England, Holland und Frankreich bereits am 30. April in einem Präliminarvertrag geeinigt hatten. Der Friede garantiert u. a. die Erbfolge des Hauses Hannover auf dem englischen Thron erneut und den Status quo ante in den von England, Frankreich und Spanien umkämpften bzw. erworbenen Kolonien. – Aachen ist ein englischer »Sieg« auf Kosten Österreichs und Frankreichs, die sich daher langsam annähern und acht Jahre später, 1756, im »Renversement des Alliances« zu Versailles eine französisch-österreichische Allianz bilden. – Holland bleibt im Besitz der Barriere-Festungen; die »Pragmatische Sanktion« wird bestätigt und garantiert; Preußen behält Schlesien und Glatz; Parma und Piacenza fallen an Spanien, Savoyen und Nizza an Sardinien; England gibt das 1745 von Frankreich eroberte Louisburg zurück.
Der schottische Philosoph, Geschichtsschreiber, Diplomat und Politiker David Hume (1711–1776) veröffentlicht sein bereits 1739/40 herausgegebenes Hauptwerk ›A Treatise of Human Nature‹ in umgearbeiteter Form als ›An Enquiry concerning Human Understanding‹. Hume verbindet Empirismus, Skeptizismus, Antimetaphysik und Positivismus mit vorphänomenologischer Analyse aller inneren und äußeren Erfahrungen des Menschen (ideas und impressions).

1749 Englische Kolonisten gründen Halifax in Neu-Schottland (Nova Scotia) in Kanada, um von dort aus gegen französisches Gebiet (Acadia) vorzugehen.
Henry Fielding (1707–1754) begründet mit ›Tom Jones‹ den englischen humoristisch-realistischen Gesellschaftsroman.

1750/51 Einnahme und Verteidigung der Residenzstadt Arcot im Hochland des Carnatic (Indien) durch Robert Clive (1725–1774), den späteren Baron of Plassey und Generalgouverneur von Ostindien.

zw. 1750 und 1769 Der Export englischer Baumwollfabrikate steigt fast um das Zehnfache. Ein Drittel geht nach Afrika, die Hälfte nach Nordamerika und Westindien.

1751 In einer Grenzvereinbarung erhalten die Franzosen Montreal und machen es zum Schaden der englischen Hudson Bay Company zum Exportplatz für den nördlichen Pelzhandel.

1752 *1. Jan.*: Kalenderreform in Großbritannien: Ende des Annutiationsstils, der das Jahr mit dem 25. März (Mariä Verkündigung) beginnen ließ, und Umstellung auf den Gregorianischen Kalender. Um die nach der alten Rechnung fehlenden elf Tage aufzuholen, folgt auf den 2. September 1752 der 14. September.
Der literarische Frauenkreis in London trägt als Erkennungszeichen blaue Strümpfe (Blaustrümpfe).

1753 Aus der Zusammenlegung privater Sammlungen entsteht das British Museum (eröffnet 1759). Es wird eine der größten Bibliotheken der Welt mit heute (1975) rund 6,5 Mill. Bänden und 70000 Handschriften.
Daneben werden umfangreiche kunst- und kulturgeschichtliche Sammlungen angelegt.

1753/54 Englisch-französische Verhandlungen über die Besitzungen in Indien zwischen Clive und Dupleix. Um die »Balance of Power« zu halten, gibt Frankreich das Carnatic ab und ruft Dupleix zurück.

1754 *April*: Angesichts der französischen Aktionen in Indien und Nordamerika, die auf eine Einkreisung der englischen Siedlungen und Kolonien hinauslaufen und eine tatkräftigere und systematischere Außenpolitik als die Newcastles erfordern, reagiert die Öffentlichkeit auf die ständigen Warnungen und Appelle Pitts. Die Unterhauswahlen sehen die Verfechter einer aktiven Gegenpolitik siegreich.
14. Nov.: In seiner Eröffnungsrede vor dem Parlament bekundet Georg II. seinen festen Willen, den englischen Kolonisten zu helfen. Wenig später läßt er eine erste virginische Expedition ins Ohiotal ausrüsten, an der auch der junge George Washington (1732–1799) als Offizier teilnimmt.

Gründung der Columbia University in New York.
Gründung der Royal Society of Art in London.
Der Kunsttischler Thomas Chippendale (1718–1779) prägt mit seinem Standardwerk ›The Gentleman and Cabinet Makers Director‹ einen neuen Innendekorations- und Möbelstil, der Zweckmäßigkeit mit guten Proportionen verbindet.

1755 *18. Juni*: Im Vertrag zu Herrenhausen/Hannover einigen sich England und der 1749 zum Protestantismus übergetretene (1754 bekanntgegeben) Erbprinz Friedrich (II.) von Hessen-Kassel (1720–1785) über englische Subsidien und hessische Truppenstellung für England (Soldatenhandel).
Nov.: Britische Kriegsschiffe unter Admiral Edward (Baron) Hawke (1705–1781) kapern an die dreihundert französische Handelsschiffe. Frankreich antwortet mit einem Ultimatum auf Schadensersatz, was England im Januar 1756 ablehnt.
Auf Betreiben von Henry Fox, Baron Holland (1705–1774), und Cumberland wird General Edward Braddock (um 1695–1755) mit vier Regimentern ins Ohiotal und zusätzlich eine Kriegsflotte nach Halifax (Kanada) geschickt. Nach anfänglichen Überraschungserfolgen wird Braddocks Expeditionskorps bei Fort Duchesne von den Franzosen und den mit ihnen verbündeten Indianern vernichtet.
Dr. Samuel Johnson (1709–1784), Schriftsteller, Kritiker, Shakespeare-Forscher, Sprachforscher und geistig-moralisch-literarischer Repräsentant der Konservativen, veröffentlicht ein englisches Wörterbuch.

1756 *10. Jan.*: Ausbruch des englisch-französischen Kriegs.
16. Jan.: Westminster-Konvention zwischen Preußen und Großbritannien zur Erhaltung »des allgemeinen Friedens in Europa und Deutschland im besonderen«.
1. Mai: Als Antwort erfolgt das revolutionäre Bündnis zwischen Bourbon und Habsburg, die ihre klassische Rivalität zugunsten einer »Umkehrung der Bündnisse« aufgeben. Nicht der Aufstieg Preußens ist das Motiv, sondern der koloniale Gegensatz zu England. Frankreich nutzt nur den preußisch-österreichischen Konflikt, um sich selbst den Rücken freizuhalten.
Mai: Admiral Torrington wird in einer Seeschlacht vor Menorca von den Franzosen geschlagen, später angeklagt und hingerichtet.
12. Juli: Schweden schließt einen Subsidienvertrag mit Frankreich, nachdem Holland bereits seine Neutralität erklärt hat und Spanien mehr Frankreich zuneigt.
29. Aug.: Friedrich II. sprengt den Ring der Gegner, fällt in Sachsen ein und eröffnet damit den Siebenjährigen Krieg, der auch für England entscheidende Bedeutung hat, wenn auch nicht in Europa, sondern in Übersee.

4. Dez.: Angesichts der verfehlten Politik NEWCASTLES und FOX', wird WILLIAM PITT Außensekretär für den Mittelmeerraum, Indien und die Kolonien. Kabinettchef wird als Erster Lord des Schatzes WILLIAM CAVENDISH, Herzog von Devonshire (1720–1764).

1757 *6. April*: Ende der Regierung DEVONSHIRE – PITT, da der Herzog, die franzosenfreundliche Hannover-Gruppe und die vergrämten Old Whigs Politik auf eigene Faust machen. Pitt hält an Preußen fest. Als aber CUMBERLAND, der eine von Pitt durchgesetzte englisch-hannoversch-hessische Armee von 40 000 Mann kommandiert, sich widersetzt, tritt dieser zurück.
23. Juni: Nach der Rückeroberung Kalkuttas (1756 verloren) und dem Gewinn Chandernagors schlägt CLIVE die weit überlegenen Truppen des Herrschers von Bengalen sowie einige französische Hilfstruppen.
29. Juni: Auf Druck der Öffentlichkeit übernimmt PITT wieder das Außensekretariat, bestimmt also die Außenpolitik, während NEWCASTLE das Schatzamt erhält und sich um das Parlament kümmern soll.
25./26. Juli: Nach der Niederlage FRIEDRICHS II. bei Kolin (18. Juni) wird auch CUMBERLAND mit seiner hannoverschen Verteidigungsarmee bei Hastenbeck an der Weser zurückgedrängt.
8. Sept.: Angesichts der preußischen Niederlage bei Groß-Jägersdorf (30. August) gibt CUMBERLAND in der »Konvention von Kloster Zeven« (bei Bremen) nach Entwaffnung und Auflösung seiner Armee Hannover und Braunschweig den Franzosen preis. Daraufhin entzieht GEORG II. seinem Bruder das Kommando, und die Regierung NEWCASTLE-PITT widerruft am 18. September die Konvention.
Nov./Dez.: Aus der schwierigen innen- und außenpolitischen Lage wird PITT durch die Siege FRIEDRICHS bei Roßbach (5. November) und Leuthen (5. Dezember) gerettet. Das begeisterte England setzt den siebenjährigen Doppelkrieg an der Seite Preußens fort, unterstützt es jedoch nurmehr mit Geld, um Truppen für Indien und Amerika parat zu haben. – Roßbach ist der eigentliche Beginn der Regierung PITT, der Durchbruch zum imperialglobalen Stil. Pitt gilt als »incorruptible« Staatsmann, der mit patriotischem Pathos den nationalen Ruhm predigt. Er sieht nur große Linien, keine Details und steht über den Parteiintrigen vor der Öffentlichkeit. Für ihn ist Frankreich der Erzfeind Großbritanniens und seiner Freiheiten und der Protestantismus der Glaube aller freiheitsliebenden Menschen.

1757/58 PITTS ›Militia Bill‹ organisiert – neben der regulären Armee – den Musterungs- und Volkswehrdienst, läßt die Zahl und Wehrtüchtigkeit von Rekruten in den einzelnen Counties feststellen, erlaubt die Stellung von Vertretern und schafft die schottischen Hochlandregimenter. – Nach Roßbach verstärkt er das Heer auf 150 000 Mann und die Flotte auf 400 Schiffe. Das Parlament bewilligt im Frühjahr 1758 ein Kriegsbudget von 10 Mill. Pfund (1770: 15 Mill.). Von Toulon bis Dünkirchen sperren englische Schiffe praktisch jeden französischen Hafen.

1758 *11. April*: Im zweiten Westminster-Vertrag verpflichten sich England und Preußen, nur im gegenseitigen Einverständnis Frieden zu schließen. England erklärt sich außerdem bereit, Preußen Subsidien in Höhe von 670000 Pfund zu zahlen.
Juli: Eroberung Louisburgs am Lorenzgolf, dem die Besetzung des Forts Duchesne – zu Pitts Ehren in Pittsburgh umbenannt – folgt.

1759 *1. Aug.*: In der Schlacht bei Minden schlägt die englisch-hannoversche Armee unter FERDINAND, Herzog von Braunschweig-Wolfenbüttel (1721–1792), die Franzosen, deren völlige Vernichtung aufgrund der Unfähigkeit des Kommandeurs der britischen Kavallerie, Lord GEORGE SACKVILLE (1716–1785), verhindert wird.
13. Sept.: Auf der Hochebene von Abraham (Kanada) fällt die Entscheidung zugunsten der Engländer, obwohl ihr fähiger General JAMES WOLFE (geb. 1727) ebenso den Tod findet wie der ausgezeichnete französische Kommandeur LOUIS JOSEPH Marquis de MONTCALM DE SAINT-VERAN (geb. 1712).
18. Okt.: Kapitulation Quebecs vor den Engländern.
20. Nov.: Die Invasionspläne des französischen Außen- und Kriegsministers ETIENNE FRANÇOIS Marquis de STAINVILLE, Duc de Choiseul-Amboise (1719–1785), zerschlagen sich, als die britische Flotte unter HAWKE die französische in der Quiberon Bay (Bretagne) besiegt.
Neben der Eroberung Quebecs, den Siegen in Indien und den Seesiegen fallen noch alle französischen Westafrika-Gebiete (vor allem Dakar mit seinem Gummi- und Sklavenhandel) in englische Hand.
Der schottische Geistliche und Geschichtsschreiber WILLIAM ROBERTSON (1721–1793) veröffentlicht seine sowohl die Whig- als auch die Tory-Historiographie überwindende ›History of Scotland‹.

1760 *8. Sept.*: Montreal und sämtliche französischen Streitkräfte in Nordamerika kapitulieren.
25. Okt.: Tod König GEORGS II. Den Thron besteigt sein Sohn als GEORG III. (1738–1820). – Der neue Monarch strebt nach Selbstregierung und will ein Friedensherrscher sein. In PITT, dem seit fünf Jahren die Erfolge nachlaufen, im Parlament, ja selbst in Männern wie NEWCASTLE, DEVONSHIRE und HARDWICKE sieht er Widersacher für die eigene Macht und Popularität. Sein Günstling wird der Schotte JOHN STUART, Earl of Bute (1713–1792), der bald zum Secretary of State und dann zum Premier avancieren soll.

1761 *15. Aug.*: Spanien und Frankreich schließen gegen die britische Seesuprematie einen Familienpakt, der den eventuellen Kriegseintritt Spaniens vorsieht, wenn bis zum 1. Mai 1762 kein Frieden erreicht ist. – PITT hat genaue Informationen über diese Absprachen und will Spanien in einem Präventivschlag ausschalten. GEORG III., NEWCASTLE, die meisten Kabinettsmitglieder und selbst die Militärs meinen, man könne nicht gegen Frankreich und Spanien zugleich Krieg führen.

5. Okt.: Demission PITTS. – Die Kluft zwischen ihm, dem König und BUTE, dem er Unfähigkeit vorwirft, die Rivalitäten zwischen Pitt und den Whig-Anführern, die auf 150 Millionen Pfund angewachsene Staatsschuld sowie die offensiv-militante Behandlung Spaniens, die ihm auch NEWCASTLE entfremdet, tragen zu Pitts Sturz bei.
Nur in 48 Wahlkreisen wird de facto gewählt. Die Mehrzahl der 558 Mandate wird durch placeholders, »King's friends«, durch Kauf oder Pacht erworben. Der Preis für eine Kandidatur, die jedoch bereits Wahl bedeutet, beträgt 1500 Pfund; für eine ganze Legislaturperiode schon 7000 Pfund; gepachtete Sitze kosten 1200 bis 1800 Pfund im Jahr.

1762 *2. Jan.:* Ausbruch des Kriegs mit Spanien, der PITTS Politik nachträglich rechtfertigt. BUTE und NEWCASTLE suchen daher einen schnellen Frieden.
Mai/Juni: Nachdem Rußland 1761 mit Preußen ein Neutralitätsabkommen geschlossen hat und auch Schweden am 22. Mai seinen Frieden mit FRIEDRICH II. macht, sperrt BUTE die Subsidien für den Preußenkönig, um dessen Friedensbereitschaft zu erzwingen.
14. Aug. : Die Engländer nehmen Havanna, die stärkste spanisch-westindische Festung, womit die Antillen und Mexiko offenliegen.
27. Nov.: Das auf Drängen BUTES vom König von Anfang Juni bis zum 25. November prorogierte und von Whigs zugunsten der »King's Friends« gesäuberte Parlament billigt die bereits am 11. November vom Kabinett ratifizierten Präliminarien mit 319 zu 65 Stimmen. PITTS Proteste verhallen ungehört.
Das Unterhausmitglied JOHN WILKES (1727–1797), ein neureicher Anhänger Pitts, eröffnet eine wütende Pressekampagne gegen die Regierung BUTE.

1763 *10. Febr.*: Der englisch-spanische Vorfriede wird im Frieden zu Paris von Großbritannien, Frankreich, Spanien und Portugal bestätigt. Von dem Kompromißfrieden profitiert vor allem Spanien: Neben West-Louisiana erhält es Havanna und Manila von England zurück. Frankreich nimmt wieder Martinique und Guadeloupe sowie Dakar mit dem reichen Gummi- und Sklavenmarkt in seinen Besitz. Außerdem werden ihm die Fischereirechte vor Neufundland zugesprochen, was – nach Pitt – für England den Besitz ganz Kanadas überflüssig macht. Dagegen bleibt der englische Besitzstand in Indien gewahrt. Von Frankreich erhält es Kanada, Nova Scotia, Cape Breton Island, Senegal, Grenada, St. Vincent, Dominica und Tobago, von Spanien Honduras und Florida. – Die Londoner City wettert gegen HENRY FOX, nun Lord Holland und »Paymaster of the Forces« wie früher Pitt, vor allem aber gegen BUTE, der sich einer öffentlichen Hetz- und Pressekampagne ausgesetzt sieht.
15. Febr.: Der Friede zu Hubertusburg zwischen Österreich und Preußen beendet den Dritten Schlesischen oder Siebenjährigen Krieg. – Preußen behält Schlesien und hat sich als deutsche Großmacht etabliert.

16. April: BUTE legt das Amt des Premiers nieder; im Oktober zieht er sich ganz zurück – ein Opfer von PITTS unversöhnlicher Agitation, die jenen Radikalismus weckt, den fortan die Öffentlichkeit als politisches Moment gegen Krone, Regierung und Parlament ins Spiel bringt.
23. April: JOHN WILKES greift in Nummer 45 des ›North Briton‹ den Frieden zu Paris und darüber hinaus die Thronrede des Königs an; ein Präzedenzfall, denn künftig kann sich die Regierung nicht mehr hinter der Krone verstecken. – Wilkes wird verhaftet und unter dem Jubel der Massen, »Wilkes and Liberty!«, wieder freigelassen. Das Verbrennen der Nummer 45 wird verhindert. – Als das Oberhaus aufgrund einer obszönen Parodie Wilkes', ›An Essay on Women‹, diesen erneut verhaften lassen will, flieht er nach Frankreich, wird jedoch im Januar 1764 aus dem Parlament gestoßen und außer Gesetz gestellt.
DAVID HUMES zehnbändige ›History of England from the Invasion of Julius Caesar to the Revolution of 1688‹ erscheint; sie bildet mit den Werken seines Landsmannes ROBERTSON den Beginn der wissenschaftlichen Historiographie in England.

1763 bis 1782 GEORG III. lehnt das korrupte Patronage-System der Whig-Aristokratie ab, behauptet sein Recht auf Selbstregierung und versucht, als »Patriot King above all Factions« mittels »influence«, d. h. mit »King's Friends« bzw. an die 190 »placeholders« im Unterhaus, mittels geheimer »pensioneers« und »contractors« (Regierungslieferanten) die Politik zu machen und die vielen »interests« und »connections« gegeneinander auszuspielen. Die Regierungen GEORGE GRENVILLE (1712–1770) von 1763 bis 1765, CHARLES WATSON WENTWORTH, Marquess of Rockingham (1730–1782), 1765/66, nochmals PITT von 1766 bis 1768 und AUGUSTUS HENRY FITZROY, Herzog von Grafton (1735–1811), von 1768 bis 1770 sind demnach nicht sehr bedeutend. Große Leistungen weist auch die zwölfjährige Regierung (1770–1782) Lord FREDERICK NORTHS, Earl of Guildford (1732–1792), nicht auf, wobei einschränkend vermerkt werden muß , daß seine ganze Amtsperiode unter der Belastung des amerikanischen Unabhängigkeitskriegs steht. Die innenpolitischen und zum Teil auch außenpolitischen Impulse kommen von anderer Seite, bekannt unter dem Begriff »Reformbewegung«. – Das Pendant zum persönlichen Regiment Georgs bildet eine politisch sehr engagierte Öffentlichkeit mit dem Schwerpunkt Groß-London, wo sich weder Patronage noch Kroneinfluß ausbreiten können. Um die Londoner City gruppieren sich bevölkerungsstarke »out-parishes« und Boroughs (Middlesex, Bermondsey, Southwark, City of Westminster u. a.) – alles in allem eine Stadtregion von fast 800000 Einwohnern. In der City selbst leben 8000 Liverymen der 60 City-Kompanien und die 10-12000 Freemen als kommunalpolitisches Potential. Die Geschäftswelt bildet einen Sonderbezirk in Westminster und Middlesex, während die Hochfinanz unter den 43 Aldermen der City einige Vertreter hat. Die City mit ihren alten Sonderrechten, Bankers und Traders, der mächtige Mittelstand, die administrative Zersplitterung machen den Reiz und die Vielfalt der Hauptstadt aus, wo sich in Cafés, Clubs, Vereinen und Pressedarstellungen die Zeit widerspiegelt. – Der Sturz PITTS, der blasse Friede zu Paris, die Machenschaften von Krone und Aristokratie vertiefen die Kluft zwischen Parlament und Öffentlichkeit und fordern eine Reaktion gleichsam heraus.

1765 bis 1783 Abfall der amerikanischen Kolonien, Amerikanische Revolution und Unabhängigkeitskrieg.
Das britische Kolonialsystem in Nordamerika (1763: 2,5 Mill. Weiße in Neuengland, 700000 in Kanada) ist uneinheitlich. Es gibt Eigentümerkolonien wie Maryland und Pennsylvania und alte Charta-Kolonien wie Connecticut und Rhode Island mit weitgehender Selbstverwaltung im republikanischen Stil. Am stärksten noch ist die Kontrolle der Krone – über die Gouverneure – in den jüngeren Kolonien. Von »influence« jedoch kann kaum gesprochen werden, da es in Westminster keine einheitliche Verwaltungsspitze gibt und das Staatssekretariat für Kolonien seit 1768 keine umfassende Exekutivgewalt mehr besitzt. Der siebenjährige Doppelkrieg beweist die Unzulänglichkeit von Verwaltung, Verteidigung und merkantilem Handels- und Wirtschaftssystem. Der eigenmächtige nord- und mittelamerikanische Handel der Kolonien ist im Grunde ungesetzlich; dennoch anerkennen sie das Recht der Regierung in London auf Handelsregulierungen, soweit sie keine Eingriffe in ihre inneren Verhältnisse darstellen. Das Scheitern der Albany-Konferenz 1754, auf der das Problem einer gemeinsamen Politik der Kolonien behandelt worden war, sowie deren Hilflosigkeit dem Aufstand des franzosenfreundlichen Ottawa-Häuptlings PONTIAC (um 1720–1769) gegenüber (1763/64) beweisen, daß das Mutterland gebraucht wird, zumal man sich der Spanier und Franzosen erwehren muß.
1765 setzt GRENVILLE eine ›Stamp Act‹ durch, eine Stempelsteuer für die amerikanischen Kolonien, um Geld für den Kampf gegen die Franzosen und Spanier erheben zu können. Das Gesetz bewirkt eine verfassungsrechtliche Kontroverse im Mutterland, deren Wortführer der Whig-Abgeordnete und politische Schriftsteller EDMUND BURKE (1729–1797) wird. Die Act wird 1766 zurückgezogen, wenn auch am Recht des Parlaments zur Besteuerung grundsätzlich festgehalten wird. – 1767 folgt die ›American Import Duties Act‹ des Schatzkanzlers TOWNSHEND, d. h. Aufschlag für Farben und Lacke, Papier, Leder, Glas und Tee. Die damit verbundene Reorganisation des Zollsystems und der Zollkontrolle sowie die Ausweitung von Exekutive, Rechtssprechung und Verwaltungskompetenz verärgern die einheimischen Institutionen und Common-Law-Gerichte in Amerika. – 1770 werden die neuen Zölle aufgehoben, bis auf die Teesteuer, um zu zeigen, wer Herr im Lande ist und die Rechtsgewalt hat. Die Kolonisten wehren sich und beharren auf dem Prinzip »No Taxation without Representation«; d. h. eine Steuererhebung ohne Bewilligung der Betroffenen – sie sitzen ja gar nicht im Parlament zu Westminster – widerspricht der These von der Unverletzlichkeit des Eigentums. – Am 16. Dezember 1773 versenkt die puritanische Opposition in Boston eine Teeladung der East

India Company (Boston Tea Party). London antwortet mit den Strafgesetzen von 1774 (›Intolerable Acts‹) gegen Boston und Massachussetts: Aufhebung der königlichen Gründungs- und Freiheitsakte für die Kolonie; Besetzung Bostons mit englischen Truppen; Sperrung des Hafens und Prozeß gegen die Aufrührer. Dagegen erhebt sich der Widerstand aus den Reihen des 1768 gegründeten Committee of Correspondance, einer Boykottorganisation .

Von größter Bedeutung ist die ›Quebec Act‹ 1774: Kanada als eroberte Provinz wird einem Gouverneur mit weitgehenden Vollmachten unterstellt; das französische Gesetz und die katholische Kirche finden Anerkennung. Das kanadische Gebiet wird bis an das Dreieck Ohio, Mississippi und Große Seen ausgedehnt, um den englischen Kolonisten eine Westexpansion zu versperren. Die Kolonien sehen darin einen Affront gegen ihre Freiheitsrechte, die Toleranz, ihren amerikanischen Protestantismus, gegen Common und Natural Law und die ›Bill of Rights‹. Mit dieser Argumentation der Kolonien ist es nun faktisch und formal nicht weit her: Uneinigkeit, Eifersucht, Rivalität, mangelnde religiöse Toleranz, ungesetzliche Behandlung der Indianer, Unfähigkeit zu gemeinsamer Wirtschafts-, Finanz- und Steuerpolitik verlangen nach straffer Führung und Autorität. Doch die Neuengländer folgen den radikalen Elementen. – Im September 1774 tritt der »Kongreß von Philadelphia« zusammen, in dem außer Kanada, Georgia und Florida alle Kolonien vertreten sind. Man weist die englische Bevormundung und die jüngsten Gesetze als illegitim zurück, betont aber in der »Philadelphia-Adresse« Loyalität und englisches Untertanenbewußtsein. Selbst als oppositionelle »Assoziation«, als koloniale Einheit, argumentiert man vom britischen Standpunkt her. Aber die Krise weitet sich zu einem Konflikt aus und macht sich selbständig.

Am 19. April 1775 beginnt mit dem Gefecht bei Bunker Hill oder Lexington (Mass.) der Unabhängigkeitskrieg. Am 10. Mai 1775 erklärt der Zweite Kongreß in Philadelphia die amerikanischen Milizen zur »Continental Army« unter Führung des Colonels George Washington, eines reichen Pflanzers aus Virginia. Parteigruppierungen brechen auf: die loyalen Konservativen, meist Quäker aus Pennsylvania, aber auch Vertreter aus New York und Süd-Karolina, sowie die Gemäßigten halten im großen und ganzen zu London. Die Radikalen aber aus Virginia, Massachusetts, Maryland und Nord-Karolina wollen nicht nur wirtschaftliche, sondern auch politische Unabhängigkeit. König Georg III. und das Parlament weigern sich, ständig neue Petitionen der Kolonien entgegenzunehmen. – Am 25. Dezember 1775 unterbindet das Parlament zum 1. März 1776 jeglichen Handel mit den Kolonien. Aufbauend auf der revolutionären Kampfschrift ›Common Sense‹ des aus England geflohenen Politikers und Publizisten Thomas Paine (1737–1809) radikalisiert sich die Szene zusehends. Die Royalisten verlieren an Boden. – Nachdem am 17. März 1776 Washington die Engländer aus Boston vertrieben, am 15. Mai die »Konvention von Williamsburg« Virginia auf die Seite der Independentisten gestellt und in einer ›Bill of Rights‹ künftige Verfassungsrechte proklamiert

hatte, und andere Provinzialkongresse diesem Beispiel gefolgt waren, nutzt der Dritte Kongreß von Philadelphia die Gunst der Stunde: Unter Leitung von THOMAS JEFFERSON (1743–1826) erstellt ein Ausschuß in achtzehn Tagen den Entwurf einer Unabhängigkeitserklärung. – Am 4. Juli 1776 wird mit der ›Declaration of Independence‹ eine der großen Urkunden der Menschheitsgeschichte angenommen. Der Bruch mit dem Mutterland ist perfekt. – Nach dem Erfolg von Saratoga am 14. Oktober 1777 erreicht BENJAMIN FRANKLIN (1706–1790) aufgrund geschickter Verhandlungen mit CHARLES GRAVIER, Graf von Vergennes (1717–1787), dem französischen Außenminister, am 6. Februar 1778 eine Allianz mit Frankreich, die England im Juni mit Krieg beantwortet. – Im August 1778 schließt sich Spanien der Allianz an, um Florida zurückzugewinnen. In den Jahren von 1780 bis 1782 verbinden sich Holland (seit 1780 im Kriegszustand mit England), Preußen, Österreich, Dänemark, Schweden, Portugal, Neapel, Sizilien und das Osmanische Reich unter Rußlands Führung zu bewaffneter Neutralität. – Die Kapitulation der Briten unter General CHARLES Marquess CORNWALLIS (1738–1805) zu Yorktown am 19. Oktober 1781 bringt die entscheidende Wende im Unabhängigkeitskrieg, zumal wenige Wochen zuvor, am 5. September, eine Niederlage der englischen Flotte in der Chesapeake Bay vorausgegangen war. – Im Jahre 1782 gehen Menorca und einige westindische Inseln verloren; England gibt auf.
Am 3. September 1783 beendet der Vertrag zu Versailles die Kriegshandlungen: Anerkennung der Unabhängigkeit der dreizehn nordamerikanischen Kolonien, an die das Ohio-Dreieck abgetreten wird; Menorca und Florida fallen wieder an Spanien, Tobago und Senegal an Frankreich. – Nicht nur die Seemächte haben sich ausgegeben; auch die »Vereinigten Staaten« haben gelitten (mehr als 70000 Tote bei 3 Millionen Einwohnern) und drohen in Partei- und Faktionskämpfen unterzugehen. – Nach langwierigen und durchaus von Machtinteressen geprägten Verfassungsdebatten folgt man weitgehend den Ideen der ›Federalist Papers‹ und einigt sich am 27. September 1787 auf eine Gesamtverfassung, die am 4. März 1789 vom Kongreß angenommen wird.

1766 Karriere-Politiker verschiedener Provenienz, weder dezidiert Whig noch Tory, etablieren sich als »King's Friends«.
Der anglo-irische Schriftsteller OLIVER GOLDSMITH (1728–1774) beeinflußt mit seinem bürgerlich-empfindsamen Roman ›The Vicar of Wakefield‹ Goethe und andere Dichter des deutschen »Sturm und Drang«.

1767 Der anglo-irische Beamte und Schriftsteller LAURENCE STERNE (1713–1768) vollendet seinen besinnlich-humoristischen Roman ›Life and Opinions of Tristram Shandy‹, dessen unkonventioneller Stil den modernen Roman beeinflußt hat.

1768 *Febr.*: JOHN WILKES kehrt aus dem Exil zurück und bewirbt sich erfolgreich um einen Parlamentssitz für Middlesex.

10. Mai: »Massaker von St. George's Field«: Bei einer Demonstration von etwa 20000 Menschen gegen die erneute Inhaftierung WILKES' werden elf Personen vom eingreifenden Militär getötet.
Juni: King's Bench verurteilt WILKES zu einer Geld- und Haftstrafe.

1768/69 *Frühjahr*: Bei den Wahlen und während der Parlamentssitzungen wird erstmals der Ruf nach Reformen und einer Neuorientierung des Parlaments laut. Klagen der Grafschaften über ihre schwache Repräsentation, die Korruption und die Privilegierung der »rotten boroughs« sowie Forderungen der Londoner Handelswelt nach stärkerer Vertretung entsprechend ihrer Steuerleistung kommen hinzu.

1768 bis 1779 Kapitän JAMES COOK (1728–1779) umsegelt die Erde und entdeckt bzw. erforscht auf seinen drei Seereisen u. a. Australien, Neuseeland, die Südsee und Alaska.

1769 *Jan.*: WILKES wird zum Alderman der City of London gewählt.
21. Jan.: Im Londoner ›Public Advertiser‹ erscheinen seit diesem Tag die pseudonymen »Junius-Briefe« (ohne Unterschrift bereits seit 1767), deren Polemik sich gegen König GEORG III. und seine ersten Berater richtet: Lord NORTH, Duke of GRAFTON, den bedeutenden Juristen Sir WILLIAM BLACKSTONE (1723–1780), WILLIAM MURRAY, Earl of Mansfield (1705–1793), JOHN RUSSELL, Duke of Bedford (1710–1771). – Der oder die Verfasser der für politische Meinungsfreiheit eintretenden Briefe ist/sind nicht mit Sicherheit zu nennen. Man schreibt sie Sir PHILIP FRANCIS (1740–1818), aber auch WILLIAM PETTY FITZMAURICE, Marquis of Lansdowne, Earl of Shelburne (1737–1805) zu.
3./17. Febr.: Dreimal annulliert das Parlament die dreimal erfolgreichen Wahlen WILKES' für Middlesex. Daraufhin richten fünfzehn Grafschaften und zwölf bis fünfzehn Städte Petitionen mit fast 60000 Unterschriften an das Unterhaus, dessen Auflösung gefordert wird.
20. Febr.: Auf Vorschlag des Politikers JOHN HORNE TOOKE (1736–1812) gründen WILKES' Anhänger die Society of the Supporters of the Bill of Rights zur Verteidigung der Grundrechte und zur Unterstützung von »Mr. Wilkes and his Cause«, die in knapp einem Jahr etwa 20000 Pfund aufbringt.
WILLIAM ROBERTSONS ›History of the Reign of the Emperor Charles V‹ begründet seinen europäischen Ruf.

um 1770 Die Porzellan- und Steingutfabrikation von JOSIAH WEDGWOOD (1730–1795) wird sowohl durch Spitzenqualität als auch durch Massenherstellung bekannt.

1770 *19. Febr.*: Das Parlament hält am Ausschluß WILKES' fest. – Daraufhin tritt er sein Amt als Alderman der City of London an.

Der Reformpolitiker und Staatstheoretiker EDMUND BURKE deckt in seiner Schrift ›Thoughts on the Cause of the Present Discontents‹ die Gründe für das allgemeine öffentliche und politische Unbehagen auf.

1770/71 WILKES verbindet seinen persönlichen »Fall« mit dem »Printer's Case«, als das Parlament sich wie bei den Junius-Briefen das Recht nimmt, Presseartikel als »seditious libels« zu deklarieren und mißliebige Autoren durch »general warrants« anzuklagen und zu inhaftieren. Die Drucker und Zeitungsleute bleiben aufgrund der öffentlichen Loyalitätserklärungen unbehelligt, das Parlament und die Gerichte geben nach, auch im Falle der bis dahin heftig umstrittenen Parlamentsberichterstattung.

1771 Die ›Encyclopaedia Britannica‹ erscheint.
(Sir) THOMAS GAINSBOROUGH (1727–1788) malt ›The Blue Boy‹. Zusammen mit (Sir) JOSHUA REYNOLDS (1723–1792), GEORGE ROMNEY (1734–1802) und, etwas später, HENRY RAEBURN (1756–1823) führt er die englische Porträtmalerei zu großartiger Blüte.

1772 »Mansfield's Judgement«: Lordoberrichter MANSFIELD erklärt im Fall des geflohenen Negersklaven JAMES SOMERSET, daß Sklaverei nach englischem geltenden Recht in England nicht erlaubt ist.

1773 Lord NORTHS ›Regulating Act‹ modifiziert die Befugnisse der East India Company zugunsten einer verstärkten staatlichen Kontrolle. Gleichzeitig aber erhält die Gesellschaft das Monopol für den chinesischen Opiumhandel.

1774 *Sommer*: WILKES wird Lord Mayor von London und ohne formelle Rehabilitierung wieder Abgeordneter für Middlesex. – Seitdem wagt kein Unterhaus mehr, einem korrekt gewählten Kandidaten seinen Parlamentssitz zu verweigern.
Okt./Nov.: Bei den Wahlen erringen WILKES' Anhänger sechs von den zehn Londoner Mandaten.
EDMUND BURKE, der Protegé ROCKINGHAMS, hält in Bristol eine große Rede für die Autonomie des Parlaments, die Rechte der Amerikaner, Emanzipation der Katholiken, eine umfassende Haushaltsreform und gegen »influence«.
Die ›Quebec Act‹ gewährt Kanada u. a. Religionsfreiheit.

1776 *Frühjahr bzw. Herbst*: WILKES hält im Unterhaus eine große Reformrede. Denselben Zweck verfolgen die Schriften von RICHARD PRICE (1723–1791) ›On Civil Liberty‹ (mehr als 120000 verkaufte Exemplare in der ersten und zweiten Auflage) und JOHN CARTWRIGHTS (1740–1824) ›Take Your Choice!‹: verbessertes Wahlrecht für London entsprechend seiner Bevölkerungszahl und Bedeutung; Wahlrecht für die neuen Industriestädte und die dichtbevölkerten Grafschaften gegen Streichung der

»rotten boroughs«; jährliche Parlamente mit Abgeordneten, deren Sitz und Stimme unabhängig von ihren Eigentumsverhältnissen ist; Ruf nach einer Grand National Society for Restoring the Constitution. – Premier NORTH tut diese sicher von radikalen amerikanischen und auch französischen Schriften beeinflußten Ideen als »speculative experiments« ab.
In seinem berühmten Werk ›An Inquiry into the Nature and Causes of the Wealth of Nations‹ vertritt der schottische Nationalökonom und Philosoph ADAM SMITH (1723–1790), ein Freund des im gleichen Jahr verstorbenen DAVID HUME , das freie Spiel der ökonomischen Interessen und Kräfte. Mit der Absage an Merkantilismus und Wirtschaftsdirigismus plädiert er für Liberalismus (laissez faire).

1776 bis 1788 Der Geschichtsschreiber und Politiker EDWARD GIBBON (1737–1794) veröffentlicht seine sechsbändige ›History of the Decline and Fall of the Roman Empire‹; ein Höhepunkt der englischsprachigen Historiographie.

1777 ROBERTSONS ›History of America‹ erscheint.

1777 bis 1780 Irischer Aufstand: Die Schwäche der Regierung NORTH, die Handels- und Wirtschaftsbeschränkungen und die damit verbundene Preissteigerung und Arbeitslosigkeit, die Seeräubergefahr und der neuerliche Krieg mit Frankreich führen zur Selbsthilfe der Iren. Im Januar/Februar 1778 bildet sich das »volunteer movement« unter Führung des patriotischen Abgeordneten HENRY GRATTAN (1746–1820).

1778/79 Der Kriegseintritt Frankreichs (1778) und Spaniens (1779) während des Amerikanischen Unabhängigkeitskrieges und die folglich steigenden Kriegslasten rücken die Finanzreform und die Kritik an der Ämter- und Sinekuren-Patronage in den Vordergrund. – Außerdem verlangen der irische Aufstand und die im Kanal und an der Westküste auftauchenden feindlichen Flotten ständige Aufmerksamkeit, Ausbildung und Verstärkung der Milizen. Deren Detachements werden von der Grafschafts-Gentry befehligt, was ständige Treffen und Kontakte mit den County-Meetings nach sich zieht.

1779 *Nov./Dez.*: Auf Initiative des reichen Klerikers CHRISTOPHER WYVILL (1740–1822) treffen sich die wirtschaftlich und steuerlich besonders unter Druck stehenden Städte und Counties Yorkshires zu einem Meeting. Sie schicken wegen der Mißstände eine Petition an die Regierung in London und schließen sich zur »Yorkshire Association« zusammen. Ihr folgen 28 Grafschaften und elf selbständige Städte.

1779/80 Der erste Lord und Magnat Yorkshires, ROCKINGHAM, greift die Petition auf, und sein Gefolgsmann BURKE wettert im Unterhaus gegen die Finanzmißwirtschaft und den »influence« der Regierung. Die Gentry folgt den Thesen für eine »economical reform«, lehnt aber den gesellschaftspolitischen Reformismus der Radikalen aus London-City, Westminster und Middlesex ab, zu deren Sprecher sich CHARLES JAMES FOX (1749–1806) vom »Correspondence Committee of Westminster« macht.

1780 *8. Febr.*: Auf Vorschlag WILLIAM PETTYS, Earl of Shelburne, nimmt das Parlament eine oppositionelle »Commission of Public Accounts« an.
März: Deputierten-Konferenz der Assoziationen in London; allerdings nehmen nur zwölf Grafschaften und acht Städte teil.
6. April: Die »Dunning's Resolution« gegen den »increasing influence« der Krone und für eine parlamentarische Kontrolle der Zivilliste bringt mit 233 zu 215 Stimmen einen weiteren Erfolg der whigistischen Opposition.
2.–9. Juli: Die »Gordon Riots« gegen die ›Roman Catholic Relief Bill‹ von 1778 führen zu einer chaotischen Woche in London. Unter ihrem exzentrischen Präsidenten Lord GEORGE GORDON (1751–1793) legt die Protestant Association am 2. Juli eine Monster-Bill vor, die Zerstörungen, Gefangenenbefreiung und einen Sturmlauf des Londoner Mobs auf die Bank von England hervorruft. Die Grafschafts-Assoziationen distanzieren sich ebenso wie ROCKINGHAM von diesen Ausschreitungen. – Die radikale Reformbewegung hat sich damit einen schlechten Dienst erwiesen und ist vorerst gestoppt.
Sept./Okt.: Die Neuwahlen zeigen starke politische und nationale Tendenzen.
20. Nov.: Beginn des englisch-niederländischen Seekriegs, nachdem sich Holland nicht der bewaffneten Neutralität Rußlands, Schwedens, Dänemarks und anderer europäischer Staaten (März) angeschlossen, sondern sich auf die Seite Frankreichs und Spaniens gestellt hatte. – Der Seekrieg dauert immerhin vier Jahre, bis 1784.
Gründung der Amerikanischen Akademie der Künste und Wissenschaften in Boston.

1781 *Okt.*: Nach der Kapitulation von Yorktown am 19. sieht sich das Ministerium NORTH neuen scharfen Angriffen ausgesetzt.
Dez.: Die fünf Korrespondenz-Komittees Groß-Londons – City und Borough London, Westminster, Middlesex und Surrey – schließen sich zu einer Art »pressure group« zusammen.

1782 *Ende März*: Nach zweimonatigem parlamentarischem Kampf gibt Lord NORTH auf und tritt zurück. GEORG III., der zunächst an Abdankung denkt, beruft am 27. März auf Druck der Opposition ROCKINGHAM als Premier. Bis auf Lordkanzler Baron EDWARD THURLOW (1731–1806) wird das gesamte Kabinett ausgewechselt und durch Reform-Whigs ersetzt.
April/Juli: Die Beschlüsse WILKES und die Middlesex-Wahl betreffend werden formell aufgehoben und Gesetze gegen die »placemen« (placeholders) und »contractors« im Unterhaus durchgesetzt. EDMUND BURKES ›Civil Establishment Act‹ kürzt Ämter, Pensionen und vor allem die Zivilliste

auf Kosten des »influence« und zugunsten erster Ansätze einer »economical reform«. GEORGS selbstherrlicher Regierungsstil und die Kontrolle der Exekutive über das Parlament werden zurückgedrängt.
Frühjahr/Sommer: Gemäß einer neuen »Constitution« steht Irland nur unter der Krone, die durch einen Lord Lieutenant als Vizekönig und Chef der Verwaltung vertreten ist. Die Abhängigkeit der Dubliner Oligarchie sowie der Ausschluß der großen katholischen Majorität lassen keine wirkliche Unabhängigkeit zu.
4. Juli: GEORG III. ersetzt Premier ROCKINGHAM durch SHELBURNE.

1783 *2. April*: Der König versucht, mit der Kompromiß-Regierung WILHELM HENRY CAVENDISH BENTINCK, Duke of Portland (1738–1809), der auch Lord NORTH und CHARLES JAMES FOX angehören, das Blatt zu wenden.
19. Dez.: Pitts Sohn, WILLIAM PITT DER JÜNGERE (1759–1806), wird mit 24 Jahren Premier und Schatzkanzler, trotz einer Minorität seiner Anhänger im Unterhaus (193:232), das er deshalb bald auflösen läßt.
Etablierung der Bank of Ireland.

1784 *März/April*: Die Neuwahlen bringen nach PITTS Appellen an den »sense of the Nation« und massivem »influence« einen Sieg der gemäßigten Tory-Reformer. Die Anhänger von FOX, der sich 1782/83 durch sein Bündnis mit NORTH vor den Wählern desavouiert hat, erleiden ein Fiasko, denn 160 von ihnen verlieren ihren Sitz (Fox's Martyrs). – Die Grafschaften und Boroughs entscheiden sich in der Mehrzahl für Pitt. Erstmals wird ein Dreiecksverhältnis von Regierung, Parlament und Wählerschaft erkennbar. – Dieses fünfte Parlament GEORGS bleibt bis 1795 zusammen und ist damit das längste in der Geschichte des 18. Jahrhunderts. Die eigentliche politische Macht (Prärogative) geht vom König an das Kabinett über, das durch Pitts Überlegenheit und gleichzeitige kollektive Ministerverantwortlichkeit dem Premier untergeordnet ist. – Pitts parlamentarischer Anhang beträgt selten mehr als 50 Abgeordnete, denen rund 140 Foxianer gegenüberstehen. Den parlamentarischen Rückhalt sichern ihm die 180 bis 190 Deputierten im Dienste des Königs. Pitt will eine Verwaltungs-, Wahl- und Unterhausreform, Liberalisierung und Modernisierung, Frieden, Wohlfahrt und ein wahlberechtigtes gutsituiertes Bürgertum. – Der irische Aufstand und vor allem die Französische Revolution lassen ihn den geplanten demokratischen Kurs aufgeben.
20. Mai: Der Frieden zu Paris beendet den vierten englisch-holländischen Seekrieg.
PITTS ›India Act‹ korrigiert NORTHS ›Regulating Act‹: Das Ostindiengesetz hält zwar an der Doppelkontrolle durch Krone und Kompanie fest, beschneidet aber die Rechte der Direktoren der East India Company zugunsten eines halbstaatlichen »Board of Control«, dessen Präsident Indien im Parlament repräsentiert. – Infolge des Gesetzes tritt der fähige Generalgouverneur WARREN HASTINGS (1732–1818), dem persönliche Bereiche-

rung vorgeworfen wird, zurück. Ein vom Parlament angestrengtes Impeachment führt jedoch später zu Hastings' Rehabilitierung.

1785 Der Verleger John Walter (1739–1812) gründet ›The Daily Universal Register‹, 1788 in ›The Times‹ umbenannt. Das Blatt wird zu einem der besten der Welt, dem 1901 die Literaturbeilage ›The Times Literary Supplement‹ beigefügt wird.

seit 1785 Zurückstellung der Reformen; die geplante Aufhebung von 36 »rotten boroughs« scheitert; dafür Peerschübe (bis 1801 etwa 140 neue Lords).

1786 Pitt und der französische Außenminister Vergennes einigen sich auf einen Freihandelsvertrag (Eden-Vertrag).

1787 bis 1789 Die freikirchlichen Dissenters kämpfen vergebens um ihre politische und religiöse Gleichberechtigung.

1788 Sidney (Botany Bay) wird englische Strafkolonie.
Erste Anzeichen der Geisteskrankheit Georgs III.

1789 *28. April*: Meuterei auf der »Bounty«: Die berühmte Geschichte ist später verfälscht worden: Während der Rückreise von Tahiti (der Brotfruchtbaum sollte von dort in Britisch-Westindien eingeführt werden) meutert der charakterlich labile Erste Offizier Fletcher Christian (1764?–1793) gegen den zwar sehr fähigen, doch schwierigen und äußerst strengen Kapitän William Bligh (1754–1817). Der mit achtzehn Mann in einem Boot ausgesetzte Bligh erreicht nach sechs Wochen die Insel Timor. Die Meuterer kehren nach Tahiti zurück und besiedeln später unter Christians Leitung die Pitcairn-Inseln. Im August 1790 schickt die Admiralität die »Pandora« nach Tahiti, um die Meuterer zu bestrafen. Von den Gefangenen sterben vier beim Untergang des Schiffes, die anderen zehn werden im September/Oktober 1792 in Portsmouth angeklagt, drei gehängt. – Kapitän Bligh macht noch Karriere bis zum Vizeadmiral und Gouverneur von Neusüdwales (Australien).

seit 1789 In Anlehnung an die Sängerfeste des späten 12. Jahrhunderts findet das patriotisch-romantische »National Eisteddfod« in Wales statt, ein Literatur-, Musik- und Folklorewettstreit.
Die Französische Revolution wird in Großbritannien zunächst begeistert aufgenommen. Besonders in London, Yorkshire und Lancashire finden die intellektuellen Radikalen unter den Arbeitern Anhänger für ihre Ideen. Es entstehen Clubs, Korrespondenzvereine und Assoziationen wie die »Friends of the People« des Charles Earl Grey (1764–1845) oder die »London Corresponding Society« des Flickschusters Thomas Hardy (1752–1832). Publizistisch untermauert werden die Ereignisse in Paris

durch Charles J. Fox, Thomas Paines ›Rights of Man‹ (1791), Richard Price, den bedeutenden Nationalökonomen Jeremy Bentham (1748–1832), den Physiker und Unitarier Joseph Priestley (1733–1804), den methodistischen Philanthropen und Abgeordneten William Wilberforce (1759–1833) und andere. Einige von ihnen folgen jedoch bald dem Vorbild Burkes, der sich unter dem Eindruck der revolutionären Grausamkeiten in Frankreich vom Gefolgsmann Fox' zum Anhänger Pitts wandelt und 1790 in seinen ›Reflections on the Revolution in France‹ nicht nur diese verwirft, sondern überhaupt den revolutionären Rationalismus in der Politik kritisiert. Burkes Schrift wird zu einem der geistigen Ansatzpunkte für den Konservativismus des 19. Jahrhunderts. Vor allem aber ist die breite Masse, naiv philanthropisch-methodistisch-loyal und anti-aufklärerisch, dem dogmatischen Radikalismus abhold. Außerdem fürchten weite Kreise eine umstürzlerische Vereinigung der »labouring poor«.

Um 1790 Robert Raikes (1735–1811) gründet die ersten freiwilligen, christlich orientierten Sonntagsschulen.

1791 *5. Juli*: – Kaiser Leopold II. (1747–1792) versucht von Padua aus, England, Preußen, Spanien, Neapel und Sardinien zu einem gemeinsamen Schlag gegen Frankreich zu bewegen.
14.–17. Juli: Als die Birminghamer Revolutionsgesellschaft ein Erinnerungsbankett zum Jahrestag der Französischen Revolution feiern will, kommt es zu Pöbeleien und Ausschreitungen der Menge (Birmingham Riots). Das Unterhaus lehnt eine Untersuchung der Vorfälle mit 189 zu 46 Stimmen ab. Grafschaftstruppen jedoch greifen ein, die Grafschaftsregierung läßt vier Beteiligte hängen und der Stadt eine Buße von 35000 Pfund auferlegen.
Die ›Constitutional Act‹ oder ›Canada Bill‹ stellt Kanada unter englische Oberhoheit, gewährt jedoch eigene Verfassungsorgane unter einem Generalgouverneur und verzichtet, der Freihandelsidee folgend, auf Besteuerung durch das Mutterland.
Eine Abordnung irischer Katholiken fordert in London vergeblich das volle Bürgerrecht für ihre Landsleute.

1792 Pitt verringert die Armee auf 17000 Mann und entläßt 2000 Matrosen; England nimmt am preußisch-österreichischen Koalitionskrieg gegen das revolutionäre Frankreich nicht teil.
Angesichts der Arbeiter-Agitation in den Städten erläßt Pitt ein Gesetz gegen »aufrührerische Zusammenkünfte und Druckschriften«, das von der Öffentlichkeit begrüßt wird.
Die republikanische Frauenrechtlerin Mary Wollstonecraft (1759–1797) veröffentlicht ›Vindication of the Rights of Women‹ (Verteidigung der Frauenrechte).

1793 *21. Jan.*: Die Hinrichtung König LUDWIGS XVI. (geb. 1754) beantwortet England mit dem Anschluß an die europäischen Großmächte (»Kopf und Kasse der Koalition«) und wird deshalb von den enttäuschten revolutionären Franzosen als »perfides Albion« beschimpft.
31. Jan.: Ein Konventsdekret vereinigt Belgien mit Frankreich.
1. Febr.: Kriegserklärung Frankreichs an England und Holland. PITT nimmt den Konflikt an in der Hoffnung, eventuell die westindischen Zuckerplantagen erobern zu können. Dennoch warnt er – wie BURKE – die Franzosen vor einer expansionistischen Politik, was diese mit der Drohung einer Invasion in England beantworten.
Frühjahr: FOX' Versuch einer Parlaments- und Wahlreform scheitert mit 282 zu 41 Stimmen, nachdem er 1785, die Gunst der Stunde verkennend, PITTS entsprechendes Vorhaben abgelehnt hatte.
Von den 558 Abgeordneten sind 70 in Wahlkreisen ohne Wahlberechtigte »gewählt«, 90 in Wahlkreisen mit weniger als 50 Wahlberechtigten, 70 in Wahlkreisen mit 50 bis 99 Wahlberechtigten, 54 in Wahlkreisen mit 100 bis 199 und 10 in Wahlkreisen mit 200 bis 249 Wahlberechtigten. 294 oder fast 53 Prozent der Unterhausmitglieder kommen also mittels Kauf, Patronage oder Pacht aus Wahlkreisen ohne oder mit weniger als 250 Wählern.
Mai/Aug.: Eine englische Flotte unter Admiral SAMUEL (Viscount) HOOD (1724–1816) besetzt Toulon, später Korsika und Elba, um den französischen Vormarsch in Italien zu stoppen.
14. und 30. Juni: Nach Verträgen mit Spanien und Holland koaliert England durch weitere Verträge auch mit Preußen und Österreich, um an den Koalitionskriegen gegen Frankreich teilnehmen zu können.
Sommer: England unterstützt die aufständischen Royalisten in der Vendée und der Bretagne – ohne Erfolg.
Okt.: Die Dritte Generalkonvention der englisch-schottischen »Delegates of the People« in Edinburgh protestiert gegen die Aussetzung der ›Habeas Corpus-Akte‹ und für mehr Demokratie, wird aber kurz darauf mit Gewalt aufgelöst.
Nov./Dez.: Nach dem Sieg der Revolutionstruppen bei Jemappes (6. Nov.) versprechen Dekrete des Pariser Konvents allen Völkern Hilfe gegen und Befreiung von ihren Beherrschern und erklären die Mosel-, Schelde- und Barriereverträge für gegenstandslos.
Dez.: Das spanische Haiti wird von englischen Truppen erobert.
Das Dubliner Parlament verabschiedet auf Drängen PITTS ein Gesetz, das denjenigen Katholiken das Wahlrecht gibt, die ein jährlich mit 40 Schilling zu versteuerndes Einkommen nachweisen können. Da die Mehrzahl der potentiellen katholischen Wähler jedoch sozial abhängig ist, bleibt das Papier; im übrigen sind die irischen Protestanten beunruhigt, zumal wegen des französischen Kriegseintritts.
Der Dissidenten-Prediger, Sozialrevolutionär und Utopist WILLIAM GODWIN (1756–1836), der Mann Mary Wollstonecrafts, veröffentlicht ›Enquiry concerning Political Justice and its Influence on Moral and Happiness‹. Es ist eine der Hauptschriften des »individualistischen Anarchismus«, d. h. es

werden extreme Freiheit für den einzelnen, Recht auf Sondereigentum, Beseitigung von Geld, Zins und kapitalistischer Wirtschaftsordnung überhaupt gefordert. Sozialistisch-kommunistische Ziele jedoch werden betont negiert.

1793/94 Erfolglose britisch-niederländische Handelsgesandtschaft am chinesischen Kaiserhof zu Peking.
Eine britische Armee unter Frederick Augustus, Herzog von York (1763–1827), kommt den Niederländern zu Hilfe, wird aber von den französischen Revolutionstruppen wieder vertrieben. Der Statthalter flieht nach England und überträgt den Engländern für die Dauer des Krieges das Schutzrecht für die holländischen Kolonien: Malakka, Westsumatra und Surinam fügen sich, während Kapstadt (1806), Ceylon und Java (1811) mit Gewalt erobert werden müssen.

1794 *Januar bis Juli*: Ein Parlamentsausschuß zur Verfolgung Verdächtiger wird eingesetzt. Aussetzung jeglicher Parlaments- oder Wahlreform. Agitation für eine repräsentative (republikanische oder demokratische) Regierung gilt als Hochverrat. Im Mai folgt die endgültige Aufhebung der »Habeas Corpus-Akte« für ein Jahr.
1. Juni: England besetzt Westindien – mit Ausnahme von Guadeloupe – aufgrund der Hilferufe der weißen Pflanzer, die Schutz vor den durch Konventsbeschluß befreiten Negern suchen. – Am gleichen Tag (Glorious First of June) schlägt Admiral Richard Howe (1726–1799) die französische Flotte.
11. Juli: Wegen der angespannten militärischen Lage schafft Pitt ein eigenes Kriegssekretariat.

1795 *Frühjahr*: Die ›Seditious Meetings and Assemblies Act‹ und die ›Treasonable and Seditious Practices Act‹ verbieten geschlossene Versammlungen von mehr als fünfzig Personen, wenn sie nicht offiziell einberufen oder wenigstens bei den Behörden angemeldet sind. – Andererseits erläßt das Parlament ein Armengesetz, das eine staatliche Unterstützung auf den Lohn anrechnet.
Der liberale Lord Lieutenant und Vizekönig von Irland, William Wentworth, Earl Fitzwilliam (1748–1833), setzt sich in Überschreitung seiner Befugnisse für eine volle Katholikenemanzipation ein und wird deshalb vom Londoner Parlament zurückgerufen. Damit haben die liberalen Oppositionellen, d. h. die Irish Volunteers um Grattan, und die Katholiken eine Schlacht verloren.
5. April: Friede zu Basel: Preußen, dem Pitt bereits Ende 1794 wegen seiner ungeschickten und halbherzigen Politik die englischen Subsidien gesperrt hatte, schließt mit Frankreich Frieden.
Juli: Auch Spanien scheidet aus dem Krieg aus – dadurch fallen Neapel und Sardinien in die Hände Napoleons I. (1769–1821) – und tritt offen an

Frankreichs Seite; nicht zuletzt aus Verärgerung über Englands militante Politik in Westindien.
seit Sommer: Die enttäuschten irischen Katholiken empören sich und suchen Hilfe beim revolutionären Frankreich, was sie in einen unheilvollen Gegensatz zu den Protestanten bringt: Gegen die katholischen »United Irishmen« oder »Defenders« unter T. WOLFE TONE (1763–1798) bilden die argwöhnischen Protestanten, besonders in Ulster, ihre »Orange Lodges« (Orange-Bünde), denen die Londoner Regierung alle Befugnisse und Polizeifunktionen zur Wiederherstellung geordneter Verhältnisse überträgt. Das führt zum Bürgerkrieg.
Erste Pferdeeisenbahn in England.
Der schottische Arzt und Afrikaforscher MUNGO PARK (1771–1806) beginnt mit der Erforschung des Senegal-, Sudan- und Nigergebietes.

seit 1795/96 Infolge der verschiedenen Friedensschlüsse und Arrangements der kontinentaleuropäischen Mächte spielt England für rund zehn Jahre keine Rolle auf der europäischen Bühne.

1796 *22. Dez.*: Der französische General LAZARE LA HOCHE (1768–1797) landet mit etwa tausend Mann in Irland (Bentry Bay) und kann nur mit Mühe zurückgeworfen werden.
Erste Versuche mit der Pockenschutzimpfung durch den Arzt EDWARD JENNER (1749–1823).

1796 bis 1798 Irischer Aufstand, von einheimischen Priestern angezettelt und auch geführt. Brutales Vorgehen der protestantischen Orange-Bünde und Milizverbände, die sich meist aus Freibauern (yeomen) rekrutieren. Die Dubliner Oligarchie muß dem Gemetzel ohnmächtig zusehen. Die Kluft und der Haß zwischen Katholiken und Protestanten werden unüberbrückbar. Die Revolte erreicht ihren Höhepunkt im Mai 1798 in den Grafschaften Ulster, Antrim, Down und Wexford. Politische Aspekte vereinigen sich mit religiösen, sozialen und klassenkämpferischen. Doch bereits im September 1798 haben die Regierungstruppen den Aufstand blutig niedergeschlagen.

1797 *Febr.*: Admiral (Sir, Lord) HORATIO NELSON (1758–1805) hindert die spanische Flotte bei Cadiz an einem geplanten Invasionsunternehmen.
18. April: Der Präliminarfrieden zu Leoben (Steiermark) zwischen Österreich und Frankreich verschlechtert Englands Lage.
April bis Juni: Schwere Marinemeutereien wegen Teuerung, Mißernte, Arbeitslosigkeit und Zerrüttung der Staatsfinanzen bringen zeitweise Handels- und Geschäftswelt sowie Schiffahrt zum Erliegen.
Juli/Okt.: PITTS Friedensangebote scheitern an der Ablehnung NAPOLEONS. Der französische Militarismus entfacht Englands Willen zum unbedingten Widerstand. Pitts Appell, »law, liberty, and religion« des Landes um jeden Preis zu verteidigen, geht im Oktober ohne Gegenstimme im

Parlament durch. Die Opposition ist geschlagen, England proklamiert den nationalen Verteidigungszustand, PITT befindet sich im Zenit seiner Macht.
11. Okt.: Seeschlacht von Camperdowne, in der die Engländer unter ADAM (Viscount) DUNCAN (1731–1804) die Holländer besiegen und damit weitere französische Invasionsversuche verhindern.
BURKE ist eifriger Befürworter der Kriegspolitik Pitts und fordert diesen zur Unterdrückung der »bösen« Masse auf.

1798 *Frühjahr*: Verschärfte Pressezensur.
ab April: Neue Flottenunternehmungen der Engländer im Mittelmeerraum.
1. Aug.: NELSON vernichtet vor Abukir (Ägypten) die französische Flotte, die NAPOLEONS ägyptische Expedition decken soll.
Der Nationalökonom, Pfarrer und Historiker THOMAS ROBERT MALTHUS (1766–1834) warnt im ›Essay on the Principle of Population‹ vor dem drohenden Mißverhältnis von Bevölkerungszuwachs und Nahrungsmittel-Spielraum. Die sicher zu erwartende Übervölkerung der Erde könne nur durch Vernichtung (Hunger, Seuchen, Kriege) oder durch sexuelle Enthaltsamkeit bezwungen bzw. vermieden werden.
Mit den ›Lyrischen Balladen‹ leiten SAMUEL TAYLOR COLERIDGE (1772–1834) und WILLIAM WORDSWORTH (1770–1850) die englische Romantik ein.

1798 bis 1802 Zweite antifranzösische Koalition.

1799 *März/Mai*: Die englischen Schiffe »Theseus« und »Tigris« unter dem Kommando von Sir WILLIAM SIDNEY SMITH (1764–1840) unterstützen die Besatzung der Festung Akka gegen NAPOLEONS Ägyptenarmee bis zu deren Rückzug.
Mai: Der Generalgouverneur Indiens, RICHARD WELLESLEY, Earl of Mornington (1760–1842), und sein Bruder, der General (Feldmarschall) und spätere Premier ARTHUR WELLESLEY, Duke of Wellington (1769–1852), schlagen den Sultan von Mysore und sperren damit Indien vor französischer Einflußnahme. Als einer der fähigsten Gouverneure dehnt Wellesley den britischen Herrschaftsbereich in Indien von einem Sechstel bis auf zwei Drittel des Subkontinents aus.
Auf Drängen PITTS erläßt das Parlament (Sitzungen im Frühjahr, Sommer und Herbst) ein Verbot sämtlicher »Gewerkschaften«, Vereine und politischen Assoziationen mittels der ›Combination Act‹, der auch die »London Corresponding Society« zum Opfer fällt. – Zur Finanzierung der Revolutionskriege erhebt der Premier erstmals eine Einkommenssteuer (Income Tax). – Nach der Niederschlagung des irischen Aufstandes verfolgt Pitt den Plan einer Union zwischen England und Irland, unterstützt von Lord Lieutenant CHARLES Marquess CORNWALLIS (1738–1805), dessen Sekretär ROBERT STEWART (Viscount) CASTLEREAGH (1769–1822) und Lordkanzler JOHN FITZGIBBON, Earl of Clare (1749–1802). Nach dem »Appeal to the

Country«, nach Beruhigung der Katholiken, nach Versprechen wie Änderung des Abgabewesens, Bezahlung der irischen Priester und baldiger Emanzipation, nach massiver Beeinflussung des Dubliner Parlaments hat der Unionsplan Aussicht auf Erfolg, d. h. Realisierung.

1799/1800 Weitere ›Combination Acts‹ und Antigewerkschaftsgesetze kennzeichnen den Beginn der modernen Arbeiterbewegung.

1800 *16. Dez.*: Während der Revolutionskriege erklären Rußland, Schweden, Dänemark und Preußen ihre bewaffnete Neutralität, die nach der britischen Attacke auf Kopenhagen (2. April 1801) aufgegeben wird.
PITT und seine Mitarbeiter bereiten die englisch-irische Union vor, die mit Jahresbeginn 1801 in Kraft treten soll.
Die Engländer übernehmen Malta als wichtigen Flottenstützpunkt.
Der Fabrikant, Politiker und Sozialist ROBERT OWEN (1771–1858) führt in seiner Spinnerei in New Lanark Sozialreformen durch.

um 1800 Industrielle und landwirtschaftliche Revolution in England. Der Begriff »Industrielle Revolution« geht zurück auf den Sozialreformer ARNOLD TOYNBEE (1852–1883). Gemeint sind technische und naturwissenschaftliche Erfindungen, Verbesserungen der Infrastruktur, Hebung und Nutzung von Bodenschätzen, Kapitalanhäufung, Beginn der Massenfabrikation mit parallel verlaufenden sozialen Umschichtungen, Steigerung des Inlandkonsums und des Exports. – Am Anfang stehen naturwissenschaftliche Experimente und Entdeckungen sowie technische Innovationen: 1765 konstruiert JAMES WATT (1736–1819) seine Dampfmaschine, die er 1769 patentieren läßt und mehrmals verbessert. 1766 entdeckt HENRY CAVENDISH (1731–1810) das Wasserstoffgas. 1767 baut JAMES HARGREAVES (um 1710–1778) eine Wagenspinnmaschine, die er nach seiner Tochter »Jenny« nennt. 1769 baut RICHARD ARKWRIGHT (1732–1792) eine modernere Spinnmaschine, die er 1775 mit Wasserkraft betreibt. Der »serienmäßige« Einsatz dieser Maschinen macht seine Spinnerei in Nottingham zur ersten »modernen« Fabrik. 1772/73 verbessert SAMUEL CROMPTON (1753–1827) die Spinnmaschine; seine »Mule-Jenny« produziert Garne großer Gleichmäßigkeit und Feinheit. 1782 und 1786 verbessert Watt seine Dampfmaschine wesentlich. Ebenfalls 1786 setzt EDMUND CARTWRIGHT (1743–1823) einen mechanischen Webstuhl ein. Stickstoff, Chlor, Sauerstoff, Ammoniak, Schwefel- und Salzsäure werden entdeckt. 1790 wird bereits ein ganzes Walzwerk mit Dampfkraft betrieben. 1798 konstruiert RICHARD TREVITHICK (1771–1833), ein Dampfwagen- und Eisenbahnpionier, eine Hochdruckdampfmaschine, von der noch im gleichen Jahr zahlreiche Teile in der Gewehrfabrik des amerikanischen Fabrikanten ELI WHITNEY (1765–1825) in größerer Stückzahl und austauschbar gebaut werden. So sind um 1800 bereits rund tausend Dampfmaschinen in Betrieb. Zu all diesen Neuerungen gehört ein gewisses Maß an bürgerlichen Freiheiten, das macht verständlich, warum die Industrielle Revolution von

England ausgeht und sich dort explosionsartig entwickeln kann (take off). – Große Fortschritte kann seit mehreren Jahrzehnten auch die Landwirtschaft verzeichnen, wobei der Ausdruck »Agrarrevolution« hier wohl zu weitgehend ist. Umfangreiche »enclosures« in den Midlands und im Norden schaffen neue Anbau- und Nutzungsgebiete. So werden zwischen 1702 und 1760 ca. 400 000 Morgen Land eingefriedet und urbar gemacht, zwischen 1760 und 1820 sogar ca. 586 000 Morgen. Fruchtwechselsystem anstelle der jahrhundertealten Zwei- oder Dreifelderwirtschaft (open-field-system), Drainage- und Kanalbau, Züchtung neuer und besserer Obst-, Gemüse- und Getreidesorten, intensiver Anbau der Kartoffel, Reihensaat mittels Drillmaschine und auf Leistung bedachte Viehzucht führen zu höheren Rentabilitätsquoten und größeren Ernteerträgen bei weit weniger Mißernten. Pioniere der Agrarreform sind JETHRO TULL (1674–1740), der Minister und Großgrundbesitzer CHARLES Viscount TOWNSHEND, ROBERT BAKEWELL (1725–1795) und ARTHUR YOUNG (1741–1820). Der bei dem sprunghaften Anstieg der Bevölkerung und der permanenten Landflucht wachsenden Bedeutung der Landwirtschaft trägt das Ministerium 1783 durch die Errichtung eines »Board of Agriculture« Rechnung.
Mehr als zwei Drittel aller Unterhaussitze scheinen durch bloße Nominierung und nicht durch Wahl besetzt worden zu sein.
Nach Wahlumfragen, Volkszählungen und Einkommensschätzungen haben England/Wales im Jahre 1801 8,9 bis 9,2 Mill. Einwohner, Irland nicht ganz 4,5 (davon Ulster 1,38) und Schottland 1,6 Mill., wobei die Northern Counties und West Midlands die höchste Zuwachsrate aufweisen. Die Bevölkerungsdichte beträgt durchschnittlich 60 Einwohner pro Quadratkilometer, die Sterbeziffer 2,6 Prozent. 1801 zählt London 860 035 Einwohner; kaum zehn Jahre später ist die Millionengrenze überschritten. Manchester mit 137 000 und Glasgow sowie Edinburgh mit mehr als 100 000 folgen. Von acht Städten mit mehr als 50 000 Einwohnern liegen nur zwei, Bristol und Plymouth, im Süden. 1811 sind von elf Städten dieser Größe sechs Häfen. Trotz der sich ausbreitenden Industrialisierung und dadurch emporgekommener Städte wie Leeds, Sheffield, Birmingham und Halifax verteilt sich die Industriebevölkerung mehr über das flache Land, gruppiert um kleine Kohle-, Eisen- und Textilorte. Die Industrie hat noch ländlichen Charakter, und ländlich strukturiert ist England insgesamt, denn gut 75 Prozent der Bevölkerung beziehen ihr Einkommen noch aus Land-, Fischerei- und Forstwirtschaft. – Die Arbeiter, sozial und finanziell schlecht gestellt, sind mit all ihrem Hab und Gut dem Arbeitsherrn, sei er Verleger oder Fabrikant, verantwortlich und von ihm abhängig. Bei diesem neuen privatrechtlichen Abhängigkeitsverhältnis, bei dem JOHN LOCKES Konstruktion von Arbeit und Eigentum, Leistung und Lohn verschwunden ist, bleibt der meist ungelernte und ungebildete Arbeiter von den Produktionsmitteln getrennt und seiner eigenen Arbeit entfremdet. Den Unternehmer, selten ein ehemaliger Manufakturbesitzer, sondern oft aus der Yeomanry oder dem Kleinhandwerkertum kommend, interessiert in seinen aus dem Boden gestampften Fabriken nur der Profit, der durch niedrige Löhne

sowie ständige Investition und Expansion gesichert wird, auch wenn seine Untergebenen am Rande des Existenzminimums leben. Privatinitiative, Kapitalakkumulation und vor allem Kapitalanlage werden ermöglicht durch zahlreiche Banken und Kreditinstitute, von denen es in London gut 70 und über 600 in den Counties gibt. Dazu kommt ein niedriger Zinsfuß von knapp einem Prozent. – Zu Lebzeiten JAMES WATTS benötigt eine Dampfmaschine noch ca. zwölf Kilogramm Kohle pro PS-Stunde (um 1910 fast zwanzigmal weniger), und 1791 beträgt die jährliche Kohleproduktion 10,2 Mill. Tonnen (1685 knapp 3, 1905 242 Mill. t); eine Reise von London nach Manchester dauerte 1754 noch viereinhalb Tage, aber um 1800 infolge der verbesserten Infrastruktur (Straßenbau, Kanalbau) nur noch einen Tag. Die Straßen- und Kanalarbeiter kommen zumeist aus dem völlig verarmten und politisch-religiös zerstrittenen Irland. – Den größten Aufschwung nimmt – neben dem reinen Bevölkerungsanstieg, hinter dem die Agrarproduktion zurückbleibt – der Londoner Hafen, der durch die von 1800 bis 1810 erbauten Stahldocks zum größten der Welt wird. 1810 benutzen Schiffe mit insgesamt 2 Mill. Registertonnen englische Häfen – den irischen und Küstenverkehr sogar ausgenommen. Neben den aufkommenden Dampfschiffen bestimmen die berühmten Klipper nach Fernost (Straße von Dover bis Kanton/China in 109 Tagen) die Hafenszene, allerdings auch die seit den zwanziger und dreißiger Jahren verstärkt einsetzende Auswanderung in die Kolonien. – Dank seiner durch Militär- und Flottenstützpunkte sowie Kolonien abgesicherten See- und Handelswege kann England seinen Export von »industriellen Stapelgütern« (Textilien, Eisenwaren) ausweiten und bis 1914 eine führende Stellung behaupten.

1801 *1. Jan.*: Gemäß der ›Act of Union‹ (1800) tritt die Union Großbritannien-Irland in Kraft. – Das am 2. August 1800 letztmals zusammengetretene irische Parlament vereinigt sich am 22. Januar mit dem von Westminster zum »Parliament of the United Kingdom of Great Britain and Ireland«. Im Oberhaus ist Irland mit vier geistlichen und achtundzwanzig weltlichen Lords, im Unterhaus mit hundert Abgeordneten vertreten. Die Unionsakte sieht weiter vor: Vereinigung der Anglikanischen Kirchen von England und Irland, Wiederherstellung des obersten Appellationsrechtes des House of Lords, Verwaltung Irlands durch das britische Kabinett, Freihandelsbeziehungen zwischen beiden Teilen, allmähliche Koordination des Finanzwesens. – Nicht eingelöst werden können die Versprechungen PITTS an die irischen Katholiken, da der unfähige und kranke GEORG III. sich auf seinen Krönungseid beruft und jede Reform oder Emanzipation ablehnt.
Ende Febr.: PITT resigniert und tritt wegen der Katholikenfrage zurück. – Am 17. März folgt ihm als Premier HENRY ADDINGTON, Viscount Sidmouth (1757–1844).
21. März: Die Engländer besiegen bei Alexandria NAPOLEONS Ägyptenkorps, das nach weiteren Niederlagen, z. B. bei Kairo im Juni, im Spätsommer kapituliert.

2. April: Britischer Überfall auf die dänische Flotte im Hafen von Kopenhagen. Er beendet das Defensivbündnis zwischen Rußland, Schweden, Dänemark und Preußen gegen Frankreich vom Dezember 1800.
30. Aug.: Kapitulation der französischen Ägypten-Armee.
17. Sept.: Präliminarfriede von London zwischen Frankreich und England.

1802 *27. März*: Dem Vorfrieden zu London vom 17. September 1801 folgt zu Amiens der Friede zwischen England und Frankreich: England beherrscht die Meere, gibt aber bis auf Trinidad und Ceylon die meisten seiner jüngsten Eroberungen wieder heraus: Kap der Guten Hoffnung, Menorca, Tobago, St. Lucia, Malta und Ägypten, wovon die letztgenannten drei Inseln bald wieder in britischen Besitz übergehen. Vor allem aber wird der anachronistische Anspruch auf den französischen Königstitel aufgegeben. – Amiens ist nach GEORG III. »ein Friede auf Probe«; vielleicht auch nur ein kaschierter Waffenstillstand, wie die Nichterneuerung des Freihandelsvertrages von 1786 vermuten läßt.
Sir ROBERT PEEL (1750–1830) initiiert ein Kinderschutzgesetz und ein Fabrikgesetz zur »Gesundheit und Moral der Lehrlinge« (wenig erfolgreich).
WILLIAM COBBETT (1762–1835), ein altenglisch-toristischer Radikaler und Vorkämpfer für die Sache der Arbeiter im Parlament, macht seine Zeitschrift ›Political Register‹ zu einem Sprachrohr für die sozialen Belange der Armen und Industriearbeiter (bis 1835).

1802/03 Französische Expedition gegen Westindien, um die dort etablierten Negerherrschaften zu stürzen und den britischen Einfluß zurückzudämmen.

1803 *30. Jan.*: Im Pariser ›Moniteur‹ erscheinen gehässige Artikel über England, die zugleich eine Rückeroberung Ägyptens fordern.
28. April: Ein scharfes französisches Zollgesetz richtet sich gegen England.
17. Mai: NAPOLEON bricht den Frieden zu Lunéville (Februar 1801), womit erstens der englisch-französische Krieg weitergeht und zweitens Malta, einige indische Posten und westindische Territorien wieder unter britische Herrschaft fallen.
›Passenger Act‹ zum Schutze armer Auswanderer.

1804 *10. Mai*: WILLIAM PITT übernimmt erneut die Regierung. In einer Denkschrift an Zar ALEXANDER I. (1777–1825) fordert er Stabilität, Solidarität, Sicherheit und Gleichgewicht für Europa.
Sommer: Vor Boulogne versammelt sich eine französische Landungsflotte mit mehr als 600 Schiffen und über 100 000 Mann. Ihr Kommandeur, Admiral PIERRE CHARLES DE VILLENEUVE (1763–1806), versucht auf Befehl NAPOLEONS länger als ein Jahr die britische Flotte zur Entsetzung Westindiens zu zwingen, um freie Bahn für eine Invasion in England zu haben.

1805 *Juli*: Dritte Kriegskoalition zwischen Rußland, Österreich und England gegen Kaiser NAPOLEON.
21. Okt.: NELSON vernichtet den Großteil der französisch-spanischen Flotte, geführt von VILLENEUVE, am Kap Trafalgar. Die Engländer verlieren kein einziges Schiff, wohl aber ihren Admiral, der zum Nationalhelden wird. – Trafalgar sichert Großbritanniens Vorherrschaft zur See für rund hundert Jahre.
Letztes Impeachment-Verfahren.
JOSEPH LANCASTER (1778–1838) gründet eine Lehrlingsbildungsanstalt als Erweiterung seiner seit 1798 bestehenden kostenlosen Grundschulen.

1806 *23. Jan.*: Tod WILLIAM PITTS.
10. April: Ein französisches Zollgesetz fordert die Schließung der Nordseehäfen vor englischen Schiffen. Beginn der Napoleonischen Kontinentalsperre.
16. Mai: Eine ›Order in Council‹ erklärt die Küste von Brest bis zur Elbe als Blockadegebiet, in dem nur noch englische Waren ausgeliefert werden dürfen.
26. Nov.: Nach der Niederwerfung Preußens konfisziert NAPOLEON alle britischen Waren und Warenhäuser im eroberten Gebiet und verkündet offiziell die Kontinentalsperre gegen England (Berliner Dekret), um das auf Export von Industriegütern und Import von Lebensmitteln und Rohstoffen angewiesene Land in Überproduktion und Arbeitslosigkeit zu stürzen und es von seinem Im- und Export abzuschneiden.

1806/07 »Ministerium aller Talente« nach dem Tode PITTS bis März 1807 mit WILLIAM WYNDHAM, Lord Grenville (1759–1834), als Premier, CHARLES JAMES FOX als Außenminister, HENRY ADDINGTON-SIDMOUTH als Lordsiegelbewahrer. Das Ministerium ist wenig erfolgreich und macht sich einzig durch das Gesetz zum Verbot des Sklavenhandels verdient.

1806 bis 1814 Starke englische Einwanderung in die Kapkolonie.

1807 *7. Jan.*: England verbietet die Küstenschiffahrt zwischen den Alliierten und Frankreich und konfisziert alle fremden Schiffe, falls sie nicht vorher englische Häfen zur Zollabfertigung angelaufen haben.
März: Der Kampf der »Abolitionisten«, die sich unter WILBERFORCE nach 1790 in einer »Anti-Slavery-Association« zusammengeschlossen haben, führt zum Sklavenhandelsverbot.
2.-5. Sept.: Aus Furcht vor einer Vereinigung der dänischen, spanischen und französischen Flotten hatte England Dänemark eine Defensivallianz angeboten, was auf Ablehnung gestoßen war. Daher bombardiert eine britische Flotte drei Tage lang Kopenhagen, nimmt es am 5. ein und schleppt die dänische Flotte als Prise fort.
27. Okt.: Im Geheimvertrag zu Fontainebleau beschließen Frankreich und Spanien die Teilung Portugals, das sich der französischen Handels- und

Wirtschaftsblockade – mit englischen Schmuggler- und Flottenstützpunkten – nicht anschließen will.
Nov.: Als Folge des Friedens zu Tilsit (7.-12. Juli) erklärt Rußland England den Krieg.
27. Nov.: Französische Truppen besetzen das widerspenstige Lissabon.
17. Dez.: »Mailänder Dekret« Napoleons: Alle Schiffe, die sich von Engländern auf hoher See untersuchen lassen oder gar britische Häfen anlaufen, gelten als französische Seebeute.
THOMAS PAINE schreibt ›Das Zeitalter der Vernunft‹, eine Verteidigung der demokratischen Republik mit allgemeinem Wahlrecht.

seit 1807 Die Verlegerfamilie T. C. HANSARD veröffentlicht offizielle bzw. offiziöse Berichte (Reports) über die Parlamentsdebatten. Bearbeitet und herausgegeben wird der ›Hansard‹ seit 1803/04 von WILLIAM COBBETT.

1807/08 (Sir) HUMPHREY DAVY (1778–1829), einer der bedeutendsten Naturwissenschaftler seiner Zeit und Präsident der Royal Society, entdeckt durch Elektrolyse die Alkali-Metalle Natrium und Kalium sowie die Elemente Magnesium, Kalzium, Strontium und Barium.

1808 *Mai*: Klerus und Adel Spaniens empören sich gegen die napoleonische Unterdrückung und Gewaltherrschaft; die Armee und auch Portugal schließen sich an.
August: ARTHUR WELLESLEY-WELLINGTON marschiert mit 13000 Mann in Lissabon ein und kämpft im Halbinselkrieg (Peninsular War) gegen die Franzosen in Spanien.

1809 Der Sozialökonom, Bankier und Politiker DAVID RICARDO (1772–1823) veröffentlicht ›On the High Price of Bullion‹ (bullion: ungemünztes Edelmetall bzw. Barren). – 1810 legt daran anschließend das »Bullion Committee«, eine parlamentarische Kommission, einen Bericht vor.
April: Der Vertrag von Amritsar zwischen (Sir) CHARLES METCALFE (1785–1846) für die East India Company und dem Sikh-Fürsten RANJIT SINGH (1780–1839) bringt bis zum Ersten Sikh-Krieg 1845 Ruhe und Stabilität für das Pandschab.
Gründung der Kolonie Singapur.

seit 1810 Die Kontinentalsperre zeitigt Wirkung in England: Schmuggel, Überproduktion und Absatzschwierigkeiten, die aber durch eine kluge Politik der Bank von England sowie die auf englische Importe angewiesenen europäischen Staaten, ja selbst Frankreich, ausgeglichen werden. England stellt die Produktion um, reißt den gesamten Kolonialhandel an sich und erobert den südamerikanischen Markt. Verglichen mit 1802 geht 1812 der Gesamtexport nach Europa um 7 Prozent, der Warenwert – einige Tiefpunkte außer acht gelassen – von 22,7 auf 21 Mill. Pfund zurück. Dafür nimmt der über neutrale Staaten oder englische Stützpunkte laufende Übersee-Export bei Spitzenquoten von 300 bis 2600 Prozent (Südamerika) um durchschnittlich 35 bis 40 Prozent zu.

1811 *16. Mai*: Schlacht von Albuera im Halbinselkrieg; die Briten siegen mit Mühe über die Franzosen.

März 1811 bis Januar 1813 »Luddite Riots«: Als Folge der Kontinentalsperre und der daraus resultierenden Produktions- und Absatzkrise kommt es in Nottinghamshire, Lancashire und Cheshire zu proletarischen Unruhen. Die »labouring poor« aus der Textilindustrie unter Führung eines nicht identifizierbaren und deshalb wohl mystischen bzw. fingierten NED LUDD wehren sich gegen Nichtbeschäftigung, steigende Lebensmittelpreise und vor allem gegen die neuen Web- und Spinnmaschinen, die zum Teil durch »Maschinenstürmerei« zerstört werden. Regierungstruppen schlagen die Revolte nieder; im Januar 1813 werden in York siebzehn Rädelsführer hingerichtet. Einzelne Unruheherde halten sich bis 1816.

1812 *Frühjahr*: England vermittelt einen türkisch-russischen Frieden und erreicht damit ein Wiederaufleben der alten europäischen Koalition mit Rußland.

1812/13 Mehrere Unterhaus-Vorlagen zur Katholikenemanzipation – vor allem in Irland – scheitern.

1812 bis 1815 Infolge der harten Maßnahmen Englands gegenüber amerikanischen Schiffen – aufgrund der Kontinentalsperre – erklären die Vereinigten Staaten am 18. Juni 1812 England den Krieg. Während die amerikanische Marine 1813 in Schach gehalten werden kann, sind die zahlreichen Landunternehmen beiderseits von wechselhaftem Glück getragen. Am 14. Oktober 1812 wehren Engländer und Kanadier bei Queenston Heights die Amerikaner ab. 1813 erobern diese aber York in der Provinz Toronto. Am 24. August 1814 siegen die Briten bei Bladenburg, besetzen Washington und zünden Regierungsgebäude an. Sie verlieren jedoch im September ein Gefecht bei Plattsburg und scheitern im Dezember 1814/Januar 1815 vor New Orleans, obwohl im Vertrag von Gent am 24. Dezember 1814 schon Frieden auf der Basis des Status quo geschlossen worden war.

1812 bis 1818 Der romantische Dichter und Freiheitsfanatiker Lord GEORGE GORDON NOEL BYRON (1788–1824) verfaßt das Epos ›Childe Harold's Pilgrimage‹, das ihn schnell in Europa berühmt macht.

1813 *21. Juni*: WELLINGTON siegt bei Vitoria über die Franzosen und dringt in der Folgezeit bis Bordeaux vor.

1814 *Jan.*: Außenminister Viscount CASTLEREAGH verhandelt in Basel mit dem österreichischen Minister KLEMENS WENZESLAUS FÜRST VON METTER-

NICH (1773–1859) im Sinne der Pittschen Friedensdenkschrift von 1804. – CASTLEREAGH erreicht die Ausklammerung der Seerechtsfrage, die Anerkennung der neuen britischen Stützpunkte in Europa und Übersee, die Vergrößerung Piemonts durch Genua und die der Niederlande durch Belgien, die garantierte immerwährende Neutralität der Schweizer Föderation. England zahlt die Hälfte der holländischen Schulden an Rußland und zwei Millionen für die von Holland gewonnenen Kolonien.
9. März: Der Kongreß von Chatillon und der Vertrag zu Chaumont führen infolge der regen diplomatischen Tätigkeit CASTLEREAGHS und WELLINGTONS zu einer Quadrupelallianz zwischen Österreich, Rußland, Preußen und England.
29. Nov.: ›The Times‹ erscheint erstmals aus einer modernen Zylinder-Flach- und Dampfdruckpresse von FRIEDRICH KOENIG (1774–1833), wodurch die Druckgeschwindigkeit vervierfacht werden kann. Beginn der Massenzirkulation einer Zeitung.

1814/15 Auf dem im Oktober 1814 zusammengetretenen Wiener Kongreß werden die in Basel, Chatillon und Chaumont getroffenen Abmachungen sanktioniert. CASTLEREAGH und sein zeitweiliger Vertreter WELLINGTON folgen dieser Linie, wobei ersterer in der Schlußakte vom 6. Juni 1815 sich auch für eine allgemeine Sklavenbefreiung ausspricht.

1815 *18. Juni*: Das Hundert-Tage-Abenteuer des aus der Verbannung auf Elba zurückgekehrten NAPOLEON endet mit dem großen englisch-preußischen Sieg bei Waterloo (Belle-Alliance), denn WELLINGTON, Feldmarschall GEBHARDT LEBERECHT FÜRST BLÜCHER (1742–1819) und sein Generalstabschef AUGUST GRAF NEIDHART VON GNEISENAU (1760–1831) schlagen den Korsen vernichtend. – Der Kaiser begibt sich in den Schutz der Engländer, die ihn auf dem Kriegsschiff »Bellerophon«, quasi treuebrüchig, auf die Insel St. Helena bringen. – Allen weiteren politischen Spekulationen kommt England zuvor, denn Wellington besticht den französischen Außenminister CHARLES MAURICE DE TALLEYRAND, Prince de Benevent (1754–1838), mit 10000 Pfund, worauf LUDWIG XVIII. (1755–1824) König von Frankreich wird.
26. Sept.: Konstituierung der »Heiligen Allianz« auf Betreiben METTERNICHS, TALLEYRANDS und CASTLEREAGHS.
20. Nov.: Der Zweite Pariser Friede bestätigt die Quadrupelallianz von 1814 und die Sicherung des europäischen Friedens im Sinne der »Heiligen Allianz«. Der nüchterne Tory CASTLEREAGH jedoch hält nichts von dieser unsinnigen und mystischen vorbeugenden Politik auf spekulativer Grundlage, wie er selbst sagt.
Einführung der Getreideschutzzölle.
Großbritanniens Staatshaushalt ist mit 11,3 Mill. Pfund gegenüber 1803 (5,5 Mill. Pfund) ums Doppelte gestiegen. Die Rüstungsausgaben betragen 7,34 Mill. Pfund gegenüber 3,74 Mill. Pfund im Jahr 1803.

1816 Von den 489 englischen Sitzen im Unterhaus sind 371 in festen Händen, d. h. Nominierungen, Kandidaturen und Wahlen sind präjudiziert, die eigentlichen »Wahlen« eine Farce.

seit 1816 Die von THOMAS BRUCE, Earl of Elgin (1766–1841), während seiner Tätigkeit als Gesandter in Konstantinopel erworbenen griechischen Skulpturen – vom Pantheon und Erechteion zu Athen – gelangen als geschlossene Sammlung (Elgin Marbles) ins British Museum.

1818 *15. Nov.*: Die europäische Konferenz in Aachen betont in einer Deklaration die Solidaritätspolitik und »le repos du Monde« (die Ruhe der Welt), woran CASTLEREAGH angesichts der Unruhen in Spanien, Portugal, Polen, Griechenland und Südamerika zweifelt. Eine mögliche Intervention der Allianzmächte lehnt er als völkerrechtswidrig ab.

1819 *16. Aug.*: »Peterloo Massacre« (ironischer Name nach »Waterloo«): Eine Protestkundgebung von rund 60000 unzufriedenen Webern aus Lancashire wird auf dem »St. Peter's Field« in Manchester von der Miliz aufgelöst. Dabei gibt es elf Tote und mehr als vierhundert Verwundete, darunter ca. hundert Frauen. – Peterloo ist ein Meilen- und Gedenkstein in der englischen Arbeiterbewegung. – Nach diesen Unruhen folgen Knebelgesetze (›Six Acts‹) mit scharfer Einschränkung der Presse- und Versammlungsfreiheit.

1820 *29. Jan.*: Tod König GEORGS III. nach sechzigjähriger Regierung und langer Krankheit. – Thronbesteigung seines Sohnes GEORG IV. (1762–1830).
Jan./Febr.: »Cato Street Conspiracy«: Attentatsplan gegen die gesamte Regierung; am 23. Februar aufgedeckt.

1820/21 Scheidungsaffäre König GEORGS IV. gegen seine Frau KAROLINE, Prinzessin von Braunschweig-Wolfenbüttel (1768–1821). Die Tory-Regierung steht auf der Seite des Königs, ein Teil des Unterhauses, mit Sir HENRY BROUGHAM (1778–1868) an der Spitze, verteidigt die Königin.

1820 bis 1822 Im Oktober 1820 läßt CASTLEREAGH durch seinen Vertreter auf der Konferenz zu Troppau Interventionen und ein Auftreten Englands als europäische Polizei für gegenstandslos und unerwünscht erklären. In einer Zirkulardepesche vom 19. Januar 1821 wiederholt er seine Auffassung: Eine Intervention stehe im Widerspruch zu den Grundgesetzen Englands. – Der im Januar zu Laibach erfolgte Beschluß einer Intervention Österreichs in Neapel wird ohne bzw. gegen die Westmächte Frankreich und England durchgesetzt. – Als sich CASTLEREAGH, überarbeitet, enttäuscht und durch Privataffären aufgerieben, am 12. August 1822 in einem Nervenkollaps das Leben nimmt, muß der von Oktober bis Dezember zusammentretende Kongreß zu Verona die Trennung Englands von der Solidaritäts- und Interventionspolitik akzeptieren.

1821 Ein Sonderausschuß des Parlaments stellt fest, daß nahezu jeder Textilfabrikant ständig die Gesetze bricht und Schmugglerware zu billigen Preisen einkauft, verbotenerweise Wolle auf den Kontinent hinüberschmuggelt, Lehrlings- und Wuchergesetze fast immer übertritt.
Die Einwohnerzahl von England und Wales hat sich seit 1751 auf 14 Millionen verdoppelt.

1822 *16. Sept.*: Der neue Außenminister GEORGE CANNING (1770–1827), schon 1807 bis 1809 auf diesem Posten, vertritt als Liberaler den Grundsatz der Nichteinmischung in europäische Angelegenheiten. Er räumt mit der Außenpolitik als »arcanum imperii« auf, baut das »Foreign Office« aus und betreibt eine »öffentliche« Politik, die er in großen Appellen und Parlamentsdebatten erläutert.

1823 *Mai*: Nachdem 1821 eine erfolgreiche Unterhausvorlage zur Katholikenemanzipation am Einspruch des Oberhauses gescheitert war, gründet der irische Advokat DANIEL O'CONNELL (1775–1847), ein persönlicher Gegner des Innenministers Sir ROBERT PEEL D. J. (1788–1850) und glänzender Agitator und Kenner der Massenpsyche, mit der »Catholic Association« eine schlagkräftige »Emanzipationstruppe«. Ihr gehören einige Aristokraten und Gutsbesitzer an, vor allem aber Städter, Bauern und Geistliche. Mit der monatlichen »Catholic Rent« von einem Penny wird die Organisation, die bald auf 30000 Gefolgsleute anwächst, finanziert.
CANNING unterstützt die spanischen Liberalen nur verbal, sieht dem Sieg der Reaktion jedoch tatenlos zu. Dagegen warnt er Spanien und Frankreich vor einer Intervention gegen die aufständischen südamerikanischen Kolonien, da England dort große materielle Interessen zu wahren hat. Ende des Jahres, nach US-Präsident JAMES MONROES (1758–1831) »Doktrin« (2. Dezember), anerkennt Canning die südamerikanischen Republiken.
Der schottische romantische Schriftsteller Sir WALTER SCOTT (1771–1832) verfälscht in seinem historischen Roman ›Quentin Durward‹ Leben, Größe und Werk König Ludwigs XI. von Frankreich. Er, Victor Hugo u. a. beeinflussen bis ins 20. Jahrhundert das Bild des großen Valois.

1824 *19. April*: Tod Lord BYRONS in Missolunghi (Griechenland). Er hatte den Griechen bei ihrem Befreiungskampf gegen die Türken helfen wollen.
Die Gewerkschaften erkämpfen das Koalitionsrecht.
Der Physiker und Chemiker MICHAEL FARADAY (1791–1867), der bedeutendste Schüler H. DAVY'S, entdeckt das Benzol und wichtige elektromagnetische Gesetze.

1824/25 Die ›Combination Acts‹ von 1798/1800 werden 1824 aufgehoben, 1825 jedoch aufgrund schwerer Arbeiterunruhen (wegen großer Steigerung der Lebensmittelpreise) zum Teil wieder eingeführt.

1825 *Frühjahr/Frühsommer*: Die ›Consolidating Acts‹ heben etwa tausend lokale und regionale Binnen-, Straßen-, Schiffahrts- und Kanalzölle auf. Die Londoner Regierung verbietet O'CONNELLS mächtige »Catholic Association«. Trotzdem nimmt das Unterhaus ein Emanzipationsgesetz an, macht die Wahl eines Katholiken jedoch von einer Pacht von zehn Pfund abhängig. Das Oberhaus lehnt ab. Noch einmal siegt PEEL, der die alten Feudalstrukturen beibehalten will, die er durch die Agitation der Assoziation unter den städtischen Kleinbürgern, abhängigen Bauern, Pächtern und Proletariern gefährdet sieht.
Allgemeine Wirtschaftskrise.
Inbetriebnahme der ersten öffentlichen Dampf-Eisenbahn von Darlington nach Stockton durch GEORGE STEPHENSON (1781–1848).
ROBERT OWEN kauft das Anwesen »New Harmony« in Indiana (USA), um dort eine kommunistische Modell-Gemeinschaft zu gründen. Das Experiment scheitert nach kurzer Zeit.

Zwischen 1825 und 1835 Aufgrund der durch den Krieg neu eroberten überseeischen Absatzmärkte und -möglichkeiten vollzieht sich die Mechanisierung der Produktion in zwei großen Investitionswellen.

seit 1825 Neben den schon im 18. Jahrhundert gepflegten Sportarten Krickett und Rudern wird Rugby immer beliebter.

1826 *4. April*: Bündnis Englands und Rußlands im »Petersburger Protokoll« zum Schutze Griechenlands bzw. der Griechen.
Frühjahr: CANNING greift zugunsten der konstitutionellen Bewegung in Portugal ein, nicht zuletzt wegen strategischer und wirtschaftlicher Interessen. – Dasselbe gilt für den seit 1821 tobenden griechischen Befreiungskampf.
Juni/Juli: Die Unterhauswahl bringt den Katholiken in Irland einen großen Sieg. Die alte Feudalstruktur wird durchbrochen, denn die abhängigen Pächter und Hintersassen wählen nicht mehr, wie der Grundherr befiehlt, sondern nach eigenem Gutdünken.
Nach dem ersten Burmesischen Krieg wird Assam englisches Protektorat, 1839–1874 Teil von Bengalen; 1905 als Provinz Teil Ostbengalens, 1937 autonome Provinz und 1947 indischer Bundesstaat.

1827 *Frühjahr*: Die Dissenters erreichen den Zugang zu Gemeinde- und Staatsämtern sowie zum Parlament; erst 1871 jedoch zum Studium in Oxford und Cambridge.
10. April: CANNING wird auch Premierminister, stirbt aber bereits am 8. August.
6. Juli: Im »Londoner Vertrag« zwischen England, Rußland und Frankreich wird die Autonomie Griechenlands – unter türkischer Oberhoheit – gefordert.

20. Okt.: Ein kombiniertes englisch-russisch-französisches Geschwader schlägt die ägyptisch-türkische Flotte bei Navarino. Als nach CANNINGS Tod der Herzog von WELLINGTON im Januar 1828 Premier wird und eine pro-türkische Linie verfolgt, gilt Navarino als »unglückliches Ereignis« (the untoward event).

1828 *22. Jan.*: Der Tory WELLINGTON wird Regierungschef.
Anläßlich einer Nachwahl (by-election) in Clare (Westirland) kandidiert O'CONNELL selbst und siegt nach einer glänzend geführten Wahlkampagne, bei der 30000 Menschen unter der Parole »Gott und O'Connell!« für ihn eintreten. – Das Beispiel macht Schule: Die Assoziation befreit die Katholiken aus der antiquierten Feudalethik und Vasallität. – Die Dubliner Regierung schweigt; es droht die Revolution, zumal ultraprotestantische Orange-Bünde Zusammenstöße provozieren.

1828/29 Aufhebung der Test-Akten von 1673, 1678 und 1681 und Gleichstellung zunächst der englischen Katholiken (1829 ›Roman Catholic Relief Act‹).

1829 *März/April*: Angesichts der prekären Situation in Irland erreichen die Tories WELLINGTON und PEEL endlich vom König die Erörterung der Katholikenfrage im Ministerrat. Am 13. April genehmigt GEORG IV. die ›Catholic Emancipation Act‹, die das Wahlrecht jedem Katholiken gibt, der zehn Pfund Pacht aufbringen kann. Das Unterhaus billigt die Act mit 348 zu 160 Stimmen, das Oberhaus nur infolge härtester Pressionen seitens Wellingtons. – Somit fallen 40 der irischen 100 Sitze an Katholiken.
Dez.: Der radikale Bankier THOMAS ATTWOOD (1783–1856) gründet in Birmingham eine »Politische Union zum Schutze der öffentlichen Rechte«, ein Bündnis der Mittel- und Unterschichten zur Reform der alten Wahlgesetze. Die Union wird Vorreiter weiterer politisch-gewerkschaftlicher Vereinigungen. – Parallel dazu kommt es zu ersten Zusammenschlüssen von Arbeitnehmern, Lohn- und Gehaltsempfängern.

1830 *26. Juni*: Tod GEORGS IV.; Thronbesteigung seines Bruders WILHELM IV. (1765–1837), des »Matrosenkönigs«.
Juli bis Okt.: Die ersten revolutionären Bewegungen in Frankreich (Ende Juli), Belgien (August) und in der Schweiz (Sept./Okt.) bewirken einen starken Auftrieb der liberal-whigistischen Gruppen in England.
22. Nov.: Der konservative WELLINGTON wird durch das Whig-Ministerium unter dem schon 1789 hervorgetretenen Sozialpolitiker CHARLES Earl GREY abgelöst (bis Juli 1834), das sofort die Wahlreform in Angriff nimmt und bis April 1832 dem mittleren Bürgertum den Zugang zum Parlament eröffnet. Die Devise heißt: Reform statt Revolution.

seit 1830 Große Auswanderungswellen. Jährlich wandern etwa 50000 Engländer nach Kanada aus, das 1837 bereits eine Million weiße Einwohner zählt, darunter mehr englische als französische. – Tausende anderer Emigranten gehen in die Kapkolonie, die USA, nach Australien und Neuseeland.

1830 bis 1833 Im Londoner Vertrag vom 3. Februar 1830 anerkennen die Großmächte die Selbständigkeit Griechenlands. Der aus familiären Gründen von England favorisierte Prinz LEOPOLD von Sachsen-Coburg-Gotha (1790–1865) als künftiger König der Hellenen zieht seine Zusage zurück und wird wenig später König der Belgier. 1832 einigen sich die europäischen Mächte auf den noch unmündigen Wittelsbacher Otto (1815–1867), der im Februar 1833 als König OTTO I. in Griechenland einzieht.

um 1830 bis 1851 JOHN HENRY NEWMAN (1801–1890), JOHN KEBLE (1792–1866), EDWARD BOUVERIE PUSEY (1800–1882) und RICHARD HURRELL FROUDE (1803–1836), alle Fellows des Oriel-College in Oxford, gründen eine »Association of Friends of the Church«. In ihren ›Tracts of the Times‹ fordern sie eine Rückkehr zu den alten Standards und Doktrinen, wie sie die aus dem Katholizismus kommende Anglikanische Hochkirche eigentlich beinhalte. Ihr »Oxford Movement« beginnt als Attacke gegen die Liberalisierungstendenzen innerhalb der Kirche und endet einerseits mit dem Zusammengehen von Methodisten, Evangelikalen und anderen Nonkonformisten mit dem Ziel eines »Christian Socialism«, wie ihn der Historiker und Schriftsteller CHARLES KINGLEY (1819–1875) vertritt, führt andererseits aber zu einer »Los-zu-Rom-Bewegung«, die nach NEWMANS Beispiel (1879 Kardinal) in unzähligen Konversionen zum Katholizismus gipfelt.

1831 *15. Okt.*: Die Londoner Konferenz bestätigt nach dreimonatiger Verhandlungsdauer die Selbständigkeit und dauernde Neutralität Belgiens, dessen erster König LEOPOLD I. wird. – Erstmals zeigt sich hier die dominierende Rolle des langjährigen Außenministers und späteren Premiers HENRY JOHN TEMPLE, Viscount Palmerston (1784–1865), der als Personifikation des liberalen England, als »the most English Minister« gilt.

1832 Gründung des konservativen »Carlton Club« mit Herausgabe einer entsprechenden Korrespondenz durch Rechtsanwalt FRANCIS ROBERT BACHAM.
Die bürgerliche Reform von 1832 (›Reform Bill‹): Seit Elisabeth I. gibt es keine wesentliche Änderung in der Verteilung der Unterhaus-Sitze, abgesehen vom Hinzukommen der Schotten 1707 und der Iren 1801. Ein Viertel der Commons kommt aus den fünf südwestlichen Grafschaften; allein 44 aus dem dünn besiedelten Cornwall, aber nur zehn aus Groß-London. Liverpool (400000 Einwohner), Manchester (200000 E.), Leeds, Sheffield und Birmingham (je über 150000 E.) sind gar nicht vertreten. 405 Abgeordnete kommen aus 203 Boroughs, von denen nur 74 in den 23 nördlichen Grafschaften liegen und rund drei Viertel von jeher oder auf-

grund von Binnenwanderung weniger als 500 Wähler aufweisen. Die durchschnittliche Wählerzahl für eine Grafschaft liegt bei 4000 (in Yorkshire 20000), das Wahlrecht ist an Geburt, Grundbesitz, Ratsfunktion oder Zensus gebunden. Seit 1434 müssen die 80 Vertreter der Shires die 40 Schilling-Freeholder-Qualifikation nachweisen. Das System ist so aufgeweicht und korrumpiert, daß praktisch die Hälfte aller Sitze unter erblicher Patronage liegt. – Diese Umstände sowie die Thronbesteigung des für eine Liberalisierung offeneren WILHELM IV., die Julirevolution in Frankreich und die Augustrevolution in Belgien bewegen die fortschrittlichen Whigs wie Lord GREY, seinen Schwiegersohn JOHN GEORGE LAMBTON, Earl of Durham (1792–1840), PEEL und JOHN Lord RUSSELL (1792–1878), die Verfassungsfrage anzupacken.

Am 1. März 1831 wird die ›Reform Bill‹ gegen den Widerstand WELLINGTONS eingebracht, am 22. März mit 302 zu 301 Stimmen durchgebracht. Nach Parlamentsauflösung und Neuwahlen erreichen die Whigs im Juni eine Mehrheit von 140 Sitzen. Am 24. Juli wird die von RUSSELL eingebrachte Zweite Reformbill im Unterhaus mit 367 zu 231 Stimmen angenommen. Nach der erfolgreichen letzten Lesung vom 21. September aber »killt« das Oberhaus am 8. Oktober die Vorlage mit 199 zu 158 Stimmen. – In Großbritannien droht ein revolutionärer Umsturz; Nobilität und Großbürgertum werden beschimpft und auch tätlich angegriffen, ihre Besitzungen zum Teil geplündert. JAMES BRONTERRE O'BRIENS (1805–1864) proletarisches Wochenblatt ›The Poor Man's Guardian‹ agitiert wie die anderen »Unionen« und Arbeiterzeitschriften für Klassenkampf und Sturz des Feudal- und Klassensystems. Gestützt vom Unterhaus, bleibt die alte Regierung im Amt, zumal auch WILHELM IV. die Whigs gegen die Hochtories im Oberhaus hält. – Am 12. Dezember 1831 bringt RUSSELL die Reformbill zum drittenmal ein; am 19. März 1832 passiert sie das Unterhaus mit 324 zu 162 Stimmen. Unter der vom Kabinett ausgesprochenen Drohung eines Peersschubes votiert das Oberhaus am 14. April; wieder fällt die Vorlage mit 175 zu 184 Stimmen durch. Als die Lords jedoch die Frage der Entrechtung der »rotten boroughs« aus dem Text nehmen und das so verstümmelte Papier am 8. Mai in dritter Lesung das Oberhaus passiert, fordert das Kabinett unmißverständlich den Peersschub und droht anderenfalls mit kollektiver Demission. Am 9. Mai akzeptiert der König den Rücktritt des Kabinetts GREY und beruft erneut WELLINGTON.

In ganz England, vor allem in London und Birmingham, scheint die Bevölkerung zu explodieren. Neben revolutionären Umtrieben, Demonstrationen und zahlreichen Petitionen wird die Parole »keine Bill, keine Steuern« ausgegeben. Besonders der Arbeiterführer FRANCIS PLACE (1771–1854) tut sich hervor. Er hält, wie auch ATTWOOD, seine Arbeitermassen im Zaum, bestimmt aber einen »X-Day«, an dem Tausende von Bürgern ihre Wertpapiere verkaufen und ihr bei Banken deponiertes Geld auf einen Schlag abheben sollen. Angesichts der allgemeinen Volkswut bewegt der König WELLINGTON zur Bildung eines gemäßigten Kabinetts, um das Reformgesetz doch noch in einer modifizierten Form zu ermöglichen. – Als

Peel die Mitarbeit verweigert, muß Wellington selbst das Amt des Premiers übernehmen. Am 12., 13. und 14. Mai muß die Bank von England insgesamt eineinhalb Millionen Pfund auszahlen, eine Finanz- und Wirtschaftskrise droht. Am 15. Mai gibt Wellington auf; Grey wird wieder vom König geholt, der notgedrungen auch dem Peersschub zustimmt. Am 4. Juni 1832 passiert die Reformbill das Oberhaus mit 106 zu 22 Stimmen, denn von den 360 Peers sind nur 128 erschienen. Die Gefahr einer Revolution oder eines Bürgerkrieges ist vorüber, ein erstes Gesetz zur allgemeinen politischen Repräsentation gemacht.

Die Reform stellt einen wichtigen Schritt von der ständischen zur individualistischen, doch zunehmend klassenorientierten Gesellschaft dar, wenn auch die von der Öffentlichkeit erzwungene soziale Umschichtung des Unterhauses nur sehr langsam vor sich geht. In den Städten gilt das 10-Pfund-Wahlrecht – neben dem Nachweis von Landbesitz wie bisher. Mit Ausnahme der Freemen müssen Sitze immer wieder neu »belegt« werden. Die städtische (kommunale) Residenzpflicht, d. h. Wohnpflicht innerhalb des Wahlkreises, trifft viele Altwahlberechtigte. Insgesamt gesehen, nutzen die neuen Regelungen den Groß- und Industriestädten samt deren gut verdienender Mittelschicht, weniger jedoch den Handwerkern und Arbeitern, von Tagelöhnern gar nicht zu reden. Außer in Irland, wo seit 1829, heftig angefochten, das uneingeschränkte 10-Pfund-Wahlrecht gilt, sind die Verhältnisse auf dem Lande, in den Shires und Counties also, unterschiedlich: Neben den 40-schilling-Freeholders gibt es die Copyholders, abhängige Erbpächter mit 10 Pfund Jahresrente, die alteingesessenen Leaseholders oder Pächter auf Lebenszeit (mindestens 60 Jahre) mit ebenfalls 10 Pfund Jahresrente, die Tenants-at-will (Pächter auf Zeit), die 50 Pfund Jahresrente nachweisen müssen. – Die Zahl der Wahlberechtigten steigt von 220000 auf 500000 im Jahre 1832, auf 652000 ein Jahr später und auf 1,056 Mill. 1866. Dabei wird der Anstieg der städtischen Wahlberechtigten durch Wahlkreis-Umstrukturierung und Erweiterung des ländlichen Stimmrechts nahezu wettgemacht. – 57 Boroughs verlieren beide Sitze, 30 einen. 22 bislang nicht vertretene Boroughs, darunter fünf Großstädte, können zwei Abgeordnete wählen, weitere 21 einen. Das heißt, 65 verlorene Borough-Mandate werden für neue verwandt, 65 weitere zur Vermehrung der County-Sitze. 26 Counties werden neu gegliedert, und von den restlichen Sitzen erhalten Schottland acht und Irland fünf. Insgesamt haben 141 Mandate den Wahlbezirk gewechselt. London und die übrigen Städte sind neben den »landed interest« getreten, wenn auch die Umschichtung im Unterhaus zugunsten der bevölkerungs- und industriestarken Cities und Towns nicht gerade revolutionär zu nennen ist. – Die Whigs und der gutsituierte Mittelstand – unter Führung einer kleinen adligen oder kapitalkräftigen Oberschicht – sind repräsentiert, die Aristokratie hat Einbußen zu beklagen, und die Arbeiter jammern zu Unrecht, denn ihnen, d. h. der Masse, hatte niemand das Stimmrecht vorher versprochen. Das Veto des Königs verliert, wie Wilhelms Agieren beweist, an Kraft, das Oberhaus bleibt zwar formell zweite legislative Institution, hat aber seine Macht ebenfalls verspielt. Das reformierte Unterhaus ist weniger Summe aller Schichten als Repräsentant bestimmter gesellschaftlicher Kräfte.

1833 PALMERSTON protestiert gegen die reaktionäre, repressive und antikonstitutionelle Politik des Deutschen Bundes.
Auf Betreiben ANTHONY ASHLEY COOPERS, Earl of Shaftesbury (1801–1885), verbietet die ›Factory Act‹ die Arbeit von Kindern unter neun Jahren in den Mühlen, bestimmt für Neun- bis Dreizehnjährige die Arbeitszeit auf 48 Wochenstunden, für Vierzehn- bis Achtzehnjährige auf 68 Wochenstunden und setzt Inspektoren mit Kontrollbefugnissen ein. – Bis 1961 folgen rund zwanzig weitere bzw. Abänderungsgesetze.
Eine ›Bank Charter Act‹ stellt die Bank von England von den Wuchergesetzen frei.
Aufhebung der Sklaverei im gesamten britischen Empire.

1834 *Frühjahr*: »Tolpuddle Martyrs«: Sechs Landarbeiter aus Tolpuddle unter Führung von GEORGE LOVELESS bilden eine Art Gewerkschaft, um gegen die Lohn-Preis-Politik der Regierung zu protestieren. Mit der Zustimmung des Innenministers WILLIAM LAMB, Viscount Melbourne (1779–1848), werden alle zu Zwangsarbeit verurteilt, aber nach heftigen öffentlichen Protesten 1836 begnadigt.
22. April: Auf Betreiben Außenminister PALMERSTONS kommt es zu einer Quadrupelallianz zwischen England, Frankreich, Spanien und Portugal zur Unterstützung der konstitutionellen Bewegung in Spanien und Portugal. Sie steht als Antwort der »westlichen Verfassungsstaaten« auf die »mächtige und heilige Allianz des Ostens«.
1. Aug.: Das Sklavereiverbot im Britischen Imperium tritt in Kraft.
Dez.: PEEL richtet sich mit dem ›Tamworth Manifesto‹ offiziell an seine potentiellen Wähler für die Unterhauswahl vom Januar 1835. Obwohl der Inhalt der Adresse mit einigen Zielsetzungen der Conservative Party identifiziert wird, ist sie mehr eine Kabinettsäußerung denn ein modernes Parteiprogramm.
›New Poor Amendment Law‹: Umstrittenes Armengesetz nach BENTHAMS Ideen, das aber die Lage der Armen nicht verbessert.
ROBERT OWEN faßt Gewerkvereine und Konsumgesellschaften zusammen und gründet sog. »allgemeine Gewerkschaften«, deren Bedeutung und Wirksamkeit jedoch bis zur Chartistenbewegung der vierziger und frühen fünfziger Jahre gering bleibt. Immerhin zählt die »Grand National Consolidated Trade Union« (GNCTU) nach wenigen Monaten etwa eine halbe Million Mitglieder; sie wird aber von Regierung und Unternehmern systematisch bekämpft und teilweise zerschlagen.
EDWARD GEORGE BULWER, Baron Lytton of Knebworth (1803–1873), Schriftsteller und Politiker (Whig, Tory, 1858/59 Kolonialminister), erringt mit dem historischen Roman ›The Last Days of Pompeji‹ einen Welterfolg.

1834/35 Regierungskrise: Nach GREY werden in schneller Folge MELBOURNE, noch einmal WELLINGTON, PEEL und nach dessen Wahlniederlage im April 1835 erneut Melbourne Premierminister. Die Niederlage Peels ist zugleich eine der Krone.

1835 *9. Sept.*: Die ›English Municipal Corporation Act‹ (Städteordnung) reformiert die kommunalen Selbstverwaltungsgremien, dehnt das Wahlrecht auf alle Steuerzahler aus und begünstigt dadurch politisch die reformorientierte Mittelklasse.

1836 Der Buchdrucker HENRY HETHERINGTON, der gemäßigte Benthamianer FRANCIS PLACE und der radikale Tischler WILLIAM LOVETT (1800–1877) gründen »The London Working Men's Association«, einen neuen Arbeiterverein.

1836 bis 1856 Aus politischen, ökonomischen, rassischen und religiösen Gründen wandern Buren und englische Siedler aus der Kapkolonie aus und gründen neue Republiken in Südafrika, deren wichtigste Transvaal wird.

1837 *20. Juni*: Tod König WILHELMS IV. Das Königreich Hannover, wo salisches Erbrecht herrscht, fällt dadurch an seinen Bruder ERNST AUGUST, Herzog von Cumberland (1771–1851); Ende der englisch-hannoveranischen Personalunion. – Den englischen Thron besteigt VIKTORIA (1819–1901), die Tochter EDUARDS, Herzogs von Kent (1767–1820), eines Sohnes GEORGS III. und Marie Louise Viktorias, Prinzessin von Sachsen-Coburg-Leiningen (1786–1861).
Spannungen zwischen den kanadischen Provinzen und London aus nationalen und religiösen Gründen, wozu sich Unzufriedenheit mit der englischen Bürokratie und Finanzverwaltung gesellt.
In Aintree bei Liverpool wird die erste »Grand National Steeplechase« geritten – ein wegen seiner Härte und seiner häufigen Unfälle sehr umstrittenes Rennen.

1838 *8. Mai*: Nach den Vorschlägen von PLACE und LOVETT verfaßt die Londoner demokratisch-sozialistische Arbeiterbewegung (Chartisten) ›The People's Charter‹ für Arbeiterschutz, gerechtere Besteuerung, allgemeines, gleiches und geheimes Wahlrecht usw. Im einzelnen lauten die Punkte: 1. Stimmrecht für alle Männer über einundzwanzig Jahren; 2. Gleichheit der Wahlbezirke mit je einem Abgeordneten; 3. geheimes Wahlverfahren; 4. jährliche Parlamentswahlen; 5. Abschaffung des Zensus für die Kandidaten; 6. Diäten für die Abgeordneten. – Das Programm findet schnell den Beifall der Arbeiter, vor allem im radikalen Manchester, wo sich als Agitator FEARGUS O'CONNOR (1794–1855) hervortut, und in Birmingham. Versammlungen und Demonstrationen mit mehr als 100000 Menschen sind künftig keine Seltenheit. Hinter der Chartisten-Bewegung mit ihren drei Petitionen an das Unterhaus (1839, 1842, 1848) stehen der

Pöbel, die »labouring poor«, mit radikal-sozialistischen Forderungen und Taten nach irischem Muster. – Die Kluft zwischen der sich anpassenden und etablierten »working class« und den »labouring poor«, die Prosperität und Liberalisierung der Wirtschaft sowie die Verbotsmaßnahmen der Regierung führen um 1850 zum Zusammenbruch der Bewegung, die durch die Gewerkschaften abgelöst wird.
Ein staatlicher Schulreport zeigt die Mängel des Schulsystems und die noch immer erschreckend hohe Zahl der Analphabeten auf.
Gründung des liberalen »Reform Club« als Anwort der Whigs auf den konservativen »Carlton Club«.
Einrichtung des »Public Record Office« in London als Zentralarchiv für Großbritannien. Die Archivsperre beträgt heute üblicherweise dreißig Jahre, kann aber im Einzelfall, so z. B. Anfang der 1970er Jahre für die Untersuchung des Zweiten Weltkriegs, verkürzt werden.
Unter Führung des Kattun-Fabrikanten Richard Cobden (1804–1865) aus Manchester werden in Manchester, Birmingham, Leeds, Liverpool und Glasgow Vereine zur Durchsetzung des Freihandels gegründet. Ausgangsbasis für diese Unternehmungen ist die 1820 eingerichtete »Manchester Chamber of Commerce«. – Die Ziele der Bewegung werden später als »Manchester School« bzw. »Manchester Liberalism« bezeichnet.

1838/39 Der Schriftsteller Charles Dickens (1812–1870) prangert in dem Roman ›Oliver Twist‹ die sozialen und arbeitsrechtlichen Verhältnisse seiner Zeit an. – Noch größeren Erfolg hat sein Roman ›David Copperfield‹ (1850).

1839 *19. April*: Im »Londoner Protokoll« werden die Grenzen Belgiens endgültig festgelegt und von den Großmächten garantiert.
7.–13. Mai: »Bedchamber Crisis«: Premier Melbourne, der Vertraute Königin Viktorias, tritt am 7. Mai zurück. Peel versucht, ein Minderheitskabinett zu bilden und fordert die Entlassung dreier »Ladies of the Household«, deren Männer zu Melbournes Kamarilla gehören. Die Königin weist diesen Eingriff in ihr Hof- und Privatleben ab. Peel zieht sich daher zurück und Melbourne regiert, von Viktorias Vertrauen getragen, noch zwei Jahre ohne den notwendigen Unterhaus-Rückhalt.
Juni: In Wales sind die »Rebecca Riots« (nach Genesis XXIV, 60) der armen und unterprivilegierten Bauern gegen Zollschranken, geringe Ernteerträge, mangelnde staatliche Hilfe, soziale Ungerechtigkeit und Pauperismus (wegen Überbevölkerung) gerichtet. – Einen zusätzlichen Angriffspunkt bildet die standesbewußte und korrupte walisische Grafschafts- und Countyverwaltung.
›Durham's Report‹: Der zum Generalgouverneur für Britisch-Nordamerika avancierte Earl of Durham fordert die koloniale Selbstverwaltung und den Dominion-Status für Kanada.
England übernimmt den strategisch wichtigen Hafenplatz Aden. – Nach der Eröffnung des Suez-Kanals 1869 baut England seine Position in Vor-

derasien/Arabien aus, zumal es über zwanzig Sultanate, Emirate und Scheichtümer durch Verträge an sich binden kann. – (Seit 1937 britische Provinz, schließt sich Aden am 1. März 1963 den Vereinigten Arabischen Emiraten des Südens an und wird am 29. November 1967 von den britischen Truppen aufgegeben. Am 30. November wird die Südjemenitische Volksrepublik proklamiert.)

1839 bis 1841 Nahost-Krise: Der Statthalter von Ägypten und Begründer der Khediven-Dynastie MEHMED ALI (1769–1849) überfällt Ende 1839 Syrien und schlägt die Türken. Als Frankreich unter Ministerpräsident ADOLPHE THIERS (1797–1877) auf eigene Faust zwischen Ägypten und der Pforte vermitteln will und dabei Mehmed favorisiert, schließen sich auf Drängen PALMERSTONS England, Österreich, Preußen und Rußland im Londoner Vertrag vom 15. Juli 1840 zusammen und zwingen – u. a. mittels Flottenpolitik – Mehmed zur Räumung Syriens. Frankreich fühlt sich gedemütigt, Thiers tritt Ende 1840 zurück. In der »Konvention von Montreux« (Meerengenvertrag) vom 13. Juli 1841 wird die Türkei ermächtigt, die Dardanellen für alle Kriegsschiffe zu sperren, solange sie selbst Frieden hält. Palmerston hat damit den Einfluß Englands im östlichen Mittelmeerraum erhöht und die Ansprüche Frankreichs und auch Rußlands zurückgedrängt.

1839 bis 1842 GEORGE EDEN, Lord Auckland (1784–1849), Generalgouverneur von Indien, schaltet sich gegen starke Bedenken in England und Indien in die Streitigkeiten um Afghanistan ein und besetzt im August 1839 Kandahar und Kabul. Am 6. Januar 1842 verlassen die anglo-indischen Besatzungstruppen (insges. 18000 Mann) unter Generalmajor W. G. K. ELPHINSTONE (1779–1859) Kabul wieder und werden fast bis auf den letzten Mann aufgerieben.

1840 *10. Febr.*: Königin VIKTORIA heiratet den liberal-konstitutionell gesinnten Prinzen ALBERT von Sachsen-Coburg (1819–1861) nicht aus dynastischen Gründen, sondern aus Liebe. Bis zu seinem frühen Tod übt Albert als »prince consort« erheblichen Einfluß auf die Königin und damit auf die Politik aus, beraten von CHRISTIAN FRIEDRICH FREIHERR VON STOCKMAR (1787–1863), dessen Dienste auch LEOPOLD I. von Belgien in Anspruch nimmt.
Lord (Earl) JOHN RUSSELL billigt als Kriegs- und Kolonialminister den ›Durham's Report‹ und setzt in der ›Canada Union Act‹ die Vereinigung von »upper« und »lower« Canada fest.
Die Zollfreiheits-Vereine schließen sich in der »Anti-Corn Law League« zusammen und betreiben in den Folgejahren im Parlament (z. B. COBDEN seit 1841), in der Öffentlichkeit und unter den Arbeitern eine massive wirtschaftspolitische und nationalökonomische Aufklärungskampagne, wofür die Industrie große Geldbeträge bereitstellt (1844 rund 100000 Pfund).

Neuseeland wird Kronkolonie (26. September 1907 Dominion).
Von der nach Vorarbeiten seit 1837 vom späteren Generalpostmeister Sir ROWLAND HILL (1795–1879) am 10. Oktober edierten ersten Briefmarke der Welt, der schwarzen One-Penny, werden in neun Monaten 68 Mill. Stück verkauft.

1840 bis 1842 Opiumkrieg: Die East India Company macht riesige Gewinne mit der illegalen Opium-Einfuhr aus Burma und Britisch-Indien nach China. 1839 sucht die chinesische Regierung das zu unterbinden und läßt in Hongkong 20000 Kisten Opium im Wert von 4 Mill. Pfund vernichten. Das führt zum Opiumkrieg. Er endet am 29. August 1842 mit dem Vertrag zu Nanking, in dem China Hongkong abtreten und fünf weitere Häfen (darunter Shanghai) dem englischen Handel öffnen muß. – Der Opium- oder Erste Chinesische Krieg ist ein Beispiel für die rücksichtslose Interessenpolitik Englands (Kolonialismus, Frühimperialismus).

1841 *13./15. Juli*: Die »Konvention von London« schlägt nach dem Sieg eines britisch-österreichisch-türkischen Seekorps über MEHMED ALI von Ägypten Syrien wieder dem Osmanischen Reich zu.
August: Die Wahlen bringen einen Sieg der oppositionellen Tories. MELBOURNE tritt zurück, und PEEL wird am 30. August Premier. Damit kommt auch das offizielle Ende der »Bedchamber-Crisis«, denn die drei Damen verlieren ihre Ämter. Zugleich wird offenkundig, daß fortan die Krone ein ihr genehmes Kabinett ohne Zustimmung des Parlaments nicht halten kann.
»Young Irelanders«: Zusammenschluß irischer intellektueller Nationalisten.

1842 *29. Aug.*: China muß im Vertrag zu Nanking die Übernahme Hongkongs als britische Kronkolonie anerkennen.
Die ›Mines Act‹ verbietet Frauen und Kindern unter zehn Jahren das Arbeiten unter Tage und setzt zur Überwachung Inspektoren ein.

1842/43 Neuerliches Aufflammen der »Rebecca Riots« in Wales. Die Behörden müssen militärische Hilfe erbitten. Die Regierung setzt eine Untersuchungskommission ein und verabschiedet ein neues »Zollschranken- und Wegstreckengesetz«.

1843 Aus Unmut über die antiquierte schottische Staatskirche, die dem Patronagesystem frönt (bis 1874), spaltet sich ein Drittel ihrer Mitglieder von ihr ab und bildet die »Free Church of Scotland«.

1844 *21. Dez.*: Angeregt von ROBERT OWEN begründen die »Rochdale Pioneers«, Fabrikanten, Kaufleute und Sozialreformer aus Rochdale (Lancashire) im »Cooperative Movement« Landwirtschafts-, Handels- und Verbraucherverbände (Kooperativen).

PEELS ›Bank Act‹ folgt den Thesen der »Currency«-Theoretiker und begründet den Währungsautomatismus: Die Bank von England soll je nach Situation von Angebot und Nachfrage nach dem Pfund Sterling den Diskontsatz heben oder senken, also nur eine regulierende Währungskontrolle vornehmen, nicht aber Währungspolitik betreiben; Festlegung eines Notenkontingents.
(Sir) GEORGE WILLIAMS gründet in London die »Young Men's Christian Association« (YMCA).
Die ›Borough Police Act‹ von Manchester regelt den Bau von Wohnungen und von sanitären Anlagen; es verbietet z. B. das »back-to-back«-System, d. h. Häuserreihen ohne ausreichenden Zwischenraum aneinander zu bauen.

1845 FRIEDRICH ENGELS (1820–1895) veröffentlicht sein Aufsehen erregendes Frühwerk ›Die Lage der arbeitenden Klassen in England‹; die erste englische Ausgabe erscheint erst 1887.

1845 bis 1848 Katastrophale Hungersnot in Irland: Im Herbst 1845 partieller Ausfall der Kartoffelernte durch Unkraut und Ungeziefer. 1846/47 Höhepunkt der Hungersnot bei extremer Teuerung. Irland verliert in diesen vier Jahren mehr als eine Million Menschen. Allein 1847 sterben an Hunger oder Fieberkrankheiten 250 000; etwa 200 000 Iren wandern in die Vereinigten Staaten aus. – Die Londoner Regierung und die übrigen europäischen Staaten unterstützen im Frühjahr 1847 rund 3 Mill. Iren mit direkten Getreide- und Nahrungsmittellieferungen. – Als Folge der Krise reduziert sich die Bevölkerung Irlands von 6,5 Mill. Einwohner im Jahre 1851 auf 5,5 Mill. 1871. Agrar- und Bodenreformen, Pachtvertragsänderungen und Zusammenlegung kleinerer Höfe (consolidation of holdings) schaffen nur geringe Abhilfe. – Am wenigsten betroffen sind noch die nordöstlichen Provinzen, vor allem Ulster, die weniger abhängig von der Kartoffel und außerdem stärker industrialisiert sind.
Erster Maori-Aufstand in Neuseeland gegen die englische Herrschaft.

1846 *Mai*: Als Folge der irischen Hungersnot bequemt sich die Regierung zur Abkehr vom Protektionismus, zur Reduktion der Zolltarife und zur Aufhebung der Korngesetze im Sinne des Laissez-faire bzw. Freihandels. COBDEN, der Mittelstand und die Industrie haben über Adel und Grundbesitzer gesiegt.
15. Juni: Infolge der Einigung Anglo-Kanadas kommt es zwischen London, Washington und Paris zu politischen und wirtschaftlichen Reibereien. Im »Oregon Boundary Treaty«, einem in Washington geschlossenen Grenzvertrag, wird als Grenze zwischen den USA und Kanada der 49. Breitengrad angesetzt und gleichzeitig die Westausdehnung Kanadas zum Pazifik hin ermöglicht.
6. Nov.: Gegen den heftigen Protest PALMERSTONS und des französischen Premiers GUILLAUME GUIZOT (1787–1874) unterdrücken Österreich und

Rußland die polnischen Aufständischen und fügen Krakau in den österreichischen Staat ein.
Spaltung der Tory-Partei, da Premier PEEL sich nun zum Freihandel bekennt. Der kommende Mann der Tories wird BENJAMIN DISRAELI, später Lord Beaconsfield (1804–1881); zum Sprecher der siegreichen Whigs (seitdem »Liberale«) macht sich WILLIAM EWART GLADSTONE (1809–1898).

1847 Einführung des Zehn-Stunden-Arbeitstages.
EMILY BRONTËS (1818–1848) Roman ›Wuthering Heights‹ (›Sturmhöhe‹) erscheint und löst in den prüden und moralisch-konventionellen Bürgerkreisen Empörung aus.

1847 bis 1850 Dem Gesetz zum Zehn-Stunden-Tag folgen eine Reihe weiterer entsprechender arbeits- und sozialrechtlicher Erlasse bzw. Ausführungsbestimmungen.

1847 bis 1854 Unter dem Gouvernement von Durhams Schwiegersohn JAMES BRUCE, Earl of Elgin (1811–1863), erlebt Kanada einen Aufschwung der Wirtschaft infolge des Freihandels.

1848 *Jan.*: Liberale Revolution in Italien, von PALMERSTON unterstützt, der Ende 1847 GILBERT Lord MINTO (1782–1859) zur Beobachtung und zu Verhandlungen dorthin geschickt hatte.
Der radikale Reformminister EDWIN CHADWICK (1800–1890) versucht in der ›Public Health Act‹ die öffentliche Gesundheitspflege zu zentralisieren.
Etablierung der Gruppe der Präraffaeliten um »DANTE« GABRIEL CHARLES ROSSETTI (1828–1882), einen hochbegabten Dichter und Maler: spätromantische Sinnlichkeit und Mystik.

1848 bis 1856 Der Generalgouverneur von Indien, JAMES ANDREW BROUN-RAMSEY, Earl of Dalhousie (1812–1860), verbessert die Infrastruktur und führt nach Vorschlägen des liberalen Geschichtsschreibers und ehemaligen Kriegsministers und Generalzollmeisters THOMAS BABINGTON MACAULAY, Lord M. of Rothley (1800–1859), den »Indian Civil Service« ein, d. h. Ausbau der Verwaltung und des Erziehungswesens nach englischem Vorbild. Weiter schränkt er das Kastensystem und die Macht der einheimischen Fürsten ein, wobei er unfähige Potentaten absetzt und erbenlose Fürstentümer einfach einzieht.

1849 *3. Juli*: Die dritte Chartisten-Petition wird im Unterhaus niedergestimmt; damit ist vorläufig das Ende der Arbeiter-Massenbewegung für Wahlrechts- und Parlamentsreform gekommen.
Aufhebung der Navigationsakte von 1651 auf Betreiben COBDENS und GLADSTONES.
Erstmaliges Erscheinen des ›Who's Who?‹

1850 Papst Pius IX. (1792–1878) nutzt die »katholische Emanzipation« und das »Oxford Movement« und versucht, eine katholische Hierarchie in Großbritannien aufzubauen.
19. April: Im »Clayton-Bulwer«-Vertrag garantieren England und die USA die Neutralität eines jeden Kanals oder einer anderen Verbindung zwischen Atlantik und Pazifik im mittelamerikanischen Raum (Panama-Frage).
2. Aug.: Im Ersten Londoner Protokoll nehmen die europäischen Großmächte die Schleswig-Holstein-Frage unter ihre Kontrolle.
Bei einer Cholera-Epidemie sterben wegen der katastrophalen sanitären und hygienischen Verhältnisse allein in London 20000 Menschen.

1851 *1. Mai*: Eröffnung der Großen Weltausstellung im Londoner Crystal Palace. Zu den Initiatoren zählt der technisch sehr interessierte Prinzgemahl Albert.
19. Dez.: Tod William Turners (geb. 1775), eines der bedeutendsten englischen Maler, der seit 1819/20 vor allem durch seine licht- und farbenreichen, visionär ausgestalteten Landschaftsbilder Berühmtheit erlangte. Turner gilt als Wegbereiter des Impressionismus.
Ende Dez.: Außenminister Palmerston muß zurücktreten, da er – ohne Kabinett und Königin zu fragen – den Staatsstreich Napoleons III. (1808–1873) vom 2. Dezember gutgeheißen hatte.
›City of London Sewers Act‹: sozial-sanitäres Kanalisationsgesetz.
Lord Russell setzt im Parlament die ›Ecclesiastical Titles Act‹ gegen die »päpstliche Aggression« durch.
Goldfunde in Australien (Ballarat) bewirken eine starke Einwanderungswelle, so daß der Erdteil um 1861 bereits eine Million weißer Einwohner zählt.
Die Gewerkschaften organisieren sich in »Amalgamated Societies«, ohne aber mit der politischen Arbeiterbewegung oder den Genossenschaften (Cooperative Movement) zusammenzuarbeiten.

1852 *8. Mai*: Zweites Londoner Protokoll: Die fünf Großmächte, Schweden und Dänemark stellen die dauernde Integrität der dänischen Monarchie fest, regeln das Erbfolgerecht und schaffen für Schleswig und Holstein ein internationales Provisorium.
Einrichtung des »Conservative Central Office« zu Wahlvorbereitungen.

1852/53 ›Standing Orders‹ reformieren den bisherigen parlamentarischen Geschäftsgang und stellen den Vorrang von Regierungsvorlagen fest vor Debatten, Petitionen und Institutionen des Hauses.

1853 *4. Okt.*: Angesichts des Einmarsches der Russen in die Donaufürstentümer erklärt die Pforte Rußland den Krieg, obwohl England durch seinen Gesandten in Konstantinopel, Stratford Canning, Viscount St. de Redcliffe (1786–1880), zu vermitteln versucht hatte.

30. Nov.: Die Niederlage einer türkischen Flottille bei Sinope weckt antirussische Gefühle in England.

1853/54 T'ai-P'ing-Aufstand (Höchster Friede) der Chinesen als Folge der außenpolitischen Niederlagen, des Opiumkrieges, des wachsenden Einflusses der in exterritorialem Status lebenden Europäer.

1854 *Jan.*: Eine englisch-französische Flotte segelt ins Schwarze Meer, um die Russen vor Sewastopol zu blockieren.
März: Kriegserklärung Englands und Frankreichs an Rußland. Offizieller Beginn des Krim-Kriegs.
20. Sept.: Das Gefecht an der Alma, das erste Aufeinandertreffen im Krimkrieg, endet mit einem Sieg der Briten.
25. Okt.: Die Engländer werden aufgrund fehlerhafter Taktik bei Balaclara von den Russen geschlagen.
Endgültige Aufhebung der Wuchergesetze durch Schatzkanzler GLADSTONE.
Trotz des Sanitär- und Kanalisationsgesetzes von 1851 fallen einer zweiten Cholera-Epidemie im Großraum London 53000 Menschen zum Opfer.

1854/55 Während des Krieges versuchen Engländer und Franzosen durch Entsendung von Kriegsschiffen Rußland von Norden her zu treffen (Baltische Expedition).

1855 *8. Sept.*: Nach dreimonatiger Belagerung und mehrfachen Sturmangriffen fällt Sewastopol.
Auf Betreiben Sir STAFFORD NORTHCOTES (1818–1887) und Sir CHARLES TREVELYANS wird zur Förderung der öffentlichen Verwaltung und Bürokratie eine »Civil Service Commission« eingerichtet. Auswahl, Ausbildung und Prüfung der Kandidaten erfolgt nicht mehr durch Patronage, sondern – seit 1870 – durch ein »Civil Service Department«. Wichtig ist, daß der Großteil der englischen Verwaltung und Staatsbürokratie unpolitisch sein muß und bei einem Partei- und Regierungswechsel ausgetauscht werden kann.
Der Ingenieur (Sir) HENRY BESSEMER (1813–1898) erfindet die nach ihm benannte Bessemer-Birne und den Bessemer-Prozeß, wodurch Massenerzeugung von Flußstahl möglich wird.

1856 *1. Febr.*: Wiener Konferenzprotokoll, das am 25. Februar als Präliminarfriede angenommen wird.
30. März: Der Pariser Vertrag (Friede) beendet den Krimkrieg – um ein Jahr zu früh, wie PALMERSTON meint: Denn einerseits ist Rußland nicht völlig geschwächt worden, andererseits läuft die englische Kriegsmaschinerie und -rüstung noch, und zum dritten hat sich England den schnellen Friedensverhandlungen NAPOLEONS III. anschließen müssen, was als Prestigeverlust gewertet wird. – Recht behalten haben die liberalen Führer der

Manchester-Bewegung wie Cobden und John Bright (1811–1889), die entgegen der Meinung der nationalistischen Middle Class den Krieg als unnötig und ungerechtfertigt bezeichnet hatten. Der Krieg kostete England 25 000 Tote und 70 Mill. Pfund. – Während des noch im alten Stil geführten Krieges wird Florence Nightingale (1820–1910) berühmt, die das unzureichende Versorgungs-, Betreuungs- und Sanitätswesen reformiert. – Mit Kriegsende und dem vorzeitigen Rücktritt (Februar 1855) des Premiers George Hamilton Gordon, Earl of Aberdeen (1784–1860) verliert England das Interesse an den Donaufürstentümern, konzentriert sich auf sein Kolonialreich und betrachtet für fünfzig Jahre die kontinentaleuropäischen Angelegenheiten aus der Warte einer »splendid isolation«.

1856 bis 1860 England und Frankreich antworten auf den T'ai-P'ing-Aufstand mit dem aus fadenscheinigen Gründen begonnenen »Lorcha-Krieg« (Lorcha = chines. Dschunke mit europäischer Takelung), besetzen Peking und zwingen China in den Verträgen zu Tientsin (26. Juni 1858) und Peking (24. Oktober 1860) neue Zugeständnisse auf: Handelskonzessionen, Genehmigung und Zulassung europäischer Gesandtschaften sowie Schutz der christlichen Mission. – Machtpolitik, handfeste Handels- und Wirtschaftsinteressen, liberale und humanitäre Gedanken sind die Gründe (Vorwände) für Englands bedenkliche, vom Ausland verworfene Intervention. Die britische Öffentlichkeit aber folgt Premier Palmerston auf dem expansionistisch-imperialistischen Kurs.

1857 Ehescheidungsgesetz.
Gründung der Universitäten Kalkutta, Bombay und Madras. Sepoy-Aufstand in Indien: Aus dynastischen, rassischen und politisch-religiösen Gründen meutern indische Garnisonen, zumeist mohammedanischen Glaubens, in Zentralindien und ermorden die britischen Offiziere. Englisch-indische Hilfstruppen (Sikhs) aus Kalkutta und dem Pandschab schlagen die grausam wütenden Rebellen mit entsprechend brutalen Methoden zurück. – Der Sieger von Alma (Krim), General (Feldmarschall) Colin Campbell, Baron Clyde (1792–1863), führt auch hier den Oberbefehl.

1857 bis 1861 Henry Thomas Buckle (1821–1862) schreibt seine ›History of Civilization in England‹, eine auf naturwissenschaftlichen, ökonomischen und philosophischen Grundlagen basierende Kulturgeschichte.

1857 bis 1880 Fenier-Bewegung in den USA (Fenier oder Fenian = Krieger) als eine für Irland gegründete radikal antienglische Geheimorganisation. Die »Fenian Brotherhood« verliert in England und Irland um 1880 an Bedeutung, nicht aber als Vereinigung der Iren Nordamerikas. Im 20. Jahrhundert knüpfen einige Führer der »Sinn Fein« wieder an die alte Bewegung an.

1858 Zusammenschluß der liberalen Gruppen Großbritanniens zur »Birmingham Reform Association«.

Ende der East India Company nach fast zweihundertsechzigjährigem Bestehen als Folge des Sepoy-Aufstandes. Ganz Britisch-Indien wird der Krone unterstellt, der Generalgouverneur zum Vize-König erhoben. – Der Staatssekretär für Indien erhält im »Indienrat« einen ständigen Beirat.
Rothschild's Case: Nachdem Baron Lionel Nathan Rothschild (1808–1879) bereits 1847 zum Abgeordneten für die City of London gewählt worden war, seinen Platz aber als Jude nicht hatte einnehmen dürfen, erlaubt ihm – nach fünfmaliger Wahl – die ›Jewish Relief Bill‹, sein Mandat wahrzunehmen, da die christliche Glaubensformel im »Abjuration Oath« gestrichen wird.

1859 Charles Darwin (1809–1882) veröffentlicht ›On the Origin of Species‹. 1871 folgt ›The Descendant of Man‹.
Der positivistisch-empiristisch orientierte Philosoph, Volkswirtschaftler und Staatstheoretiker John Stuart Mill (1806–1873) veröffentlicht die liberal-sozialkritische Schrift ›On Liberty‹.

1860 *23. Jan.*: Richard Cobden erreicht mit dem »Cobden-Vertrag« ein englisch-französisches Freihandelsabkommen, als dessen Folge das britische Jahresbudget die Zölle für 371 Güter aufhebt.

1860/61 Premier Palmerston und Außenminister Russell unterstützen offen die italienischen Freiheitsbestrebungen und verärgern dadurch Rußland, Österreich, Frankreich und Preußen.

1860 bis 1870 Zweiter Maori-Aufstand in Neuseeland.

1861 Die »Liberal Central Association« übernimmt vom »Reform Club« die technisch-organisatorischen Wahlangelegenheiten.
Selbstverwaltung für Australien.
Der Philosoph und Pädagoge Herbert Spencer (1820–1903) veröffentlicht ›Education Intellectual, Moral, and Physical‹.
Erste Einsätze des Dampfpfluges in der Landwirtschaft (System Fowler).

1861 bis 1865 Während des amerikanischen Sezessionskrieges bleibt England neutral, obwohl Napoleon III. ein englisch-französisches Vorgehen gegen die Nordstaaten wünscht, die von der »Union« über die »Konföderierten« verhängte Blockade den Baumwollexport nach England verhindert, so daß es in den englischen Textilfabriken zu Kurzarbeit und auch Arbeitslosigkeit kommt, und obwohl Regierung, Adel und Antireformer aus dem Whig- und Torylager mit dem Süden sympathisieren. Selbst Gladstone lehnt die Nordstaaten wegen ihrer idealistischen Forderungen nach Einheitsdemokratie ab. Dagegen stehen die Reformer und die Demokraten um John Bright um so mehr auf der Seite der Nordstaaten, als sie die Probleme der Mittelklasse und der Arbeiter kennen und vertreten und vor allem für die Abschaffung der Sklaverei in den großagrarisch strukturierten Südstaaten plädieren.

1862 bis 1872 »Alabama-Fall«: Während des Sezessionskrieges geben die blockierten Südstaaten in England den Bau mehrerer Schiffe in Auftrag (»Alabama«, »Florida«, »Georgia«, »Shenandoah«). Im März und Juli 1862 führen die »Alabama« und die »Florida«, die mit Wissen der englischen Regierung die britischen Hoheitsgewässer verlassen haben, im Dienste der Südstaaten einen Kaperkrieg. Die Nordstaaten beschweren sich, fordern in England ein juristisches Gutachten an und klagen auf Schadenersatz wegen Neutralitätsverletzung seitens England. Nachdem dieses die Reparationsforderungen der »Union« abgelehnt hat, kommt es am 8. Mai 1871 in Washington zu einem Übereinkommen, sich einem Schiedsspruch zu unterwerfen (USA, England, Italien, Schweiz, Brasilien). Am 14. September 1872 entscheidet das Genfer Schiedsgericht auf eine Schuld Englands, das sich dem Urteil unterwirft und 15,5 Mill. Dollar an die USA zahlt. – 1907 werden die drei Genfer Sprüche über das Verhalten einer neutralen Regierung gegenüber zwei kriegführenden Parteien allgemein anerkanntes Völkerrecht.

1863/64 Palmerston muß die Besetzung der Herzogtümer Schleswig und Holstein durch Österreich und Preußen und damit die Verletzung des Londoner Protokolls von 1852 tatenlos hinnehmen.

1864 *28. Sept.*: Gründung der »I. Internationalen Arbeiterassoziation« unter Beteiligung von Karl Marx (1818–1883) in London.
Alfred Lord Tennysons (1809–1892) Verserzählung ›Enoch Arden‹, ein melodramatisches Seemannsepos, wird vom viktorianischen, aber auch vom kontinentalen Lesepublikum enthusiastisch aufgenommen.
Errichtung der »Conservative Registration Association«.

1865 *14. Juli*: Mit der Matterhorn-Erstbesteigung durch Edward Whymper (1840–1911) beginnt der alpine Tourismus.
Ausweitung der »Birmingham Reform Association« zur »Birmingham Liberal Association«. Gleichzeitig gründet der Rechtsanwalt Edmund Beales (1803–1881) in London die »National Reform League«. Beide Vereinigungen kämpfen für das Wahlrecht der Arbeiter. Die organisatorische Spitze zwecks Zusammenarbeit liegt beim »caucus«, einer Art vorplanendem Parteigremium (Birmingham Radical Caucus).
Die ›Colonial Law Validity Act‹ sichert den Kolonien eine innen- und handelspolitische Autonomie im Rahmen des Empire zu, lediglich eingeschränkt durch geltendes englisches Recht und einige Reservatrechte des Mutterlandes.

1866 *Juni/Juli*: Palmerstons Nachfolger als Premier, Lord Russell bzw. Edward Henry Stanley, Earl of Derby (1826–1893), können und wollen nicht in den preußisch-österreichischen Krieg eingreifen.

1867 *Mai*: ›Representation of the People Act‹, eine Wahlrechtsreform nach Intentionen DISRAELIS mit besonders drastischen Änderungen der parlamentarischen Geschäftsordnung: Das Kabinett wird Ausdruck der Mehrheitspartei, die als Sachwalter der Wählermeinung in den Vordergrund rückt. Der Premier als Chef der Mehrheitspartei, Kabinettsvorsitzender, Leiter des Hauses und erster Ratgeber der Krone manipuliert fortan über Kabinett, Regierungsinitiativen und Modifizierungen der Sprech- und Diskussionsdauer das Unterhaus. – Verschärfte Gesetze wie 1887 die »Guillotine« (time limit), die Einrichtung von »Standing Committees« zur Arbeitsentlastung des Unterhauses 1896 sowie die »Parliamentary Railway Timetable« von 1902 machen im »Musterland der Demokratie« das Parlament zu einer Ausführungs- und Akklamations-Institution, wobei der »Speaker« nahezu diktatorisch eingreifen kann, zumal er keineswegs immer neutral ist. – Zu den Wahlmodifikationen der ›Representation of the People Act‹ gehört auch eine Straffung des Zensus auf fünf, zehn und zwölf Pfund. 45 Boroughs mit weniger als 10000 Einwohnern verlieren einen der zwei Sitze, während Liverpool, Birmingham, Manchester und Leeds nun drei Stimmen erhalten. Insgesamt erhöht sich die Zahl der Wahlberechtigten auf fast das Doppelte.
24. Sept.: Erste Lambeth-Konferenz in London: Versammlung aller anglikanischen Bischöfe zur Beratung politischer, wirtschaftlicher, kultureller und theologisch-religiöser Probleme.
Bildung der »National Union of Conservative and Constitutional Associations« als Instrument für den Wahlkampf.
Die ›British North America Act‹ trennt Unter- und Oberkanada, vereint diese aber mit Neuschottland und Neubraunschweig zur »Federation of British North America«, zum Dominion von Kanada mit starker Gewalt der Bundesregierung. – 1870 tritt Manitoba bei, 1871 British Columbia, 1905 Alberta und Saskatchewan.

1868 *Jan./Febr. und Nov./Dez.*: Bei den Parlamentswahlen zeigt sich erstmals der Erfolg einer gezielten Lenkung der Wählermassen, vor allem der liberalen, aufgrund der Agitation und der Vorschläge des »General Committee of the Birmingham Liberal Association«.
Die gewerkschaftlichen »Amalgamated Societies« schaffen im »Trades Union Congress« (TUC.) eine Dachorganisation mit jährlichem Zusammentritt, ein »General Council« mit 32 Vertretern aus 17 Einzelgewerkschaften und einem ständigen Generalsekretär.
Die Freikirchen werden vom Zwang der Steuerleistungen an die Staatskirche befreit und sind fortan gleichberechtigt. – 1895 schließen sie sich zum »National Free Church Council« zusammen.

1869 Beginn der von Premier GLADSTONE geplanten Entstaatlichungs-Politik (disestablishment), d. h. Trennung der Kirchen Großbritanniens vom Staat: 1869 für Irland, 1874 für Schottland, 1920 für Wales.

Der Physiker J. C. Maxwell (1831–1879) findet die Grundgleichungen für sämtliche elektromagnetischen Erscheinungen.

1870 *9. Aug.*: Die kriegführenden Mächte Deutschland und Frankreich stimmen dem Vorschlag Gladstones zu, die Neutralität Belgiens zu wahren.
Volle Funktionsaufnahme – im parteipolitischen Sinn – des »Conservative Central Office«, da Disraeli seine Wahlniederlage von 1868 mit allen Mitteln wettmachen will.
Die ›Irish Land Act‹ Gladstones, der einen allmählichen Übergang zur »Irish Home Rule« befürwortet, sieht eine Entschädigung für entlassene Richter vor und hilft den Kauf grundherrlichen Landes durch Kleinpächter finanzieren. De facto bewirkt die Act wenig, gibt aber den Iren einen moralischen Rückhalt durch das Mutterland, da die Londoner Regierung ihre Fürsorgepflicht offen zu erkennen gibt.
Der Dubliner Nationalökonom und Rechtsanwalt Isaac Butt (1813–1879) gründet die »Home Government Association«, die bald in »Home Rule League« umbenannt wird.
Die ›Elementary Education Act‹ des Vizepräsidenten des Geheimen Rats, William Edward Forster (1818–1886), sichert die allgemeine Elementarschulerziehung (Volksschule), verdoppelt die Staatszuschüsse und sieht Schulgeldbefreiung für arme Familien vor.

1870 bis 1880 Einführung der allgemeinen Schulpflicht (Abgangsalter 1893: 11 Jahre, 1899: 12, 1900: 14, 1944: 15).

1870/71 Außenminister George Leveson-Gower, Earl of Granville (1815–1891), und Premier Gladstone müssen auch während des deutsch-französischen Krieges die Politik der »non-intervention« einhalten.

1871 *9. Febr.*: Oppositionsführer Disraeli bezeichnet in einer Unterhaus-Rede, bestimmt von Unbehagen über Bismarcks Politik, den deutsch-französischen Krieg als »German Revolution«, bedeutender als die Revolution von 1789.
28. Okt.: Der als verschollen geltende große Afrikaforscher David Livingstone (1813–1873) wird in Udjidji von (Sir) Henry Morton Stanley (1841–1904) gefunden.
›Test Acts‹ öffnen Universitätslaufbahn und hohe öffentliche Ämter allen Bürgern ohne Rücksicht auf ihre Religionszugehörigkeit.
Eine ›Bank Holiday Act‹ regelt Bank-Feiertage, die schnell zu gesetzlichen Feiertagen werden (1875, 1903 und 1967 ergänzt).
In England leben nur mehr 35 Prozent der Bevölkerung auf dem Lande (in Frankreich 67, in Deutschland 63 Prozent).

1872 *Juni*: Disraeli hält im Kristallpalast eine Brandrede gegen Gladstones Liberalismus, Freihandels- und Zivilisationsideen und fordert den Primat einer imperialen Politik.

18. Juli: Die ›Ballot Act‹ W. E. FORSTERS führt das geheime Wahlverfahren ein. Schwerer Schlag gegen Wahlabhängigkeit, Patronagesystem und Wahlbeeinflussung.
Anerkennung der »Trade Unions« und Zusicherung des Streikrechts durch die Regierung.
Eine ›Licensing Act‹ beschränkt die Zahl der Wirtshäuser und die Ausschankzeiten.
Die Kapkolonie erhält das Recht der Selbstregierung.

1873/74 Krieg mit den westafrikanischen Aschantis, deren Gebiet später der Kolonie Goldküste zugeschlagen wird.

1874 *24. Jan.*: Während des Wahlkampfes appelliert GLADSTONE mit der in der ›Times‹ erscheinenden ›Greenwich Address‹ an die Wähler, seine Politik zu unterstützen. Der Aufruf ist Ausdruck einer offiziellen Parteipolitik und eines Programms.
26. Jan.: DISRAELIS Antwort erscheint an gleicher Stelle.
Febr.: GLADSTONES modernistische Politik (Irland, Volksschul- und Universitätsfrage, Ausschankgesetz, Schmälerung der Staatskirchenprivilegien, Strafgesetze gegen wilden Streikterror), die England von allen »vested interests« befreien will, wird von den Wählern nicht honoriert. – Immerhin gelangen die ersten Arbeiter-Vertreter, die Lib-Labs (liberal labourers), ins Parlament.
20. Febr.: Das zweite Kabinett DISRAELI führt Großbritannien in eine imperialistische Politik und verharrt gegenüber kontinentaleuropäischen Problemen in einer »splendid isolation«. – Der Sturz GLADSTONES bestimmt – mit Unterbrechungen – bis 1901 die Politik als expansionistisch-imperialistisch, untermauert durch den »Jingoismus« (seit 1877) und die Schriften der berühmten Historiker und Literaten Sir THOMAS CARLYLE (1795–1881) und JAMES ANTHONY FROUDE (1818–1894), des Politikers und Schriftstellers Sir CHARLES WENTWORTH DILKE (1843–1911), dessen programmatisches Buch ›The Greater Britain‹ (1868) ebenso bestimmend wird wie Sir ROBERT SEELEYS (1834–1895) ›The Expansion of England‹ (1883).

1875 *6. Mai*: Der französische Außenminister LOUIS CHARLES Duc de DÉCAZES (1819–1886) provoziert die sog. »Krieg-in-Sicht-Krise«, indem er in England von einem drohenden Präventivkrieg Deutschlands gegen Frankreich spricht. Daraufhin intervenieren auf Betreiben DISRAELIS England und Rußland in Berlin. BISMARCK beteuert seine friedliche Gesinnung, muß aber künftig bei seiner Außenpolitik ein mögliches Zusammengehen Englands und Frankreichs berücksichtigen.
Die Gewerkschaften erhalten in der ›Conspiracy and Protection of Property Act‹ das gesetzliche Streikrecht.
Hatten die britische Regierung, das Parlament und die Öffentlichkeit seinerzeit den Kauf von Suezkanal-Aktien abgelehnt, so macht DISRAELI, der

die strategische und wirtschaftliche Bedeutung des 1869 eröffneten Kanals für die britische Kap-Kairo- und Suez-Singapur-Linie erkennt, diesen Fehler gründlich wett. Für vier Millionen Pfund, vorgestreckt von Baron LIONEL NATHAN ROTHSCHILD, kauft er blitzschnell alle 176602 Anteile (shares) des bankrotten Khediven von Ägypten, ISMAIL PASCHA (1830–1895).

Zwischen 1875 und 1900 Auf die goldenen Jahre der Viktorianischen Ära (1850–1875) folgt die Zeit der »großen Depression«, besser Stagnation: Mißernten und Agrarkrisen, Preisstürze beim Getreide, Einbrüche im Außenhandel, außerordentliche Schwankungen im Stahl- und Maschinenbau mit entsprechenden Arbeitslosenzahlen usw.

1876 *1. Mai*: Königin VIKTORIA nimmt auf Drängen DISRAELIS den Titel einer »Kaiserin von Indien« an (in Kraft seit 1. Januar 1877).
ALEXANDER GRAHAM BELL (1847–1922) konstruiert ein brauchbares Telefon.

1877 Mit der »Liberal National Association« (LNA) wird eine nationale Parteiorganisation aufgebaut. Ihr Präsident wird der Fabrikant, Bürgermeister von Birmingham und spätere Handelsminister JOSEPH CHAMBERLAIN (1836–1914). Er und sein Sekretär, der Tuchhändler FRANCIS SCHNADHURST, machen die LNA zu einer quasi außerparlamentarischen Parteimaschine.
England annektiert Transvaal.

seit 1877 Im Gegensatz zu den Feniers wird »Home Rule« zum Programm der irischen Nationalpartei, die Irlands Unabhängigkeit im Rahmen des Britischen Weltreichs als Dominion sieht und auf parlamentarischem Wege erreichen will.

1877/78 Während des russisch-türkischen Krieges taucht in England in einem Gassenlied der Begriff »Jingoismus« auf; damit werden die Anhänger der Kriegspartei und des aggressiven Nationalismus bezeichnet.

1878 *3. März*: Im Frieden zu San Stefano gibt die Türkei den siegreichen Russen nach: Serbien, Montenegro und Rumänien werden unabhängig, Bulgarien ein eigener Staat. – Die übrigen Großmächte sind nicht gewillt, diesen Machtzuwachs Rußlands hinzunehmen. Im März und April verlegen die Briten Truppen nach Malta und schicken eine Flotte ins Marmara-Meer. Unter solchen Umständen muß ein europäischer Kongreß über die territorialpolitischen und Gleichgewichtsfragen entscheiden.
13. Juni bis 13. Juli: Berliner Kongreß mit dem neutralen BISMARCK als »Schiedsrichter Europas«: England unterstützt die Türken, erreicht eine Revision des Friedens zu San Stefano, drängt die Russen zurück und internationalisiert die Balkanfrage. Zum Dank lassen sich DISRAELI und sein neuer Außenminister ROBERT ARTHUR TALBOT GASCOYNE-CECIL, Mar-

quess of Salisbury (1830–1903), von den Türken die Insel Zypern »schenken«.
William Booth (1829–1912) gründet, aufbauend auf der »Christian Revival Association« (1865) und der »East London Christian Mission« (1867), die »Salvation Army« (Heilsarmee) und wird ihr erster »General«.

1878/79 Krieg mit den Zulukaffern infolge der Annexion Transvaals.

1878 bis 1880 Eigenmächtige Einmischung des Generalgouverneurs für Indien, Edward R. Bulwer, Earl of Lytton (1831–1891), in Afghanistan, um Rußland Paroli zu bieten. Nach anfänglichen Mißerfolgen – das Kabinett Gladstone setzt daher 1880 George Frederick Samuel Robinson, Marquis of Ripon (1827–1909), an Lyttons Stelle – bleiben die britischen Truppen unter General (Feldmarschall) Frederick Sleigh (Earl) Roberts of Kandahar and Pretoria (1832–1914) siegreich.

1879 *24. Nov. bis 7. Dez.*: Auf einer Wahlkampfreise in Schottland (Midlothian Campaigns), wo er als liberaler Kandidat für Midlothian auftritt, kritisiert Gladstone in brillanten »indictments« die Außenpolitik und das Finanzgebaren des »Beaconfieldism«. Die großartige Eloquenz und Menschenführung bringen Gladstone nicht nur den Unterhaus-Sitz, sondern im April des nächsten Jahres auch den Sieg über Disraeli.
Der neue Wortführer der Iren und Kämpfer für die »Home Rule«, der Unterhaus-Abgeordnete Charles Stewart Parnell (1846–1891), wird Präsident der »Irish Land League«.
In Oxford werden Studentinnen zugelassen.
Durch das grundlegende Werk ›Progress and Poverty‹ des amerikanischen Volkswirtschaftlers Henry George (1839–1897), das die Lösung der sozialen Frage in der Aufhebung des privaten Grundeigentums und in der Abschöpfung der Grundrente durch eine einzige Steuer vorsieht, kommt es in England (auch in Deutschland) zu einer Bodenreform-Debatte und zur sog. »single tax«-Bewegung.

1880 *23. April*: Gladstone übernimmt wieder die Regierung von Disraeli, der über außenpolitische Fehlschläge stolperte. Dennoch muß Gladstone sich den Anforderungen, die das bereits in großen Zügen etablierte Empire stellt, beugen. Vorrangig jedoch widmet er sich erneut dem »Home Rule«-Problem.

seit 1880 In England greift ein von Amerika und Frankreich beeinflußter sozialer Humanismus bzw. sozialkritischer Utopismus um sich, neben dem Imperialismus die allgemeine Strömung der Zeit. Neben den realistischen Romanen etwa von Thomas Hardy (1840–1928), George Moore (1852–1933) und John Ruskin (1819–1900), der Sozialutopie ›News from Nowhere‹ (1891) von William Morris (1834–1896) stehen die populärsozialistischen Ideen des ›Clarion‹-Herausgebers Robert Blatchford und vor allem die praktischen caritativen Bemühungen WILLIAM BOOTHS, dessen 1890 erscheinendes Buch ›In Darkest England, and the Way Out‹ das städtische Elend anprangert und damit die »besseren Stände« schockiert.

1880/81 Erster Südafrikanischer Krieg: Im Dezember 1880 erheben sich die Buren in Transvaal unter PAUL (OHM) KRÜGER (1825–1904). Am 27. Februar 1881 werden die Briten bei Majuba Hill geschlagen, wobei ihr Kommandeur, Generalmajor Sir GEORGE COLLEY (geb. 1835), fällt. Am 3. August 1881 garantiert die Konvention von Pretoria die Unabhängigkeit Transvaals unter der Suzeränität Königin VIKTORIAS. Diese Stärkung des burischen Selbstbewußtseins wird 1884 durch eine zweite Konvention bestätigt.
Die Irische Landliga unter PARNELL zwingt den englischen Gutsverwalter Captain CHARLES BOYCOTT (1832–1897) wegen seiner Härte irischen Pächtern gegenüber zur Auswanderung, indem man Boycott jeden wirtschaftlichen und gesellschaftlichen Verkehr verweigert (Boykott). Parnells Leute werden verhaftet und am 28. Dezember 1880 offiziell angeklagt. Da das Dubliner Gericht aber Obstruktion übt, muß sich das Londoner Parlament mit den Dingen befassen und ein Zwangsgesetz (›Coercion Bill‹) vorbereiten. Am 2. Februar 1881 nimmt der Speaker die Sache in die Hand; einen Tag später sind alle irischen Unterhaus-Abgeordneten »hinausgeschmissen«; am 2. März kann das Zwangsgesetz gegen die Iren erlassen werden, d. h. die Exekutive in Irland erhält das Recht zu vorbeugenden Verhaftungen, eine Maßnahme, die WILLIAM E. FORSTER, nun Obersekretär für Irland, nur zu gern gegen die irischen Agrarrebellen anwendet und sich deshalb mit GLADSTONE entzweit.

1880 bis 1885 Von sich reden macht die »Fourth Party«, eine kleine, aber scharf attackierende Gruppe innerhalb der von Lord NORTHCOTE, dann von SALISBURY geführten konservativen Opposition. Ihr Hauptsprecher ist das »enfant terrible« der englischen Politik, Lord RANDOLPH CHURCHILL (1849–1895), ein direkter Nachfolger des Herzogs von Marlborough.

1881 *Sept./Okt.*: GLADSTONE gibt den irischen Pächtern ein neues Landgesetz mit den »3F«: Fixity of Tenure, Fair Rents, Free Sale (Kündigungsschutz, angemessene Pachten und Renten, freier Handel und Verkauf). PARNELL opponiert, ruft einen Skandal im Unterhaus hervor und wird ein paar Tage darauf mit einigen radikalen Anhängern erneut inhaftiert.
Die Einwohnerzahl von England und Wales hat sich seit 1821 auf 28 Mill. verdoppelt.

seit 1881 Der Aufstand des »MAHDI« MOHAMED ACHMED (1844–1885) im ägyptischen Sudan stellt England vor eine schwere Belastungsprobe.

1881/82 Ägyptische Frage: Die Verschuldung des Khediven MOHAMED TAUFIK PASCHA (1852–1892) und das britisch-französische Kondominium bewirken einen christen- und fremdenfeindlichen Aufstand der ägyptischen Streitkräfte, geführt vom Führer der Nationalpartei ACHMED ARABI PASCHA (1839–1911). Als im Sommer 1882 die Briten zum Schutz des Khediven, des Suezkanals und gegen die Anarchie eingreifen, stellt sich ihnen Arabi Pascha, nun Kriegsminister, entgegen. Am 11. Juli bombardieren die Engländer Alexandria, am 13. September werden die Aufständischen von Sir (Lord) GARNET WOLSELEY (1833–1913) bei Tell-el-Kebir geschlagen.

1882 *2. Mai*: Nach sechsmonatiger Haft wird PARNELL entlassen. Auf Vermittlung CHAMBERLAINS handeln er und GLADSTONE den »Kilmainham Treaty« aus, in dem Parnell die Ausschreitungen unterdrücken helfen und Gladstone ein Renten- und Entschuldungsgesetz einbringen sollen. Aus Protest gegen GLADSTONES noch immer positive Einstellung bezüglich der Irland-Frage tritt W. E FORSTER zurück.
6. Mai: Im Phoenix-Park zu Dublin werden der neue Chefsekretär für Irland, Lord FREDERICK CHARLES CAVENDISH, und sein Vize, THOMAS HENRY BURKE, bei einem Attentat getötet. – Einige Verschwörer aus der Gruppe der »Invincibles« werden gehängt; das Londoner Parlament erläßt eine zweite ›Irish Coercion Act‹. – Im Laufe dieses Jahres kommt es in Irland zu 26 Morden und 58 Mordversuchen an Engländern.

1883 *Sommer*: Sir EVELYN BARING, später Earl of Cromer (1841–1917), wird als neuer Generalkonsul faktisch auch Generalgouverneur, Berater des Khediven und in vierundzwanzigjähriger Arbeit (bis 1907) der Neugestalter Ägyptens; der Prototyp eines zielbewußten und rationell operierenden Imperialisten.
5. Nov.: Der »Mahdi« schlägt bei El Obeid ein britisch-ägyptisches Expeditionskorps unter Colonel WILLIAM HICKS (geb. 1830) vernichtend; der englische Kommandeur fällt.
Gründung der »Primrose League« (nicht auf Disraelis Betreiben, sondern auf Pläne des verstorbenen Prinzgemahls Albert zurückgehend) zur Unterstützung der Konservativen Partei: Wahrung der Religion, der königlichen Autorität und des nationalen und internationalen Aufstiegs. 1891 zählt die Vereinigung über eine Million, 1910 über zwei Millionen Mitglieder. – Einer der Hauptakteure ist auch hier Lord CHURCHILL, der Befürworter von DISRAELIS Gedanken einer »Tory Democracy« und Konkurrent SALISBURYS.
SIDNEY WEBB, später Lord Passfield (1859–1947), seine Frau BEATRICE WEBB (1858–1943), GRAHAM WALLAS (1858–1932), SIDNEY (Baron) OLIVIER (1859–1943), GEORGE BERNARD SHAW (1856–1950) u. a. gründen die »Fabian Society« in London: Die Namensgebung nach dem römischen Konsul und Diktator Fabius Maximus »Cunctator« (gest. 203 v. Chr.) soll auf langsame und schrittweise, d. h. evolutionäre Umwandlung von Wirtschaft und Gesellschaft hindeuten. Die den Gewerkschaften (Trade Unions) nahestehenden und mit Einschränkungen als Vorläufer der »La-

bour Party« zu bezeichnenden »Fabians« kommen über die 24 Doppelwahlkreise und linke Liberale (Lib-Labs) ins Parlament. – Besonders die beiden Webb und der junge Shaw treten als intellektuelle Sozialreformer durch zahlreiche Schriften und eigene Lehrtätigkeit hervor.
›Corrupt and Illegal Practices Act‹ gegen Bestechung und Wahlschwindel.

1884 Gründung der »Imperial Federation League« zur Propagierung und Durchsetzung eines globalen britischen Empires mit einheitlicher Wehr- und Zollstruktur und zentraler Führung. – Einer der wichtigsten Befürworter der auch von DISRAELI, SALISBURY und CHAMBERLAIN unterstützten Pläne ist der reiche Diamantenkaufmann und Abgeordnete CECIL JOHN RHODES (1853–1902), der noch im gleichen Jahr Finanzminister der Kapkolonie wird.

1884/85 Wahlrechtsreform durch GLADSTONE (dritte ›Representation of the People Act‹), erzwungen von den Radikalen um CHAMBERLAIN. Primär werden den Landarbeitern größere Rechte eingeräumt. 1885 bewirkt die ›Redistribution Act‹ eine grundsätzliche Neuverteilung der Sitze: Mit Ausnahme Londons, der Universitätsstädte und 23 großer Boroughs mit je zwei Mandaten wird das Land in 1-Stimmen-Bezirke eingeteilt, wobei Boroughs mit weniger als 10000 Einwohnern in die Counties eingegliedert werden. Außerdem bringt das Gesetz weitere Vorteile für die irischen Wähler.
Auf der Kongo-Konferenz (Dez. 1884/Febr. 1885) in Berlin führt die französisch-deutsche Zusammenarbeit zur völligen Isolierung Englands.

1885 *25. Jan.*: Khartum fällt in die Hand der Truppen des »Mahdi«; der britische Befehlshaber und Gouverneur des Sudan, General CHARLES GEORGE GORDON »PASCHA« (geb. 1833), findet dabei den Tod. – Die Niederlage der Engländer ist der zögernden Politik GLADSTONES zuzuschreiben, der trotz der richtigen Lageeinschätzung Lord CROMERS zu spät ein Entsatzkorps schickt. Doch auch Gordon selbst ist an seinem Unglück mitschuldig, da er statt einer defensiven und hinhaltenden Kriegführung den ganzen Sudan erobern wollte.
23. Juni: Der Imperialist SALISBURY bestimmt als Außenminister die Politik der nächsten siebzehn Jahre, da er fast immer auch als Premier fungiert. Diese lange Regierungsperiode wird nur noch von come-back-Versuchen GLADSTONES vom Februar bis Juli 1886 und August 1892 bis März 1894 sowie einem Intermezzo des zeitweiligen Außenministers ARCHIBALD PHILIP PRIMROSE, Earl of Rosebery (1847–1929), vom März 1894 bis Juni 1895 unterbrochen. – Der Moralist und Rechtskämpfer Gladstone, der die imperialistische Politik der Disraeli, Salisbury, Chamberlain, Cromer und Rhodes ablehnt, ist den außenpolitischen Schwierigkeiten nicht gewachsen. Die Niederlage bei El Obeid 1883, die Katastrophe im Sudan und die starke Mittlerrolle BISMARCKS auch in den afrikanischen und orientalischen Fragen bringen ihn um sein Prestige und sein Amt.

8. Juli: Die Regierung GLADSTONE wird im Unterhaus mit 264 zu 252 Stimmen geschlagen, da sich 76 Liberale der Stimme enthalten. Der Umschwung resultiert nicht zuletzt aus einer geheimen Wahlabsprache PARNELLS mit Lord RANDOLPH CHURCHILL: Gegen Aufhebung der irischen Zwangsgesetze verspricht er die Konservativen zu unterstützen. – Für sieben Monate leitet SALISBURY ein Minderheitenkabinett.
Ende Nov.: Die Neuwahlen bringen überraschenderweise einen Erfolg für die Liberalen, d. h. eine Mehrheit von 86 Stimmen. Aus Irland kommen 86 Home Rulers ins Unterhaus, so daß sie im Verein mit den Konservativen den Liberalen gleichstehen. – Daher verhandelt PARNELL über seine Geliebte KATHERINE O'SHEA (1845–1921), die Frau eines irischen Parlamentskollegen, mit GLADSTONE. Als dessen Sohn die Geheimverhandlungen im Dezember preisgibt, fühlen sich alle Seiten betrogen und desavouiert. Den größten Schaden haben noch die Iren und die Home Rule-Idee selbst, da viele Engländer, z. B. CHAMBERLAIN, in ihr nur eine Legitimierung der egoistischen, ja verbrecherischen Ziele und Handlungsweisen der Iren erblicken.
Gründung des »Indian National Congress« durch ALLAN OCTAVIAN HUME (1829–1912) als Instrument zur sozialen und dann politischen Reform Indiens.

1886 *3. Febr.*: Da SALISBURY verzichtet, drittes Ministerium GLADSTONE.
26. März: GLADSTONE legt eine ›Home Rule Bill‹ vor, worauf CHAMBERLAIN und andere mehr konservative Regierungsmitglieder ihr Amt zur Verfügung stellen.
März: Nach mehrmonatigen Kämpfen wird das Königreich Birma erobert und in Britisch-Indien eingegliedert.
8. April: Der Premier begründet seine Vorlage vom 26. März: Keine Iren mehr nach Westminster, dafür ein eigenes Parlament mit Exekutive in Dublin. Lediglich das Recht auf Krieg und Frieden, die Außen- und Kolonialpolitik sowie die Zoll- und Schiffahrtsfragen sollen von London aus bestimmt werden. Im übrigen sollen irische Richter in Irland eingesetzt werden, wobei das Appellationsrecht und damit die höchste richterliche Autorität beim London Supreme Court of Judicature bleibt.
8. Juni: GLADSTONE erleidet im Unterhaus mit 343 zu 313 Stimmen eine Abstimmungsniederlage, da 93 liberale »Unionisten«, also Gegner der irischen Unabhängigkeit, fehlen. Folglich läßt der Premier Neuwahlen ausschreiben. Sie bringen 316 Konservative, 78 dissentierende Liberale (Unionisten), 191 Gladstone-Anhänger und 85 »echte« Home Rulers ins Unterhaus.
25. Juli: SALISBURY übernimmt wieder die Regierung. Die Stellung der Konservativen bleibt bis 1905 nahezu ungeschwächt, während die Liberalen auseinanderfallen. Königin VIKTORIA, die Londoner Gesellschaft und weite Kreise der »upper middle class« verwerfen die Home Rule, so daß GLADSTONES Anhänger sich fortan mehr aus Wales, Schottland und – mit Vorbehalt – aus Irland rekrutieren.

Nach dem Vorbild des »Jungen Italien« Mazzinis und der »Jungen Iren« formiert sich das liberal-nationalistische »Junge Wales«.
Gründung der Royal Niger Company für Nigeria.
England hat mit 32 000 Kilometer das zweitlängste Eisenbahnnetz Europas (1848: 8500 km); bis ca. 1860 lag es noch vor Deutschland.

X **1887** *12. Febr.*: »Mittelmeer-Entente« zwischen England und Italien, der sich sechs Wochen später Österreich-Ungarn anschließt: Gebunden durch Zwei- und Dreibund hatte BISMARCK angesichts der 1886 erneut auftauchenden Balkan- und Dardanellenfrage eine Vermittlerrolle Englands begünstigt, was diesem und besonders SALISBURY einen beträchtlichen politischen und Prestigegewinn verschafft.
11. April: In einer Massenversammlung im Londoner Hyde Park protestieren ca. 150 000 Menschen gegen die Unterdrückungspolitik in Irland.
21./22. Juni: Fünfzigjähriges Regierungsjubiläum der Königin VIKTORIA mit einem Dankgottesdienst in Westminster bei Anwesenheit der gesamten Royal Family, der Regierung, des Hochadels, der Bischöfe und aller Kolonialminister sowie Abordnungen sämtlicher Heeres- und Marinegattungen. »The Great White Queen« erscheint als Inkarnation des Britischen Empire.
Sommer: Österreich und Italien versuchen, die Mittelmeer-Entente über den Status quo und das »autant que possible« hinaus zu präzisieren, was SALISBURY zurückweist, nicht zuletzt aus Beunruhigung über die deutsch-russischen Unterredungen (Rückversicherungsvertrag vom 18. Juni 1887).
Nov.: In einem Briefwechsel mit SALISBURY erklärt BISMARCK daher die Prinzipien der deutschen Außen-, Sicherheits- und Gleichgewichtspolitik, worauf sich der britische Premier zufrieden zeigt.
13. Nov.: In London kommt es auf dem Trafalgar Square zu blutigen Schlägereien zwischen radikalen Iren, Home Rulers und konservativen Gegnern.
Dirigistische Reform der Parlaments-Geschäftsordnung (als Ausweitung der ›Representation of the People Act‹ von 1867).

1887 bis 1891 Parnell-Affäre und Parnell-Kommission: Am 18. April 1887 veröffentlicht ›The Times‹ einen Brief PARNELLS aus dem Jahre 1882, in dem er die Phoenix-Park-Morde gutheißt. Doch dieser, wie auch weitere in Umlauf gesetzte Briefe sind Fälschungen des irischen Journalisten RICHARD PIGOTT. Vom 17. September bis zum 2. November 1888 untersucht eine von der Regierung eingesetzte Kommission aus drei Richtern die gegen Parnell und einige andere irische Abgeordnete erhobenen Vorwürfe. Ihr Bericht vom 13. Februar 1890 rehabilitiert Parnell völlig; Pigott hatte bereits am 1. März 1889 Selbstmord verübt. Parnell gewinnt anschließend einen Prozeß gegen die ›Times‹, die einige tausend Pfund Sterling Schadenersatz leisten muß. – Trotz dieses Triumphes ist das Ende von Parnells politischer Laufbahn gekommen: 1890 reicht Captain WILLIAM HENRY O'SHEA (1840–1905) die Scheidung ein, worauf Parnells langjährige intime Beziehungen zu Katherine O'Shea publik werden. Gladstone lehnt unter diesen Umständen eine weitere Zusammenarbeit mit ihm ab; auch die meisten Anhänger und der irische Klerus verlassen ihn. Physisch und psychisch am Ende seiner Kräfte, stirbt Parnell am 6. Oktober 1891, nachdem er kurz zuvor Katherine O'Shea geheiratet hatte.

1888 *13. Aug.*: Unter dem konservativen Ministerium Salisbury bauen die ›Local Government Act‹ und die ›County Council Act‹ die oligarchischen Kommunal- und Grafschaftsstrukturen ab, entmachten die lokalen und regionalen Friedensrichter, trennen Justiz und Verwaltung auf dem Lande und reorganisieren die Verwaltungseinheiten (administrative counties).
Annexion von Zululand, das am 30. Dezember 1897 mit Natal vereint wird.
Lizensierung der British East Africa Company für Kenia und Uganda.
Gründung der »Arts and Craft Society« zur Erneuerung der Kunst und des Kunstgewerbes. Von großem Einfluß auf den Jugendstil.

1889 *11. Jan.*: Angesichts der wachsenden Gefahr einer russisch-französischen Allianz beauftragt Bismarck seinen Botschafter in London, Paul Graf von Hatzfeld (1831–1901), Salisbury ein deutsch-englisches Verteidigungsbündnis gegen einen eventuellen französischen Angriff vorzuschlagen. – Nach zweimonatiger Bedenkzeit lehnt Salisbury in sehr diplomatischer Form am 22. März ab, wofür es mehrere Gründe gibt: England verhandelt gerade mit Rußland über Zentralasien und will daher Frankreich gegenüber diplomatisch zurückstecken bzw. Deutschland vorschikken. Außerdem ist der Premier verärgert über die Polemik der Bismarckfreundlichen Presse gegen den russophilen englischen Botschafter in Petersburg, Sir Robert Morier (1826–1893). Schließlich verübelt der Brite Bismarck, daß er die Ehe Alexanders von Battenberg, Fürst von Bulgarien (1857–1893), mit der Hohenzollernprinzessin Viktoria (1866–1923) verhindert hatte, um nicht die deutsch-russischen Beziehungen durch einen solchen Affront zu belasten.
Aug./Sept.: Dockarbeiter-Streik in London unter John Burns (1858–1943), einem hochgebildeten Arbeiter, der später zum Innen- und Handelsminister aufsteigt. Die Streikenden, die um bessere Löhne und Arbeitsbedingungen kämpfen, haben die Öffentlichkeit auf ihrer Seite. Als Folge dieses wichtigen und auch recht erfolgreichen Arbeitskampfes entsteht der »New Unionism«, d. h. die Trade Unions gehen immer mehr dazu über, nicht nur Facharbeiter gewerkschaftlich zu organisieren, sondern auch die ungelernten Arbeiter der jeweiligen Produktionszweige.
Gründung der British South Africa Company für das 1895 so benannte Süd- und Nordrhodesien.

1890 *1. Juli*: Die ehemals deutschen Gebiete Sansibar und Uganda werden britische Protektorate im Tausch gegen Helgoland, das an Deutschland fällt.

Die Bevölkerungsstruktur Englands um 1890/1895

(Die Zahlen sind angenähert, die »Klassen«-Übergänge fließend.)

Hochadel und Squires (barons, baronets)	80000
Hochklerus, hohe Beamte, Großhandel, freie Berufe	225000
Großbürger (Reiche), Reeder, Kaufleute, Fabrikanten	270000
Mittleres und Kleinbürgertum, niederer Klerus, kleine Beamte, Kleinhändler	357000
Städtische Handwerker und Arbeiter	23000000
Großzinsbauern (bürgerl. Gutsbesitzer)	220000
Bauern und kleine Zinsbauern	600000
Pächter	960000
Landarbeiter	1500000
Häusler	1000000
Landstreicher	200000

1890 bis 1896 CECIL RHODES ist Premier der Kapkolonie. Obwohl Prototyp eines Imperialisten, vertritt er eine fortschrittliche Eingeborenenpolitik und versucht ein Dominion Südafrika zu gründen.

1892 *15. Aug.*: GLADSTONE bildet seine vierte Regierung, nachdem die Wahlen neben 269 Konservativen 273 Liberale, 81 irische Home Rulers, 46 liberale Unionisten und einen »Independent Labour Man«, den Schotten JAMES KEIR HARDIE (1856–1915), ins Parlament gebracht hatten und SALISBURY mittels eines Mißtrauensvotums gestürzt worden war.
Gemäß dem »Newcastle Programm« von 1891 der Liberalen sollte es um die Beseitigung der Vorrechte der Anglikanischen Kirche in Schottland und Wales gehen sowie um die Landreform und Einschränkungen im Alkoholvertrieb. Umstritten und daher offen blieb die Irland-Frage.

1893 *Jan.*: Unter Vorsitz KEIR HARDIES tagt eine Konferenz der nationalen Arbeiterunionen. Das Ergebnis ist die Gründung einer von Trade Unions und Liberalen unabhängigen Arbeiterpartei, der »Independent Labour Party« (ILP), deren erster Präsident Keir Hardie wird.
Febr.: GLADSTONE bringt die zweite ›Home Rule Bill‹ ein. Die irischen Parlamentsmitglieder sollen zwar wieder in Westminster sitzen, jedoch nur über irische oder imperiale Belange befinden können. Ein Nachteil der Vorlage liegt darin, daß das Gesetz nicht auf die Sonderstellung Nordirlands (Ulster) eingeht, das sich zu England gehörig fühlt.
1. Sept.: Das Unterhaus billigt – gegen die Gruppe um CHAMBERLAIN – das Gesetz mit einer Mehrheit von 34 Stimmen.
8. Sept.: Das Oberhaus verwirft die Bill. GLADSTONE verzichtet auf Neuwahlen, da die Entscheidung offensichtlich Ausdruck der Bevölkerungsmehrheit ist.
Autonome Regierung für Natal.

1894 *5. März*: Nachfolger GLADSTONES wird der Höfling und profillose »liberale« Karrierepolitiker Lord ROSEBERY, Gatte einer Rothschild-Tochter und Freund Randolph Churchills sowie Cecil Rhodes'.
15. März: Abschluß der zahlreichen Verwaltungsreformen. Den Bedingungen der industriellen Gesellschaft entspricht nun auch die Lokalverwaltung mit dem Direktwahlrecht.
Ein Jahr nach der französischen Fassung erscheint OSCAR WILDES (1854–1900) ›Salome‹ auf englisch, illustriert von AUBREY BEARDSLEY (1872–1898), dem führenden Vertreter des Jugendstils.

1895 *17. April*: Der Friede von Shimonoseki beendet den chinesisch-japanischen Krieg. Englands Interessen in China und Japan werden von Frankreich und Deutschland zurückgedrängt.
SIDNEY WEBB gründet die »London School of Economics and Political Science«. Die Abendschule wird 1900 der Universität London angegliedert und entwickelt sich unter Sir WILLIAM BEVERIDGE (1879–1963), der sie von 1919 bis 1937 leitet, zu einer der bedeutendsten Hochschulen des Landes, vielleicht Europas. Zu ihren Lehrkräften gehören im Laufe der Jahrzehnte bedeutende Theoretiker, Minister und sogar Premiers der Labour Party (Webb, Laski, Attlee, Gaitskell).
25. Juni: Nach den Neuwahlen (340 Konservative, 71 Unionisten, 177 Liberale, 82 irische Nationalisten) wird SALISBURY wieder Premier, wobei er 5 Unionisten, wie im Wahlkampf zugesagt, ins Kabinett aufnimmt.

1895/96 RHODES als Ministerpräsident der Kapkolonie sucht Transvaal mit seinem Premier KRÜGER zu »kassieren«, indem er das ganze nördlich Transvaal gelegene Territorium aufkauft. Als Krüger daraufhin mittels einer neu eröffneten Eisenbahnlinie von der portugiesischen Delagoa-Bucht (Moçambique) nach Transvaal ab 8. Juli 1895 das britische Gebiet umgehen und englische Importe behindern kann, antwortet London am 3. November mit einem Ultimatum. Angesichts einer drohenden Revolte der »Uitlanders« (Briten, Amerikaner, Deutsche) in Johannesburg gibt Krüger nach, woraufhin Kolonialminister JOSEPH CHAMBERLAIN zwischen dem Präsidenten und den Uitlanders vermitteln will. Rhodes, der gerade ganz Rhodesien eingekauft hat und nun Transvaal okkupieren will, ist über Krügers Zurückweichen noch nicht informiert und baut längs der Westgrenze Transvaals eine Polizeitruppe auf, die vom Sekretär der »South Africa Company«, Dr. LEANDER S. JAMESON (1853–1917), befehligt wird. Da Chamberlain abwartet und der britische Hochkommissar Sir HERCULES GEORGE ROBERT ROBINSON, Baron Rosmead (1824–1897), neutral bleibt, wird der Johannesburger Aufstand der Uitlanders am 27./28. Dezember beigelegt. Rhodes wartet auf Befehle aus London, Jameson auf die von Rhodes und bricht schließlich am 29. Dezember 1895 mit 470 Reitern nach Transvaal auf (Jameson Raid). Am 2. Januar 1896 wird er in einen Hinterhalt gelockt und samt seiner Truppe entwaffnet. – Rhodes tritt von seinem Amt zurück und widmet sich fortan ganz dem Aufbau Rhodesiens. – Englands Prestige ist beträchtlich geschmälert: Am 17. Dezember 1895, noch während Rhodes und Jameson auf Instruktionen aus London warten, richtet US-Präsident GROVER CLEVELAND (1837–1908) eine Botschaft an den Kongreß, in der er eine Kommission zur Regelung der Grenzfrage zwischen Venezuela und Britisch-Guyana ankündigt. Angesichts der Spannungen mit Rußland, China, Frankreich und den Buren gibt SALISBURY nach. Kaum haben sich die »Jingos« in England beruhigt, als am 3. Januar 1896 Kaiser WILHELMS II. (1859–1941) berühmte »Krüger-Depesche« in Transvaal eintrifft, worin die Abwehr des Jameson-Raid in für England sehr verletzendem Ton gefeiert wird.

1896 *Febr.*: Noch verstimmt über die Krüger-Depesche lehnt SALISBURY die Erneuerung der Mittelmeer-Entente ab. So bleibt Italiens Versuch, in Abessinien ein Kolonialreich zu gründen, ohne britische Hilfe und scheitert am 1. März in der schweren Niederlage bei Adua. – Zur gleichen Zeit spricht der Erste Lord der Admiralität, GEORGE JOACHIM (Viscount) GOSCHEN (1831–1907), bereits kritisch vom britischen Prinzip der »splendid isolation«.
Abkürzung der Budgetdebatten zugunsten der Regierung auf Betreiben des führenden konservativen Politikers ARTHUR JAMES (Earl of) BALFOUR (1848–1930).

1898 *18. März*: Der ›Daily Chronicle‹ fordert einen deutsch-englisch-amerikanischen Dreibund gegen Rußland-Frankreich.
28. März: Der deutsche Reichstag nimmt angesichts der britischen Flottenaktionen vor Südafrika die erste Flottenvorlage an. Beginn des deutsch-englischen Wettrüstens zur See.
29. März: Kolonialminister CHAMBERLAIN und Schatzkanzler BALFOUR betonen Botschafter HATZFELD gegenüber die Bereitschaft Englands zu einem Bündnis mit Deutschland.
April: CHAMBERLAIN, dessen Ideen weniger Ausdruck der offiziellen Regierungsmeinung als Überspielung der englischen Schwierigkeiten in Ostasien, West- und Südafrika sind, erneuert sein Bündnisangebot. Da die Deutschen nicht wissen, was sie davon halten sollen, zumal SALISBURY nicht Stellung nimmt, führt HATZFELD die Gespräche recht dilatorisch.
4. Mai: Vor der »Primrose League« spricht SALISBURY von den »living nations« und den »dying nations«. Ausdruck der imperialen und neo-darwinistischen Selbstzufriedenheit und Überlegenheit.
Mai (und Dezember): CHAMBERLAIN betont in zwei Reden zu Birmingham bzw. Wakefield die Weltaufgabe der germanischen Völker und den Nutzen einer englisch-deutschen Freundschaft.
10. Juli: Faschoda-Krise: Während die Briten im Sudan kämpfen, hißt der französische Major (General) JEAN-BAPTISTE MARCHAND (1863–1934) die Trikolore in dem Ort Faschoda am Weißen Nil und durchschneidet damit die für England strategisch wichtige Linie Kap-Kairo. – Nach der Niederwerfung des »Mahdi« zieht der Sieger, HORATIO HERBERT, Lord (Earl)

Kitchener of Khartum (1850–1916), später Feldmarschall und Kriegsminister, nach Faschoda und überzeugt den Franzosen von der Hoffnungslosigkeit der Situation. Marchand zieht im November ab. – Angesichts der tiefen Niedergeschlagenheit Frankreichs gewährt Salisbury den Franzosen am 21. März 1899 ein großzügiges Abkommen, das den Grundstein zur späteren »Entente Cordiale« legt.
30. Aug.: Die deutsch-englischen Gespräche zwischen Hatzfeld, Balfour und Chamberlain bringen ein kolonialpolitisches Abkommen: Gerät Portugal aufgrund seiner Finanzschwierigkeiten in die Lage, seine Provinzen (Kolonien) zu verpfänden, so soll England die Zolleinnahmen von Nord-Angola und Süd-Moçambique, Deutschland die von Süd-Angola und Nord-Moçambique erhalten.
2. Sept.: Mit dem großen Sieg Kitcheners bei Omdurman bricht der Aufstand des »Mahdi« zusammen. Das auf der anderen Seite des Weißen Nil liegende Khartum wird genommen und im kolonialen Stil zur britischen Festungs- und Residenzstadt wieder aufgebaut.
Nov./Dez.: Selbst von den 177 Liberalen im Unterhaus gelten 152 als Imperialisten.

1899 *7. Nov.*: England zieht sich von der gemeinsamen Verwaltung Samoas zurück, worauf sich Deutschland und die USA den Besitzstand teilen.
29. Nov.: Gemäß einer Absprache des deutschen Außenministers Bernhard (Fürst) von Bülow (1849–1929) mit Chamberlain hält dieser in Leicester eine Rede, in der er eine Tripelallianz England-Deutschland-USA empfiehlt. Die Reaktion in Deutschland ist erstaunlicherweise sehr feindselig.

1899 bis 1902 Seit dem Jameson Raid versetzen die Buren ihr Land in Verteidigungsbereitschaft, wobei deutsche Waffen und Militärausbilder benutzt werden. Krügers großer Wahlsieg Anfang des Jahres 1898 bewegt am 1. März den britischen Hochkommissar Alfred Viscount Milner (1854–1925), vom »Krügerianismus« als einer Kriegsgefahr zu sprechen. Im übrigen tritt er für die rechtliche, politische und zivilisatorische Gleichberechtigung der Uitlanders ein. – Am 24. März 1899 richten die unterprivilegierten Ausländer eine Petition an Königin Viktoria. Die britische Regierung, vor allem Chamberlain, steht vor einer schweren Entscheidung: Annahme bedeutet Krieg, Ablehnung eine Desavouierung der in Südafrika lebenden Engländer. Fünf Monate lang läßt Chamberlain über Milner mit den Buren, die in dem Staatsanwalt Jan Christiaan Smuts (1870–1950) einen glänzenden Vertreter besitzen, verhandeln. Krüger verhält sich abwartend; angesichts der aggressiv-chauvinistischen englischen Öffentlichkeit, die sich durch ihre Regierung nicht beruhigen läßt, sowie des Sieges Kitcheners bei Omdurman/Khartum entschließt er sich zum Krieg, am 27. September 1899 vom Oranjefreistaat unterstützt.
Anfang Oktober beginnen die Feindseligkeiten. Der britische Angriff richtet sich gegen Durban (Natal) und nicht gegen die Kapkolonie, die dadurch

der englischen Armee offensteht. Der Oberbefehlshaber und Sieger im Afghanischen Krieg (1879/80), in Afrika (1881), Indien (1885–93), Burma (1885/86) und Irland (1895), Earl ROBERTS, und sein Generalstabschef Kitchener marschieren im März 1900 in Bloemfontein ein, erobern am 31. Mai Johannesburg und im Juli Pretoria, wobei sich der Sohn Lord Randolph Churchills, WINSTON LEONARD SPENCER CHURCHILL (1874–1965), hervortut. Am 27. August wird die letzte reguläre Burenarmee unter General LOUIS BOTHA (1862–1919) geschlagen, der 1907 zum ersten Premier der britischen Kolonie Transvaal und 1910 der Südafrikanischen Union aufsteigt. Am 11. September 1900 tritt Krüger auf portugiesisches Gebiet über; am 25. Oktober wird in Pretoria die Annexion Transvaals vollzogen.
In der Folgezeit entwickelt sich ein Klein- bzw. Guerillakrieg. Während die Kolonien wie Australien, Neuseeland und Kanada Truppenkontingente entsenden, muß England mit einer feindlichen Haltung der USA, Deutschlands, Frankreichs und Rußlands fertig werden, erreicht jedoch durch kluge Diplomatie deren Nichteinmischung in den Burenkrieg. Im Oktober 1900 gewinnt die Regierung SALISBURY-CHAMBERLAIN die sog. »Khaki-Wahlen« (»Khaki« steht für »Uniform«; hier: Versuch einer Regierung oder Partei, jüngst errungene militärische Siege in politische Mandatsgewinne umzusetzen) sicher. – 1901/02 tritt der Krieg in ein drittes Stadium; er wird zum Ärgernis der Welt und schließlich auch in den Augen der englischen Öffentlichkeit ein Unterdrückungskrieg. KITCHENER löst burische Farmen und Viehbestände willkürlich auf und sperrt Nicht-Kombattanten in Konzentrationslager. Am 26. Februar 1901 scheitern Friedensverhandlungen an der uneinsichtigen Haltung MILNERS. Von Januar 1901 bis Februar 1902 sitzen zeitweise bis zu 120000 Personen in den Lagern, von denen rund 21000 sterben, davon 16000 Kinder an einer Masern-Epidemie und rund 3000 Frauen an anderen Krankheiten. – Am 31. Mai 1902 endlich kommt es zum Friedensschluß. Großbritannien hat 450000 Soldaten (davon 250000 britische) eingesetzt, von denen 6000 gefallen und 23000 verwundet worden sind. Die militärischen Verluste der Buren belaufen sich auf 4000 Tote. Die Friedensbedingungen sind – auch mit Rücksicht auf die Weltmeinung – milde: Abgabe aller Waffen der Buren; Entlassung aller Personen, die sich zu Untertanen der Krone erklären; Einführung des Englischen als offizieller Sprache, wenn auch Afrikaans in den Schulen gelehrt und vor Gericht gesprochen werden darf. Obwohl der unpopuläre Krieg 222 Mill. Pfund gekostet hat, gibt London dem ausgebrannten südafrikanischen Land 3 Mill. Pfund Startkapital.
In England führt der junge walisische Abgeordnete DAVID LLOYD GEORGE (1863–1945) im Unterhaus pro-burische Attacken, und der Führer der Liberalen, Sir HENRY CAMPBELL-BANNERMANN (1836–1908), bringt die Buren um SMUTS und BOTHA auf seine Seite, als er die britischen »Methoden des Barbarismus« anprangert. – Der unrühmliche Krieg verändert Englands Innen- und Außenpolitik. Der ungezügelte Imperialismus weicht allmählich der Idee des Commonwealth; das Ansehen von Kriegsministe-

rium, Armee und Flotte ist gesunken; man besinnt sich wieder auf GLADSTONES Politik der Reformen, der Selbstverwaltung, des Pazifismus und Humanismus.

um 1900 Die südwalisischen Kohlefelder haben sich zu den wichtigsten der Welt entwickelt.

1900 *23. Febr.*: G. B. SHAW spricht in der Fabian Society von den Vorteilen imperialistischer Großmachtspolitik. Wie er denken die Linksliberalen SIDNEY und BEATRICE WEBB, die Liberalen ROSEBERY, RICHARD BURDON, Viscount Haldane (1856–1928), und Sir EDWARD GREY (1862–1933); selbst in den Trades Union kursieren diese Gedanken.
27./28. Febr.: In der Londoner Memorial Hall treffen sich die Vertreter der Fabian Society, des Trades Union Congress (TUC.) und der Independent Labour Party (ILP) und setzen ein »Labour Representation Committee« (LRC.) aus fünf Sozialisten und sieben Gewerkschaftern ein. Sekretär wird der ILP-Mann J. RAMSAY MACDONALD (1866–1937). – Erst 1906 nennt sich die neue Organisation »Labour Party«.
Sommer: England beteiligt sich am Boxeraufstand in China mit einem Expeditionskorps unter Admiral Sir B. SEYMOUR, später Lord Alcester.
16. Okt.: Im »Jangtse-Abkommen« vereinbaren England und Deutschland gemäß der 1899 vom US-Außenminister JOHN HAY (1838–1905) propagierten »Open Door Policy« für sich ebenfalls den Grundsatz der »Offenen Tür«, d. h. des unbehinderten Handels und des Verzichts auf weitere territoriale Vorteile in China.

1900 bis 1940 60 Prozent aller Handelsschiffe werden auf britischen Werften gebaut.

1901 *1. Jan.*: Neusüdwales, Victoria, Queensland, Süd- und Westaustralien und Tasmanien schließen sich zu einem Bundesstaat, dem Commonwealth of Australia, zusammen. – Nach diesem Vorbild erklärt die britische Regierung wenig später einige Kolonien zu »British Dominions Beyond the Seas«.
22. Jan.: Tod Königin VIKTORIAS nach fast 64jähriger Regierungszeit; Ende des nach ihr benannten Zeitalters. Den Thron besteigt ihr Sohn EDUARD VII. (1841–1910).
7. Febr.: Außenminister HENRY CHARLES KEITH PETTY-FITZMAURICE, Marquess of Lansdowne (1845–1927), rechnet auf japanische und deutsche Hilfe, als Rußland von China ein Sonderabkommen über die Mandschurei erpressen will.
15. März: Reichskanzler Fürst BÜLOW betont im Reichstag die deutsche Neutralität und erklärt, das China-(Jangtse)Abkommen mit England beziehe sich nicht auf die Mandschurei. England und Japan zeigen sich enttäuscht, wohingegen Bülow vor gemeinsamen Schritten erst England zu einem Abkommen mit den Dreibundmächten bewegen will.

18. März bis 19. Dez.: Deutsch-englische Gespräche zwischen HATZFELD bzw. seinem Nachfolger Graf PAUL WOLFF-METTERNICH (1859–1938) sowie CHAMBERLAIN und LANSDOWNE scheitern, wobei die Gründe bis heute noch nicht restlos aufgeklärt sind.
25. Okt.: CHAMBERLAIN hält in Edinburgh eine Rede zur Verteidigung der britischen Kriegführung im Burenkrieg und weist dabei auf ähnliche Maßnahmen der deutschen Truppen gegen die französischen Franctireurs im Krieg 1870/71 hin. Die deutsche Öffentlichkeit, getrieben von der offiziösen Presse und nationalistischen Erklärungen BÜLOWS, lehnt diesen Vergleich als »Beschmutzung der deutschen Ehre« ab und unterstellt Chamberlain, dem Befürworter einer deutsch-englischen Allianz, völlig falsche Motive.
18. Nov.: Im »Hay-Pauncefote«-Vertrag, den US-Außenminister HAY und der britische Botschafter in Washington, Sir (Lord) JULIAN PAUNCEFOTE (1828–1902), unterzeichnen, wird der Clayton-Bulwer-Vertrag vom 19. April 1850 außer Kraft gesetzt und den Amerikanern das Recht zu Bau und Verwaltung eines Kanals in der Panama-Zone zugesprochen. Das Abkommen bedeutet den Rückzug Englands aus Mittelamerika.

1901/02 Taff Vale Case: Angestellte der T. V.-Eisenbahngesellschaft hatten im August 1900 in Südwales als Streikposten (picketing) Streikterror verübt. Nach den ›Trade Union Acts‹ von 1871/76 war nun nicht die Gewerkschaft, hier die »Amalgamated Society of Railway Servants«, zu belangen, sondern der einzelne Streikende. Dennoch klagt die Eisenbahn gegen die Gewerkschaft auf einen Schadenersatz von insgesamt 30000 Pfund, bis der »Court of Appeal« den Gewerkschaften recht gibt. Das Oberhaus als höchste richterliche Gewalt aber dreht den Richterspruch um und macht die Gewerkschaft für den bezifferten Schaden haftbar. – Die neue, unionistische Regierung ARTHUR J. BALFOURS (ab 12. Juli 1902) behandelt den Streitfall dilatorisch. Für die Arbeiter erscheinen Oberhaus und Unionisten daher als Interessenvertreter des Kapitalismus, sie suchen Zuflucht in der jüngst gegründeten Arbeiterpartei, deren Mitgliederzahl bereits 1905 die Millionengrenze erreicht.

um 1902 Der ideologisch übersteigerte Imperialismus auf der einen, die »splendid isolation« europäischen Fragen gegenüber auf der anderen Seite sind offensichtlich gescheitert. Wenn auch die kapitalistisch-expansionistische Machtpolitik Englands sich von den kolonialen Bestrebungen Deutschlands, Frankreichs, Belgiens, Rußlands und der Vereinigten Staaten nur wenig unterscheidet, so greift doch eine mehr defensive, auf Recht, Kultur und Zivilisation bedachte Überseepolitik um sich. Die Ära der GLADSTONE, RHODES, ROBERTS, CHAMBERLAIN, CROMER und MILNER geht ihrem Ende entgegen. – Die Empire-Idee weicht trotz mehrerer Kolonialausstellungen (z. B. 1884, 1887, 1894, 1897) und Kolonialvereins-Gründungen mit »imperialem« Zweck oder entsprechender Sondergesetze, wie der ›Merchandise Marks Act‹ zur Kennzeichnung aller Importwaren von

1887 oder der »Fair Trade League« von 1891 zur Einführung von Kampfzöllen gegen protektionistische Staaten und für Vorzugszölle bzw. Freihandel innerhalb des Empire, zunehmend der liberalistischen und pazifistischen Idee des »self-government« und des »commonwealth« im Sinne GLADSTONES.

Der Neohegelianismus, wie ihn BERNARD BOSANQUET (1848–1923) in ›The Philosophical Theory of State‹ (1899) vertritt, verbindet sich mit dem Neodarwinismus BENJAMIN KIDDS (›Social Evolution‹, 1894) oder RUDYARD KIPLINGS (1865–1936), der in seinen Indien-Büchern und Erzählungen das Wesen des britischen Imperiums und die Mission des gebildeten weißen Mannes schildert.

Neben allen politischen, rechtlichen, wirtschaftlichen und kulturellen Errungenschaften Englands – Wahlreform, Schul- und Ausbildungsreform samt Universitätsgründungen usw. – darf nicht vergessen werden, daß das Viktorianische Zeitalter bürgerlich, kapitalistisch, eng und moralistisch, ja prüde ist. Das Leben der unterprivilegierten Schichten (Landarbeiter, städtisches Proletariat, Dienstboten, Farbige) hat im Grunde nur Schattenseiten, und auch die Linksliberalen und Sozialisten sehen bei all ihren Parolen, Streiks, Vereins- und Parteigründungen häufig genug über dieses Elend hinweg bzw. überlassen die praktische Sozialarbeit halbamtlichen oder privaten Initiativen.

Die schnelle Industrialisierung hat England im sozioökonomischen Bereich keineswegs verkraftet, zumal sie auf Kosten einer sträflich vernachlässigten Landwirtschaft ging. Um 1900 kann das Mutterland Großbritannien nur noch knapp fünfzehn Prozent seines Nahrungsmittelbedarfs selbst decken, d. h. es wird immer abhängiger von Importen. Aber auch im industriellen, technisch-wissenschaftlichen Bereich spürt England, das sich allzu lange auf seinen Lorbeeren ausgeruht hat, die ausländische Konkurrenz, vor allem die deutsche und nordamerikanische. Dabei wird, ungeachtet der englisch-deutschen Rivalität auf politischem, militärischem und wirtschaftlichem Gebiet, das explosionsartige Aufsteigen der kapitalstarken USA zu einem globalen Faktor.

1902 *8. Jan.*: BÜLOW wettert im deutschen Reichstag gegen die Edinburgh-Rede CHAMBERLAINS vom 25. Oktober 1901.

21./22. Jan.: Enttäuscht über die deutsche Haltung beginnen CHAMBERLAIN und LANSDOWNE Bündnisgespräche mit Frankreich.

30. Jan.: Unterzeichnung eines englisch-japanischen Bündnisses zur Regelung des China-Marktes und zur Abwehr Rußlands.

Frühjahr: Abschluß der regierungsfreundlichen Parlaments- und Geschäftsordnungsreformen mit der »Parliamentary Railway Timetable«. Die parlamentarische Initiative muß sich den gesetzgeberischen Notwendigkeiten (rules of urgency) unterordnen.

Eine fortschrittliche ›Education Act‹ wird mit 271 zu 102 Stimmen angenommen. Einer der heftigsten Kritiker ist der liberale LLOYD GEORGE, weil die anglikanischen Pfarrschulen beibehalten werden.

12. Juli: ARTHUR J. BALFOUR löst den erfolglosen und unpopulär gewordenen SALISBURY als Premier ab, ohne jedoch den konservativen Kurs grundlegend ändern zu können oder zu wollen.

1903 BALFOURS ›Irish Purchase Act‹ gibt den irischen Pächtern und Bauern beträchtliche Zuschüsse, rückzahlbar in 68 Jahren bei äußerst geringen Zinssätzen.
Die Suffragette EMMELINE PANKHURST (1858–1928) gründet in Manchester die der Independent Labour Party nahestehende »Women's Social and Political Union«.
Der Verleger ALFRED CHARLES WILLIAM HARMSWORTH, später Viscount Northcliffe (1865–1922), gründet das Massenblatt ›Daily Mirror‹; mit seinem Bruder HAROLD SIDNEY, dann Lord Rothermere (1868–1940), steigt er zum britischen Pressezaren, Ratgeber der Regierung und zum Minister auf.

1904 *8. April*: LANSDOWNE für England und Botschafter PIERRE PAUL CAMBON (1843–1924) für Frankreich beschließen – nach Anfängen im späten 19. Jahrhundert – die Entente Cordiale (unterzeichnet am 8. Juni): Bereinigung der kolonialen Differenzen. Ursprünglich nicht gegen Deutschland gerichtet, wird sie 1907 zur Triple-Entente mit Rußland erweitert, revolutioniert damit die bisher gültige klassische Diplomatie und bewirkt den »großen Umsturz der Weltpolitik«.
31. Mai: WINSTON CHURCHILL verläßt das sinkende Schiff der Konservativen und wechselt zu den Liberalen über, was sich schnell bezahlt macht: 1906 Unterstaatssekretär für die Kolonien, 1908 Wirtschafts- und 1910 Innenminister.

seit 1904 Der Erste Seelord, JOHN ARBUTHNOT (Baron) FISHER OF KILVERSTONE (1841–1920), leitet ein kostspieliges Flottenrüstungsprogramm als Antwort auf den deutschen Schlachtflottenbau ein und läßt neue Großkampfschiffe (Dreadnoughts, Invincibles) auf Kiel legen, von denen die ersten Einheiten 1906 vom Stapel laufen. Die britische Schlachtflotte wird auf die Basen Gibraltar, Malta und englische Heimathäfen (Home Fleet) verteilt. Der Plan, die deutsche Schlachtflotte mit zehn bis vierzehn Dreadnoughts niederzuhalten, scheitert, weil der deutsche Marine-Staatssekretär, Großadmiral ALFRED VON TIRPITZ (1849–1930), gleichzieht.

1905 *31. März*: Erste Marokko-Krise: Kanonenboot-Politik Kaiser WILHELMS II. vor Tanger und Verkündung der Souveränität des marokkanischen Sultans, um das britisch-französische Abkommen zu sprengen.
Sommer/Herbst: Nachwahlen, die die Regierungsmehrheit von 134 auf 68 Abgeordnete reduzieren, führen Anfang Dezember zu BALFOURS Rücktritt.
Okt.: Die seit den achtziger Jahren expandierende Frauenbewegung nimmt erstmals militante Formen an, als Sir EDWARD GREY auf einer Wahlver-

sammlung von zwei Suffragetten gestört wird. Das Beispiel macht Schule; Pöbeleien, Straßenschlägereien, Hunger- und Sitzstreiks, Verhaftungen und Verurteilungen gehören fortan zur Tagesordnung.
ARTHUR GRIFFITH (1872–1922) gründet die »Sinn Fein« (Wir selbst), eine nationalistische irische Bewegung, die die politische und wirtschaftliche Unabhängigkeit Irlands verfolgt.

1906 *Jan.*: Vernichtende Wahlniederlage der Konservativen, da BALFOURS im Grunde bemerkenswerte legislatorische Leistungen nicht honoriert werden. Die schon seit 5. Dezember 1905 im Amt befindliche liberale Regierung Sir HENRY CAMPBELL-BANNERMANN kann sich auf 377 Liberale (davon 12 Lib-Labs), 83 irische Nationalisten und 53 Arbeitervertreter (inkl. 24 Trade Unionists und 5 ILP-Männer) stützen; dem stehen nur 157 unionistische Konservative gegenüber. Das ist eine gute Ausgangsbasis für Campbell-Bannermann, Außenminister Sir (Viscount) EDWARD GREY, Kriegsminister R. B. HALDANE, Innenminister (Viscount) HERBERT JOHN GLADSTONE (1854–1930) und Unterstaatssekretär CHURCHILL, um die neue Politik des industriellen Wohlfahrts- und Sozialstaates in Angriff nehmen zu können.
Jan. bis 7. April: Die Konferenz von Algeciras bestätigt zwar die Souveränität Marokkos und die dortige Handelsfreiheit für alle Nationen, unterstreicht jedoch die Isolierung der Mittelmächte Deutschland und Österreich-Ungarn.
Frühjahr/Sommer: Erste Maßnahmen der neuen Regierung betreffen die Aufhebung des Taff-Vale-Urteils von 1902, die Arbeitsneuregelung und dadurch einen Stopp der chinesischen Einwanderung nach Transvaal, die Zusicherung einer weitgehenden Selbstverwaltung für Transvaal und schließlich eine Reduktion von FISHERS Flottenprogramm.
Die erste Londoner »Underground« fährt zwischen Baker Street und Waterloo Station.

seit 1906 Geheime Militärkonventionen zwischen England und Frankreich.

1907 *15. Juni bis 18. Okt.*: England erreicht auf der Zweiten Haager Friedenskonferenz keine Lösung des Flottenwettstreits und des Seekriegsrechtes.
31. (18.) Aug.: Englisch-russische Konvention zu Petersburg, unterzeichnet von Botschafter ARTHUR NICOLSON, Lord Carnock (1849–1928), und dem russischen Außenminister ALEXANDER P. ISWOLSKIJ (1856–1919) zur Regelung der asiatischen und Balkan-Probleme mit Ausnahme der Dardanellen-Frage.
»Reichskonferenz« der Premiers von Kapland, Kanada, Australien, Neuseeland, Natal, Transvaal und Neufundland in Westminster. Beratung des »Dominion«-Gedankens.

Durch die ›Qualification of Women Act‹ erreichen die Frauen den Zutritt zu den County- und Borough-Councils.
Der Ölmagnat (Sir) Henry Deterding (1866–1939), Generaldirektor der Royal Dutch Petroleum Company, schließt seine Gesellschaft mit der britischen Shell Company zum zweitgrößten Erdölkonzern nach der Standard Oil John D. Rockefellers (1839–1937) zusammen.

seit 1907 Das Vetorecht des Oberhauses wird durch die Regierung Campbell-Bannermann einzuschränken versucht.

1907 bis 1914 Triple-Allianz zwischen Frankreich, Rußland und England.

1908 *7. April*: Nach dem Tode Campbell-Bannermanns wechselt Herbert Henry Asquith, später Earl of Oxford and A. (1858–1928), vom Amt des Schatzkanzlers in das des Premierministers. Nachfolger im Finanzressort wird Lloyd George, der die von Bannermann und Asquith begonnene Sozialpolitik mit einem entsprechend umfangreichen Etat und zahlreichen Vorlagen fortsetzen will.
Sommer: Private Gespräche zwischen dem Bankier Sir Ernest Cassel (1852–1921), einem Freund König Eduards VII., und dem HAPAG-Direktor Albert Ballin (1857–1918), einem Vertrauten Wilhelms II., scheitern ebenso wie Besprechungen des Unterstaatssekretärs im Foreign Office, Sir Charles Hardinge (1858–1922), mit Kaiser Wilhelm im Taunus (August) und die Kontakte zwischen Grey, Lloyd George und dem deutschen Botschafter in London, Graf Wolff-Metternich, der wegen seiner Warnungen vor einer zu starren Haltung von Wilhelm scharf getadelt wird.
IV. Olympische Sommerspiele in London.
28. Okt.: ›Daily Telegraph‹-Affäre: Der Londoner ›Daily Telegraph‹ veröffentlicht ein Interview, das Wilhelm II. dem englischen Colonel Stuart Wortley gegeben hatte: Der Kaiser erklärt sich – im Gegensatz zur Mehrheit der deutschen Bevölkerung – zum Freund Englands; er habe während des Burenkrieges eine Kontinentalliga gegen England verhindert und der Königin Viktoria sogar einen Feldzugsplan gegen die Buren geschickt. – Das ungeschickte, zum Teil recht überhebliche Interview ruft in England, Frankreich, Rußland und natürlich auch in Deutschland große Entrüstung hervor, die zu einer Regierungskrise führt.

1909 *Frühjahr*: Schatzkanzler Lloyd George legt seinen Etat mit umfangreichen Vorlagen zur Pensionsregelung, ärztlichen Schulbetreuung und Schulspeisung, zur Krankenfürsorge und Arbeitslosenunterstützung, zur Einführung einer Luxus- sowie gestaffelten Einkommens- und Vermögenssteuer vor. – Das Budget ist das bislang umfangreichste, kostspieligste und revolutionärste der englischen Geschichte, zumal gleichzeitig Seelord Fisher für den Schlachtflottenbau eine Mehrsumme von 15 Mill. Pfund verlangt.

30. Juli: LLOYD GEORGE verteidigt sein Sozial- und Wohlfahrts-Programm gegen die konservative Unterhaus-Minorität und das sich anachronistisch-reaktionär gebende Oberhaus in der berühmten Londoner »Lime House-Rede«.
30. Nov.: Das Oberhaus lehnt in zweiter Lesung das »Volksbudget« mit 350 zu 75 Stimmen ab, wobei so viele Lords seit Jahrzehnten nicht mehr in Westminster gesehen worden waren.
2. Dez.: Premier ASQUITH erreicht im Unterhaus mit 349 zu 134 Stimmen eine Resolution, in der das Vorgehen des Oberhauses als Verfassungsbruch und legislatorische Usurpation angeprangert wird.
Angesichts der unnachgiebigen Haltung Deutschlands, vor allem WILHELMS, BÜLOWS und TIRPITZ', der Bosnien-Krise, des Casablanca-Streits zwischen Frankreich und Deutschland und der »Jungtürkischen Revolution« fordert der Erste Lord der Admiralität, REGINALD MCKENNA (1863–1943), nach FISHERS Parole »Two Keels to One« achtzehn Dreadnoughts für die Jahre 1909 bis 1911. – LLOYD GEORGE und CHURCHILL, die für ihre Sozialpläne fürchten, opponieren heftig, müssen aber das Marineprogramm passieren lassen.
Konstituierung »Südafrikas«, dem sich 1910 Transvaal anschließt. Dank der klugen Politik und Diplomatie der beiden früheren Buren-Generäle BOTHA und SMUTS können die burische und die englische Bevölkerung miteinander ausgesöhnt werden.
Der Staatssekretär für Indien, JOHN MORLEY, Viscount M. of Blackburne (1838–1923), und der Vizekönig von Indien, GILBERT J. ELLIOT-MURRAY-KYNYNMOUND, Earl of Minto (1845–1914), etablieren im Rahmen ihres politischen und verfassungsrechtlichen Reformwerks für Indien (Morley-Minto-Reforms) mit der ›Indian Councils Act‹ eine Art Vorstufe zur Selbstverwaltung: mehr Repräsentation der Moslem-Bevölkerung, doch vorerst geringe legislative Befugnisse.

1910 *Jan.*: Die Usurpation von Rechten der Commons durch das Oberhaus führt zu Neuwahlen unter dem Motto »The Lords versus the People«. Die Liberalen erleiden einen Verlust und erhalten nur 274 gegen 273 Sitze der Konservativen; die Iren erringen 82 und Labour 41 Mandate. Der Rechtsruck ist interessanterweise außenpolitisch motiviert, denn man gibt den pazifistischen Kräften innerhalb der Liberalen die Schuld an der nur halbherzig vorangetriebenen Flottenrüstung, die somit hinter der von TIRPITZ durchgepeitschten deutschen zurückbleibt. ASQUITH und LLOYD GEORGE wiederum behaupten, der deutsche Schlachtflottenbau behindere Großbritannien im »Kampf gegen die Armut«.
März/April: Wegen der so plötzlich geschwächten Liberalen schlagen sich die irischen Nationalisten auf die Seite der Regierung. Sie wollen dem Reformbudget ihre Stimme geben, wenn das Veto des Oberhauses bei allen ›Money Bills‹ durch ein Gesetz ausgeschaltet werden kann. Die Iren rächen sich hier für die 1893 vom Oberhaus torpedierte ›Home Rule Bill‹ GLADSTONES.

6. Mai: Tod König EDUARDS VII. – Das Budget war bereits von beiden Häusern gebilligt worden, die ›Parliament Bill‹ jedoch muß vertagt werden, da Neuwahlen anzusetzen sind.
Dez.: Der neue König GEORG V. (1865–1936), zweitältester Sohn Eduards VII., gibt vor den Wahlen Premier ASQUITH die Zusicherung, im Falle einer Regierungsmehrheit das Oberhaus unter Umständen mittels Peerschub gefügig zu machen. – Die Wahlen fallen nicht viel anders aus als die vom Januar, geben aber Asquith die Mehrheit.

1910 bis 1912 Arbeiterunruhen und Streiks erschüttern das Land. Im Juli 1910 Eisenbahnerstreiks im Gebiet von Newcastle, im September und Oktober in der Textil- und Eisenindustrie Lancashires und Cheshires. Im November muß ein anarchistischer Ausstand von Bergleuten in Südwales von Truppen niedergeschlagen werden. Im Sommer 1911 kämpfen Londoner und Glasgower Dock- und Werftarbeiter erfolgreich um Lohnerhöhung. In Liverpool und Manchester kommt es zu Unruhen, wobei am 15. August zwei Menschen erschossen werden. Trotz eines Appells von ASQUITH am 17. August beschließen die politisch uneinsichtigen Gewerkschaftsführer einen Eisenbahner-Generalstreik vom 18. bis 22. August. Auf Anordnung Asquiths handeln LLOYD GEORGE und Labour-Führer RAMSAY MACDONALD am 19. August garantierte Mindestlöhne aus. Im Januar 1912 nimmt die »Miners' Federation of Great Britain« eine Urabstimmung vor und fordert festgesetzte Mindestlöhne für das ganze Land. Am 1. März beginnt der Generalstreik für 850000 Bergleute; in den nächsten zehn Tagen schließen sich weitere 1,3 Mill. Arbeiter an. Ein Parlamentsgesetz bestimmt daraufhin Mindestlöhne. Weitere Aktionen der Gewerkschaften verlaufen im Sande, so daß im Juni 1912 ein vorläufiges Ende der Arbeitskämpfe erreicht ist. Allerdings schließen sich die Bergbau-, Eisenbahner- und Transportgewerkschaften zu einer Allianz zusammen.

1910 bis 1913 Die Mathematiker und Philosophen BERTRAND ARTHUR WILLIAM Earl RUSSELL (1872–1970) und ALFRED NORTH WHITEHEAD (1861–1947) begründen mit den dreibändigen ›Principia Mathematica‹ die mathematische bzw. neopositivistische Logik und Logistik. – Der aus einer bedeutenden Politiker-Familie stammende Russell wird auch als linker Labour-Politiker und pazifistischer Schriftsteller bekannt.

1911 *Jan.*: ASQUITH läßt einen Unterausschuß des Verteidigungsausschusses ein ›War Book‹ für den Kriegsfall vorbereiten.
15. Mai: Das Unterhaus billigt mit großer Mehrheit die ›Parliamentary Act‹.
1. Juli: Als Antwort auf die Besetzung Rabats (April) und Fes' (Mai) durch die Franzosen befürwortet der deutsche Staatssekretär im Auswärtigen Amt ALFRED VON KIDERLEN-WAECHTER (1852–1912) die Entsendung des

Kanonenbootes »Panther« nach Agadir. Beginn der zweiten Marokko-Krise.
21. Juli: Angesichts der Marokko-Krise wendet sich Lloyd George anläßlich des jährlichen Festessens der Londoner Finanzleute im »Mansion House Dinner Speech« mahnend gegen deutsche Großmacht- und Annexionspolitik. – Berlin reagiert betroffen, stellt die allzu militaristischen und imperialistischen Agitationen ein und ruft seinen Botschafter ab, da er es versäumt habe, über die entschlossene Haltung und antideutsche Stimmung in England frühzeitig zu informieren.
10. Aug.: Nachdem Asquith die konservativen Führer Balfour und Lansdowne mit einem Peerschub des Königs bedroht hat, stimmen auch die Lords mit 131 zu 114 für die ›Parliamentary Bill‹. – Am gleichen Tag beschließt das Unterhaus Diäten für die Abgeordneten, was nun auch den Arbeitervertretern ein von gewerkschaftlichen Zuschüssen freies Kandidieren und Handeln ermöglicht. – Außerdem wird Balfour wegen »Alters und Arterienverkalkung« vom Amt des konservativen Parteivorsitzenden entbunden. Sein Nachfolger wird der Glasgower Industrielle Andrew Bonar Law (1858–1923).
18. Aug.: Die ›Parliamentary Bill‹ wird als ›Parliamentary Act‹ Gesetz. Jede Ablehnung oder Abänderung von Finanzvorlagen durch das Oberhaus ist ausgeschlossen; andere Gesetze können nicht zu Fall gebracht werden, wenn sie dreimal in aufeinanderfolgenden Sessionen des Unterhauses passiert haben. Im übrigen wird die Dauer der Parlamente von sieben auf fünf Jahre reduziert, was bis heute gilt.
23. Sept.: Gegen den Führer der irischen Home Rule-Bewegung im Unterhaus zu Westminster, John E. Redmond (1856–1918), verkündet der Chef der unionistischen Ulster-Gruppe, Sir Edward Carson (1854–1935), in Craigavon vor Unionisten und Orangisten das »Ulster Program«, d. h. das Miteinander von London und Belfast.
29. Sept.: Italien nutzt die englisch-deutschen und russisch-österreichischen Spannungen und besetzt mit Hilfe Frankreichs Tripolis und erklärt der Türkei den Krieg (Erster Balkankrieg).
11. Okt.: Abschwächung der Marokko-Krise; die Beteiligten suchen nach einer Einigung ohne Prestigeverlust.
24. Okt.: Asquith beruft angesichts der zweiten Marokko-Krise Winston Churchill, seit Februar 1910 Innenminister, als Ersten Lord der Admiralität. Churchill fordert sogleich enorme Etats und erhält sie, reorganisiert und modernisiert die englische Flotte von Grund auf.
4. Nov.: Das Marokko-Kongo-Abkommen zwischen Deutschland und Frankreich beendet die zweite Marokko-Krise: Abtretung einiger Teil- und Randgebiete von Französisch-Kongo an Deutschland, dafür Anerkennung der französischen Schutzherrschaft über Marokko.
24. Nov.: London veröffentlicht das Geheimabkommen mit Frankreich vom 8. April 1904 (Entente Cordiale) als Warnung an die deutsche Adresse, obwohl Lloyd George mehr für eine Verständigung mit Berlin eintritt.

Winter 1911/12 Erneute Gespräche zwischen Sir Ernest Cassel und Albert Ballin zum Zweck einer britisch-deutschen Annäherung. Gleichzeitig sucht Grey, quasi als Entschuldigung für die bisherige Geheimdiplomatie, nach offiziellen Kontakten.

1912 *18. Jan.*: Captain Robert Falcon Scott (geb. 1868) erreicht vier Wochen nach dem Norweger Roald Amundsen (1872–1928) den Südpol und stirbt mit seinen vier Gefährten auf dem Rückweg zum Camp.
7./8. Febr.: Nachdem Churchill abgelehnt hat, reist Kriegsminister Haldane nach Berlin, um mit Kiderlen-Waechter und Reichskanzler Theobald von Bethmann Hollweg (1856–1921) über Flottenrüstungsbeschränkungen zu sprechen. Während England die Reduzierung des Bauprogramms vor einem politischen Abkommen fordert, wollen Wilhelm II. und Tirpitz erst einen Neutralitätspakt und danach Kürzung und Verlangsamung des Flottenbaus. Unter diesen Bedingungen trennt man sich erfolglos, obwohl England seine Neutralität wenigstens für den Fall einer Bauverzögerung anbietet, was wiederum den Deutschen als zu wenig erscheint.
11. April: Aufbauend auf Gladstones Vorlage und dem Gesetzentwurf von 1907 bringt die Regierung eine neue ›Irish Home Rule Bill‹ im Unterhaus ein. Das Gesetz geht zwar zweimal glatt im Unterhaus durch, wird jedoch vom Oberhaus zweimal verworfen. Im übrigen widerstreben die Ulster-Unionisten wie auch die Sinn Fein.
12. April: Die ›Welsh Disestablishment Bill‹ kommt den walisischen separatistischen Sprach- und Kulturtendenzen entgegen und entbindet die zumeist protestantisch-nonkonformistischen Waliser (74 %) von der Oberhoheit der »Established Church«, der Anglikanischen Kirche. Die vier Diözesen von Wales unterstehen nicht mehr Canterbury, die walisischen Bischöfe scheiden aus dem Oberhaus aus. Die Unionisten im Oberhaus lehnen die Bill zweimal ab, so daß sie erst 1919 Gesetzeskraft erlangt.
15. April: Der Untergang (1513 Tote) des modernsten Passagierdampfers Englands, der »Titanic«, während der Jungfernfahrt südlich der Großen Neufundlandbank führt zu verschärften internationalen Sicherheitsbedingungen.
April/Mai: Die deutsche Flottennovelle wird ungekürzt vorgelegt und vom Reichstag gebilligt. Die Haldane-Mission ist damit gescheitert.
Juli: Mit der Niederschlagung des Londoner Dockarbeiter-Streiks endet die Streikserie der Seeleute, Docker, Transportarbeiter und Eisenbahner.
Sommer: Unter dem Eindruck der ablehnenden Haltung Deutschlands bemüht sich Außenminister Grey um eine Verständigung mit Frankreich und den Vereinigten Staaten.
Nov.: Britisch-französische Flottenvereinbarung zwischen Grey und Cambon, die weitgehend geheimgehalten wird.
22./23. Nov.: Ein Briefwechsel zwischen Grey und Cambon regelt – ohne Wissen des Kabinetts, des Parlaments und der britischen Öffentlichkeit – die Sicherung des Mittelmeeres und der Nordsee: Die britische Mittelmeerflotte wird von Gibraltar in den Ärmelkanal verlegt, während die

französische Atlantikflotte im Mittelmeer den Schutz der englischen Interessen wahrnehmen soll. Nicht wirtschaftspolitische Gründe sind die Ursache für Englands Schritt, sondern der hegemoniale Anspruch Deutschlands, das durch seine offensive Politik das Gleichgewicht in Europa stört, Frankreich in die zweite Linie drücken will und gleichzeitig die Entwicklung Großbritanniens zu einem liberalen Sozialstaat blockiert. Daß beide Staaten unter innenpolitischem Zwang stehen und der Öffentlichkeit Rechnung tragen müssen, kommt hinzu.
Ausbau des 1904 eingerichteten »Imperial Defence Committee« zum »Imperial Staff College«, einer für das Empire gemeinsamen Stabsschule und Kriegsakademie.

1913 *Sommer*: Angesichts der ständigen Belästigungen und Hungerstreiks der Suffragetten erläßt die Regierung das »Katz und Maus-Gesetz«, d. h. eine in den Hungerstreik getretene Frauenrechtlerin kann entlassen und nach Belieben wieder eingesperrt werden. – Ende 1913 sitzen etwa 182 Frauen im Gefängnis. – Um die Frauenrechtsbewegung wieder aus dem lächerlichen und radikal-anarchistischen Status herauszuholen, gründen gemäßigtere Frauen die »National Union of Suffrage Societies«. – Die emanzipatorische Bewegung wird durch den Krieg und die daraus resultierenden neuen nationalen Aufgaben und persönlichen Möglichkeiten überholt.

1913/14 Rund fünfzig Prozent der in Großbritannien konsumierten Lebensmittel werden eingeführt (1928 nur noch zwanzig Prozent aufgrund stark verbesserter Landwirtschaft).

1914 *9. März*: Premier Asquith bringt die geänderte und auf Kompromiß zielende ›Home Rule Bill‹ zur dritten Lesung ein.
Mai: Die Bill passiert das Unterhaus und müßte somit, da das Oberhaus durch zweimalige Ablehnung sein Veto erschöpft hatte, Gesetz werden.
Frühsommer: Die Ulster-Unionisten lehnen die Bill ab; die seit Anfang 1914 von den Arbeitern unterstützte Sinn Fein bildet gegen die schwer bewaffneten Ulster-Freiwilligen eine weitere Privat-Armee. Carson und Bonar Law erklären sich öffentlich für eine Sabotage des Home Rule-Gesetzes und drohen mit Agitation, Streik und Meuterei in der Armee.
Juli: Blutige Zusammenstöße zwischen irischen Nationalisten und britischen Truppen. Nur mit Mühe kann ein Bürgerkrieg verhindert werden. Eine letzte Konferenz zwischen Unionisten und Home Rulers erbringt nichts, zumal Grey am ersten Verhandlungstag (24.) das Kabinett mit der Nachricht vom österreichischen Ultimatum an Serbien (23.) überrascht. – Unter dem Eindruck des Kriegsausbruches wird das Home Rule-Gesetz im September 1914 von König Georg V. unterzeichnet und sofort suspendiert. Es tritt nie in Kraft; die Frage nach der Autonomie Irlands bleibt vorerst ungelöst.
28. Juli: Kriegserklärung Österreichs an Serbien.

Der Außenhandel der Großmächte 1913

	Export	Import	Export nach ... (in Prozent)			Import aus ... (in Prozent)			Außenhandel
	Mrd. Dollar Anteil (%)	Mrd. Dollar Anteil (%)	Europa	Nordamerika	andere Kontinente	Europa	Nordamerika	andere Kontinente	Mrd. Dollar Anteil (%)
GB	2,6	3,2							5,8
	14	16	35	10	55	44	24	32	15
USA	2,4	1,8							4,2
	13	9	60	17	23	48	8	44	11
Dt. Reich	2,4	2,6							5,0
	13	13	75	8	17	54	17	29	13
Frankreich	1,3	1,6							2,9
	7	8	70	7	23	53	11	36	7,5

29./30. Juli: GREY sucht im Einvernehmen mit WILHELM II. die Österreicher zur Mäßigung zu bewegen (Pfandnahme und Besetzung Belgrads bis zu serbischen Genugtuungsleistungen). Gleichzeitig warnt er die Russen vor einem Eingreifen. BETHMANN HOLLWEG unterstützt ihn.
30./31. Juli: Wien lehnt ab; BETHMANN HOLLWEG gibt seine kompromißbereite Haltung auf, als Generalstabschef HELMUTH JOHANN LUDWIG VON MOLTKE (1848–1916) den Bündnisfall für gegeben erklärt.
1. Aug.: Deutschland erklärt Rußland den Krieg, während die Kriegserklärung an Frankreich zurückgehalten wird, da angeblich GREY für die Neutralität Frankreichs gebürgt hatte.
2. Aug.: Deutsche Kriegserklärung an Frankreich, als der Irrtum bezüglich der mißverstandenen Äußerung GREYS erkannt ist. – Grey erklärt, die Verletzung der belgischen Neutralität werde England in den Krieg bringen.
3. Aug.: Das deutsche Ultimatum an Belgien bedeutet das Ende von GREYS Friedenspolitik. Das Kabinett und das Land hinter sich wissend, tritt er in den Krieg ein, um Frankreich zu retten.
4. Aug.: Englische Kriegserklärung an Deutschland gegen die Stimmen MACDONALDS und eines Teiles der pazifistischen Arbeiterschaft. – Man glaubt, für eine gerechte Sache ins Feld zu ziehen, wenn auch GREY zu ASQUITH meint, die Lichter in Europa gingen aus und zu ihren Lebzeiten würden sie wohl auch nicht mehr angehen. – Im übrigen zeigen sich beide Minister mit ihren Äußerungen bezüglich der deutschen Kriegsschuld sehr zurückhaltend.

1914 bis 1918 Großbritannien und das Empire im Ersten Weltkrieg.
Mit Kriegsausbruch verstummen bis auf wenige Ausnahmen die Pazifisten und Neutralisten. Die irischen Wirren ruhen, Gewerkschaften, Syndikalisten und Suffragetten stellen ihren Kampf gegen die Regierung ASQUITH ein und wenden sich patriotisch gegen Deutschland. Wenn auch die Kolonien (Dominions) teilweise mit eigenen Problemen beschäftigt sind oder sich gar von der Bevormundung des Mutterlandes befreien wollen, so treten sie doch alle mehr oder weniger schnell mit Truppenkontingenten, Waffen- und Rohstofflieferungen in den Krieg ein.
Während die englische Flotte die Weltmeere beherrscht und in einem knappen Dreivierteljahr nahezu alle deutschen Kolonien erobern hilft, hat Großbritannien zu Kriegsbeginn nur etwa 250000 Mann unter Waffen, davon gut die Hälfte in Übersee. Immerhin kann dank der Militärreformen LLOYD GEORGES und HALDANES sofort eine »British Expeditionary Force« aufgestellt werden, d. h. ein Expeditionskorps von vier Infanteriedivisionen und einer Kavalleriedivision. Die rund 100000 Mann stehen unter dem Befehl von Feldmarschall Sir JOHN FRENCH, später Earl of Ypern (1852–1925).
Kriegsminister Lord KITCHENER (ab 6. August 1914) reformiert im Verein mit LLOYD GEORGE die Armee, die Kriegsorganisation und Logistik; letzterer plädiert vor allem für die Entwicklung der Tank-Waffe und Verbesserung des Maschinengewehrs sowie für die Geleitzug- und Blockadetaktik.

Den Krieg hindurch existieren zwei strategische Konzeptionen: CHURCHILL und Lloyd George wollen eine Entscheidung mittels Flotte, Blockade, Handelskrieg und Politik im östlichen Mittelmeerraum (easterners), dagegen sieht die Generalität den Landkrieg im Westen als kriegsentscheidend an (westerners).
Bis Mai 1915 kann die Truppenstärke auf 600000 Mann erhöht werden, wobei allein im Jahre 1915 rund 300000 Ausfälle an Toten, Verwundeten und Vermißten zu verzeichnen sind. Die Verluste in den großen Stellungsschlachten 1916 und 1917 ergeben bis Kriegsende eine Mill. Tote und 2,5 Mill. Verwundete. – Um 1918 sind insgesamt acht Mill. Männer und eine Mill. Frauen in den Kriegsprozeß verwickelt, sei es in der Truppe, in der Rüstungsindustrie, im ziviltechnischen Hilfsdienst oder im Sanitätswesen. Durch den U-Boot-Krieg der Deutschen verliert England allein im Frühjahr 1917 2 Mill. Schiffstonnen, während des gesamten Krieges 6 Mill. Tonnen. – Zu den 6,2 Mrd. Pfund Kriegskosten kommen noch 1,8 Mrd. Pfund Kriegssubvention an die Alliierten und für Großbritannien wiederum eine amerikanische Finanzhilfe von 920 Mill. Pfund. Insgesamt belaufen sich Großbritanniens Schulden gegenüber den USA auf 3,7 Mrd. Dollar, während es selbst mit 7 Mrd. Dollar Gläubiger der anderen Alliierten ist (1919/1920).

1914 *5. Sept.*: England, Frankreich und Rußland verpflichten sich im Vertrag zu London, keinen Sonderfrieden abzuschließen.
12.–22. Okt.: Erste Schlacht um Ypern mit großen Verlusten (50000) auf britischer Seite.
5. Nov.: Großbritannien annektiert Zypern.
8. Dez.: Niederlage der deutschen Ostasienflotte bei den Falkland-Inseln.
18. Dez.: Ägypten wird zum britischen Protektorat erklärt; im Februar 1922 wieder aufgegeben.

1915 *Febr./März*: Trotz des »Waffenstillstandes« (Industrial Truce, Treasury Agreement) zwischen Regierung, Unternehmern und Trade Unions kommt es zu einem Streik der Munitionsarbeiter in den Fabriken am Clyde.
Frühjahr: Katastrophaler Munitionsmangel an der Westfront. Daraufhin wird im März mit der ›Defense of the Realm Act‹ ein Kontroll- und Bewirtschaftungsgesetz für die Kriegsindustrie erlassen.
22. April bis 25. Mai: Zweite Schlacht um Ypern mit 60000 britischen Gefallenen.
seit 25./26. April: Nach erfolglosen Angriffen von der See aus (Februar) nun Landungen französischer und britischer Truppen auf der türkischen Halbinsel Gallipoli (Dardanellen), die erfolgreich von Türken und Deutschen abgewehrt werden.
7. Mai: Torpedierung und Versenkung des Cunard-Liners »Lusitania« durch ein deutsches U-Boot (1201 Tote). Große Empörung über dieses Ereignis in England. – Neueste Untersuchungen haben die schon 1915 von Deutschen propagierte Behauptung, daß hier etwas »faul« gewesen sei,

bestätigt: Der Passagierdampfer transportierte Konterbande, Waffen und Munition, war mit Geschützen ausgerüstet und hatte »seltsame« Fahrtrouten-Befehle seiner Reederei und der britischen Admiralität, die ihn Kurs in von U-Booten kontrolliertes Gebiet nehmen ließen.
17. Mai: Wegen der fehlgeschlagenen Dardanellen-Offensive überwirft sich CHURCHILL, der Erste Lord der Admiralität, mit seinem First Sea Lord JOHN FISHER, der zurücktritt und damit auch Churchills Sturz bewirkt. – Daraufhin bildet ASQUITH sein Kabinett zu einer nationalen Koalitionsregierung ohne Opposition um: Churchill wird durch BALFOUR ersetzt; der wegen seiner deutschfreundlichen Haltung angegriffene Lordkanzler und frühere Kriegsminister HALDANE verliert sein Amt; neben einigen Konservativen tritt ARTHUR HENDERSON (1863–1935) als Exponent der Labour Party ins Kabinett ein. LLOYD GEORGE erhält auf Drängen der von Lord NORTHCLIFFE beeinflußten Presse (›Times‹, ›Daily Mail‹, ›Daily Mirror‹) das vom Kriegsministerium abgetrennte Munitionsressort, das er glänzend verwaltet und technisch-personell ausbaut.
Juli: LLOYD GEORGE strafft die Rüstungs- und Munitionsfabrikation und regelt die Dienstverpflichtung im ›Munitions of War Act‹. Etwa 30000 Personen beantragen daraufhin Dienstpflicht für sich. Das führt zur Frage der »dilution«, d. h. der Ersetzung eingezogener Facharbeitern durch ungelernte Arbeiter, auch Frauen. Aus dieser Status- oder Sozialfrage wird später ein Mitbestimmungsproblem.
Okt.: Für den wenig erfolgreichen Oberbefehlshaber FRENCH kommt Sir (Earl) DOUGLAS HAIG (1861–1928).

1916 *6. Jan.*: Die allgemeine Wehrpflicht (ledige Männer) für Großbritannien tritt in Kraft.
5. Mai: Kriegsminister KITCHENER kommt beim Untergang des Panzerkreuzers »Hampshire« vor den Orkneys ums Leben. Das Amt übernimmt bis Dezember LLOYD GEORGE, dann EDWARD GEORGE VILLIERS STANLEY, Earl of Derby (1865–1948).
Mai: ›Military Service Act‹: Einführung der allgemeinen Wehrpflicht vom 18. bis 41. Lebensjahr gegen die Stimmen der pazifistischen »Union of Democratic Control« um MACDONALD, sowie gegen das Mißtrauen weiter Labour- und Trade Union-Kreise, aber auch ASQUITHS. – Flankiert wird die Maßnahme, die in Großbritannien noch ohne Beispiel ist, von einer Art »Kriegssozialismus« des autokratisch regierenden LLOYD GEORGE.
16. Mai: Das »Sykes-Picot-Abkommen« teilt de facto die Türkei unter den Entente-Mächten auf.
31. Mai: Seeschlacht von Jütland (Skagerrakschlacht): Einziges größeres Treffen der ansonsten vorsichtig geführten Home Fleet unter Admiral JOHN R. (Earl) JELLICOE (1859–1935) und der deutschen Hochseeflotte unter Admiral RICHARD SCHEER (1863–1928). – Nach einem Vorgefecht, geführt von Admiral DAVID (Earl) BEATTY (1871–1936) und Admiral FRANZ VON HIPPER (1863–1932), trennen sich die beiden Hauptflotten nach mehrstündigem Feuern. Die Briten verlieren drei Schlachtkreuzer, drei Kreuzer und

acht Zerstörer, die Deutschen ein Schlachtschiff, einen Schlachtkreuzer, vier Kreuzer und fünf Zerstörer. – Nach dieser Schlacht ist für die mit riesigen Mitteln erbaute deutsche Flotte der Krieg zu Ende; es kommt zu keinem weiteren Treffen.
Juni/Juli: Seit Juni 1914 sind die Lebensmittelpreise um 61 Prozent, die Löhne jedoch nur um 15 bis 20 Prozent gestiegen.
Juli bis Okt.: Um die Situation vor Verdun zu entspannen, eröffnet HAIG die Schlacht an der Somme, die den Wendepunkt des Kriegs bedeutet.
seit Herbst: Beginnende Überlegenheit der englisch-französischen Luftwaffe aufgrund der zahlenmäßigen Stärke, aber auch wegen neuer Jagd- und Bomber-Typen.
Mit Billigung der Regierung können sich Facharbeiter durch von den Gewerkschaften ausgegebene »trade cards« vom Militärdienst freistellen lassen (bis April 1917).
7. Dez.: LLOYD GEORGE, der Mann des »push and go«, löst mit Unterstützung der Konservativen ASQUITH, den Mann des »wait and see«, als Premier ab. Das neue Kriegskabinett besteht nur aus einem »inneren Zirkel« von sieben Personen: Neben Lloyd George sind das BONAR LAW als Schatzkanzler und Führer des Unterhauses, GEORGE N. Marquis CURZON OF KEDLESTON (1859–1925), bisher Lordsiegelbewahrer und später als Nachfolger Balfours Außenminister, Viscount MILNER als Exponent der Imperialisten, BALFOUR als Außenminister, dem Vertreter Nordirlands, Sir EDWARD CARSON, als Erster Seelord und ARTHUR HENDERSON als Repräsentant der Trade Unions und der Labour Party. – Neben das »Imperial War Cabinet« treten neue Ressorts für Ernährung, Arbeit, Schiffahrt, Luftfahrt, nationale Dienstverpflichtung und Wiederaufbau, die von Verwaltungs- und Wirtschaftsexperten geleitet werden. – Die Regierungsumbildung wird von der Öffentlichkeit um so mehr begrüßt, als LLOYD GEORGE sich die wichtigsten Zeitungskönige, allen voran NORTHCLIFFE und seinen Bruder ROTHERMERE, verpflichtet, indem er sie nobilitiert (von 1916 bis 1922 Kreierung von fünf Grafen, fünf Baronen und elf Baronets).

1916 bis 1918 THOMAS EDWARD LAWRENCE (1888–1935), Archäologe, Schriftsteller, Offizier und politischer Agent, organisiert den arabischen Aufstand gegen die Türken und wird als »Lawrence of Arabia« bekannt.

1917 *9. Jan.*: Die Deutschen erklären, was im eigenen Land, vor allem in der politischen Führung, umstritten ist, den uneingeschränkten U-Boot-Krieg.
2./6. April: Offizielle Kriegserklärung der USA an Deutschland. – Allein in diesem Monat verlieren die Alliierten und Neutralen 866 000 Bruttoregistertonnen durch deutsche U-Boote, davon Großbritannien allein 526 000. Seitdem verstärkter Neubau von Handelsschiffen.
17. Juli: Der Name »Sachsen-Coburg-Gotha« wird von König GEORG V. in »Haus Windsor« geändert.

31. Juli bis 10. Nov.: Dritte Schlacht um Ypern mit 245 000 Toten und Verwundeten.
20. Aug.: Der Staatssekretär für Indien Edwin Samuel Montagu (1879–1924) folgt in der »Indien-Erklärung« dem Selbständigkeitsstreben der Indischen Kongreßpartei, der Moslem-Liga und den Morley-Minto-Reformen von 1909 und verspricht eine schrittweise Dekolonialisierung Indiens und dafür eine allmähliche Hinwendung zu einem eigenen »responsible government«. – Nach fast einjähriger Untersuchung wird dem Parlament im Juli 1918 der entsprechende ›Montagu-Chelmsford Report‹ vorgelegt.
26. Sept.: Allgemeine Wehrpflicht in Kanada.
Herbst: Riesige englische Verluste in der Stellungsschlacht von Passchendaele; Lloyd George kritisiert Oberbefehlshaber Haig und verweigert die geforderte Verstärkung der britischen Armee von 200–300 000 Mann.
2. Nov.: Außenminister Balfour sichert nach Absprache mit Chaim Weizmann (1874–1952; 1948–52 Staatspräsident Israels) den Juden ein »national home« in Palästina zu, wobei die politischen, rechtlichen, rassischen und religiösen Interessen der dortigen nicht-jüdischen Bevölkerung gewahrt bleiben müssen.
20. Nov. bis 6. Dez.: Kämpfe bei Cambrai; die Engländer setzen erstmals größere Tank-Verbände ein.
Dez.: Eroberung Palästinas (Jerusalems) durch ein britisches Expeditionskorps unter General Edmund Henry Viscount Allenby (1861–1936).

1918 *März*: Große Verluste der Franzosen und Briten an der Oise-Scarpe-Linie. Haig schiebt das Debakel Lloyd George in die Schuhe. Auf Betreiben der Militärs verlangt Asquith eine Untersuchung.
9. Mai: Lloyd George stellt im Unterhaus die Vertrauensfrage. 106 Parlamentarier folgen dem Mißtrauensantrag Asquiths; die große Mehrheit ist für Lloyd George, der wiederum Haig den Oberbefehl läßt. Mit Asquiths Niederlage in der »Maurice Debate« beginnt die Spaltung der Liberalen, deren Schwächung Labour zugute kommt.
Juni: Labour proklamiert ihr Friedensprogramm (»Labour and the New Social Order«), in dem staatliche Produktionsplanung und Nationalisierung (Verstaatlichung) einiger Schlüsselindustrien gefordert wird.
15. Juli bis 6. Aug.: Zweite Marneschlacht, die den neuen französischen Oberbefehlshaber Marschall Ferdinand Foch (1851–1929) als Sieger sieht.
Aug./Sept.: Aufgrund der Erfolge an der Marne kann auch Haig wieder positiv und offensiv operieren.
31. Okt.: Waffenstillstand zwischen England und der Türkei nach den britischen Erfolgen in Damaskus, Aleppo und Mesopotamien.
11. Nov.: Waffenstillstand und Ende des Krieges.
14. Nov.: Die Labour Party beschließt, aus der Koalition auszuscheiden und einen eigenen Wahlkampf zu führen.
25. Nov.: Auflösung des Parlaments, nachdem Lloyd George und Bonar

Law sich für eine Fortsetzung der Koalition entschieden und an rund 400 koalitionswillige Konservative und 140 loyale Liberale einen »Wahlbrief« (Coupons) geschickt haben. – Während des kurzen Wahlkampfes tritt Lloyd George als »Rächer« gegenüber dem besiegten Deutschland auf. – *9. Dez.*: Sir Eric C. Geddes (1875–1937), seit 1917 Erster Lord der Admiralität, vergleicht in Cambridge Deutschland mit einer auszuquetschenden Zitrone, während zur gleichen Zeit George N. Barnes, Labour-Mann und ehemaliger einflußreicher Gewerkschaftsführer, seit Ende 1916 Minister für Arbeit und Sozialfragen, Kaiser Wilhelm II. hängen sehen will.

11. Dez.: Lloyd George fordert in Bristol von Deutschland den Ersatz der gesamten Kriegskosten und greift den pazifistischen Teil der Labour Party an.

14. Dez.: Die unter dem Eindruck des Sieges und der persönlichen Leistung Lloyd Georges stehenden »Coupon-Wahlen« (nach dem gezielt verschickten Wahlbrief), auch Khaki-Wahlen genannt, bringen einen überragenden Sieg der Koalition, d. h. besonders der Konservativen. Bei einer Wahlbeteiligung von nur 57,6 Prozent (mangels Abwesenheit oder Desinteresses der Soldaten) erreicht die Koalition über 5 Mill. Stimmen und 484 Mandate, von denen die Konservativen 338, die Liberalen 136, die regierungsfreundlichen Labours 10 Sitze halten. Daneben bucht Labour mit fast 2,4 Mill. Stimmen und 59 Mandaten einen beachtlichen Erfolg; die Partei etabliert sich fortan als Opposition. – Interessant bei diesen Dezember-Wahlen, daß das gerade erst verkündete Frauen-Wahlrecht nicht angenommen wird: Eine neue ›Representation of the People Act‹ gibt allen Männern über Zwanzig und allen Frauen über Dreißig das Wahlrecht, sofern sie einen eigenen Hausstand haben oder Ehefrauen eines Haushaltsvorstandes sind.

Arthur Henderson einigt durch ein verbindliches Programm die differierenden Gruppen in der Labour Party (z. B. Pazifisten, Patrioten, Unabhängige).

1919 *10. Jan.*: Lloyd George stellt sein neues Kabinett der »starken Persönlichkeiten« vor: Bonar Law wird Lordsiegelbewahrer und Führer des Unterhauses, Joseph Austen Chamberlain (1863–1937) Schatzkanzler, Balfour Außenminister, Curzon Präsident des Geheimen Rats, Milner Kolonialminister und Churchill Kriegsminister. Der Premier, im Hochgefühl seiner bisherigen Erfolge und des Wahlsieges, setzt seine autokratische, durch Ausnahmevollmachten abgesicherte Politik fort, um aus den hektischen letzten Jahren, der ausschließlich auf Rüstung zugeschnittenen Industrieproduktion, die nun reduziert werden muß und sofort Streiks und Arbeitslosigkeit nach sich zieht, in die Friedens- und Konsolidierungsphase eintreten zu können.

18. Jan. bis 28. Juni: Pariser Friedenskonferenz: Lloyd George tritt auf der Pariser Konferenz im März mit seinen ›Erwägungen für die Friedenskonferenz‹ (Fontainebleau-Memorandum) mäßigend und warnend hervor.

Mit wechselndem Erfolg vermittelt er zwischen den antagonistischen Positionen des »Tigers« GEORGE CLEMENCEAU (1841–1929) und T. WOODROW WILSONS (1856–1924). Allein in der Reparationsfrage ist er wegen seiner früheren Wahlversprechungen handlungsunfähig. Immerhin bestimmt ihn die britische Tradition des europäischen Gleichgewichts zur Erhaltung Deutschlands als Gegengewicht zum wiedererstarkten Frankreich und wichtigem Handels- und Wirtschaftspartner Großbritanniens. – Wenn auch die britische Delegation, zu der neben LLOYD GEORGE, BONAR LAW und BALFOUR auch Lord ROBERT CECIL (1864–1958) gehört, ein ehemaliger Unterstaatssekretär des Äußeren und Kabinettsminister, der später als Völkerbundskommissar wegen seiner Abrüstungsvorschläge den Friedensnobelpreis erhält (1937) und 1946 Ehrenpräsident der Vereinten Nationen wird, sich um für alle Beteiligten akzeptable Bedingungen bemüht, so kann sie sich nur in wenigen Punkten gegen Frankreich und die USA durchsetzen. Für die Dominions wird General SMUTS zu Rate gezogen, der gegen Präsident Wilsons verschwommene Völkerbundsidee den Plan einer »Liga der Nationen« mit internationaler Rechtsordnung und verpflichtender Kontrolle proklamiert. Hierbei manifestieren sich Gladstone-Pazifismus, britische Friedens- und Zivilisationsidee sowie Anklänge des Prinzips der nationalen Selbstbestimmung. – WILSON setzt sich durch, nimmt jedoch die englischen Vorschläge bezüglich der »Mandate« auf: A-Mandate als Treuhänderschaft für Länder, die für eine baldige Unabhängigkeit reif sind; B-Mandate für solche, die noch nicht reif und C-Mandate für unterentwikkelte, kleine und leistungsschwache Territorien. Alle Mandate werden nicht vom Völkerbund, sondern von WILSON, LLOYD GEORGE, CLEMENCEAU und dem italienischen Ministerpräsidenten VITTORIO E. ORLANDO (1860–1952) an England, Frankreich und Belgien verteilt. Dabei erkauft sich Frankreich bezüglich der A-Mandate die britische Zustimmung zu einer antideutschen und antibolschewistischen Politik in Europa gegen weitgehende Handlungsfreiheit Englands im Nahen Osten.
13. April: Amritsar-Massaker: Während einer illegalen Protestversammlung gegen die ›Rowlatt Acts‹ (1919), die der britischen Regierung in Indien und ihren Unterpräfekturen das Aburteilen politischer Fälle ohne Juries und sofortiges Inhaftieren erlauben, läßt Brigadegeneral REGINALD E. H. DYER (1864–1927) in die Menge feuern: 379 Tote und 1208 Verwundete sind die Opfer. – Dyer wird durch eine Untersuchungskommission gemaßregelt; die Auswirkungen des Massakers auf die indische Freiheitsbewegung sind enorm.
Frühjahr: ›Government of India Act‹ nach dem Report des Indien-Sekretärs MONTAGU und des Vizekönigs FREDERICK JOHN NAPIER THESIGER, Viscount Chelmsford (1868–1933), aus dem Jahre 1918: Die indischen Provinzen erhalten ein erweitertes Wahlrecht, gewählte Abgeordnete und verantwortliche Minister für Lokalverwaltung, Erziehung und Wirtschaft; die Finanz- und Polizeigewalt verbleibt beim britischen Gouverneur, die Regierungsgewalt also in englischer Hand. Der indische Kongreß billigt zwar diesen Dualismus als Übergangslösung, doch der Führer der Kon-

greßpartei, »MAHATMA« M. K. GANDHI (1869–1948), der in England studiert hat, gibt sich mit dem Erreichten nicht zufrieden und leistet fortan passiven Widerstand und bürgerlichen Ungehorsam, wofür er mehrmals inhaftiert wird.
Juni: Der Physiker und Chemie-Nobelpreisträger ERNEST (Baron) RUTHERFORD (1871–1937) beschreibt in ›The First Artificial Transmutation of Matter‹ die Atomspaltung.
21. Juni: Der Großteil der nach dem Waffenstillstand 1918 in den britischen Seestützpunkt Scapa Flow verlagerten deutschen Hochseeflotte wird von den eigenen Mannschaften versenkt.
28. Juni: Unterzeichnung des Versailler Vertrages; daneben Beistandsvertrag zwischen Frankreich und England, Frankreich und den Vereinigten Staaten.
10. Sept.: Vertrag von Saint-Germain zwischen den Alliierten und der Republik Österreich, die die Eigenstaatlichkeit der Tschechoslowakei, Polens, Ungarns und Jugoslawiens anerkennen, Abrüstung, Reparationen usw. hinnehmen muß.
27. Nov.: Vertrag von Neuilly zwischen den Alliierten und Bulgarien (Gebietsabtretungen, Heeresbeschränkung und Kriegsentschädigungen).
8. Dez.: Nach den Vorstellungen Lord CURZONS wird die Ostgrenze Polens, die sog. Curzon-Line festgelegt.
Dez.: Unter dem Eindruck der starren französischen Haltung veröffentlicht der Volkswirtschaftler JOHN MAYNARD (Baron) KEYNES (1883–1946) sein kritisches Buch ›The Economic Consequences of the Peace‹.

1920 *19.–26. April*: Auf der Konferenz von San Remo bestätigen die Ministerpräsidenten der Entente-Mächte nochmals die Bestimmungen des Versailler Vertrages. England und Frankreich teilen die Mandatsgebiete im Nahen Osten unter sich auf.
4. Juni: Vertrag von Trianon zwischen den Alliierten und Ungarn, das 71 Prozent seines Territoriums und 63 Prozent seiner Bevölkerung (überwiegend Nicht-Magyaren) verliert.
10. Aug.: Vertrag von Sèvres zwischen den Alliierten und der Türkei. Großbritannien erhält Mossul und stimmt dafür dem französischen Reparationsultimatum und der Reduktion der deutschen Reichswehr auf 100000 Mann zu. Der Irak wird von der Türkei abgetrennt und bis 1932 britisches Protektorat. König des Irak wird 1921 auf Betreiben der Engländer FEISAL I. (1883–1933).
Herbst: Mehrere Reparationskonferenzen (u. a. in Brüssel).

1921 *21. März*: Englisch-sowjetischer Handelsvertrag als Folge der Appeasement-Politik LLOYD GEORGES.
15. April: »Black Friday«: Die »Triple Industrial Alliance« aus Bergarbeiter-, Eisenbahn- und Transportgewerkschaften ruft den Streik aus und wird von LLOYD GEORGES Koalitionskabinett mit scharfen Maßnahmen und

Androhung von Militäreinsatz niedergehalten. Sie wird zur »Cripple Alliance«.
4. Mai: Nach mehreren Reparationskonferenzen (Spa und Brüssel 1920, Paris und London Jan./Febr. 1921) kommt es gegen vielfache Warnungen, z. B. durch J. M. Keynes, zum »Londoner Ultimatum«, das die Anerkennung einer deutschen Reparationsschuld von 132 Milliarden Goldmark und einer jährlichen Abgabe von 28 Prozent des deutschen Ausfuhrwertes fordert. Lloyd George stimmt wider besseres Wissen zu und beharrt auf einem englischen Anteil von 22 Prozent.
Durch die ›Safeguarding of Industries Act‹ wird die durch die McKenna-Zölle 1915 und die Empire-Präferenzen 1919 begonnene Schutzzollpolitik fortgeführt.

Winter 1921/22 Washingtoner Konferenz zur Rüstungsbegrenzung und Regelung der Pazifik- und Fernost-Angelegenheiten. Teilnehmer sind die USA, Großbritannien, Japan, Frankreich, Italien, die Niederlande, Portugal, China und Belgien. – Der »Viermächte-Vertrag« vom 13. Dezember 1921 zwischen den USA, Großbritannien, Frankreich und Japan führt zur Anerkennung des Status quo, d. h. des jeweiligen Besitzstandes im Pazifikraum (Pazifikabkommen) und hebt auf Wunsch der Vereinigten Staaten und der Dominions das britisch-japanische Bündnis von 1902 auf. – Der »Fünfmächte-Vertrag« vom 6. Februar 1922 zwischen den USA, Großbritannien, Japan, Frankreich und Italien legt das Stärkeverhältnis der jeweiligen (Kriegs-) Flotten auf 5 : 5 : 3 : 1,75:1,75 fest. – Der »Neunmächte-Vertrag« vom 6. Februar 1922 zwischen allen Beteiligten respektiert die Integrität Chinas, die 1931 durch den Einfall der Japaner in der Mandschurei beendet wird. – Weitere Punkte betreffen einen zehnjährigen Baustopp von Großkampfschiffen bzw. ein Abkommen darüber, welche Einheiten bei welcher Armierung auf Kiel gelegt werden dürfen.

1922 *1. Jan.*: Die privatwirtschaftliche British Broadcasting Company nimmt in London ihre Tätigkeit auf. – Am 1. 1. 1927 wird sie zur »B. B. C (orporation)«, einer öffentlich-rechtlichen Monopolkörperschaft.
März: Gandhi wird zu sechs Jahren Gefängnis verurteilt, wegen Krankheit aber im Dezember 1924 entlassen.
10. April bis 19. Mai: Weltwirtschaftskonferenz in Genua mit deutschen und russischen Vertretern, jedoch ohne amerikanische Beteiligung. Während Lloyd George für Freiheit des internationalen Handels plädiert, erreicht der französische Ministerpräsident Raymond Poincaré (1860–1934), daß die Reparations- und Abrüstungsfragen von der Tagesordnung abgesetzt werden. – So führt Frankreichs intransigente Haltung zum Vertrag von Rapallo zwischen Deutschland und Sowjetrußland (16. April).
Sommer: Die von Frankreich und Rußland unterstützten »Jungtürken« vertreiben die Griechen aus Kleinasien. Die von den Ereignissen überraschten Engländer reagieren heftig, weil sie um ihre Machtposition am

Bosporus fürchten, und treten daher offen auf die Seite der Griechen, als die Türken die neutrale Dardanellenzone und die britischen Stellungen um Chanak bedrohen. LLOYD GEORGE und CHURCHILL fordern die Dominions und die Balkan-Staaten im »Chanak-Kommuniqué« zum Kampf gegen die Türken auf. Dank der geschickten Politik Italiens und Frankreichs kann jedoch ein Krieg vermieden werden; die Entente hält noch einmal (Konferenz von Lausanne), bis sie durch die Ruhr-Krise doch bricht. – Lord CURZON tritt infolge der Chanak-Krise zurück.
1. Aug.: Balfour-Note an Englands Gläubiger, die USA, und seine Schuldner, die ehemaligen Verbündeten. Großbritannien schuldet den USA 850 Mill. Pfund, bekommt aber von Frankreich, Italien, Jugoslawien, Rumänien, Portugal und Griechenland insgesamt rund 1,3 Milliarden Pfund, die 630 Mill. Pfund russische Schulden und den Anteil an der deutschen Reparation in Höhe von 1,45 Milliarden Pfund nicht mitgerechnet. BALFOUR sagt, die Rückzahlungsforderung der USA zwinge England, auch das Geld von seinen Schuldnern einzutreiben.
4. Okt.: Die »Genfer Protokolle« zwischen Österreich einerseits und Großbritannien, Frankreich, Italien u. a. andererseits regeln in einem Staatsvertrag den wirtschaftlichen und finanziellen Wiederaufbau der nach dem Krieg katastrophal geschwächten jungen Republik Österreich.
19. Okt.: Nach dem Rücktritt CURZONS, angesichts der relativen Erfolglosigkeit von LLOYD GEORGES Idee der kollektiven Friedensordnung (appeasement) aufgrund der starren Machtpolitik Frankreichs (Sanktionspolitik), der Mißerfolge Lloyd Georges auch bei der inneren, sozialpolitischen Konsolidierung, der 2,5 Mill. Arbeitslosen und der Abwertung des Pfund Sterling auf ein Drittel des Vorkriegswertes sowie der außenpolitischen Fehlschläge (Nahost-Krise, Reparationsfrage, dilatorische Behandlung der nach Selbständigkeit strebenden Dominions) – angesichts all dieser Umstände beschließen die Konservativen, geführt von BONAR LAW, auf einer Tagung im »Carlton Club« die Auflösung der Koalition, damit nicht auch die Konservativen wie schon die Liberalen durch Lloyd Georges Politik geschwächt oder gar gespalten würden.
23. Okt.: BONAR LAW wird Premier, nachdem LLOYD GEORGE, der sich ohne Anhang sieht, resigniert hat. Der neue Premier holt STANLEY (Earl) BALDWIN (1867–1947) als Schatzkanzler und erneut CURZON als Außenminister ins Kabinett.
Nov.: Die unter dem von BONAR LAW angegebenen Motto »tranquillity and freedom from adventures and commitments both at home and abroad« abgehaltenen Unterhaus-Wahlen ergeben von 615 Sitzen 345 für die Konservativen (K), 60 für die Asquith-Liberalen, 57 für die Lloyd George-Liberalen (L) und 142 für die geschlossen auftretende LabourParty (Lab).
Nov.: Eine Weltsensation wird die Entdeckung und Öffnung des Grabes des ägyptischen Königs (Pharaos) TUT-ENCH-AMUN im »Tal der Könige« auf der Westseite von Theben durch HOWARD CARTER (1873–1939) und GEORGE EDWARD STANHOPE MOLYNEUX HERBERT, Earl of Carnarvon (1866–1923).

Fuad I. (1868–1936), seit 1917 Sultan unter britischer Schutzherrschaft, wird König von Ägypten.
James Joyces (1882–1941) ›Ulysses‹, John Galsworthys (1867–1933) ›Forsythe Saga‹ und Thomas Stearns Eliots (1888–1965) ›The Waste Land‹ erscheinen.

1914 bis 1922 Die irische Frage.
Nachdem unter dem mäßigenden Einfluß John Redmonds bei Kriegsbeginn die Irlandfrage zurückgestellt worden war, gelangen 1915/16 die Irisch-Republikanische Bruderschaft und die Irische Miliz (Bürgerarmee) zu der Überzeugung, man könne die Kriegswirren gut zu einem Aufstand zugunsten der Unabhängigkeitsbewegung nutzen. Gleichzeitig nähern sich die von Arthur Griffith geführte Sinn Fein und die unter dem Kommando von James Connolly (1870–1916) stehende irische Gewerkschaftsbewegung einander an. Beide treten für eine selbständige Republik Irland ein, für soziale Reformen und wirtschaftliche Autarkie bei gleichzeitiger Ablehnung der Ulster-Unionisten. – Die alten Home Rule-Anhänger vom Schlage Redmonds werden durch Neuwahlen, die von Sinn Fein gewonnen werden, aus ihren Ämtern gedrängt. Die Verhandlungen führt der ehemalige Kolonialbeamte Sir Roger Casement (1864–1916) in Berlin und München (1914/15). Als kurz vor Ostern 1916 die Anlandung einer deutschen Gewehr-Sendung an der Küste der Grafschaft Kerry verhindert werden kann, bricht am Ostermontag in Dublin ein Aufstand los, wobei die »Irish Volunteers« die Irische Republik ausrufen. – In heftigen Straßenkämpfen kann die Rebellion im Verlauf einer Woche niedergeschlagen werden. Fünfzehn Rädelsführer, darunter Casement, werden inhaftiert, wegen Landesverrats angeklagt und exekutiert; dreitausend Personen werden verhaftet, zweitausend von ihnen interniert. Nur einer der Hauptanführer kommt mit dem Leben davon, weil er die amerikanische Staatsbürgerschaft besitzt: Eamon de Valera (1882–1975), der spätere Minister- und Staatspräsident der Republik Irland.
Wenn auch der »Osteraufstand« 1916 von der Mehrheit der irischen Bevölkerung nicht gebilligt oder gar gefördert wurde, so weckt er doch Anteilnahme und allgemeinen Nationalismus. – Im Sommer und Herbst 1916 reisen Asquith und Lloyd George nach Irland, um mit Redmond und anderen Führern zu verhandeln. Anfang 1917 spricht sich Lloyd George für eine Dubliner Konferenz aller irischen Gruppen aus, was die erstarkten Sinn Feiners ablehnen. Die Differenzen zwischen Südirland und Ulster führen 1918 zum Abbruch der Gespräche; um so mehr, als die auch auf Irland ausgedehnte allgemeine Wehrpflicht (›Man Power Bill‹) auf offenen Widerstand stößt, und alle 150 000 Miliz-Nationalisten zur illegalen Irisch-Republikanischen Armee (IRA) übergehen.
Die bei den Khaki-Wahlen vom Dezember 1918 mit 73 Sitzen siegreichen Sinn Feiners (gegen 26 Unionisten, davon 23 allein in Ulster, und 6 Home Rulers) gehen gar nicht erst nach Westminster, sondern konstituieren um die Jahreswende 1918/19 ein eigenes Parlament in Dublin, das »Dail

Eireann« (Versammlung von Irland). De Valera wird zum Präsidenten gewählt, ein Kabinett gebildet und gemäß Präsident Wilsons »14 Punkten« das Recht auf Selbstbestimmung und Unabhängigkeit betont. – Da Lloyd George und auch Wilson sich sehr reserviert verhalten, beginnt die Irisch-Republikanische Befreiungsarmee unter Führung von Michael Collins (1890–1922) mit einem Kleinkrieg gegen die von London ausgerüstete »Royal Irish Constabulary«, eine »schwarz-braune« Polizeispezialtruppe (Black and Tans) aus englischen Reservisten. – Angesichts der Gewaltaktionen bringt die britische Regierung im Frühjahr 1920 die ›Government of Ireland Act‹ im Unterhaus durch, d. h. die Abtrennung Nordirlands, die aber nur von Nordirland angenommen wird. Das nordirische Parlament mit Sitz in Belfast soll gesetzgeberisch für die sechs Grafschaften Antrim, Armagh, Down, Fermanagh, Londonderry und Tyrone sprechen, die eine protestantische Bevölkerungsmehrheit aufweisen. Für Südirland sollen in Dublin ein Parlament und für alle gemeinsamen Angelegenheiten ein »Council of Ireland« stehen; im übrigen werden die Iren weiterhin in Westminster repräsentiert.

Während Nordirland aufgrund der Annahme des Gesetzes einen eigenen Gouverneur, einen Senat mit 26 und ein Unterhaus mit 52 Abgeordneten erhält, lehnt das Restirland die Teilung ab; die Folge ist der sog. »Anglo-Irish War« bis Juli 1921. – Im Juni 1921 eröffnet König Georg V. das erste selbständige Parlament in Belfast mit einer so maßvollen Thronrede, daß sich kurz darauf auf Einladung Lloyd Georges de Valera und der nordirische Premier, Sir James Craig, Viscount Craigavon (1871–1940), ein entschiedener Home Rule-Gegner, in London treffen und einen Waffenstillstand sowie eine Friedenskonferenz vereinbaren. Vom 21. Oktober bis zum 6. Dezember konferieren fünf Vertreter des revolutionären Irland unter Führung von Griffith mit fünf englischen Regierungsvertretern, wobei London für den Fall einer dogmatisch-unnachgiebigen Haltung Dublins mit bewaffneter Intervention droht.

Nach geschickter Verhandlungsführung von Lordkanzler Sir Frederick Edwin Smith, Earl of Birkenhead (1872–1930), werden am 6. Dezember 1921 Irland der Dominionstatus (gleich Kanada, Neuseeland, Australien und Südafrika), dem Dubliner Parlament und der Regierung Eigenverantwortlichkeit, legislative und exekutive Gewalt zugebilligt und dem neuen Dominion der Name »Irish Free State« gegeben. Der Lord Lieutenant wird durch einen Generalgouverneur ersetzt; der Beamteneid ist auf den König als Haupt des Britischen Empire abzulegen. Dem Freistaat wird eine eigene bewaffnete Macht konzidiert, wenn auch die Gesamtverteidigung bei der britischen Flotte bleibt. Der »Dail« nimmt mit 64 zu 57 Stimmen den Vertrag an, der volle Autonomie unter der Kronhoheit bei Verzicht auf Ulster bringt. – Am 16. Juni 1922 ergibt eine neue Abstimmung mit 128 zu 36 Stimmen einen deutlichen Sieg der »Treatyisten« über die ultraradikalen Republikaner. Am 25. Oktober bestätigt das Londoner Parlament die irische Verfassung, das Zweikammersystem und den ersten Präsidenten William Thomas Cosgrave (1883–1965), der zehn Jahre lang

Staatsoberhaupt bleibt. Am 6. Dezember 1922 proklamiert GEORG V. den Irischen Freistaat. Größter Gegner des neuen Staatswesens ist DE VALERA, der mit den radikalen Sinn Feiners des verstorbenen GRIFFITH die völlige Unabhängigkeit, d. h. die Republik Irland fordert.

1923 *Jan.*: Schatzkanzler BALDWIN und Baron MONTAGU NORMAN (1871–1950), der Chef der Bank von England, reisen nach Washington und akzeptieren eine Schuldsumme von 4,6 Milliarden Dollar, die bei einem Zins von dreieinhalb Prozent in 62 Jahren abzuzahlen ist.
Jan./Febr.: Angesichts des Wahlergebnisses von 1922 und der sich seit 1917/18 ständig verbreiternden Kluft zwischen Führung und Hinterbänklern der konservativen Partei gründen die »backbenchers« mit »The 1922 Committee« einen Interessen- und Organisationsausschuß als Gegengewicht zur parteipolitischen Spitze, der bis in die siebziger Jahre zunehmend an Bedeutung gewinnt.
22. Mai: Nach dem Rücktritt des schwerkranken BONAR LAW wird STANLEY BALDWIN Premierminister, da der wegen seiner langjährigen Erfahrung aussichtsreichste Kandidat, Lord CURZON, als Peer nicht in Frage kommt.
24. Juli: Der Friedensvertrag zu Lausanne zwischen der Republik Türkei und Griechenland entmilitarisiert die Meerengen und setzt eine internationale Kommission zur Überwachung der freien Durchfahrt – auch von Kriegsschiffen – ein. Gedeckt von der Regierung, erzwingt CURZON ultimativ die Zustimmung Sowjetrußlands. England muß zwar die Vertreibung der bis dahin von ihm unterstützten Griechen aus Kleinasien hinnehmen, versichert sich aber gleichzeitig durch dies Entgegenkommen der Türkei und der USA, denen Curzon 25 Prozent der in englischem Besitz befindlichen türkischen Erdöl-Aktien anbietet. – Mit der Regelung der Dardanellen-Frage und der Verdrängung der Russen und Franzosen hat England Ruhe im Nahen Osten und kann sich wieder kontinentaleuropäischen Dingen widmen.
Herbst: Da Premier BALDWIN mittels Schutzzoll das Arbeitslosenproblem in den Griff bekommen will, BONAR LAW jedoch als Wahlversprechen vollen Freihandel verkündet hatte, werden Neuwahlen angesetzt.
Dez.: Die Wahlergebnisse: Konservative: 37,5% (1922: 38%), Liberale: 29,9% (29,1%), Labour: 30,7% (29,2%). Aufgrund des englischen Mehrheitswahlrechts ergibt sich folgende Sitzverteilung: Konservative: 258 (1922: 345), Liberale: 159 (117), Labour: 191 (142) Sitze. – Da sich eine Koalition mit ASQUITHS Liberalen wegen der freihändlerischen Prinzipien verbietet, rückt erstmals eine Labour-Regierung in Sicht- und Reichweite.

zw. 1923 und 1929 Die Arbeitslosenziffer (England, Wales, Schottland) schwankt zwischen 1,5 und 2,5 Millionen.

1924 *22. Jan.*: RAMSAY MACDONALD bildet die erste Labour-Regierung mit vorwiegend Vertretern des rechten Flügels seiner Partei. Der aus ärmlichen

Verhältnissen stammende MacDonald hatte sich zu einem Mittelklasse-Bürger von großem Format emporgearbeitet, was seiner »Karriere« in der Labour Party nicht nur förderlich gewesen war. Der Pazifist und beinahe Liberal-Soziale ist ein Praktiker, Gemäßigter und Kompromißler von großer Überzeugungskraft. Dem linken Flügel und dem Exekutivkomitee seiner Partei und den Trade Unions ist er, insgesamt gesehen, suspekt. – Eine der ersten Maßnahmen der Regierung ist die Aufhebung der Schutzzölle für Automobile sowie die Abschaffung oder Reduktion der Tee-, Kaffee- und Kakaosteuern oder -zölle mit dem Ziel eines »free breakfast table«. Die dadurch entstehende Budgetlücke überläßt MacDonald seinem wahrscheinlich konservativen Nachfolger im Amt.

Frühjahr/Sommer: Die Regierung nimmt Kontakte mit Sowjetrußland auf, anerkennt die bolschewistische Führung und sagt Finanzhilfe zu, was den Widerspruch der Konservativen und weiter Teile der Liberalen findet.

Sommer: MacDonald gesteht Indien das Recht auf den Dominion-Status zu.

8. Aug.: Handelsvertrag mit der Sowjetunion.

16. Aug.: Auf der Londoner Konferenz wird der von einer internationalen Sachverständigenkommission unter Führung des amerikanischen Bankiers und Generals Charles G. Dawes (1865–1951) ausgearbeitete »Dawesplan« zur Höhe und Zahlungsart der deutschen Reparationsleistungen gebilligt; nicht zuletzt aufgrund MacDonalds geschickter Vermittlungspolitik, da er sein eigener Außenminister ist.

Aug.: Wohlfahrtsminister John Wheatley (1869–1930) und sein Unterstaatssekretär Arthur Greenwood (1880–1954) setzen ein Hausbau-Programm durch, das die Wohnraumknappheit und die hohen Mietkosten beseitigen soll und bis 1939 den Bau von 2,5 Mill. Wohneinheiten vorsieht, und zwar nicht solche »Kaninchenhöhlen«, wie sie Wheatleys Vorgänger Arthur Neville Chamberlain (1869–1940) vorgesehen hatte. – Dagegen ist Schatzkanzler Philip (Viscount) Snowden (1864–1937) mit seiner orthodox-restriktiven Finanzpolitik weniger erfolgreich.

Herbst: »Campbell Case«: Der Verleger J. R. Campbell hatte in seinem kommunistischen Agitationsblatt ›The Workers' Weekly‹ die Soldaten zur Befehlsverweigerung aufgerufen. Eine von Generalstaatsanwalt Sir Patrick Hastings (1880–1952) angestrengte Untersuchung wird eingestellt – auf Betreiben des Premiers, wie Campbell behauptet. Daraufhin fordert das Unterhaus eine Untersuchung, was MacDonald als Beleidigung auffaßt; er stellt die Vertrauensfrage und verliert, so daß Neuwahlen angesetzt werden müssen.

25. Okt.: Veröffentlichung des sog. »Sinowjew-Briefes« (Red Letter Affaire) durch das Foreign Office: Der Vorsitzende des Exekutivausschusses der Komintern und Volkskommissar für Verkehr, Grigorij J. Sinowjew (1883– 1936), und andere Mitglieder der Komintern raten der englischen Kommunistischen Partei zur bewaffneten Revolution. – Der Brief, der erst 1966 als Fälschung erkannt wird, trägt zum Wahlsieg der Konservativen am 29. Oktober bei.

29. Okt.: Die Unterhauswahlen bringen den Konservativen einen Zuwachs um 161 auf 419 Sitze; Labour gewinnt zwar eine Million Wählerstimmen (= 33%), verliert aber von den 191 Sitzen 40; die Mandate der Liberalen schrumpfen von 159 auf 40.
4. Nov.: Die Regierung MacDonald tritt zurück; am gleichen Tag wird Baldwin zum zweitenmal Premier mit Joseph Austen Chamberlain als Außenminister und Winston Churchill als Schatzkanzler, Neville Chamberlain erneut als Wohlfahrtsminister und Lord Birkenhead als Staatssekretär für Indien. – In der Innenpolitik sieht Baldwin seine Hauptaufgabe in der Kooperation mit den Gewerkschaften, um die seit 1911 andauernde »Streik-Ära« zu beenden. Außenpolitisch setzt er die Befriedungspolitik Lloyd Georges und MacDonalds fort.
20. Nov.: Das »Genfer Protokoll« der Völkerbundversammlung empfiehlt eine Global-Konvention zum Schutze des Weltfriedens und der kollektiven Sicherheit und zur Ächtung des Angriffskrieges, die Großbritannien in dieser Form nicht annimmt.

1925 *Frühjahr*: Churchill setzt mit Unterstützung des Schatzamtes und der Bank von England gegen vereinzelte Warner wie Lloyd George und Keynes die Rückkehr zum 1914 aufgegebenen Goldstandard durch. Das heißt zwar wieder Vorkriegsparität zwischen Dollar und Pfund Sterling (ca. 4,4 \$ = 1 £), bedeutet jedoch eine starke Überhöhung des Pfundes, gemessen am inneren Preisgefüge, was sofort Exportschwierigkeiten nach sich zieht.
1. Mai: Zypern wird Kronkolonie.
21. Juli: »Red Friday«: Unzufrieden mit den Lohn- und Preisvorstellungen der Bergwerksbesitzer beauftragen die Bergarbeiterführer Herbert Smith und Arthur James Cook (1884–1931) den Trade Union Congress (TUC), geeignete Maßnahmen zu ergreifen. Um einem Streik zuvorzukommen, setzt Baldwin eine Schlichtungskommission ein, die in neun Monaten eine Lösung erarbeiten soll. Bis dahin zahlt die Regierung den Bergleuten Überbrückungsgelder (Subsidien).
16. Okt.: Locarno-Verträge (Locarno-Pakt): Vorbereitet durch intensive Kontakte der Außenminister Joseph Austen Chamberlain, Aristide Briand (1862–1932) für Frankreich und Gustav Stresemann (1878–1929) für Deutschland sowie des britischen Botschafters in Berlin, Edgar V. Lord d'Abernon (1857–1941), kommt es zu einer internationalen Vereinbarung über das europäische Sicherheitssystem. Der »Geist von Locarno« bringt u. a. 1926 den Eintritt Deutschlands in den Völkerbund. Die dauernde Befriedung jedoch gelingt nicht; durch die deutsche Besetzung der entmilitarisierten Rheinlande am 7. März 1936 werden die Verträge gebrochen.
Der Völkerbund verlängert das britische Mandat über den Irak, der am 13. Januar von Großbritannien als unabhängiger Staat anerkannt worden war.

1926 *März*: Die von der Regierung eingesetzte Kommission zur Prüfung der sozialen, arbeitsrechtlichen und lohnpolitischen Situation der Bergar-

beiter, geleitet von Sir (Viscount) HERBERT L. SAMUEL (1870–1963), veröffentlicht einen Kompromißvorschlag (Samuel-Report), der von den Bergarbeitern bzw. ihren Gewerkschaftsfunktionären abgelehnt wird.
26. April bis 1. Mai: Streik der Bergarbeiter; Ablauf der bisher gezahlten staatlichen Subventionen; der TUC ruft zum Generalstreik auf, ohne ihn als solchen zu bezeichnen.
3. –10. Mai: Streik der Bergleute, Drucker, Eisenbahner, Transportarbeiter, Eisen- und Stahlarbeiter, Bau-, Chemie-, Gas- und Elektrizitätsarbeiter (insgesamt mehr als 2 Mill. Streikende). – Der Ausstand fördert das neue Kommunikationsmittel Radio und beweist das volle Funktionieren der Notstandsmaßnahmen der Regierung. Die Labour-Führer schieben den Streik den radikalen Gewerkschaften in die Schuhe und lehnen ihn ab. Daß seitens der Regierung keine militärischen Maßnahmen getroffen werden müssen, ist der Besonnenheit BALDWINS zu danken, der die Verfechter einer härteren Linie, Schatzkanzler CHURCHILL und Innenminister Sir WILLIAM JOYNSON-HICKS, Viscount Brentford (1865–1932), »opfert«, d. h. entläßt. Der Streik endet offiziell, als der Premier in einer Rundfunkansprache und in einem Regierungsmemorandum die Beilegung der strittigen Fragen in Aussicht stellt: Achtstundentag der Bergleute und höhere Bezahlung durch die Unternehmer – was auch eingehalten wird.
19. Okt./18. Nov.: Reichs(Empire-)konferenz: Großbritannien und die Dominions sind als autonome Gemeinschaften innerhalb des britischen Reiches gleichberechtigt, treuepflichtig gegenüber der Krone und frei assoziierte Mitglieder des British Commonwealth of Nations (nach einem Memorandum BALFOURS).

1926/27 ›The Criminal Appeal (Scotland) Acts‹: Kodifizierungsversuch des stark römisch-rechtlich beeinflußten Common Law in Schottland.
Der Schriftsteller EDGAR WALLACE (1873–1932) wird bekannt und durch seine Kriminalromane, die schon in den dreißiger Jahren zum Teil als Taschenbücher erscheinen, zu einem der meistgelesenen Autoren dieses Jahrhunderts.

1927 *Mai*: BALDWIN beendet die diplomatischen und Handelsbeziehungen mit der Sowjetunion.
28. Juni: Die ›Trade Disputes and Trade Union Act‹ formuliert als Reaktion auf die Streikereignisse von 1926 vier Grundsätze: 1. Sympathie- und Generalstreiks sind ungesetzlich. 2. Terror und Arbeitsbehinderung sind ungesetzlich. 3. Aufhebung eines Gesetzes von 1913, wonach jedes Gewerkschaftsmitglied automatisch einen Beitrag zum Labour-Party-Fonds zahlen muß, es sei denn, eine Gegenerklärung wird abgegeben (contracting-out); nach der Neuregelung darf der Beitrag nur nach gegebener Einverständniserklärung eingezogen werden (contracting-into). 4. Eine Verbindung von Civil Service-Organisationen mit dem TUC ist inkompatibel. Lokalbehörden dürfen eine Anstellung nicht von einer Gewerkschaftsmitgliedschaft abhängig machen. – Das Gesetz wird erst 1946

von der Labour-Regierung CLEMENT RICHARD (Earl of) ATTLEE (1883–1967) aufgehoben. – Die Streikbewegung von 1926 und dieses Gesetz bringen den Trade Unions einen Mitgliederverlust von 3,5 Mill. und kosten sie das Vertrauen der Öffentlichkeit.
Juni/Juli: Erfolglose Seeabrüstungs-Konferenz in Genf zwischen Großbritannien, den USA und Japan.
22. August: Aufgerufen durch Proklamationen der Dritten Internationale (Komintern) und durch britische kommunistische Organisationen demonstrieren mehr als 200000 Menschen im Hyde Park gegen den »Sacco und Vanzetti-Prozeß« in Massachusetts, der mit einem doppelten Justizmord endet.
Die 1926 von DE VALERA gegründete »Fianna Fail« (Schicksalskämpfer)-Partei, republikanisch, auf Autarkie und völlige Loslösung Irlands vom Empire bedacht, wird stärkste Oppositionspartei in Dublin.

1927/28 Innenpolitische Kontroverse um das revidierte ›Book of Common Prayer‹, das vom Oberhaus akzeptiert, vom Unterhaus und der Regierung aber als »anglo-katholisch« oder gar »papistisch« abgewiesen wird.

1928 *Juli*: Völlige rechtliche Gleichstellung von Frau und Mann (Equal Franchise Act).
27. Aug.: Briand-Kellogg-Pakt (nach den französischen und amerikanischen Außenministern ARISTIDE BRIAND und FRANK B. KELLOGG (1856–1937) zur Ächtung des Krieges.
Dez.: Großbritannien anerkennt die chinesische Nanking-Regierung unter TSCHIANG KAI-SCHEK (1886–1975).
Eine Allindische Konferenz verlangt endlich den Dominion-Status.
DAVID HERBERT LAWRENCE (1885–1930) veröffentlicht den sozialkritischen Roman ›Lady Chatterley's Lover‹, der einen öffentlichen Skandal hervorruft. – Nach jahrzehntelangem Rechts- und Literaturstreit darf das Werk erst 1960 ungekürzt in Großbritannien erscheinen.

1928/29 Das britische Weltreich umfaßt nahezu ein Viertel der Erde und der Menschheit. Großbritannien hat 44 Mill. Einwohner, in den Dominions leben 25 Mill., in den Kronkolonien, Mandatsgebieten und Protektoraten 62 und in Indien 390 Millionen. Ein Viertel der Schiffahrt und ein Fünftel des Welthandels liegen in britischer Hand. – Angesichts der Völkerbundideen und des Niedergangs des Imperialismus beschließt eine »Imperial Conference« in den »Westminster-Statuten« den Umbau des Empire zu einem »Commonwealth of Nations« mit weitgehender Selbständigkeit der Dominions unter der Oberhoheit der britischen Krone. – In England ist von 1911 bis 1931 eine Vermehrung der Bevölkerung um 4 Mill. auf 44 Mill. zu verzeichnen, bei gleichzeitigem Rückgang der Geburtenrate, was eine Überalterung bewirkt. 80 Prozent der Bevölkerung wohnen in den Städten, davon die Hälfte in Großstädten. 76 Prozent sind Lohnempfänger. Die Reallöhne sind gestiegen, aber es gibt allein in England und Wales etwa 1,5

Mill. Arbeitslose, besonders in Durham und Südwales (bis zu 60 Prozent der Arbeiter). – Das wirtschafts- und finanzpolitische Übergewicht der USA, die ständigen Lebensmittelimporte und das enorm teure Renten- und Sozialversicherungssystem, ganz abgesehen von den neuen Steuern und zahlreichen Streiks, führen zu einer inneren Instabilität. Das Wirtschaftsblatt ›The Economist‹ berechnet allein die jährlichen Zinsen der Nationalschuld auf 350 Mill. Pfund.

1929 *Mai*: Nach einem ruhigen Wahlkampf bringen die planmäßigen Unterhaus-Wahlen folgendes Bild: Trotz einer Mehrheit von 300000 Stimmen gegenüber Labour – beide erreichen etwa 8 Mill. Stimmen – fallen die Konservativen von 396 auf 260 Plätze, während Labour 288 und die Liberalen 59 Mandate gewinnen. Labour besitzt damit erstmals die Mehrheit im Unterhaus, nicht jedoch die absolute.
4. Juni: Nach BALDWINS Abgang wird MACDONALD von GEORG V. zum zweitenmal mit der Regierungsbildung beauftragt. PHILIP SNOWDON wird wieder Schatzkanzler, J. R. CLYNES (1869–1949) Innenminister, ARTHUR HENDERSON Außenminister mit HUGH (Baron) DALTON (1887–1962) als Unterstaatssekretär, GEORGE LANSBURY (1859–1940) Arbeitsminister und, als erste Frau in einem britischen Kabinett, MARGARET BONDFIELD (1873–1953) die Vertreterin von Labour. – Die Minderheitsregierung MacDonalds schlittert in die Weltwirtschaftskrise, in den »great slump«, aus dem sie 1931 ohne irgendwelche positiven Leistungen auftaucht, um einem »National Government«, einer breiten Koalition zum »Krisenmanagement«, Platz zu machen.
Die seit 1928 sichtbar werdende Weltwirtschaftskrise wird auch für Großbritannien bedrohlich. Kündigung der amerikanischen Kredite, Zinsverlust, Geldknappheit, Währungsverfall, Absatzschwierigkeiten und steigende Arbeitslosigkeit rufen wieder die »Schutzzöllner« auf den Plan; das Kabinett MacDonald hält aber am Freihandelsprinzip fest.
Die 1900 aus allen Sezessionsgruppen um die »Free Church of Scotland« gebildete »United Free Church of Scotland« vereinigt sich wieder mit der schottischen presbyterianischen Staatskirche.

1930 *3.–20. Jan.*: Auf Anraten ARTHUR HENDERSONS erklären sich die Franzosen auf der Zweiten Haager Konferenz bereit, ihre Truppen aus dem Rheinland abzuziehen.
7. Dez.: Konventionsentwurf Englands und Frankreichs zur Abrüstung.

1930/31 Aus finanziellen Gründen und an dementsprechenden Vetos der Lords scheitern zahlreiche Gesetzesvorlagen, so die Aufhebung der protektionistischen ›Dystuff Act‹, eine ›Education Bill‹ mit verlängerter Schulpflicht bis zum fünfzehnten Lebensjahr, eine Wahlrechtsreform, die Aufhebung der ›Trade Union Act‹ von 1927, die ›Coal Mines Bill‹ zur Verkürzung der Arbeitszeit von acht auf siebeneinhalb Stunden. – MACDONALD scheitert aber auch nicht zuletzt deshalb, weil er zu gemäßigt, zu wenig

»sozialistisch« und autoritär ist. Einzig ein ›Anti-Slum-Gesetz‹ und ein Agrargesetz stehen auf der Haben-Seite vor dem Hintergrund einer 1931 auf rund 3,25 Mill. angestiegenen Arbeitslosenzahl.

1931 *Febr.*: Angesichts der Wirtschafts- und Finanzmisere fordern Konservative und Liberale eine Untersuchung des Staatshaushaltes und der Staatsschulden, wobei sich Oppositionsführer BALDWIN nicht den utopischen Standpunkt der Zeitungsbarone WILLIAM M. AITKEN, Lord BEAVERBROOK (1879–1974) und Lord ROTHERMERE zu eigen macht, die ein Freihandels-Empire fordern, mit einem Schutzzoll-Wall gegen den Rest der Welt.
Ende Mai: Die Bank von England rettet, unterstützt von Frankreich, die vor dem Zusammenbruch stehende größte österreichische Bank, die Wiener Creditanstalt, um nicht durch Rückgriff-Verpflichtungen selbst Schaden zu nehmen.
Ende Juli: Während in London eine internationale Konferenz über die Auswirkungen des Young-Planes (21. August 1929) und die katastrophale Lage Deutschlands berät, legt der von MACDONALD eingesetzte Wirtschaftsuntersuchungsausschuß unter Leitung des Versicherungsexperten Sir GEORGE MAY seinen Report vor: Dieser nennt ein Defizit von 120 Mill. Pfund, das durch neue Steuern und Abgaben allein nicht zu decken ist. Um nicht die Goldreserven allzusehr angreifen zu müssen, nimmt die Regierung in Paris und London Kredite in Höhe von insgesamt 80 Mill. Pfund auf.
23. Aug.: Die Regierung MACDONALD ist am Ende.
24./25. Aug.: In der Frage der Arbeitslosenunterstützung (Kürzung oder Beibehaltung der Quote) spaltet sich das Kabinett; MACDONALD bietet daher seinen Rücktritt an. Das Labour-Minderheitskabinett wird durch ein »National Government« abgelöst mit MACDONALD als Premier, SNOWDON, dem bislang erfolglosen Arbeitsminister J. H. THOMAS (1874–1949) und Sir (Viscount) JOHN SANKEY (1866–1948) sowie den Konservativen BALDWIN, NEVILLE CHAMBERLAIN (ab November Schatzkanzler), Sir SAMUEL HOARE, Viscount Templewood (1880–1959) und Sir PHILIP CUNLIFFE-LISTER (geb. 1884). Wichtige Posten erhalten die beiden Liberalen Sir HERBERT SAMUEL (Innenminister) und RUFUS D. ISAACS, Marquess of Reading (1860–1935), früherer Vizekönig von Indien (Außenminister).
8.–21. Sept.: Vor dem Hintergrund von 3,75 Mill. Arbeitslosen erläutert das Allparteienkabinett im Unterhaus die Finanzlage und legt ein Sparprogramm vor (›Economy Bill‹), das u. a. die Kürzung der Minister- und Ministerialbezüge sowie der Arbeitslosengelder um zehn Prozent vorsieht. Die Labour-Abgeordneten opponieren mit 242 zu 12 Stimmen heftig gegen die Einsparungspolitik (Cuts-Policy).
18. Sept.: Die Japaner erobern die Mandschurei. Damit scheitert das System der kollektiven Sicherheit und endet die pazifistische Völkerbundära: denn während der Völkerbund und – am 7. Januar 1932 – die USA warnend protestieren, bleibt England ruhig, da Japan auch weiterhin

das Prinzip der »Offenen Tür« in der Mandschurei zu garantieren verspricht.
21. Sept.: Abkehr vom Gold-Standard; das Pfund fällt zwar um ein Drittel, aber die Inlandpreise bleiben stabil.
27. Okt.: Unterhaus-Wahlen: Die Wähler honorieren die Sicherheits- und Sparpolitik. Das »National Government« erhält 554 (556) der 615 Sitze, das entspricht 14,5 Mill. Wählerstimmen. Im Vergleich zur Wahl von 1929 vermehren die Konservativen ihren Stimmanteil um 3 auf 11,8, während Labour um 1,8 auf 6,5 Mill. sinkt und die Liberalen sogar 3 Mill. einbüßen. – Labour erreicht 46 Sitze (und 5 unabhängige ILP's), die Liberalen verbuchen 5 Lloyd George- und 33 andere Mandate. – Die Konservativen hätten die Wahl allein gewinnen und somit auch die Regierung stellen können; sie geben sich aber einen »nationalen« Anschein, so daß die Koalition bis in den Zweiten Weltkrieg hinein im Amt bleibt, wenn sie dabei auch immer konservativer wird. MacDonald muß sich von seinen eigenen Parteigenossen den Vorwurf gefallen lassen, er sei eine bloße Gallionsfigur und verrate die Partei.
9. Nov.: MacDonald ersetzt Schatzkanzler Snowdon durch Neville Chamberlain und Außenminister Lord Reading durch Sir (Viscount) John A. Simon (1873–1954).
11. Dez.: »Westminster Statute« über die Festlegung des Commonwealth: Die Dominions Kanada, Australien, Neuseeland, Südafrikanische Union, Freistaat Irland und Neufundland erhalten die völlige Autonomie.
Der Labour-Politiker Sir Oswald Ernald Mosley (geb. 1896), 1929/30 von MacDonald zum Kanzler des Herzogtums Lancaster berufen, gründet als Antwort auf die Sozialpolitik der Regierung die vom italienischen Faschismus beeinflußte »New Party«, die er 1932 zur »Union of Fascists« umformt.

1932 *seit Febr.*: Abrüstungskonferenz in Genf: MacDonald und Arthur Henderson legen einen Plan zur stufenweisen Abrüstung, Aufhebung der allgemeinen Wehrpflicht und internationalen Kontrolle der Rüstungsindustrie vor. Frankreich leistet Widerstand, und angesichts der allseitigen Unentschlossenheit zieht sich Deutschlands neuer Kanzler Adolf Hitler (1889–1945) im Frühjahr 1933 von der Konferenz zurück.
29. Febr./März: Neville Chamberlain verfügt eine ›Import Duty Bill‹, die fast alle Importe mit einem zehnprozentigen Zoll belegt und innerhalb des Empire (Commonwealth) Präferenzzölle vorsieht.
5. Mai: Großbritannien und die USA vermitteln einen Waffenstillstand zwischen Japan und China, der japanisch-chinesische Krieg geht dennoch weiter.
Aug.: Eine Zoll- und Wirtschaftskonferenz in Ottawa beschließt statt eines einheitlichen Reichszolles bilaterale Vorzugszölle. Ein Fachkomitee (Import Duties Advisory Committee) arbeitet die neuen Zollregelungen und -sätze aus, die z. T. extrem protektionistisch sind, so daß die Liberalen im Kabinett ihre Posten zur Verfügung stellen.

De Valeras »Fianna Fail« wird zur staatstragenden Partei. Von 1932 bis 1948 amtiert de Valera als Ministerpräsident, wobei er im Zweiten Weltkrieg Irland strikt neutral hält; 1951–54 und 1957–59 erneut Premier, 1959–73 Staatspräsident, lehnt er den Beitritt Irlands zum Nordatlantikpakt (NATO) ab, spricht sich aber für einen Eintritt in die Europäische Wirtschaftsgemeinschaft (EWG oder CM = Common Market) aus.
Sept.: Die Arbeitslosenzahl nähert sich der 4-Millionen-Grenze. Die Großhandelspreise sind auf 72 Prozent des Index' von 1929 gefallen.
Aldous L. Huxleys (1894–1963) von modernen naturwissenschaftlichen und technischen Erkenntnissen geprägter utopischer Roman ›Brave New World‹ erscheint.

1933 *9. Febr.*: Auf einer zumeist von Studenten besuchten Versammlung der »Oxford Union« wird mit 275 zu 153 Stimmen eine pazifistische Resolution angenommen.
Ende Okt.: Aufgrund der nationalistischen und anti-pazifistischen Politik Hitlers (Austritt aus dem Völkerbund am 19. Oktober), Frankreichs und Josef W. Stalins (1879–1953) befürwortet Baldwin als Lordpräsident der Koalitionsregierung eine beschleunigte Aufrüstung. – Dagegen plädiert Labour anläßlich einer Nachwahl in East-Fulham für Abrüstung und kann so ihrem Kandidaten 10000 zusätzliche Stimmen verschaffen, was den Sieg bedeutet.

1934 *Juni*: Eine Massenversammlung von Mosleys faschistischer Partei in London, bei der es zu groben Ausschreitungen kommt, schockiert Parlament und Öffentlichkeit.
Spätsommer: Während George Lansbury , Unterhaus-Chef der Labour Party, und auch Clement Attlee für Pazifismus und Abrüstung votieren, Neville Chamberlain dagegen für eine verstärkte Luftrüstung eintritt (Planungsbeginn des »Spitfire«-Jägers und »Hurricane«-Bombers), um Deutschland gegebenenfalls in Schach halten zu können, veranstaltet die unparteiisch-pazifistische »League of Nations Union« eine Meinungsumfrage (Peace Ballot) über die weitere Mitgliedschaft Großbritanniens im Völkerbund, international garantierte Abrüstung, totale Entmilitarisierung und Rüstungsstopp. Mit großer Mehrheit (11 Mill.) entscheiden sich die Befragten für Völkerbund, Abrüstung, Friedenssicherung und Sanktionen gegen Aggressoren; nur zwei Drittel von ihnen aber halten bewaffnete Interventionen für richtig.
Die Regierung widmet sich verstärkt den sozialen Fragen. Mit der vom »Unemployment Assistance Board« (UAB) ausgearbeiteten und 1936 in Kraft getretenen ›Unemployment Act‹, einem Arbeitslosen-, Renten- und Sozialversicherungsgesetz, das allerdings enorme Summen verlangt, ist ein wichtiger Schritt auf dem Weg zum »Welfare State« getan.

seit 1934 ›A Study of History‹ erscheint, eine zwölfbändige zyklisch-vergleichende Darstellung der Kultur- und Geschichtsentwicklung der Menschheit. Verfasser des Riesenwerks ist der Anthropologe, Universalhistoriker, Kulturphilosoph und Diplomat (Sir) ARNOLD JOSEPH TOYNBEE (1889–1975).

1935 *16. März*: Verkündung der allgemeinen Wehrpflicht in Deutschland. Der Völkerbund protestiert, und der momentan völlig in den Hintergrund getretene konservative »backbencher« CHURCHILL fordert die sofortige Wiederbesetzung der Rheinlande und der rheinischen Brückenköpfe.
14. April: Als Antwort auf HITLERS Politik der einseitigen Aufkündigung von Verträgen verpflichten sich England, Frankreich und das faschistische Italien des »Duce« BENITO MUSSOLINI (1883–1945) im »Stresa-Abkommen« (Stresa-Front), allen weiteren Vertragsverletzungen Hitler-Deutschlands entgegenzutreten.
5. Juni: Das Parlament verabschiedet im »Indien-Gesetz«, erarbeitet von Sir SAMUEL HOARE, eine Verfassung für Indien mit eigener verantwortlicher Regierung und einer föderativen Zentrale, wobei dem Vizekönig allerdings Exekutivgewalt bei Notstand und Verteidigungsfall erhalten bleibt. – Die Frage ist nicht mehr die indische Unabhängigkeit selbst, sondern allein der Zeitpunkt.
7. Juni: MACDONALD tritt aus Krankheitsgründen zurück. Unter seiner letzten vierjährigen Regierung konnte die Wirtschaftskrise weitgehend behoben werden. Außenpolitisch ist der letzte große Pazifist praktisch gescheitert: Die Nationalismen und Totalitarismen greifen um sich, der Völkerbund ist ohnmächtig, Frankreich innerlich zerrissen und gegenüber Deutschland revanchistisch-mißtrauisch, und HITLERS Politik bewog MacDonald immerhin zur Unterzeichnung eines ›White Paper of Defence‹: Der überzeugte Friedens- und Abrüstungsanwalt befürwortet darin die Wiederbewaffnung Englands. – Premier wird zum drittenmal STANLEY BALDWIN mit NEVILLE CHAMBERLAIN als Schatzkanzler und HOARE als konservativem Außenminister, der den Stil eines Curzon oder Austen Chamberlain fortsetzen will.
18. Juni: Abkommen über die gegenseitigen Flottenstärken zwischen Deutschland und England. Das von MACDONALD und BALDWIN entworfene Papier wird von HOARE und dem deutschen Sonderbeauftragten JOACHIM VON RIBBENTROP (1893–1946), dem späteren Botschafter in London und Reichsaußenminister, unterzeichnet. – Damit ist die Stresa-Front geplatzt; HITLER hat einen weiteren großen außenpolitischen Erfolg verbucht.
Sept.: HOARE fordert in Genf die Bestrafung eines jeden Aggressors und tritt für den Völkerbund ein.
8. Okt.: Der Kongreß der Labour Party in Brighton bringt dank einer aggressiv-anklagenden Rede ERNEST BEVINS (1881–1951) gegen die unrealistische, blind pazifistische, nur auf Moral, Recht und Ethik schauende Politik der führenden Labour-Politiker um LANSBURY und Sir STAFFORD CRIPPS (1889–1952) den Rücktritt Lansburys vom Parteivorsitz. Sein Nachfolger wird der Major und Hochschullehrer CLEMENT RICHARD ATTLEE.

Okt.: MUSSOLINI überfällt Abessinien; England erklärt sich außerstande, Maßnahmen zu ergreifen, vertritt aber auf Druck der Öffentlichkeit eine Politik der Scheinsanktionen.
Mitte Nov.: Die Unterhaus-Wahlen bringen dem »National Government« BALDWINS 432 Sitze (11,25 Mill. Stimmen), der linksliberalen Opposition 180 Sitze (9,93 Mill. Stimmen).Dieses Parlament bleibt nahezu unverändert bis 1945.
9. Dez.: Hoare-Laval-Abkommen: Um ein Zusammengehen Frankreichs, das schon Italiens Vorgehen begünstigt, mit der Sowjetunion sowie eine Schwächung der britischen Positionen im Mittelmeerraum zu verhindern, erklärt sich Außenminister HOARE gegenüber dem französischen Premier PIERRE LAVAL (1883–1945) bereit, die Annexion weiter Teile Abessiniens durch Italien und die Errichtung eines italienischen Protektorates zu dulden. – Die englische und westeuropäische Öffentlichkeit ist empört, und BALDWIN muß seinen Außenminister, um nicht selbst zu fallen, entlassen und am 22. Dezember durch (Sir) ANTHONY EDEN, den späteren Earl of Avon (geb. 1897), ersetzen. Auch Laval wird gestürzt (Januar 1936) und durch eine Volksfrontregierung unter dem gemäßigten Sozialisten LÉON BLUM (1872–1950) abgelöst.

1936 *20. Jan.*: Tod König GEORGS V. Nachfolger wird sein Sohn EDUARD VIII. (1894–1972).
27. Febr.: Französisch-sowjetischer Beistandspakt, nachdem London eine Allianz mit Paris abgelehnt hatte.
7. März: HITLER besetzt entgegen den Locarno-Abmachungen und seinen Zusicherungen das entmilitarisierte Rheinland ohne nennenswerte Reaktionen der Westmächte.
2. Mai: Kaiser HAILE SELASSIE (1892–1975) flieht aus Abessinien nach England.
Mai: Gründung des linksliberalen intellektuellen »Left Book Club« in London durch den Verleger VICTOR GOLLANCZ (1893–1967), den Nationalökonomen und Politologen HAROLD J. LASKI (1893–1950) und den linken Politiker JOHN STRACHEY (1901–1963).
18. Juli: Unter Führung des »Caudillo« FRANCISCO B. FRANCO (1892–1975) rebellieren konservative Offiziere gegen die republikanische Regierung Spaniens. – Italien und Deutschland stellen sich auf die Seite Francos, während sich England und Frankreich nur zögernd zur Unterstützung der Republik bereitfinden.
Ende Aug.: Ohne den Völkerbund einzuschalten, beschließen Deutschland, Italien, Frankreich, die UdSSR und England auf Vorschlag Frankreichs, in Spanien nicht zu intervenieren.
Sommer: Die XI. Olympischen Sommerspiele in Berlin werden, wie schon die IV. Winterspiele in Garmisch-Partenkirchen, zu einem großartigen außenpolitischen Erfolg HITLERS.
Sept.: LLOYD GEORGE besucht HITLER in Berchtesgaden, zeigt sich von dessen Aufbauleistungen begeistert und spricht sich für eine Appease-

ment-Politik aus. – Während BALDWIN die Dinge laufen läßt, sind Außenminister EDEN und der britische Botschafter in Berlin, Sir ERIC PHIPPS (gest. 1945), skeptisch und treten für eine Gleichgewichts- und Status quo-Politik und für Vorsicht gegenüber Deutschland ein.
1. Nov.: MUSSOLINI proklamiert die »Achse Berlin–Rom«.
12. Nov.: In einer berühmten Rede auf vorherige Angriffe CHURCHILLS verteidigt BALDWIN seine Politik, sieht die eigenen Fehler, gibt aber vor allem der internationalen Lage und dem Pazifismus- und Abrüstungsgeschwätz und auch der Labour Party die Schuld.
25. Nov.: Antikominternpakt zwischen Deutschland und Japan, dem 1937 auch Italien beitritt.
11. Dez.: Abdankungserklärung König EDUARDS VIII. wegen seiner Freundschaft zu der zweimal geschiedenen Amerikanerin WALLIS WARFIELD-SIMPSON. Eine unrühmliche Rolle während der Affäre spielen BALDWIN, die Kirche und die Presse, die Wallis Warfield-Simpson nicht wegen ihrer Nationalität oder ihrer Nicht-Ebenbürtigkeit, sondern ihrer Scheidungen wegen ablehnen. Eine morganatische Ehe lehnt Baldwin mit Rücksicht auf das Kabinett, die Öffentlichkeit und die Dominions ab. Eduard heiratet am 3. Juni 1937 Wallis Warfield-Simpson. Als »Herzog und Herzogin von Windsor« führen sie ein unstetes Leben und bleiben bis kurz vor dem Tod des Herzogs vom englischen Hof verbannt. – Nachfolger auf dem Thron wird sein jüngerer Bruder, der Duke of York, als GEORG VI. (1895–1952).

1937 *Frühjahr*: Internationalisierung des Spanischen Bürgerkrieges aufgrund der Beteiligung fremder Truppen-Kontingente bzw. multinationaler Kontrolle. Labour votiert für Intervention, die Regierung für Nicht-Einmischung.
12. Mai: Krönung König GEORGS VI.
27. Mai: Rücktritt BALDWINS.
28. Mai: NEVILLE CHAMBERLAIN wird Premier, Sir JOHN SIMON Schatzkanzler, der nach seiner Entlassung als Außenminister Erster Lord der Admiralität gewordene HOARE nun Innenminister, während EDEN Außenminister bleibt. – Es ist die Tragik Chamberlains, des ehemaligen Oberbürgermeisters von Birmingham, Wohlfahrtsministers und Schatzkanzlers, des innenpolitischen Experten, daß gerade er sich den außenpolitischen Kalamitäten der Jahre 1937 bis 1939 stellen muß.
Mai/Juni: CHAMBERLAIN, der die bisherige Gleichgewichtspolitik aufgeben und mittels persönlicher Diplomatie und ständiger Kontakte und Absprachen mit den faschistischen Mächten eine europäische Friedensordnung erreichen will, versetzt den reservierten Botschafter PHIPPS von Berlin nach Paris und ernennt den deutschfreundlichen Sir NEVILE M. HENDERSON (1882–1942) zum neuen Botschafter in Berlin.
7. Juli: Die Japaner überfallen China und erobern in kurzer Zeit Peking, Tientsin, Nanking und Schanghai. Völkerbund und Westmächte sehen tatenlos zu.

seit Juli: Briefwechsel Chamberlain – Mussolini; britische Anerkennung des in Nordafrika erreichten italienischen Besitzstandes.
5. Okt.: Der amerikanische Präsident Franklin D. Roosevelt (1882–1945) wendet sich in seiner Chicagoer »Quarantäne-Rede« gegen jede Aggression und fordert ein entsprechendes Eingreifen der Großmächte im Bedarfsfalle. Ansonsten aber verhalten sich gerade die USA, die sich in einer innen- und wirtschaftspolitischen Konsolidierungsphase (New Deal) befinden, in außenpolitischen Angelegenheiten sehr reserviert, gemäß der am 31. August 1935 vom Kongreß verabschiedeten Neutralitätsakte. – So sieht Chamberlain es als seine und Englands Aufgabe an, den europäischen Frieden und den Status quo in Fernost zu sichern.
6. Nov.: Weltpolitisches Dreieck Berlin–Rom–Tokio durch Italiens Beitritt zum deutsch-japanischen Antikominternpakt mit theoretisch antikommunistischer, aber auch defensiver Zielsetzung, jedoch realiter antibritisch, wie Italiens Außenminister und Schwiegersohn Mussolinis, Graf Galeazzo Ciano (1903–1944), ausführt.
19. Nov.: Unter Umgehung Edens trifft der Lord President of the Council, E. F. L. Wood, Earl of Halifax (1881–1959), auf Betreiben Chamberlains in Berchtesgaden mit Hitler zusammen und erklärt im Namen der britischen Regierung, Veränderungen des europäischen territorialen Besitzstandes seien nicht ausgeschlossen, wenn sie in einem vernünftigen Rahmen erfolgten. Halifax spricht dabei vom Status Memels, Danzigs, Österreichs und der Tschechoslowakei. – Chamberlains Appeasement-Vorstellungen räumen Deutschland eine Dominanz in Ost- und Südosteuropa ein, zumal er wie Lloyd George und Austen Chamberlain den Balkanraum als nicht wichtig genug für ein starkes britisches Engagement ansieht und außerdem bei all seinen Plänen lediglich ein West- und Südeuropa als kollektives Sicherheitssystem eine Rolle spielt, das die UdSSR ausschließt, wobei das anti-bolschewistische Deutschland nur förderlich sein kann. – Was seine Appeasement-Politik jedoch eindeutig nicht vorsieht, ist eine Eroberung Osteuropas oder gar Moskaus durch Hitler.
26. Nov.: In einem Privatbrief meint Chamberlain, man werde den Deutschen keine Steine in den Weg legen, wenn die gewünschten territorialen Änderungen, z. B. in Österreich und der Tschechoslowakei, mit friedlichen Mitteln und ohne Gewalt erreicht würden.
Ende Nov.: Der Premier versucht bei Gesprächen in London, die französische Regierung zum Druck auf Prag und damit zu einer Revision der Kleinen Entente von 1921/22 zu bewegen.
29. Dez.: Eine neue Verfassung nennt den unabhängigen Freistaat Irland fortan »Eire«, löst den Staat praktisch aus dem Commonwealth und erklärt den Staatspräsidenten zum alleinigen Staatsoberhaupt; der britische König wird nicht mehr erwähnt.

1937 bis 1939 Nach der Balfour-Deklaration von 1917 waren bis Ende 1934 rund 300000 Juden nach Palästina ins »versprochene Land« eingewandert. Seit 1936 herrschen dort Unruhen und nahezu bürgerkriegsähnliche Zustände zwischen Arabern und Juden, wobei auch die britischen Truppen angegriffen werden. Zwei königliche Kommissionen (Peel Report) legen Vorschläge zu einer Dreiteilung – ein arabischer und ein jüdischer Staat sowie ein unter britischer Aufsicht stehendes Mandatsgebiet um Jerusalem und Bethlehem (1937) – und zu einer Zweiteilung (1938) vor. Im Mai 1939 schlägt die britische Regierung selbst eine regulierte Einwanderung für fünf weitere Jahre vor, dann sollen mit Einverständnis der Araber der Zuzug gestoppt und ein unabhängiges Palästina mit einer großen jüdischen Minorität gegründet werden.

1938 *20. Febr.*: EDEN, der wie CHURCHILL zu den außenpolitischen Kritikern seines Premiers gehört, tritt zurück und wird durch HALIFAX ersetzt.
12. März: »Anschluß«: HITLER holt die »Ostmark« Österreich »heim ins Reich«. Die monatelangen Bitten und Hilfeersuchen des österreichischen Bundeskanzlers KURT VON SCHUSCHNIGG (geb. 1897) waren von Frankreich und England dilatorisch, von Italien abschlägig beschieden worden. Wie die gesamte Weltöffentlichkeit, so protestieren auch CHAMBERLAIN und HALIFAX erst nach dem Fait accompli, wobei zur Verteidigung Halifax' gesagt werden muß, daß er durch Botschafter HENDERSON über die Pläne Hitlers, die Lage in Österreich und Schuschniggs Politik ziemlich einseitig unterrichtet worden war.
24. März: CHAMBERLAIN hält am Appeasement fest, gibt nicht einmal Garantieerklärungen zugunsten der Tschechoslowakei ab und lehnt auch gegen die Wünsche von HALIFAX, Labour und den Trade Unions den sowjetischen Vorschlag einer Viermächte-Konferenz gegen den Aggressor HITLER ab. – Stattdessen bezeichnet er in einer Unterhausrede die »essentials«, d. h. er nennt als Gründe für einen Kriegseintritt Englands die Bedrohung der Freiheit und Unabhängigkeit Großbritanniens, die Verletzung der in Locarno ausgehandelten Westgrenzen, die Verteidigung eines angegriffenen Landes nach Völkerbunds- und britischem Ermessen. Das könne auf Prag zutreffen, müsse aber selbst im Falle eines Hilferufes nicht für Paris gelten.
28./29. März: CHAMBERLAIN erklärt dem französischen Ministerpräsidenten EDOUARD DALADIER (1884–1970), er solle Prag mitteilen, daß England sich eventuell dann zur Unterstützung der Tschechoslowakei bereit finden könne, wenn es trotz Verhandlungsbereitschaft und Entgegenkommen angegriffen und auch von Frankreich mitverteidigt werde.
16. April: Abschluß einer vorläufigen italienisch-britischen Vereinbarung.
19./20. Mai: Krise in der Tschechoslowakei und angebliche Putschgefahr in Prag: HALIFAX warnt HITLER, da sonst England neben Frankreich den Casus belli anerkennen könne. Während der »Führer« zurückweicht, jedoch eine militärische Intervention vorbereiten läßt, sucht CHAMBERLAIN über direkte Kontakte zu Berlin und Prag eine diplomatische Lösung.
Ende Juli: CHAMBERLAIN schickt den früheren Handelsminister WALTER (Viscount) RUNCIMAN (1870–1949) in die Tschechoslowakei, der zwischen Tschechen und Sudetendeutschen vermitteln oder seinem Premier Mate-

rial für drastischere Schritte liefern soll. HALIFAX gibt die Sache von vornherein für verloren; er und HENDERSON meinen, die tschechische Frage sei keinen Schuß Munition oder gar einen britischen Soldaten wert.
3. Aug. bis 16. Sept.: Lord RUNCIMANS Mission und seine Berichte bewegen die englische Regierung, lieber die Angliederung des Sudetenlandes an Deutschland in Kauf zu nehmen, als einen europäischen Krieg zu riskieren. – Die britische Presse, am 7. September selbst die ›Times‹, und weite Teile der Bevölkerung stimmen dem zu. – Während der tschechische Präsident EDUARD BENESCH (1884–1948) sich, seine Politik und sein Land verraten glaubt, instruiert CHAMBERLAIN Botschafter HENDERSON, HITLER die Idee eines persönlichen Gesprächs mit ihm nahezubringen.
12. Aug.: London schickt als Warnung das »Halifax-Memorandum« nach Berlin, das auf die bedrohliche deutsche Aufrüstung und die Mobilisierungsmaßnahmen Bezug nimmt. Dagegen wird von der deutschen Untergrundopposition oder den von Gewalt kündenden Informationen eines EWALD VON KLEIST-SCHMENZIN (1890–1945), der mit dem Diplomaten ROBERT GILBERT, Lord Vansittart (1881–1957), und CHURCHILL Gespräche führt, ebensowenig Kenntnis genommen oder gar Nutzen daraus gezogen wie aus gleichlautenden Mitteilungen, die der Staatssekretär im Auswärtigen Amt, ERNST VON WEIZSÄCKER (1882–1951), über seinen Mitarbeiter ERICH KORDT (geb. 1903) der britischen Regierung zukommen läßt.
12. Sept.: Erst HITLERS Rede auf dem Nürnberger Parteitag über den »tschechischen Terror« und die Notwendigkeit zum Selbstbestimmungsrecht und damit über die Abtretung des Sudetenlandes läßt CHAMBERLAIN seine von HENDERSON naiv geförderte Appeasement-Politik überdenken.
15. Sept.: Treffen CHAMBERLAINS mit HITLER in Berchtesgaden. Hitler läßt wissen, die Eingliederung des Sudetenlandes sei sein letztes Problem, für das er auch einen Krieg wagen werde. Chamberlain, weniger eingeschüchtert als überzeugt von Hitlers Argumentation und Aufrichtigkeit, glaubt das.
19. Sept.: Der britische und der französische Gesandte in Prag überreichen eine am 18. zwischen CHAMBERLAIN, HALIFAX, DALADIER und dem französischen Außenminister GEORGES BONNET (1889–1973) ausgehandelte Note, in der geraten wird, Gebiete mit mehr als fünfzig Prozent deutscher Bevölkerung an Deutschland abzutreten.
21. Sept.: Da BENESCH sich weigert, drohen die beiden Botschafter dem Präsidenten für den Fall seiner endgültigen Ablehnung mit der Nicht-Hilfe Englands und Frankreichs. Nach viereinhalb Stunden beugt sich Prag dieser Démarche. – HITLER ist über den Wegfall eines Kriegsgrundes verärgert und fordert daher die neue Grenzziehung bis zum 28. September; CHAMBERLAIN erreicht nur eine Verschiebung des Okkupationstermins bis zum 1. Oktober.
25. Sept.: Angesichts dieser starren Haltung HITLERS beschließen DALADIER und CHAMBERLAIN in London, Ernst zu machen.
26. Sept.: HALIFAX verkündet offiziell, daß Frankreich der Tschechoslowakei im Falle eines deutschen Angriffs beistehen werde, mit sofortiger

Unterstützung Englands und der UdSSR. – Im übrigen wird teilmobilisiert und das Land in den vorläufigen Verteidigungszustand gesetzt.
28. Sept.: Widerwillig beugt sich HITLER dem Druck der Weltöffentlichkeit, den Ratschlägen seiner Militärs und Diplomaten und stimmt einer neuen Konferenz zu.
29. Sept.: »Münchner Abkommen« zwischen HITLER, MUSSOLINI, DALADIER und CHAMBERLAIN ohne vorherige Befragung Prags: Räumung der sudetendeutschen Gebiete bis zum 1. Oktober; Optionsrecht der Bevölkerung für die nächsten sechs Monate; Garantie der neuen Grenzen durch England und Frankreich, ebenso durch Italien und Deutschland, wobei Hitler und Mussolini auf Erfüllung der polnischen (Annexion Teschens) und ungarischen Grenzkorrekturen dringen.
30. Sept.: CHAMBERLAIN und HITLER unterzeichnen eine Zusatzerklärung, daß sie niemals Krieg gegeneinander führen und alle Konflikte durch Konsultationen ausräumen wollen. Der britische Premier nimmt beide Papiere als Zeichen seiner erfolgreichen Appeasement-Politik, glaubt den Frieden gerettet zu haben und ruft bei seiner Ankunft auf dem Londoner Flughafen der jubelnden Menge »Peace for our time!« zu.
1. Okt.: CHURCHILL und EDEN kritisieren den leichtgläubigen Premier und den Prag oktroyierten Vertrag ebenso wie der Erste Lord der Admiralität, Sir ALFRED DUFF COOPER, Viscount Norwich (1890–1954), der sein Amt zur Verfügung stellt.

1939 *Jan.*: HITLER gibt zu erkennen, daß er Polen als deutschen Einflußbereich betrachtet.
15. Febr.: Das Unterhaus genehmigt eine Verdoppelung der Rüstungsausgaben.
27. Febr.: CHAMBERLAIN erkennt noch vor Ende des Spanischen Bürgerkrieges das Regime FRANCOS als rechtmäßig an.
15. März: Einmarsch deutscher Truppen in die Tschechoslowakei; CHAMBERLAIN behauptet, das Land sei innerlich zerbrochen, einen Anlaß zum britischen Eingreifen gebe es nicht.
17. März: Angesichts des deutschen Zynismus und des Vorgehens in der zerschlagenen Tschechoslowakei beschuldigt CHAMBERLAIN in Birmingham, en detail informiert durch HENDERSON, HITLER des Bruchs des Münchner Abkommens und aller seiner Versprechen.
18. März: Offizielle Protestnote Londons an Berlin.
20. März: HALIFAX warnt im Oberhaus die Welt vor weiteren Schritten Deutschlands.
31. März: Garantieerklärung Londons für Polen, der sich Paris anschließt.
6. April: Britisch-polnisches Abkommen mit weitreichenden, von England allein kaum zu realisierenden Versprechungen, falls nicht die Sowjetunion mithilft.
27. April: Einführung der allgemeinen Wehrpflicht in England; vor Ausbruch eines Krieges ohne Beispiel in der Geschichte Englands.
28. April: Kündigung des deutsch-polnischen Nichtangriffspaktes von

1934 und des deutsch-britischen Flottenabkommens von 1935 durch HITLER.

19. Mai: Gegen HITLERS Angebot eines neuen Nichtangriffspaktes an Polen bei Rückgabe Danzigs läßt CHAMBERLAIN erklären, jedes deutsche Vorgehen gegen Danzig bedeute den Kriegseintritt Englands, wenn auch HENDERSON die britische Verhandlungs- und Verständigungsbereitschaft erneuert.

24. Juli bis 8. Aug.: Nachdem Hinweise HENDERSONS vom Frühjahr auf eine Annäherung HITLERS an STALIN vom Foreign Office bezweifelt worden waren, kommt es im Sommer zu englisch-französisch-sowjetischen Besprechungen, die ohne Ergebnis verlaufen.

23. Aug.: Die britische Diplomatie erleidet durch den Abschluß eines deutsch-sowjetischen Nichtangriffspaktes eine schwere Niederlage.

24. Aug.: In einer ›Emergency Power Bill‹ ermächtigt das Parlament die Regierung, alle für den Ernst-, d. h. Kriegsfall notwendigen Maßnahmen zu treffen.

25. Aug.: Ein neuer Beistandspakt Londons mit Warschau bedeutet HITLER, daß für Großbritannien eine Lösung der polnischen Frage nur auf dem Verhandlungsweg denkbar ist. Hitler verschiebt, unsicher geworden, den für den gleichen Tag angesetzten ersten Angriffstermin.

29. Aug.: HITLER erklärt seine Zustimmung zum britischen Vermittlungsangebot, sagt aber zu HENDERSON, daß die Zustände und das überhebliche Verhalten Polens für eine Macht vom Range Deutschlands unerträglich seien; man werde den »Korridor« und Danzig bekommen.

30. Aug.: Da England noch immer auf Appeasement baut und Gespräche mit Polen zustandebringen will, läßt HITLER durch das Auswärtige Amt ein »großzügiges Angebot« von sechzehn Punkten für Polen erstellen.

1. Sept.: »X-Tag« für den »Fall Weiß«, d. h. zum Angriff auf Polen. Am Abend warnen England und Frankreich HITLER und fordern die Einstellung der Waffenhandlungen und neue Gespräche, andernfalls würden sie Polen bewaffnet unterstützen. Da kein Ultimatum gestellt wird, glaubt Hitler sich sicher und läßt den Angriff fortsetzen.

2. Sept.: MUSSOLINI unterbreitet HITLER den Vorschlag einer Konferenz der Achsenmächte mit den Westmächten und Polen. England macht seine Teilnahme an der Konferenz vom Rückzug der deutschen Truppen abhängig.

3. Sept.: HENDERSON übergibt um neun Uhr in Berlin das auf elf Uhr terminierte Ultimatum; gegen zwölf Uhr wird ein entsprechendes französisches, auf siebzehn Uhr befristetes Ultimatum überreicht. HITLER gibt nicht nach, so daß er sich mit Frankreich und vor allem England, dem Staat, dem er gegen freie Hand im Osten die Verwirklichung britischer Interessen in der Welt hatte zugestehen wollen, im Krieg befindet. – NEVILLE CHAMBERLAIN und Henderson sind gescheitert; nicht zuletzt an ihrer Unentschlossenheit, aber vor allem an ihrer Unfähigkeit, die wahren Ziele und Motive Hitlers und des Nationalsozialismus zu erkennen. Umgekehrt verstand Hitler nicht die Beweggründe der britischen Politik, die nun angesichts der

Niederlage des Friedensgedankens nur noch ein Ziel kennt: Vernichtung des Nationalsozialismus, d. h. Hitler-Deutschlands.
Mit Ausnahme Irlands folgen alle Dominions in unterschiedlichen Abständen der Kriegserklärung des Mutterlandes. – Als jedoch an eben diesem 3. September Vizekönig V. A. J. HOPE, Earl of Hopetoun und Marquis of Linlithgow (1887–1951), auch den Kriegszustand für Indien erklärt, ohne den Indischen Kongreß und die politischen Führer wie GANDHI und PANDIT J. NEHRU (1889–1964) vorher gefragt zu haben, kommt es in Indien zu Streitigkeiten und einer neuen Demonstrationswelle zugunsten der Unabhängigkeit.
Im Augenblick des englischen Kriegsbeitritts steht WINSTON CHURCHILL nach neunjähriger Pause plötzlich wieder im politischen Rampenlicht: Chamberlain macht ihn zum Ersten Lord der Admiralität.

1939–1945 Großbritannien im Zweiten Weltkrieg.
Oberster Befehlshaber ist theoretisch König GEORG VI., praktisch jedoch die Regierung und das Komitee der Stabschefs. Die Stabschefs unterstehen ihrer Zivilbehörde, deren Chefs (Minister) mit vier weiteren Kollegen und dem Premier das Kriegskabinett bilden. Unklarheiten und Schwierigkeiten resultieren aus der Tatsache, daß CHAMBERLAIN strategisches Denken völlig fremd ist, während sein neuer Marineminister CHURCHILL pausenlos Kriegspläne entwirft und durchsetzen will. – Im Hinblick auf die Lage Englands rücken Seetransport und Rohstoffversorgung in den Vordergrund der Überlegungen, wobei es im Krieg lediglich zu einem achtprozentigen Rückgang der Kohleförderung kommt, was durch kanadische Lieferungen mehr als ausgeglichen wird. Während Kanada bald zur wirtschaftlich viertstärksten Macht der Alliierten aufsteigt, schließen sich die Empire- und Commonwealth-Gebiete im Süden und Osten des Mittelmeeres als »Eastern Group« zusammen mit dem Ziel der Rohstoffbeschaffung für Großbritannien. Hält also Englands Flotte die Meere frei, so kann der Krieg lange dauern; vorausgesetzt, Frankreich (oder die UdSSR) können den Gegner Deutschland beschäftigen. – Daraus ergibt sich die Rangfolge der britischen Streitkräfte: Royal Navy, Royal Air Force (RAF), zum Schluß Royal Army. Bei Kriegsausbruch verfügt England über fünfzehn Schlachtschiffe (nur zwei nach 1918 gebaut), vier im Bau befindliche Einheiten der King-George-Klasse, sechs dienstfähige Flugzeugträger, denen sechs weitere folgen. Zu der großen Zahl an Kreuzern, Zerstörern und kleineren Einheiten gesellt sich die französische Flotte mit fünf Schlachtschiffen, einem Träger und 251 anderen Schiffen. Von der U-Boot-Waffe abgesehen, ist das englisch-deutsche Flottenverhältnis 7,5 : 1. – Wie die übrigen Staaten, so hat auch England aus den Materialschlachten des Ersten Weltkrieges gelernt: Zur neuen Waffe soll der massive Bombereinsatz werden, wobei sich die Briten im Gegensatz zu Deutschland auf den Aufbau einer Bomberflotte mit möglichst großer Reichweite (Eindringtiefe) konzentrieren. Wichtigste operative Teilstreitkraft der RAF wird somit das »Bomber Command« zum Luftkrieg über dem Kontinent, während

»Fighter Command« und »Coastal Command« vorwiegend zum Küstenschutz und zur Verteidigung der Britischen Inseln eingesetzt werden. Ende August 1939 verzeichnet man 1978 dienstbereite und 2200 in Reserve stehende Maschinen allein bei der RAF (gegen insgesamt 3298 deutsche und 3300 französische Flugzeuge). – Der Stellungskrieg 1914 bis 1918 rief auch für den Bodenkrieg Theoretiker auf den Plan, wobei sich für England der Militärkorrespondent der ›Times‹, Captain BASIL HENRY LIDDELL HART (1895–1970), einer der größten Experten seiner Zeit, hervortut. Das Zauberwort ist »Panzerwaffe«. Doch gegenüber Deutschland, das die neue Waffe mit aller Macht fördert und offensiv ausbaut, verharren Frankreich und England im Immobilismus; der britische Tankverband ist noch kein operativer Verband, sondern nur eine Waffengattung unter anderen. – Im Gegensatz zum Ersten Weltkrieg übersteht Großbritannien – vordergründig gesehen – den Zweiten relativ gut: 400000 Tote, darunter 60000 Zivilopfer und 30000 Seeleute der Handelsmarine; 109000 Gefallene der Commonwealth-Truppen; 18 Mill. Tonnage-Verlust und einige Hunderttausend zerstörte Häuser auf den Britischen Inseln; nahezu intakte Infrastruktur, jedoch desolate Finanz- und Wirtschaftsverhältnisse.

1939 *Mitte Sept.*: In CHAMBERLAINS Kriegskabinett, das viel größer ist als dasjenige Lloyd Georges 1914, sitzen Außenminister HALIFAX, Schatzkanzler SIMON, Lordsiegelbewahrer HOARE, Dominion-Minister EDEN, Kriegsminister LESLIE (Lord) HORE-BELISHA (1893–1957), Luftfahrtminister Sir HOWARD KINGSLEY WOOD (1881–1943), Flottenadmiral ALFRED E. M. Baron CHATFIELD als Verteidigungs-Koordinator und Lord MAURICE P. A. HANKEY (1877–1963) als Minister ohne Portefeuille. Eine nationale Regierung kommt nicht zustande, da Labour unter ATTLEE, die Liberalen unter Sir ARCHIBALD H. M. SINCLAIR, Viscount Thurso (geb. 1890) ablehnen. Die ILP votiert sogar gegen den Kriegseintritt, während der TUC dafür stimmt.
seit 30. Sept.: Ausgabe von Identitätskarten und Verpflichtung zur Registrierung, die sehr schleppend vorangeht. Bis Mai 1940 sind nur die Männer bis zu 27 Jahren erfaßt.
3. Okt.: ROOSEVELT setzt auf der interamerikanischen Konferenz in Panama eine »Sicherheitszone« um die westliche Hemisphäre durch, wobei sog. Neutralitätspatrouillen den englischen Schiffen die Standarte deutscher oder italienischer Einheiten übermitteln.
6. Okt.: Das Parlament lehnt ein Friedensangebot HITLERS fast einstimmig ab.
Okt.: Das englische Expeditionskorps auf dem Festland besteht nur aus vier Divisionen.
12. Okt.: Nach Beratungen mit DALADIER lehnt auch CHAMBERLAIN im Unterhaus die »Friedensrede« HITLERS ab.
19. Okt.: Britisch-französisch-türkischer Beistandspakt. Es gelingt CHURCHILL jedoch nicht, die Türkei vor März 1945 zum Kriegseintritt zu bewegen.

Winter 1939/40 Die britische Regierung konferiert mit Frankreich und den USA, läßt es aber bei geringen Truppenverstärkungen im Mittelmeerraum und einem antideutschen Propaganda-Feldzug bewenden (Phoney War), obwohl die deutsche U-Boot-Flotte und die neuen Magnet-Minen sehr erfolgreich sind, und z. B. der Flugzeugträger »Courageous« und das Schlachtschiff »Royal Oak« – im Kriegshafen Scapa Flow selbst – versenkt werden (Oktober). Die britische Flotte revanchiert sich, als sie am 17. Dezember den deutschen Schlachtkreuzer »Graf Spee« vor Montevideo in der La Plata-Mündung zur Selbstversenkung zwingt. Im übrigen arbeiten die Engländer verstärkt an der Entwicklung des Radar und der U-Boot-Unterwasser-Peilung »Asdic«. Im November geben die USA ihre Neutralität teilweise auf: Das »Cash-and-Carry-System« ermöglicht es den Engländern und Franzosen, bei sofortiger Zahlung Waffen und Ausrüstungen in den USA zu kaufen und auf alliierten Schiffen zu transportieren.

1940 *9. April*: Durch eine Blitzaktion läßt Hitler Dänemark und Norwegen gegen England besetzen (Unternehmen »Weserübung«). Churchill, der etwas Ähnliches vorausgesehen und entsprechende Maßnahmen getroffen hatte, wird durch politische Manöver in London blockiert, so daß die britische Kreuzerflotte erst nach der deutschen Zerstörerflottille im wichtigen Erzhafen Narvik eintrifft, diese zwar zusammenschießt, Narvik aber trotz vorübergehender Besetzung nicht halten kann.
7./8. Mai: Das Norwegen-Fiasko führt zu einem Tadelsantrag der Opposition gegen Chamberlain, der nur mit Mühe (281 zu 200 Stimmen bei 60 konservativen Enthaltungen und 30 konservativen Gegenstimmen) die Oberhand behält, seine Position aber als stark geschwächt erkennt. Der Premier ist rücktrittsbereit zugunsten Halifax' als Nachfolger.
10. Mai: Ohne Kriegserklärung überfällt Hitler Belgien und die Niederlande. – Angesichts dieser Ereignisse rufen Bevölkerung und Opposition nach dem starken Mann, der selbstverständlich im langjährigen Gegner Chamberlains gefunden wird, in Winston Churchill.
13. Mai: In seiner ersten Unterhausrede als Premier prophezeit Churchill »Blut und Mühsal, Tränen und Schweiß«. Aufruf zum nationalen Durchhalten mit dem »V«-Zeichen (Victory) als Symbol. – Neben Churchill, der das Verteidigungsministerium einschließlich des Defense Committee und des Chiefs of Staff Committee zusätzlich übernimmt, fungiert Labour-Führer Attlee als Lordsiegelbewahrer und Vorsitzender des Home Policy Committee sowie des Food Policy Committee. Er vertritt Churchill seit Februar 1942 als Deputy Prime Minister und seit September 1943 als Lord President of the Council. Attlees Parteigenosse Arthur Greenwood (1880–1954) leitet als Minister ohne Portefeuille das Economy Policy Committee und das Production Council, Herbert S. (Baron) Morrison (1888–1965) das Innen- und Sicherheits-Ministerium. Die zahlreichen Komitees werden im Lord President's Committee koordiniert, dem Chamberlain als Lord President und nach seinem Ausscheiden infolge Krankheit Sir John Anderson, Viscount Waverly (1882–1956), vorsteht.

Anderson, 1943 bis 1945 Finanzminister, ist ein glänzender Organisator, Verwaltungsmann und Innenpolitiker, der neben dem Außenpolitiker und Strategen Churchill in der Heimat gleiches Ansehen genießt. Vierter Mann im Kriegskabinett ist HALIFAX, der Ende 1940 als Botschafter nach Washington versetzt wird, aber Kabinettsmitglied bleibt. Sein Nachfolger als Außenminister wird am 23. Dezember 1940 wieder ANTHONY EDEN.

14. Mai: Durchbruch der Deutschen durch die Maginot-Linie; Sprengung der französisch-britischen Front.

15. Mai: Kapitulation der Niederländer; Flucht der königlichen Familie nach London (13. Mai).

22. Mai: Ausnahme-Vollmachten für die Regierung CHURCHILL.

24. Mai: Dank HITLERS »Weisung Nr.13«, die in Flandern eingeschlossenen englisch-französisch-belgischen Verbände zwar zu bekämpfen und ein Entkommen der Engländer durch massiven Lufteinsatz zu verhindern, vorerst aber anzuhalten, um die Truppen zu schonen, entgehen die Engländer einer totalen Niederlage.

27. Mai bis 4. Juni: »Operation Dynamo«: Von schlechtem Wetter begünstigt, gelingt den Briten unter schweren Verlusten das Übersetzen von 220000 eigenen Leuten und 120000 Franzosen und Belgiern von Dünkirchen nach England, wobei alles Material und die gesamten schweren Waffen zurückgelassen werden müssen. Das »Wunder von Dünkirchen«, bezüglich der Motive HITLERS noch immer nicht hinreichend erklärt, rettet England, zumal die USA es sofort mit Kriegsmaterial im Wert von 43 Mill. Dollar unterstützen.

13. Juni: In zwei Telegrammen nach Paris und London teilt Präsident ROOSEVELT mit, daß er zum jetzigen Zeitpunkt mit Rücksicht auf seine zweite mögliche Wiederwahl die USA nicht zum Kriegseintritt bewegen wolle.

16. Juni: Aufgrund der drohenden Niederlage Frankreichs bietet CHURCHILL dem französischen Ministerpräsidenten PAUL REYNAUD (1878–1966) einen von Lord VANSITTART entworfenen Unionsplan an: Völlige Verschmelzung aller staatlichen Einrichtungen der alliierten Mächte, um Frankreich den Rückzug nach Nordafrika und damit die Fortsetzung des Krieges zu ermöglichen. Reynaud ist dafür, aber das französische Kabinett lehnt mit Mehrheit den englischen Plan ab, weil es argwöhnt, London wolle nur die französische Flotte in seinen Besitz bringen.

18. Juni: CHURCHILL betont im Unterhaus die Kompromißlosigkeit der englischen Regierung; HITLER müsse entweder die Invasion der Insel wagen oder den Krieg verlieren.

22. Juni: Niederlage Frankreichs und Unterzeichnung des Waffenstillstandsvertrages in Compiègne.

3. Juli: CHURCHILL läßt im Unternehmen »Catapult« die in Plymouth, Falmouth, Sheerness und Portsmouth liegenden französischen Marineeinheiten und das bei Oran stationierte französische Atlantikgeschwader überfallen, um ein »Umdrehen« der französischen Flotte unter der Vichy-Regierung Marschall HENRI PHILIPPE PÉTAINS (1856–1951) zu verhindern.

Bei dem englischen Angriff verlieren die Franzosen vor Oran drei Schlachtschiffe und 1300 Seeleute. Wegen dieser krassen Völkerrechtsverletzung Abbruch der französisch-englischen Beziehungen.

16. Juli: Mit Hitlers »Weisung Nr. 16« beginnt das geplante Landungsunternehmen, die »Operation Seelöwe«; Beginn der Luftschlacht um England.

1. Aug.: »Weisung Nr. 17« zum verschärften Luft- und Seekrieg gegen England.

14. Aug.: Roosevelt bietet den Engländern im »Lend-Lease«-Geschäft fünfzig alte Zerstörer gegen die Überlassung von Stützpunkten auf den britischen Atlantik-Inseln von Neufundland bis Britisch-Guyana an. – Am 3. September ist das Tauschgeschäft, das mit amerikanischer Neutralität schon nichts mehr zu tun hat, perfekt.

17. Aug.: Totale Seeblockade um die Britischen Inseln.

25. Aug.: Beginn der britischen Bombardements auf deutsche Industriestädte.

4. Sept.: Hitler droht, die englischen Städte »auszuradieren«.

15. Sept.: »Battle of Britain Day«: Die deutsche Luftwaffe verliert allein an diesem Tag 56 Maschinen.

17. Sept.: Angesichts der Erfolglosigkeit der bisherigen Angriffe und des einsetzenden schlechten Wetters verschiebt Hitler die Landungsaktion »bis auf weiteres«.

27. Sept.: Unterzeichnung des »Dreimächtepakts« in Berlin durch Ribbentrop, Ciano und den japanischen Botschafter Soburu Kurusu (1888 bis 1954).

12. Okt.: Das Unternehmen »Seelöwe« muß auf Frühjahr 1941 verschoben werden. Damit ist eine wichtige Entscheidung gefallen. Deutschland hatte keinen umfassenden Plan für die Invasion Englands; es fehlten schnelle und starke Fernbomber sowie schnelle und weitreichende Jäger. Im übrigen beging die deutsche Führung einen Fehler, als sie Mitte August von einer weiteren Zerstörung der englischen Bodenorganisationen (Flugplätze, Fabriken, Leitstationen usw.) absah und statt dessen Städte und großflächige Wirtschaftszentren angriff. Luftmarschall Sir Hugh C. T. Dowding kann seine angeschlagene Bodenorganisation reformieren und ausbessern, während auf Befehl Churchills die bereits am 11. Mai gegen Deutschland geführten Bombenflüge zu einer vernichtenden Bombenstrategie ausgebaut werden. – Bis zum 13. November gehen 1733 deutsche und 915 englische Maschinen verloren, bis Ende 1941 beziffern sich die deutschen Verluste auf 2265 Maschinen, 3363 Tote, 2117 Verwundete und 2641 Vermißte oder Gefangene.

5. Nov.: Zweite Wiederwahl Roosevelts.

12. Nov.: Hitlers »Weisung Nr. 18« setzt für 1941 das Unternehmen »Barbarossa« an, den Angriff auf die Sowjetunion.

14./15. Nov.: Deutscher Luftangriff auf Coventry, der schwere Zerstörungen anrichtet (z. B. Brand der Kathedrale, die nach dem Krieg mit deutscher Hilfe wieder aufgebaut wird).

29. Dez.: Nach seinem großen Wahlsieg bequemt sich ROOSEVELT zu einer Erklärung über seine bisherige zwielichtige Neutralitätspolitik, die einseitig, wenn auch verständlich die Alliierten begünstigt. In einer Rundfunk-Kaminrede (chimney talk) betont er, daß die amerikanische nationale Sicherheit durch HITLER bedroht sei – eine zu diesem Zeitpunkt kaum zu beweisende Behauptung.

1940/41 Unter General (Feldmarschall) ARCHIBALD PERCIVAL (Earl) WAVELL (1883–1950) erobern die Briten die Cyrenaika, Somaliland und Eritrea und danach Abessinien, wo sie Kaiser HAILE SELASSIE wieder einsetzen. Die Italiener rufen um Hilfe, woraufhin HITLER das Afrikakorps unter Feldmarschall ERWIN ROMMEL (1891–1944) aufstellt (Dezember 1940 bis Mai 1941).

1941 *6. Jan.*: ROOSEVELT verkündet die »Vier Freiheiten«, auf denen eine künftige Weltordnung beruhen müsse: Freiheit der Meinungsäußerung, Freiheit der Religionsausübung, Freiheit von Not, Freiheit von Furcht.
10. Jan. bis 11. März: Einbringung der ›Lend-Lease Act‹ und Genehmigung durch den amerikanischen Kongreß: Der Präsident kann nach eigenem Ermessen solche Staaten mit Kriegs- und Versorgungsgütern beliefern, die für die nationale Sicherheit und Verteidigung der Vereinigten Staaten wichtig sind. Damit verbunden ist eine drastische Aufrüstung und eine kriegsähnliche Taktik amerikanischer Schiffe im Atlantik mit dem Ziel, deutsche Kriegsschiffe zu provozieren (short-of-war-methods).
März bis Juni: Die Engländer versuchen vom östlichen Mittelmeerraum aus, über Griechenland eine Balkanfront aufzubauen.
20./21. Mai: Deutsches Luftlandeunternehmen auf Kreta, das von den Engländern geräumt werden muß.
27. Mai: Nach dem Verlust ihres Schlachtschiffes »Hood« jagt, stellt und versenkt die Home Fleet unter Mithilfe von Torpedobombern das deutsche Schlachtschiff »Bismarck« zweihundert Seemeilen westlich von Brest.
30. Mai: Kreta ist in deutscher Hand. – Als Folge dieses Debakels und der Siege ROMMELS in Nordafrika wird der Südostkommandierende WAVELL durch General (Feldmarschall) CLAUDE J.E. AUCHINLECK (geb. 1884) abgelöst.
12. Juli: CHURCHILL erreicht bei Gesprächen mit STALIN in Moskau das langersehnte britisch-sowjetische Bündnis.
14. Aug.: CHURCHILL und ROOSEVELT veröffentlichen nach einer Konferenz an Bord eines Kriegsschiffes vor Neufundland die »Atlantik Charta« zu einer künftigen Friedensordnung, von der Deutschland jedoch ausgeschlossen bleiben soll. – Roosevelt sichert außerdem seinem Partner das Eingreifen der USA in den Krieg zu. Die deutsche und die japanische Bedrohung vor Augen, entscheidet sich der Präsident für »Germany first!«. Allerdings verärgert ihn der britische Premier durch sein ständiges Bitten um Hilfe; Roosevelt sieht Churchills Hauptbeweggründe wohl nicht zu

Unrecht in der Sicherung des Empire, d. h. der Kolonien, und des Wirtschaftspotentials.
1. Okt.: ROOSEVELT und CHURCHILL vereinbaren Kriegslieferungen an STALIN.
6. Dez.: Auf Drängen der Sowjets ergeht eine englische Kriegserklärung an Finnland, Ungarn und Rumänien.
10. Dez.: Die Briten unter General Sir NEIL RITCHIE (geb. 1897) erobern Tobruk und danach Bengasi zurück.
11. Dez.: Deutschland und Italien erklären den USA den Krieg.
22. Dez. bis 14. Jan. 1942: CHURCHILL und ROOSEVELT bilden in Washington auf der »Arcadia-Konferenz« einen britisch-amerikanischen Kriegsrat, das Combined Chiefs of Staff Committee (CCSC).
25. Dez.: Die Japaner erobern die Kronkolonie Hongkong und halten sie bis zum 30. August 1945 besetzt.
Einführung der Dienstpflicht für Frauen in Großbritannien.

1942 *2. Jan.*: Während der britisch-amerikanischen Beratungen in Washington erfolgt eine Deklaration von 26 Nationen mit einem Bekenntnis zu den Grundsätzen der Atlantik Charta und zur Niederwerfung der Achsenmächte bis zu einem Siegfrieden.
10. Jan.: HITLERS Leitlinie und Ziel sind weiterhin der Ausbau von Luftwaffe und Kriegsmarine zum Kampf gegen die angelsächsischen Mächte.
15. Febr.: Die Japaner erobern Singapur (bis 5. September 1945).
seit Febr.: Eingedenk des Sieges in der »Schlacht um England« beschließen Luftfahrtminister SINCLAIR-THURSO und Air Chief Marshal Sir ARTHUR T. HARRIS (geb. 1892), der neue Chef des »Bomber Command«, daß das »primary object ... should now be ... the morale of the enemy civil population and in particular of the industrial workers.« Unter Einsatz neuer Ortungs-, Zielanflugs- und Radarhilfen sowie Spreng-, Brand- und Phosphorbomben fliegen die viermotorigen Bomber vom Typ »Stirling«, »Halifax« und »Lancaster«, später unterstützt von der extrem schnellen »Mosquito IV« und den amerikanischen Boeing »B 17 E Fortress II« und »Liberator III«, ihre »Raids« gegen deutsche und später auch holländische und belgische Ziele.
März bis Juni: Höhepunkt der »Schlacht um den Atlantik«: Allein die deutschen U-Boote versenken an die 300 britische und amerikanische Schiffe mit ca. 1,4 Mill. BRT.
Juni: »Combined Production and Resources Board« der Engländer und Amerikaner; zweite Konferenz von Washington (19.–26.).
21. Juni: ROMMEL erobert Tobruk; er scheitert jedoch im Juli und August vor El Alamein, der letzten in britischer Hand befindlichen Festung vor Alexandria.
Ende Juli bis Nov.: Schwere Verluste der Alliierten im Nordatlantik bei Geleitzugunternehmen (Konvoisystem), besonders auf der Route nach Murmansk. Daraus resultieren Spannungen zwischen Moskau und London, das im September die Geleitzug-Politik vorübergehend aufgibt.

12.–15. Aug.: Gespräche CHURCHILLS und STALINS in Moskau über die »zweite Front« im Südosten Europas sowie über das geplante alliierte Landemanöver in Nordafrika, die Operation »Torch«.
23. Okt. bis 4. Nov.: Schlacht von El Alamein, sechzig Meilen westlich von Alexandria. Entscheidender Sieg der britischen 8. Armee unter Generalleutnant (Feldmarschall, Lord) BERNHARD LAW MONTGOMERY (1887–1975) über ROMMELS Wüstenarmee (Afrika-Korps) infolge überlegenen Material- und Lufteinsatzes.
7./8. Nov.: Beginn von »Torch«: Landung starker anglo-amerikanischer Verbände unter General DWIGHT D. EISENHOWER (1890–1969) an der marokkanischen und algerischen Küste.
8. Nov.: Aufbauend auf einem Viermächte-Weltorganisationsplan seines Abteilungsleiters H. M. G. JEBB legt EDEN dem Kriegskabinett ein Memorandum über die Notwendigkeit einer konkreten Nachkriegsregelung vor. – Dagegen votiert Sir STAFFORD CRIPPS, der gerade das Amt des Lordsiegelbewahrers mit dem eines Ministers für Flugzeugbau vertauscht hat, für ein »Council of Europe« und vier weitere Gremien, die in einem »Supreme World Council« als oberster Institution einer globalen Friedensordnung zusammengefaßt sein sollen.
11. Nov.: Beim jährlichen Bankett der City of London im Mansion House sieht CHURCHILL den Sieg näherrücken; im übrigen sei es nicht seine Aufgabe als Premier des Königs, einer möglichen Liquidierung des British Empire zu präsidieren.
Nur zwei Jahre nach der Katastrophe von Dünkirchen, mitten im Krieg, wenn auch an einem Wendepunkt, legt Sir (Baron) WILLIAM BEVERIDGE, Sozialpolitiker und langjähriger Direktor der London School of Economics, mit dem ›Report on Social Insurance and Allied Services‹ (Beveridge-Report) ein umfassendes Programm zur Familien-, Sozial-, Renten-, Krankheits-, Krankenhaus-, Beschäftigungs-, Wohnungs- und Erziehungsreform vor, das zur Charta des »Welfare State« wird.

1943 *14.–26. Jan.*: Konferenz von Casablanca: CHURCHILL und ROOSEVELT legen die Kriegsstrategie in Westeuropa und im Mittelmeer fest und verkünden die Forderung nach der bedingungslosen Kapitulation (unconditional surrender) der Achsenmächte.
16. Jan.: EDEN legt dem Kabinett einen neuen von JEBB ausgearbeiteten United Nations-Plan vor.
März: Deutsche Versenkungsquote alliierten Schiffsraums: 700 000 BRT.
April/Mai: Militärische Fortschritte dank der taktischen Konzeptionen und waffentechnischen Verbesserungen des seit 1942 unter CHURCHILLS Vorsitz arbeitenden »Anti U-boat Warfare Committee« sowie der konzentrierten Hilfe der Amerikaner (z. B. Atlantic Convoy Conference durch Admiral ERNEST J. KING, 1878–1956; Teamwork und strenges Festhalten an der – wenn auch modifizierten – Geleitzug-Taktik; serienmäßiger Bau von 7000 t-Frachtern, den »Liberty Ships«, durch HENRY JOHN KAISER (geb. 1882) können die hohen Schiffs- und Tonnageverluste gestoppt und

ausgeglichen werden. Das deutsche U-Boot-Sterben im Atlantik und im Mittelmeer beginnt.
3. Mai bis 3. Juni: Auf der Konferenz von Hot Springs (Virginia) wird die UN Food and Agriculture Organization (FAO) geschaffen.
12. Mai: Kapitulation der deutsch-italienischen Verbände in Tunesien.
12.–27. Mai: Auf der »Trident«-Konferenz in Washington verschieben ROOSEVELT und CHURCHILL das Unternehmen »Overlord«, die Landung in Frankreich, auf den 1. Mai 1944.
Anfang Juni: Kriegsrat in Algier; CHURCHILL, EDEN, ALEXANDER, MONTGOMERY, EISENHOWER und GEORGE C. MARSHALL (1880–1959), Chef des Generalstabes und späterer Außen- bzw. Verteidigungsminister der USA, planen die Invasion auf Sizilien.
11. Juni: Anglo-amerikanische Verbände setzen nach Sizilien (Operation »Husky«) über.
25.–30. Juli: Die in Casablanca beschlossene Combined Bomber Offensive führt zu einer »round-the-clock«-Bombardierung Hamburgs durch britisch-amerikanische Verbände.
11./14.–22./24. Aug.: Konferenz von Quebec: CHURCHILL und ROOSEVELT ermächtigen den Chief of Staff to the Supreme Allied Commander (COSSAC) zur Durchführung von »Overlord« im Frühjahr 1944. – Außerdem soll aufs italienische Festland übergesetzt und dort endlich eine »dritte Front« aufgebaut werden (Operationen »Baytown« und »Avalanche«).
Sept.: Foreign Economic Administration – kriegswirtschaftliche Kooperation der Briten und Amerikaner.
8. Sept.: EISENHOWER erklärt nach vorausgegangenen Verhandlungen mit Marschall PIETRO BADOGLIO (1871–1956) die Kapitulation Italiens, obwohl MONTGOMERY und ALEXANDER, nun Eisenhowers Stellvertreter, noch in schwere Kämpfe in Süd- und Mittelitalien verwickelt sind.
18.–30. Okt.: Konferenz von Moskau: EDEN, der amerikanische Außenminister CORDELL HULL (1871–1955) und sein Unterstaatssekretär AVERELL HARRIMAN (geb. 1891) bereiten mit dem sowjetischen Außenminister WJATSCHESLAW M. MOLOTOW (geb. 1890) eine Konferenz der »Großen Drei« zur Festlegung des weiteren Kriegsverlaufs, neuer Frontbildungen und Regelung der polnischen Frage vor.
seit 19. Nov.: Serienangriffe der RAF gegen Berlin (Battle of Berlin, bis März 1944).
22.–26. Nov.: CHURCHILL, ROOSEVELT und TSCHIANG KAI-SCHEK besprechen auf der Kairo-Konferenz das weitere Vorgehen gegen Japan.
28. Nov. bis 1. Dez.: Konferenz von Teheran: ROOSEVELT, CHURCHILL und STALIN beraten über die »zweite« und »dritte« Front, das polnische Problem und die Deutschlandfrage. Während der in idealistische außenpolitische Träumereien versponnene amerikanische Präsident Person, Ziele und Motive Stalins völlig verkennt, versucht Churchill der russischen Westexpansion zuvorzukommen, indem er – mittels der »drei Streichhölzer« – im Osten Polens einen breiten Strich der Sowjetunion und dafür Polen als Kompensation ehemals deutsches Gebiet im Westen zuspricht (Oder-Nei-

ße-Linie). Dabei übersieht der britische Premier, daß Stalin nicht ein unabhängiges Polen, sondern einen Satellitenstaat will. – Ansonsten einigt man sich über die völlige Zerschlagung und Aufstückelung Deutschlands, wobei Churchill Preußen isolieren und Süddeutschland mit Österreich und eventuell sogar Ungarn, Rumänien und Teilen von Jugoslawien zu einer Donauföderation vereinigen will.
26. Dez.: Verbände der Home Fleet vernichten vor der Bäreninsel das deutsche Schlachtschiff »Scharnhorst«, nachdem schon im September die »Tirpitz« außer Gefecht gesetzt worden war.

1944 *20. Febr.*: Mit der »Big Week« beginnt eine entscheidende Phase des alliierten strategischen Luftkriegs gegen Deutschland.
3. März: Stalin lehnt eine Regelung der polnischen Frage mit der in London tätigen polnischen Exilregierung, die von Churchill nicht eben freundlich behandelt wird, ab und arbeitet mit dem ihm hörigen sozialistisch-kommunistischen »Lubliner Komitee« zusammen.
Frühjahr: Schwere Kämpfe der Heeresgruppe Alexanders vor Monte Cassino in Mittelitalien.
4. Juni: Die Alliierten besetzen Rom.
6. Juni: Die Operation »Overlord«, die Landung der alliierten Truppen an der Küste der Normandie (Halbinsel Cotentin) beginnt. Oberkommandierender ist Eisenhower, Operationskommandeur Montgomery; beide arbeiten mit ihren Stäben im Supreme Headquarters Allied Expeditionary Forces (SHAEF) zusammen. – Bis 18. Juni haben die Alliierten 619000 Mann, 102403 Fahrzeuge und 402455 Tonnen Material auf französischem Boden stehen.
13. Juni bis Anfang Sept.: Abschuß von 9300 V 1-Raketen von den deutschen Basen an der Kanalküste; nur 29 Prozent erreichen ihr Ziel; englische Verluste: 6184 Tote.
20. Juli: Attentat auf Hitler. – Die Alliierten wollen oder können die Situation nicht richtig einschätzen. Vor allem in England unterschätzt man die Bedeutung des Ereignisses und die Zahl der Widerstandskämpfer. Churchill meint, es habe sich nur um »Ausrottungskämpfe zwischen Würdenträgern der Nazis« gehandelt.
1.–22. Juli: Konferenz von Bretton Woods (New Hampshire): Aufgrund eines Kompromisses zwischen dem amerikanischen Finanzminister Henry Morgenthau jr. (1891–1967) und Lord Keynes werden ein Internationaler Währungsfonds geschaffen und die Gründung einer Internationalen Bank für Wiederaufbau und Entwicklung empfohlen.
1. Aug. bis 3. Okt.: Polnischer (Warschauer) Aufstand: Stalin, unbeeindruckt von Churchills und Roosevelts Appellen, hält die vor Warschau stehende Rote Armee zurück und überläßt die Aufständischen ihrem Schicksal. Deutsche Truppen schießen die Stadt und ihre Verteidiger zusammen (300000 Tote).
21. Aug. bis 28. Sept. bzw. 29. Sept. bis 7. Okt.: Auf den Konferenzen von Dumbarton Oaks (bei Washington) einigen sich die USA, England und die

UdSSR, diese später auch mit China, auf eine Umwandlung des Völkerbunds in »Vereinte Nationen« (UN oder UNO).
seit 8. Sept.: Bis Ende März 1945 schießen die Deutschen 1115 V 2-Raketen gegen England, denen 2724 Menschen zum Opfer fallen.
11.–19. Sept.: Zweite Quebec-Konferenz: Trotz der Ereignisse in Polen vermag CHURCHILL den in »democracy«- und »liberty«-Vorstellungen lebenden ROOSEVELT nicht von der Gefährlichkeit STALINS zu überzeugen. – Dagegen wird der »Morgenthau-Plan« zur Agrarisierung des besiegten Deutschland nun zurückhaltender beurteilt. Am 22. September zieht Roosevelt aus politisch-wirtschaftlichen Erwägungen seine bereits gegebene Unterschrift zurück.
Sept.: Unstimmigkeiten in der Lagebeurteilung bei EISENHOWER und MONTGOMERY, der bereits nach Deutschland hineinmarschieren will, was der Amerikaner mit Hinweis auf die noch vorhandene Kampfstärke der deutschen Truppen für verfrüht hält. – Montgomery handelt auf eigene Faust und plant in der Operation »Market Garden« einen Durchmarsch durch Belgien/Holland und dann schnelles Vorstoßen ins Ruhrgebiet. In der »Schlacht bei Arnheim« werden die mit Lastenseglern gelandeten Briten bei schwersten Verlusten zurückgeworfen.
Herbst: Verabschiedung einer ›Town and Country Planning Act‹, ergänzt durch die ›House of Commons Act‹ (Redistribution of Seats) zur chancengleichen Wahlkreiseinteilung. (Sir) LESLIE PATRICK ABERCROMBIE (1879–1957) legt einen Plan zur kommunalen und regionalen Neugliederung des Großraumes London (Greater London) mit Grüngürteln und acht bis zehn Trabantenstädten vor.
9.–20. Okt.: CHURCHILL und EDEN schlagen STALIN in Moskau eine britisch-sowjetische Interessenaufteilung auf dem Balkan vor: 10 zu 90 (Interessenprozentsätze der beiden Staaten Großbritannien und UdSSR) in Rumänien, 25 zu 75 in Bulgarien, 50 zu 50 in Jugoslawien und Ungarn sowie 90 zu 10 in Griechenland, das England wegen seiner strategischen Lage schon immer am Herzen liegt. – Stalin akzeptiert das, toleriert die Niederschlagung eines kommunistischen Aufstandes in Griechenland, läßt auch die polnische Exilregierung zu Gesprächen zu, verfolgt jedoch im übrigen seine eigenen Pläne hinsichtlich Osteuropas.
12. Nov.: Bomber der RAF vernichten das Schlachtschiff »Tirpitz« bei Tromsö.
Dez.: Die nach dem Erfolg bei Arnheim Ende September angelaufene deutsche Ardennenoffensive wird abgefangen.

1945 *Jan.*: Die alliierte Winteroffensive leitet den Endkampf um Deutschland ein. – Auf dem asiatischen Kriegsschauplatz kämpft gleichzeitig Admiral LOUIS (Earl) MOUNTBATTEN OF BURMA (geb. 1900), Chef des kombinierten Südostasien-Kommandos, Burma frei, öffnet den Weg nach China und unterbindet eine japanische Invasion in Indien.
4.–11. Febr.: Konferenz von Jalta: Während die Deutschland-Frage dilatorisch behandelt wird, sanktioniert ROOSEVELT als Gegenleistung für das

»Ja« STALINS zu den UNO-Plänen die russischen Erwerbungen im Fernen Osten. Gegen EDENS Rat stimmt CHURCHILL dem zu, weil er erstens den britischen Einfluß in Fernost wahren und zweitens in der – wenn auch verschwommen – UNO-Idee eine Möglichkeit zur Sicherung einer friedlichen Nachkriegswelt im Sinne der alten »balance of power« sieht. Einigkeit wird auch darüber erzielt, daß die Sowjetunion bald nach der Kapitulation Deutschlands in den Krieg gegen Japan eintreten wird.
13./14. Febr.: Entgegen anderslautender Befehle läßt Luftmarschall HARRIS das unbefestigte, strategisch wertlose und durch Flüchtlinge übervölkerte Dresden bombardieren. Die Zahl der Opfer läßt sich nur schätzen: Es sind »gesichert« 60000, wahrscheinlich aber fast 250000. CHURCHILL distanziert sich von diesem Vorfall.
24. März: Briten und Amerikaner überschreiten den Rhein.
16. April: Ende der britischen strategischen Luftoffensive.
25. April: Gründungskonferenz der UNO in San Franzisko.
4. Mai: Admiral HANS GEORG VON FRIEDEBURG (1885–1945) erklärt in MONTGOMERYS Hauptquartier bei Lüneburg die Kapitulation der deutschen Seestreitkräfte.
7./8. Mai: Kapitulation Deutschlands; Kriegsende in Europa, nicht jedoch in Fernost.
13. Mai: Siegesansprache CHURCHILLS. – Im Gegensatz zum Ersten Weltkrieg ist Großbritannien relativ gut davongekommen, obwohl ungeheure Menschenopfer und Materialverluste zu beklagen sind. Schwerwiegend wirkt sich die enorme Verschuldung von 3,35 Milliarden Pfund, besonders gegenüber den USA, aus. Dazu kommen verkaufte Anteile, Vermögenswerte und Investitionen in Übersee in Höhe von 1,118 Milliarden Pfund. Schwierigkeiten tun sich auf bei der Wiedereingliederung der Soldaten ins Zivilleben. Drückend wirken die Wohnraumnot und die großen Konsumlücken, da die Rüstungsindustrie nur langsam auf Friedensproduktion umgestellt werden kann (Verknappung an Lebensmitteln, Textilien, Konsum- und Haushaltsgütern). Dazu gesellen sich automatisch Exportprobleme, da durch die totale Kriegsproduktion nur etwa zu 30 Prozent (im Vergleich zu 1938) Exportgüter frei sind. Insgesamt ist das britische Volksvermögen um etwa 7,5 Milliarden Pfund gesunken.
18. Mai: CHURCHILL plädiert für die Fortsetzung der Kriegskoalition bis zur Niederwerfung Japans, obwohl er am 31. Oktober 1944 erklärt hatte, nach der Niederlage Deutschlands müsse neu gewählt werden.
23. Mai: CHURCHILL tritt zurück, löst das nationale Kabinett auf, bildet eine konservativ-nationalliberale Regierung, in die er HAROLD MACMILLAN (geb. 1894) als Luftfahrtminister und RICHARD A. BUTLER (geb. 1902) als Arbeitsminister anstelle ERNEST BEVINS aufnimmt, und setzt für Anfang Juli Neuwahlen an, während Labour diese erst im Oktober wünscht.
Mai/Juni: Der Wahlkampf steht ganz eindeutig unter innenpolitischen, d. h. sozialen und wirtschaftlichen Aspekten. Zielscheibe der Kritik von Labour und den Liberalen wird Kriegspremier CHURCHILL, dem man zwar die Rettung des Vaterlandes verdankt, dessen politischer Amoralismus,

Machtbesessenheit und verfehlte Finanzpolitik von 1924 bis 1929 jetzt zur Sprache gebracht werden. JOHN M. KEYNES und HAROLD J. LASKI plädieren für eine stärker gelenkte Wirtschaft, da den veränderten Handels-, Finanz- und Wirtschaftsbedingungen Großbritanniens und der Welt Rechnung getragen und sofort innere Stabilität und Ordnung erreicht werden müsse, was im Moment eine marktorientierte Privatwirtschaft nicht bieten könne. – CHURCHILL wiederum warnt am 4. Juni vor Nationalisierungs-, d. h. Verstaatlichungstendenzen. Auch die Konservativen haben wie Labour, gemäß Beveridge-Report von 1942, ein Bildungs- und Sozialprogramm mit Vollbeschäftigung, Hausbau, Währungsstabilisierung usw. Darüberhinaus fordert Labour die Nationalisierung der Bank von England, der Kohle-, Gas-, Strom-, Eisen- und Stahlindustrie sowie des Binnengüterverkehrs. Eine Sozialisierung des Bodenrechts und ein fortschrittliches Gesundheits-, Renten- und Versicherungssystem runden das Programm ab. – Am 20. Juni nimmt der konservative Pressezar BEAVERBROOK diese Thesen zum Anlaß, um in seinem ›Daily Express‹ LASKI als Feind des Parlamentarismus und Befürworter einer diktatorischen Exekutive anzuprangern. – Während des Wahlkampfes wird CHURCHILL zwar bejubelt, aber dann nicht gewählt, weil England keine konservative Regierung, sondern eine grundlegende Änderung – ohne den immer etwas zwiespältig eingeschätzten Churchill – in Staat, Gesellschaft und Wirtschaft wünscht und im übrigen die Leistungen der Labour-Minister im Kriegskabinett (ATTLEE, BEVIN, CRIPPS, MORRISON) ebenso würdigt wie die des Premiers.
26. Juni: Unterzeichnung der UN-Charta.
5.–28. Juli: Unterhaus-Wahlen: Labour erreicht bei knapp 12 Mill. Stimmen (47,8%) 393 Sitze; die Konservativen erhalten bei 10 Mill. Stimmen (39,8%) 213, die Liberalen bei 2,3 Mill. Stimmen (9,1%) 12 und die ILP 22 Sitze; Labourmehrheit von 146 Mandaten. – Am 26. Juli tritt CHURCHILL zurück. König GEORG VI. schlägt ATTLEE als Nachfolger vor, der akzeptiert und sofort eine Ministerliste vorlegt: BEVIN wird Außenminister, GREENWOOD Lordsiegelbewahrer, DALTON Schatzkanzler, der Einzelgänger CRIPPS Handelsminister, EMANUEL (Baron) SHINWELL (geb. 1884) Energie- und ANEURIN BEVAN (1897–1960) Gesundheitsminister.
17. Juli bis 2. Aug.: Potsdamer Konferenz: Präsident ROOSEVELTS Nachfolger HARRY S. TRUMAN (1884–1972), CHURCHILL bzw. nach seiner Abwahl ATTLEE und STALIN vertagen wichtige Probleme (z. B. Westgrenze Polens) auf eine kommende Friedenskonferenz. Deutschland wird in Besatzungs- und Reparationszonen aufgeteilt. Einrichtung eines Alliierten Kontrollrates.
1. Aug.: Die Regierung ATTLEE verkündet vor dem Parlament ihren Plan eines »Socialistic Commonwealth« oder »Welfare State«, dabei jedoch die katastrophale Finanzsituation und Wirtschaftskrise verharmlosend.
14. Aug.: Schatzkanzler DALTON prophezeit den finanziellen Bankrott Englands, wenn nicht Hilfe seitens der USA komme.
21./25. Aug.: Ende der britisch-amerikanischen »Cash-and-Carry«- und »Lend-Lease«-Abkommen. Völliger Abbau der englischen Goldreserven

und Auslandsguthaben. England muß, um einem Staatsbankrott zu entgehen, mit den USA verhandeln.
11. Sept. bis 6. Dez.: Dalton und Keynes verhandeln in Washington. Angesichts der ungedeckten Schulden in Höhe von 2,879 Milliarden Pfund, der schlimmen Außenhandelsbilanz und der stark reduzierten Handelsflotte muß die britische Delegation am 6. Dezember ein relativ hartes Finanzabkommen annehmen: Großbritannien erhält einen Kredit von 950 Mill. Pfund (= 4,4 Milliarden Dollar) zur Schuldenabtragung. Dafür muß es den Außenhandel liberalisieren und dem Abkommen von Bretton Woods vom Juli 1944 beitreten, also dem International Monetary Fund (IMF) und der International World Bank for Reconstruction and Development (IWBRD), und außerdem für eine baldige Konvertibilität Dollar–Pfund Sterling sorgen, denn noch im September war von britischer Seite ein unrealistischer Pfund–Dollar–Kurs von 1 zu 4,03 festgelegt worden.
24. Okt.: Aufnahme Großbritanniens in die UNO (Gründungsmitglied).

seit 1945/46 Die Regierungen verfolgen bei der Konjunkturpolitik das Prinzip des »stop-go«, je nach Aufschwung oder Rezession.

1946 *Sept.*: Churchill fordert in einer Rede in Zürich »eine Art Vereinigte Staaten von Europa«.
23. Okt.: Bevin plant – nach einer so gehaltenen Rede – für die britische Besatzungszone in Deutschland ebenfalls die Sozialisierung (Verstaatlichung) der wichtigsten Schlüsselindustrien.
Herbst: Ungeachtet der außen- und wirtschaftspolitischen Ohnmacht gehen Attlee und seine Minister an die Verstaatlichung von Schlüsselindustrien und Verwirklichung des Wohlfahrtsstaates. Die zahlreichen Gesetze und Novellen betreffen in erster Linie die Nationalisierung von »credit, power, and transport«, in zweiter Linie Bildungs-, Erziehungs-, Gesundheits- und Verfassungsfragen. – Neben der ›National Health Service Act‹, dem staatlichen Gesundheitsdienst, den Bevan nach den Anregungen des Beveridge-Planes aufbauen will, und der ›Housing Act‹ kommen in diesem Jahr noch ›The Bank of England Act‹, ›The Cable and Wireless Act‹ (Funk- und Fernmeldegesetz), die ›Civil Aviation Act‹ (Fluggesellschaften BEA und BOAC), die ›Coal Industry Nationalization Act‹, die ›National Insurance Act‹ von James Griffiths (1890–1975) und die Reform der ›Trade Disputes Act‹ von 1927.

1947 *20. Febr.*: Die Regierung Attlee gibt den britischen Rückzug aus Indien bis spätestens Juni 1948 bekannt.
März: Bevin und der französische Außenminister Georges Bidault (geb. 1899) unterzeichnen in Dünkirchen einen Freundschafts- und Beistandspakt, der sich auch gegen künftige deutsche Aggressionen richtet.
5. Juni: Die amerikanische Regierung unterbreitet Großbritannien ein Hilfsangebot, das auf eine Rede Außenminister Marshalls zurückgeht (Marshall-Plan). Großbritannien erhält in den folgenden Jahren aus den

sog. ERP-Mitteln (European Recovery Programm) rund 4,5 Milliarden Dollar.
22. Juni: GEORG VI. legt den Titel »Kaiser von Indien« offiziell nieder.
15. Juli: Auf Drängen der USA erklärt die Regierung die Konvertibilität des Pfund Sterling, was sofort eine Finanzkrise bewirkt, da alle Gold- und Dollarreserven abfließen.
18. Juli: Schneller als geplant wird die ›Indian Independence Act‹ erlassen.
15. Aug.: Einholung des »Union Jack« in Indien. – Die Einheit des Subkontinents kann wegen der unüberbrückbaren Differenzen zwischen Kongreßpartei und Moslemliga nicht erreicht werden. Es kommt zur Gründung der unabhängigen Staaten Indien und Pakistan, wobei die Republik Indien 1950 Mitglied des »Multiracial Commonwealth« wird.
Sept.: Pfund-Abwertung.
30. Okt.: England muß in Genf dem GATT (General Agreement on Tariffs and Trade) beitreten, obwohl es dadurch in seinem eigenen Commonwealth-Handel eingeengt wird.
17. Nov.: STAFFORD CRIPPS löst DALTON als Schatzkanzler ab und erhebt die »Austerity«-Politik der Sparsamkeit, Lebensmittelrationierung (teilweise bis 1954) und knappen Lebenshaltung zum obersten Prinzip. Auch die Gewerkschaften können zu einem Lohnstopp bewogen werden.
Die legislatorische Arbeit geht weiter: ›Electricity Act‹; ›Transport Act‹; ›Gas Act‹. Grundlegend ist eine neue ›Education Act‹ als Erweiterung des 1944 von RICHARD A. BUTLER durchgesetzten Schul- und Erziehungsgesetzes mit der Möglichkeit zur »secondary education« für alle Volksschichten.

1948 *Jan.*: Verstaatlichung der britischen Eisenbahnen.
4. Jan.: Die Kronkolonie Burma wird selbständige Republik und scheidet aus dem Commonwealth aus (vorbereitet am 17. Oktober 1947).
4. Febr.: Die Kronkolonie Ceylon wird unabhängiges Dominion.
17. März: Brüsseler Vertrag (Fünfmächtepakt) zwischen Großbritannien, Frankreich sowie Belgien, den Niederlanden und Luxemburg (Benelux) über wirtschaftliche, soziale und kulturelle Zusammenarbeit und kollektive Selbstverteidigung.
16. April: Gründung der Organization for European Economic Co-operation (OEEC).
15. Mai: Großbritannien gibt sein Mandat für Palästina an die UN ab und zieht seine Truppen zurück, da es seit mehr als fünfundzwanzig Jahren nicht zwischen Juden und Arabern hat vermitteln können. Daraufhin rufen die Juden den Staat Israel aus und greifen Ägypten als Exponent der Arabischen Liga an. Premier ATTLEE jedoch steht zu Kairo, worauf die Israelis einlenken.
seit Juni: Berlin-Blockade durch die Sowjets. Abgesehen von den Amerikanern und Franzosen, unterstützen die Briten die eingeschlossene Stadt mit 450000 Tonnen Fracht (= 23,5% der amerikanischen Lieferungen), wofür die englische Bevölkerung trotz ihrer eigenen Wirtschafts- und Finanzmisere rund 8,6 Mill. Pfund aufbringt. Die Blockade dauert bis zum

Mai 1949. – Angesichts dieser Ereignisse und der pro-kommunistischen Umstürze in Prag, Budapest und Warschau schwenkt Außenminister BEVIN auf den antisowjetischen Kurs der USA ein. Der 1945 in Potsdam präjudizierte Kalte Krieg bricht offen aus.
5. Juli: Schlußgesetz zur staatlichen Gesundheitsfürsorge.
Wahlreform: Die ›Representation of the People Act‹ verwirklicht endlich das Prinzip des »one man, one vote«. Das Doppelwahlrecht der Universitäten, der City of London sowie der Eigentümer und Inhaber von akademischen Graden (degrees, graduates) wird beseitigt, dafür das Briefwahlrecht erweitert. – Großbritannien zählt nun 630 (625) Wahlbezirke für je einen Abgeordneten. England hat 289 Stadt- und 222 Grafschaftswahlkreise, Schottland 32/39, Wales 10/26 und Nordirland 4/8.

1948 bis 1962 Die durchschnittliche Wachstumsrate in Großbritannien beträgt 1,9 Prozent gegenüber einer Quote von 1,1 Prozent in den Jahren 1924 bis 1937. – Im Vergleich zu den skandinavischen Ländern, zu den USA, Japan und vor allem Deutschland (Bundesrepublik) ist diese Steigerungsrate jedoch sehr niedrig.

1949 *4. April*: Mitunterzeichnung des Nordatlantik-Vertrages (NATO).
18. April: Irland (Eire) scheidet formell aus dem Commonwealth aus.
April: Im Namen der Krone erklärt ATTLEE, daß fortan auch selbständig gewordene Republiken Vollmitglieder im Commonwealth werden können, und spricht vom Übergang des British Commonwealth of Nations zum Multiracial Commonwealth (Indien, Ceylon, Malaiischer Bund, usw.).
3. Mai: Die ›Irland-Bill‹ anerkennt das Ausscheiden Eires aus dem Commonwealth.
5. Mai: Unterzeichnung der Statuten des Europarates (CE = Council of Europe) in London.
Sept.: Trotz Verbesserung der Handelsbilanz muß eine neuerliche Pfund-Abwertung um 30 Prozent (von etwa 4 Dollar auf 2,80 Dollar) vorgenommen werden.
Eine ›Parliament Act‹ ermöglicht nur noch ein einmaliges Veto und damit einen minimalen Aufschub von höchstens einem Jahr seitens des Oberhauses. – Gegen die in der ›Iron and Steel Act‹ ausgesprochene Verstaatlichung der Eisen- und Stahlindustrie erhebt sich großer Widerstand. Bereits 1951 hebt die Regierung CHURCHILL dieses Gesetz als einziges des gesamten Nationalisierungspaketes wieder auf.

1950 *6. Jan.*: Großbritannien anerkennt die Volksrepublik China de jure.
Jan./Febr.: ATTLEE löst das Unterhaus auf und setzt Neuwahlen an: Die Wahlen bringen Labour 46,1% der Stimmen und 315 Sitze, den Konservativen 43,5% und 298 Sitze, den Liberalen 9,1% und 9 Sitze. Damit ist die Labour-Mehrheit um 78 Plätze geschrumpft, die Zahl der Konservativen um 85 gestiegen.

Mai: Der französische Außenminister ROBERT SCHUMAN (1886–1963) regt im »Schuman-Plan« die Bildung einer westeuropäischen Schwerindustrie-Gemeinschaft an (Montanunion).
seit Juli: Der Ausbruch des Korea-Krieges stellt Großbritannien vor schwerwiegende Probleme. Mitten in einer Wirtschaftskrise müssen die Rüstung verstärkt, die Steuern erhöht und die Ausgaben – vor allem im Sozialbereich – drastisch gekürzt werden. Daraufhin protestiert der linke Flügel der Labour Party gegen die amerikafreundliche Politik der Regierung. – Entsendung einer Flotte nach Fernost.
19. Sept.: Gründung der Europäischen Zahlungsunion (EZU).
England, Frankreich und die USA anerkennen angesichts der Osteuropa- und DDR-Politik STALINS die Regierung der Bundesrepublik Deutschland als einzige rechtmäßige Vertreterin des deutschen Volkes bis zu einer Wiedervereinigung beider deutscher Teilstaaten.
25. Okt.: Nach dem physischen Zusammenbruch STAFFORD CRIPPS' übernimmt HUGH T.N. GAITSKELL (1906–1963) das Schatzamt.
28. Nov.: Colombo-Plan der britischen Regierung zur wirtschaftlichen Entwicklung Süd- und Ostasiens.
19. Dez.: Der »Atlantikrat« beschließt die Schaffung der Europäischen Verteidigungsgemeinschaft (EVG), die jedoch über Vorverträge (1952) nicht hinauskommt.

1951 *12. Febr.*: KWAME NKRUMAH (1909–1972) wird erster Premier der Goldküste.
14. April: Tod von ERNEST BEVIN, der schon am 12. März sein Amt als Außenminister an HERBERT S. MORRISON abgetreten hatte.
18. April: Unterzeichnung des Vertrages über die Europäische Gemeinschaft für Kohle und Stahl (EGKS), auch Montanunion genannt.
April: Rücktritt ANEURIN BEVANS, seit Januar 1951 Arbeitsminister, und des Handelsministers JAMES HAROLD WILSON (geb. 1916) aus Protest gegen die Wiederaufrüstung im Zuge der amerikanischen Fernost-Politik. – Schatzkanzler GAITSKELL legt einen Rüstungsetat von 1,5 Milliarden Pfund vor und beschwört damit eine Kontroverse um »guns or butter!« herauf.
Sommer: Verstaatlichung der Anglo-Iranian Oil Company durch die iranische Regierung. ATTLEE und Außenminister MORRISON plädieren für eine britische Intervention (Landung), werden aber von Präsident TRUMAN zurückgehalten.
1. Sept.: Unterzeichnung eines – ursprünglich antijapanischen – Sicherheitsbündnisses für den Pazifik zwischen Australien, Neuseeland und den USA (ANZUS-Pakt) in San Franzisko. Daneben gibt es ohne formellen Vertrag eine australisch-neuseeländisch-englische Sicherheitsvereinbarung (ANZAM).
Sept.: Der schwache Premier ATTLEE setzt angesichts der jüngsten Fehlschläge in der Innen- und Außenpolitik und angesichts des Todes oder demonstrativen Rücktritts führender Labour-Politiker Neuwahlen an.

– Den Wahlkampf bestimmen vor allem sozial- und wirtschaftspolitische Gesichtspunkte.
26. Okt.: Wiederwahl CHURCHILLS als Premier nach einem knappen Wahlsieg der Konservativen, die 48% der Stimmen und 321 Sitze errungen haben. Labour kann zwar mit 48,8% mehr Stimmen, aber mit nur 295 Sitzen 26 weniger verbuchen. Die Liberalen erleiden mit 2,5% der Stimmen (= 6 Sitze) wieder einmal einen Einbruch. – Das Foreign Office übernimmt erneut ANTHONY EDEN, der bis 1957 zu einer auch international bestimmenden Figur in der Außenpolitik und Konferenz-Diplomatie wird. Schatzkanzler wird RICHARD A. BUTLER, Wohnungsbauminister HAROLD MACMILLAN. – Nach der insgesamt erfolgreichen Labour-Regierung liegt es jetzt bei den Konservativen, über Großbritanniens Stellung in Europa und der Welt nachzudenken, den Sturz von einer Groß- zur Mittelmacht zu erkennen und die politisch-wirtschaftlich-militärische Ohnmacht in eine konstruktive und neuorientierte Politik umzusetzen nach dem Motto »Britain can take it«.
CHURCHILL läßt die ›Iron and Steel Act‹ von 1949, zur Verstaatlichung der eisenschaffenden und -verarbeitenden Industrie, wieder aufheben.
Zu den großen »Festivals of Britain« mit bedeutenden Kultur- und Technikausstellungen wird die Royal Festival Hall rechtzeitig fertiggestellt.

1951 bis 1955 Die Regierung CHURCHILL fährt auf dem von Labour begonnenen Weg zum »Welfare State« fort. Zügiger Wohnungsbau, stetige Aufrüstung, außenpolitische Ruhe nach dem Tode STALINS, Anfänge der »containment«- und Koexistenz-Politik, Rohstoffverbilligung und ein Anstieg der Weltwirtschaft bewirken Vollbeschäftigung und einen kleinen Boom des Lebensstandards, wenn auch eine schleichende Inflation die Lebenshaltungskosten erhöht.

1952 *6. Febr.*: Überraschender Tod König GEORGS VI. – Den Thron besteigt seine Tochter ELISABETH II. (geb. 1926).
Aug.: Unruhen auf Zypern.
30. Sept.: Der Europarat nimmt EDENS Konzeption einer engen Verbindung der europäischen Staaten an (Eden-Plan).
Während der Linienflüge des bei De Havilland gebauten ersten Düsenverkehrsflugzeuges der Welt, »Comet«, kommt es zu mehreren Unfällen und Abstürzen, die zu einer Generalüberholung der Maschine führen.

Okt. 1952 bis Ende 1956 Mau-Mau-Aufstand der von YOMO KENYATTA (geb. 1891) geführten Kikuyu in Kenia (kleinere Unruhen seit 1950). Der von der britischen Regierung verhängte Ausnahmezustand wird 1960 aufgehoben. – Bis Ende 1956 fallen 32 weiße Zivilisten (meist Farmer und Großgrundbesitzer) und Soldaten, 29 Inder und 1920 mit den Engländern zusammenarbeitende oder als Kollaborateure geltende Afrikaner den Rebellen zum Opfer. Die Mau-Mau-Bewegung selbst beklagt 115000 Opfer.

1953 *11. Mai*: CHURCHILL fordert in einer Unterhaus-Rede das Ende des Kalten Krieges und eine europäische Gipfelkonferenz mit den USA und STALINS Nachfolgern. Dem alten Locarno-Gedanken folgend, skizziert er ein europäisches Sicherheitssystem anstelle der miteinander verfeindeten und entgegengesetzten Bündnisblöcke.
29. Mai: Der neuseeländische Bergsteiger (Sir) EDMUND P. HILLARY (geb. 1919) ersteigt mit dem Nepalesen SHERPA TENSING den Mount Everest.
2. Juni: Die Krönung Königin ELISABETHS II. in der Westminster Abbey wird zu einem nationalen und internationalen Ereignis, da es vom britischen und ausländischen Fernsehen übertragen wird.
Ende Juni: Nach einem Schlaganfall CHURCHILLS übernimmt EDEN praktisch die Regierungsgeschäfte (bis Oktober).

1954 *25. Jan.–18. Febr.*: Viermächte-Konferenz der Außenminister JOHN FORSTER DULLES (1888–1959), EDEN, BIDAULT und MOLOTOW in Berlin. Statt einer Regelung der Deutschland-Frage wird eine weitere Konferenz zur Lösung der Korea- und Indochina-Frage angesetzt.
29. Juli: Suez-Abkommen mit Ägypten: Abzug aller britischen Truppen binnen zwanzig Monaten; erweitert am 19. Oktober: Suez-Kanal ist integraler Bestandteil Ägyptens. – Nach schwierigen Verhandlungen zieht Großbritannien seine seit einem Stationierungsabkommen von 1936 am Suez-Kanal stehenden Truppen ab mit dem Vorbehalt, im Konflikt- und Kriegsfalle dorthin zurückzukehren. Britische und ägyptische Techniker sollen fortan die Überwachung und Instandhaltung des Kanals übernehmen. Ägypten verpflichtet sich, die internationale Konvention über die freie Kanaldurchfahrt zu respektieren.
8. Sept.: Großbritannien gehört zu den Unterzeichnern der SEATO (South-East Asia Collective Defense Treaty Organization), eines Vertrages, über dessen politisch-militärische Relevanz schon von Beginn an diskutiert und gestritten wird. Der Vertrag wird im Herbst 1975 praktisch außer Kraft gesetzt.
28. Sept. bis 3. Okt.: Londoner Neunmächte-Konferenz zur Vorbereitung der Pariser Konferenz.
19.–23. Okt.: Pariser Konferenz: In den »Pariser Verträgen« wird das Besatzungsregime aufgehoben und statt dessen die Souveränität der Bundesrepublik Deutschland – bei westalliiertem Stationierungsrecht – proklamiert. Aufnahme der BRD in das ursprünglich antideutsche Kollektivbündnis WU (Westunion), das durch die WEU (Westeuropäische Union) abgelöst wird. – Bei all diesen Konferenzen und Europlänen ist EDEN besonders aktiv.

1955 *24. Febr.*: Bagdad-Pakt als Defensiv- und Sicherheitsbündnis zwischen dem Irak und der Türkei, dem sich Großbritannien, der Iran und Pakistan anschließen. – Seit August 1959, nach dem Austritt des Irak, CENTO (Central Treaty Organization) genannt.

5. April: Auf Drängen EDENS und MACMILLANS tritt der alternde und kranke CHURCHILL vom Amt des Premierministers zurück. – »Kronprinz« Eden als designierter Nachfolger bittet jedoch die Königin, Neuwahlen ausschreiben zu dürfen, um seine Position zu klären.
6. Mai: Vertragliche Umformung der WU in ein Anti-Aggressions-Bündnis, in die WEU.
Mai: Die Unterhaus-Wahlen bringen den Konservativen mit 49,7% der Stimmen und 345 Sitzen eine gute Mehrheit. Die Labour Party bekommt 46,4% und 277 Sitze, die Liberalen erhalten 2,7% und 6 Sitze.
Nov./Dez.: Dem ägyptischen Regierungschef, Staatspräsident GAMAL ABD EL-NASSER (1918–1970), werden für das riesige, wenn auch technisch und wirtschaftlich umstrittene Assuan-Staudamm-Projekt von den USA 56 und von Großbritannien 14 Mill. Dollar zugesagt.
Nach den deutlich verlorenen Unterhaus-Wahlen und dem Überwechseln des zum Earl erhobenen ATTLEE ins Oberhaus kämpfen BEVAN und GAITSKELL um die Führung von Labour. Der gemäßigte und pragmatische Gaitskell siegt über Bevan und seine linksradikalen Anhänger.
22. Dez.: HAROLD MACMILLAN wechselt vom Foreign Office ins Schatzamt; neuer Außenminister wird JOHN SELWYN BROOKE LLOYD (geb. 1904); der bisherige Schatzkanzler BUTLER übernimmt das Amt des Lordsiegelbewahrers.
Der exzentrische und publicitybewußte JOHN R. RUSSELL, Herzog von BEDFORD (geb. 1915), der erstmals sein Schloß für Geld der Öffentlichkeit öffnet, sorgt in der High Society für Sensationen.

1956 *26. Juli*: Nachdem Großbritannien und die Vereinigten Staaten ihr Ägypten zugesagtes Finanzangebot plötzlich zurückgezogen haben, verkündet NASSER die Verstaatlichung der Suez-Kanal-Gesellschaft.
16.–24. Aug.: Erste Suez-Kanal-Konferenz.
18.–21. Sept.: Zweite Suez-Kanal-Konferenz.
1.–4. Okt.: Dritte Suez-Kanal-Konferenz.
16. Okt.: EDEN und SELWYN LLOYD stimmen nach der Londoner Suez-Konferenz in Paris mit Ministerpräsident GUY MOLLET (1905–1975) und Außenminister ANTOINE PINAY (geb. 1891) ihr weiteres Vorgehen in Ägypten ab.
29. Okt.: Israel nutzt das ägyptische Engagement Englands und Frankreichs sowie die Verstrickung der UdSSR in den Ungarn-Aufstand und stößt plötzlich durch die Sinai-Halbinsel zum Suez-Kanal vor. – Eine Resolution der UNO blockieren Großbritannien und Frankreich durch ihr Veto im Sicherheitsrat und richten dafür ein Ultimatum an Ägypten und Israel, sich innerhalb von vierundzwanzig Stunden auf eine Entfernung von zehn Meilen beiderseits des Kanals zurückzuziehen.
Nov.: Als Ägypten das Ultimatum ablehnt, wird es bombardiert. Auf den darauf folgenden Einsatz von britischen und französischen Fallschirmtruppen antwortet NASSER mit der Versenkung zahlreicher im Kanal liegender Schiffe, der dadurch blockiert wird. – Die USA, UdSSR und die von EDEN

nicht konsultierten Commonwealth-Mitglieder fordern den Rückzug der britischen und französischen Einheiten, wobei der sowjetische Ministerpräsident NIKOLAI A. BULGANIN (1895–1975), um von dem Eklat in Ungarn abzulenken, England in ultimativer, wenn auch überspannter Form bedroht (atomarer Bombenschlag auf London und Paris).
Dez.: Großbritannien gibt nach und zieht seine Truppen ab, denen eine UN-Einheit als Kontrolltruppe folgt. Auch die Israelis rücken ab. – EDENS Einlenken hat vor allem wirtschaftliche und finanzielle Gründe: Die Erdölversorgung aus dem Nahen Osten war unterbrochen und die amerikanischen Firmen sprangen auf Drängen der Regierung in Washington nicht in die Bresche. Außerdem hat ein Run auf den britischen Devisenmarkt eingesetzt: Im Oktober fallen die Gold- und Dollarreserven um 84, im November um weitere 279 Mill. Dollar.
Einweihung des ersten britischen Kernkraftwerkes in Calder Hall (Cumberland).

1957 *10. Jan.*: Nach dem Rücktritt des erkrankten EDEN wird MACMILLAN Premier. – Eden, der wegen des Suez-Abenteuers mehr aus moralischen denn aus politischen Gründen angefeindet worden war, hat die Genugtuung, daß schon im Januar Präsident EISENHOWER vom Kongreß umfassendere Vollmachten für einen etwaigen Kriegsfall im Nahen Osten erhält, um die durch Englands Rückzug entstandene politisch-militärische Lücke auszufüllen. – Macmillan, Sproß einer großen Verlegerfamilie, dem die angeschlagenen Konservativen und die wieder geeinte Labour Party einen baldigen Sturz voraussagen, bleibt wider Erwarten sieben Jahre im Amt.
6. März: Bildung der Republik Ghana nach dem Zusammenschluß von Goldküste und Britisch-Togo. Präsident des neuen Staates, der als Dominion ins Commonwealth aufgenommen wird, ist KWAME NKRUMAH.
März: Gegen den Protest aus den eigenen Reihen ordnet MACMILLAN die Haftentlassung des zyprischen Erzbischofs MAKARIOS III. (geb. 1913) an, um die Selbständigkeit Zyperns langsam einleiten zu können. – Das führt zum Rücktritt des Lord President of the Council und früheren Eden-Vertrauten R. A. J. GASCOYNE-CECIL, Viscount Cranborne, Marquess of Salisbury (1893–1972).
Schatzkanzler GEORGE E. P. THORNEYCROFT (geb. 1909) versucht die schleichende Inflation – bei allgemeiner Prosperität, wachsenden Reallöhnen und steigendem Lebensstandard – durch drastische Erhöhung des Diskontsatzes von 5 auf 7 Prozent zu bekämpfen. Das verbessert zwar die Zahlungsbilanz, setzt jedoch die Wirtschaft unter Druck.

seit 1957 Verfassungsreformen für Kenia.

1958 *7. Jan.*: Schatzkanzler THORNEYCROFT tritt aus Protest gegen eine geplante Erhöhung der Staatsausgaben zurück. Sein Nachfolger DERICK HEATHCOAT (Viscount) AMORY (geb. 1899) hebt das Budget an und senkt den Diskontsatz auf vier Prozent.

Frühjahr: Unruhen auf Zypern.
Sommer: Die USA intervenieren mit bewaffneter Macht im Libanon. Auf ein Hilfegesuch König HUSSEINS von Jordanien (geb. 1935) greifen auch die Engländer im Libanon ein. Wiederherstellung des britisch-amerikanischen Einvernehmens.
Juli: 400000 Arbeitslose.

1958 bis 1962 Die britische Regierung wehrt gemeinsam mit den USA und den EWG-Staaten den sowjetischen Druck während der Berlin-Krise ab.

1959 *4. Febr.*: Großbritannien schließt mit der EURATOM ein Kooperationsabkommen zur friedlichen Nutzung der Atomenergie.
19. Febr.: Dreimächte-Vertrag zwischen Großbritannien, Griechenland und der Türkei zur Regelung der Zypernfrage.
März: MACMILLAN sucht in Moskau die Verständigung mit der Sowjetunion. Seine Verhandlungen mit dem Ersten Sekretär des ZK der KPdSU, NIKITA S. CHRUSCHTSCHOW (1894–1971), bleiben zwar erfolglos, zeigen aber den britischen Kooperations- und Entspannungswillen. – Gleichzeitig kündet der Premier die Aufhebung der Wehrpflicht, die Reduzierung der in der Bundesrepublik Deutschland stationierten Rheinarmee und den Ausbau des englischen Atompotentials an.
Herbst: Unterhaus-Wahlen: Konservative 49,4% und 365 Sitze; Labour 43,8% und 258 Sitze; Liberale 5,9% und 6 Sitze – Der Wahlkampf stand unter MACMILLANS schon 1957 geprägter Parole »You've never had it so good«.
20. Nov.: Als Antwort auf die 1957 in Rom beschlossene »Sechsergemeinschaft« (EWG) paraphieren sieben weitere OEEC-Mitglieder, Großbritannien, Dänemark, Norwegen, Schweden, Österreich, Schweiz und Portugal, in Stockholm die EFTA (European Free Trade Association).

1960 *4. Jan.*: Unterzeichnung der EFTA-Verträge.
9. Jan.: MACMILLAN leitet in Ghana mit seiner Rede vom »wind of change« die zweite Entkolonialisierungsphase ein: Ghana, Nigeria und Zypern (1960), Tanganjika und Sierra Leone (1961), Uganda und einige westindische Gebiete (1962), Kenia und Sansibar (1963). 1957 waren der Malaiische Bund und 1958 Singapur in die Unabhängigkeit entlassen worden. – Damit haben seit Regierungsantritt ATTLEES 1945 rund 500 Millionen Menschen in der Dritten Welt ihre politische Freiheit erhalten bzw. erkämpft.
8. Febr.: Königin ELISABETH II. ändert – eine freundliche Geste gegenüber ihrem Mann, Prinz Philipp, Herzog von Edinburgh (geb. 1921) – den Namen des Königshauses in »Mountbatten-Windsor«.
14. Febr.: Großbritannien unterzeichnet das Abkommen über Organization for Economic Co-operation and Development (OECD) als Nachfolgeorganisation der OEEC.
Frühjahr: Die Regierung MACMILLAN muß eingestehen, daß ihre Langstreckenbomber- und Atomraketenprojekte (Blue Streak) viel zu ehrgei-

zig, weil viel zu teuer sind. Stattdessen plant man eine britisch-amerikanische Zusammenarbeit beim Bau der »Skybolt«, einer Luft-Boden-Rakete.
Juli/Aug.: Der Diskontsatz hat wieder 6 Prozent erreicht. Schatzkanzler AMORY wird durch den früheren Außenminister SELWYN LLOYD abgelöst, der anfängliche Steuererleichterungen zurücknehmen und einen unpopulären Lohnstopp zur Dämpfung des Preisauftriebs verordnen muß. – Nachfolger im Foreign Office wird mit Sir (Earl) ALEXANDER FREDERICK DOUGLAS-HOME (geb. 1903), ehemaligem Unterstaatssekretär, Oberhaus-Führer und seit drei Jahren Commonwealth-Minister, seit langem wieder einmal ein Lord.
16. Aug.: Zypern wird unter der Garantie Großbritanniens, Griechenlands und der Türkei unabhängige Republik. Präsident wird Erzbischof MAKARIOS, Vizepräsident der Türke FAZIL KÜCÜK (geb. 1906). – Am 13. März 1961 tritt Zypern dem Commonwealth bei.

1961 *15. März*: Die Commonwealth-Konferenz beschließt den Ausschluß der Südafrikanischen Union wegen der von ihr praktizierten Rassenpolitik (Apartheid).
31. Juli: MACMILLAN wünscht Verhandlungen mit der EWG über einen möglichen Beitritt Großbritanniens.
3. Aug.: Mit 313 zu 5 Stimmen bei Stimmenthaltung von Labour billigt das Unterhaus Beitrittsverhandlungen mit der EWG.
August: Großbritannien nimmt beim Internationalen Währungsfond eine Anleihe von 535 Mill. Pfund und bei den europäischen Zentralbanken einen Kredit von 323 Mill. Pfund auf, die aber in einem Jahr zurückgezahlt werden können.
Sommer: Schatzkanzler LLOYD gründet in Zusammenarbeit mit Unternehmern, Banken, staatlichen Behörden und den Gewerkschaften den National Economic Development Council (NEDC).
8. Nov.: Gesprächsbeginn über den britischen Aufnahmeantrag in die EWG; Delegationsleiter ist der ehemalige »Einpeitscher« (Whip) der Konservativen, Arbeitsminister und Lordsiegelbewahrer EDWARD HEATH (geb. 1916). Reservierte Haltung des französischen Staatspräsidenten CHARLES DE GAULLE (1890–1970).

1962 *2. März*: Die Regierung beantragt Aufnahme in Montanunion und EURATOM.
Mai: Britisch-amerikanisches Abkommen, das eine Devisen- und Kursabsicherung gegenüber den Schwankungen des internationalen Geldmarktes für einen kurzfristigen Zeitraum garantieren soll (bis zu 500 Mill. Dollar).
Sept.: MACMILLAN erhält auf der Londoner Commonwealth-Konferenz die Zustimmung der Mitglieder, sich um die Aufnahme Großbritanniens in die EWG zu bemühen unter Wahrung der Interessen der Commonwealth-Partner (Präferenzzölle u. ä.). – Noch ein Jahr zuvor hatte die Commonwealth-Konferenz die britische Europapolitik scharf verurteilt. – Eine ›Commonwealth Immigration Act‹ soll die Ein- und Auswanderung kon-

trollieren und für gesetzliche Gleichstellung von Immigranten, besonders Farbigen, sorgen.
Dez.: Treffen zwischen MACMILLAN und US-Präsident JOHN F. KENNEDY (1917–1963) in Nassau (Bahamas): Aufgabe des »Skybolt«-Projekts; Großbritannien akzeptiert das amerikanische »Polaris«-Programm, für das es eigene atomgetriebene U-Boote bauen läßt. Der Traum von der britischen Nuklearmacht ist vorbei, das britische Atompotential soll in der NATO aufgehen. – Das Bahama-Abkommen, d. h. die Unterordnung Englands, verärgert DE GAULLE, der keine amerikanische Bevormundung will und zudem eigene atomare Pläne verfolgt (Force de Frappe).

Winter 1962/63 875000 Arbeitslose und Krisensituation in den strukturschwachen Industriegebieten Schottlands, Nordostenglands, Südwales' und Nordirlands. Diese Erscheinungen sind weniger auf Fehler der Regierung, als vielmehr auf allgemeine rezessive Wirtschaftsentwicklungen zurückzuführen. – Die Vertreter von Regierung, Industrie und Gewerkschaften suchen über »Neddy« (NEDC) eine gemeinsame Basis zur Steuerung der Wirtschafts- und Finanzfragen, können sich jedoch nicht einigen.

1963 *14. bzw. 28./29. Jan.*: DE GAULLE läßt die Brüsseler Verhandlungen über den EWG-Beitritt Großbritanniens am französischen Veto scheitern.
Febr.: Nach dem Tode HUGH GAITSKELLS (18. Jan.) übernimmt HAROLD WILSON, Minister und »Rebell« im Kabinett Attlees, die Führung der Labour Party. Die Fraktion gibt ihm 144, seinem Kontrahenten GEORGE A. BROWN (geb. 1914) 103 Stimmen.
5. Juni: Heeresminister JOHN D. PROFUMO (geb. 1915) muß zurücktreten, da seine Beziehungen zu dem Fotomodell Christine Keeler, die Kontakte zu einer östlichen Botschaft hatte, sowie sein anfängliches Leugnen der Affäre vor dem Unterhaus die Parlamentarier und die Öffentlichkeit schockieren. – Der Profumo-Skandal zieht Kreise, und Premier MACMILLAN muß sich vorwerfen lassen, die nationale Sicherheit und Geheimhaltung im Kabinett vernachlässigt zu haben.
18. Okt.: Rücktritt des im Grunde sehr erfolgreichen MACMILLAN. Nachfolger wird am 19., nach Ablegung seines Earl-Titels, Sir ALEC DOUGLAS-HOME. Zum Außenminister bestimmt er RICHARD A. BUTLER.
12. Dez.: Kenia erhält unter Ministerpräsident KENYATTA die staatliche Unabhängigkeit.

1963/64 Die Regierung DOUGLAS-HOME verbessert die schulische Erziehung und Bildung an der Basis, d. h. der Dreizehn- bis Sechzehnjährigen (Newsom-Report) und will die Universitäten, Fortbildungs- und Studienmöglichkeiten ausbauen (Robbins-Report). – Die ständig von Konjunkturschwankungen und Arbeitslosigkeit bedrohten Industriegebiete in Nordostengland und Schottland werden durch Ansiedlung neuer mittelständischer Betriebe ebenso umstrukturiert und reformiert wie das Eisenbahnsystem.

Bruch der 1953 aus Süd- und Nordrhodesien sowie Njassaland gebildeten Föderation, da jeder Teilstaat für sich politische und kulturelle Autonomie forderte. Douglas-Home bzw. Wilson wollen jedoch nur gleichzeitig eingesetzte, gleichberechtigte und dem Willen der Bevölkerungen entsprechende Regierungen genehmigen, d. h. schwarze. Das wird von der weißen Minderheit Südrhodesiens als unzumutbar abgelehnt.

1964 *Juli*: Während der Commonwealth-Konferenz kommt es zu Differenzen wegen Südrhodesien.
21. Sept.: Prinzgemahl Philipp proklamiert in La Valetta die Unabhängigkeit Maltas.
15. Okt.: Unterhaus-Wahlen: Bei weitgehender Annäherung der Parteiprogramme kommt nicht der von der Labour Party erhoffte und erwartete große Wahlsieg: Die Konservativen erhalten 43,4% der Stimmen und 304 Sitze, Labour 44,1% und 317, die Liberalen 11,2% und 9. – Premier wird Harold Wilson, Schatzkanzler und ab 1967 Innenminister James Callaghan (geb. 1912), Verteidigungsminister Denis Healey (geb. 1917), Außenminister Patrick Gordon Walker (geb. 1907), während der linksradikale Gewerkschaftsführer Frank Cousins (geb. 1904) das Technologieministerium übernimmt. – Für sein schon 1963 auf dem Parteitag zu Scarborough ausgesprochenes Ziel, den ökonomisch-sozialen Ausbau Großbritanniens, kreiert Wilson neue Ministerien und erweitert seine Regierungsmannschaft auf 23 Kabinettsminister und 27 Minister ohne Portefeuille. Dazu kommen rund fünfzig weitere hohe Regierungsbeamte. Damit gehört fast ein Drittel der Labour-Fraktion der Regierung an.
24. Okt.: Nordrhodesien wird als Sambia unabhängige Republik innerhalb des Commonwealth.
3. Nov.: Elisabeths Thronrede enthält Wilsons Pläne von einer erneuten Verstaatlichung der Eisen- und Stahlindustrie, Mietkontrollen und Eindämmung der Grundstücksspekulation. Außenpolitisch will die Regierung internationale Entspannung, d. h. vor allem Abbau des Ost-West-Konflikts.
Mitte Nov.: Wilson will die defizitäre Zahlungsbilanz bekämpfen und belegt daher alle Einfuhren mit einem Sonderzoll in Höhe von 15 Prozent des Warenwertes; außerdem erhöht er den Diskontsatz von 5 auf 7 Prozent. In Europa und Übersee, in der Kennedy-Runde und in der EFTA ist man über die Maßnahmen der britischen Regierung bestürzt, die jedoch bald einzulenken gezwungen ist, als Ende November die Zentralbanken Belgiens, der Bundesrepublik, Frankreichs, Italiens, Japans, Kanadas, der Niederlande, Österreichs, Schwedens, der Schweiz und der USA der Bank von England zur Pfund-Stützung kurzfristige Kredite in Höhe von 3 Milliarden Dollar einräumen.
Umfassende Neuregelung der Verwaltung Londons und Groß-Londons.

1965 *24. Jan.*: Einundneunzigjährig stirbt Winston Churchill. England bereitet ihm eine große Totenfeier, wie vor ihm wohl nur Nelson und Wellington.

Jan.: Außenminister Gordon Walker und Technologieminister Cousins erleiden bei Nachwahlen schwere Schlappen. Walker, der keinen Parlamentssitz erreicht, muß durch Unterrichtsminister Michael Stewart (geb. 1906) abgelöst werden.
Herbst: Wilsons Wirtschafts- und Finanzpolitik leidet weiter unter chronischem Zahlungsbilanzdefizit, so daß wiederum die Zentralbanken der großen Industrienationen zu einer Stützungsaktion des Pfund Sterling greifen, die Höhe der Summe jedoch geheimhalten.
26. Okt.: ›Murder Act‹: Gesetz über die Abschaffung der Todesstrafe (Abolition of Death Penalty); zunächst auf eine Probezeit von fünf Jahren eingeführt, jedoch vorzeitig endgültig sanktioniert.
11. Nov.: Die weiße Regierung Südrhodesiens unter Premier Ian Smith (geb. 1919) erklärt das Land für unabhängig, während der britische Gouverneur Sir Humphrey v. Gibbs (geb. 1902) am gleichen Tag Smith für abgesetzt erklärt. Daraufhin proklamiert Rhodesien eine neue Verfassung, Wilson wiederum brandmarkt Smith zum »Rebellen wider die Krone«. – London entzieht Rhodesien die Präferenzzölle, stellt die Wirtschaftshilfe ein, schließt es vom Londoner Kapitalmarkt aus und verhängt eine Import-Sperre für rhodesische Waren (u. a. Zucker und Tabak). Trotzdem gibt Premier Smith nicht auf.
Im Jahr 1965 sind 580 Gewerkschaften (1951 : 735) mit einer Gesamtmitgliederzahl von 10,2 Millionen registriert. 247 Trade Unions haben weniger als 500 Mitglieder; die 18 größten jeweils über 100000 und insgesamt fast 7 Millionen.

1966 *1. Jan.*: Ein 1965 ausgehandeltes englisch-irisches Freihandelsabkommen tritt in Kraft.
31. März: Bei den Unterhaus-Wahlen honorieren die Wähler Wilsons Kampf um Wirtschafts- und Finanzstabilität: Die Konservativen erringen 41,9% der Stimmen und 253 Sitze, Labour 47,9% und 363, die Liberalen 8,5% und 12.
16. Mai bis 29. Juni: Streik der Seeleute.
Juli: Wilson verkündet ein deflationistisches Stabilisierungsprogramm: Steuererhöhungen, Ausgabereduktion für die Rheinarmee, Devisenkontingentierung für private Auslandsreisen, Sparappelle, Lohn- und Preisstopp. – Der radikale Labour-Flügel bekämpft diesen Pragmatismus Wilsons heftig; Technologieminister Cousins tritt aus Protest zurück.
Aug.: Wilson löst Außenminister Stewart durch den als europafreundlich bekannten bisherigen Wirtschaftsminister George Brown ab, der in die deflationistischen Maßnahmen der Regierung auch eine – überfällige – Pfund-Abwertung integriert sehen will.
Sommer: Die britische Regierung und die Öffentlichkeit betrachten die Ausweitung des Vietnamkrieges unter US-Präsident Lyndon B. Johnson (1908–1973) sehr skeptisch, da sie einen möglichen Eingriff Pekings befürchten. Dessenungeachtet nimmt das Commonwealth-Mitglied Australien an den Kämpfen mit eigenen Truppenkontingenten weiterhin teil.

10. Nov.: Wilson verkündet im Unterhaus die britische Bereitschaft zu neuen Beitrittsverhandlungen mit der EWG. Er stützt sich dabei auf eine Meinungsumfrage vom 24. Oktober, in der 68 Prozent der Befragten dafür gestimmt haben. Die Unterhaus-Debatten beginnen am 16. November.

1967 *1. Jan.*: Inkrafttreten der Reform des Gesetzes über Homosexualität und Prostitution.
10. Mai: Wilson sucht offiziell um Aufnahme neuer Beitrittsverhandlungen zur EWG nach.
4. Juli: Außenminister Brown erklärt auf der Ministertagung der WEU in Den Haag Ziele und Motive des britischen Antrags.
18. Nov.: Pfund-Abwertung um 18 Prozent; darauf Rücktritt von Schatzkanzler Callaghan, der das Innenressort übernimmt. – Die Parität zum Dollar liegt nun bei 1 : 2,4
19. Dez.: Der Ministerrat der EWG kann sich über die Verhandlungseröffnung mit Großbritannien nicht einigen und behandelt die Frage drei Jahre lang dilatorisch.
Der wohlhabende und künstlerisch begabte Jurist Jeremy Thorpe (geb. 1929) übernimmt die Führung der stark angeschlagenen Liberalen Partei.
Großbritannien, Frankreich und die Bundesrepublik beschließen den Bau eines Europa-Mittelstrecken-Jumbos (Air-Bus): Probeflug am 28. Oktober 1972.

1968 *17./18. Febr.*: Einführung der mitteleuropäischen Zeit (MEZ).
29. Mai: Der Sicherheitsrat der UN verhängt über Rhodesien ein für die Mitgliedstaaten verbindliches Handelsembargo.
Sommer: Die Regierung legt im ›Donovan Report‹ die Ergebnisse einer seit 1965 arbeitenden Kommission zur Reform der Gewerkschaften und des Gewerkschaftsrechts vor. Das für britische Verhältnisse dramatische Reformgesetz soll ein Grundstein der Wilsonschen Politik werden, nicht zuletzt, um die ständigen Streiks, die lohnpolitischen und arbeitsrechtlichen Konflikte und den damit verbundenen Produktionsausfall und Finanz- und Kapitalverlust eindämmen zu können. Die durchaus radikale Arbeitsministerin Barbara Castle (geb. 1911) zeigt sich von den Protesten der Gewerkschaften unbeeindruckt und läßt die Studie sogar ergänzen, da sie die Position der Regierung darin noch nicht ausreichend stark verankert sieht. Die Regierung wagt letzten Endes keine totale Konfrontation mit der mächtigen Trade Unions.
5. Okt.: Als Spätfolge der vierhundert Jahre alten englischen feudal-absolutistischen und klassenbewußten Politik in Irland kommt es in Londonderry (Ulster) zu Straßenkämpfen zwischen der sich gegen ihre politische und soziale Diskriminierung auflehnenden katholischen Minderheit und der privilegierten protestantischen Mehrheit.
Okt.: In Verhandlungen mit Rhodesien-Premier Ian Smith auf dem Kriegsschiff »Fearless« schlägt Wilson mit den »Sechs Prinzipien« einen Kompromiß vor, der von Smith abgelehnt wird.

Streikwellen der Londoner Fabrik-, Hafen- und Dockarbeiter legen den Verkehr und die Güterversorgung lahm.

1969 *Jan.*: BARBARA CASTLE legt ein an den ›Donovan Report‹ anschließendes Weißbuch vor, in dem sie für ihr Ministerium die Vollmacht fordert, einen von den Gewerkschaften angesetzten Streik für 28 Tage aussetzen, in Streitfällen vermitteln und unter bestimmten Umständen selbst eine Urabstimmung ansetzen zu können.
April: Sturz des nordirischen Reform-Premiers TERENCE M. O'NEILL (geb. 1914).
18. Juni: Von den Gewerkschaften, die zum größten Teil die Labour Party finanzieren und auf den Labour-Parteitagen als integrierter Bestandteil nahezu 80 Prozent der Stimmen führen, unter Druck gesetzt und von einem Teil der Unterhaus-Fraktion verlassen, kapitulieren WILSON und CASTLE: Das Gewerkschaftsgesetz wird – jedenfalls in der geplanten Form – aufgegeben.
1. Juli: Thronfolger Prinz CHARLES (geb. 1948) wird mit großem Pomp und Zeremoniell (einschließlich Eurovisions-Fernsehübertragung) in Schloß Caernarvon/Wales zum »Prince of Wales« geschlagen.
seit Anfang Aug.: Schwere Unruhen mit Toten in Belfast und Londonderry. Angesichts der bürgerkriegsähnlichen Zustände muß WILSON Truppen nach Ulster schicken.
19. Aug.: Der neue nordirische Premier Sir JAMES D. CHICHESTER-CLARK (geb. 1923) unterzeichnet die von WILSON entworfene »Downing Street Declaration«: London wird unter keinen Umständen Nordirland oder Teile davon ohne Zustimmung des nordirischen Parlaments als Bestandteil des Vereinigten Königreichs fallen lassen. Allerdings, so die Auffassung der britischen Regierung, liegt die letzte Verantwortung für Nordirland bei London. Schließlich erklärt die Belfaster Regierung, den Reformkurs fortzusetzen und vorrangig die völlige Gleichbehandlung aller Bürger anzustreben, »ungeachtet ihrer politischen Ansichten und ihrer Religion«.
Gesetze zur Herabsetzung des aktiven Wahlalters auf achtzehn Jahre und zur Reform der Ehescheidung. – Eine der Lieblingsideen WILSONS wird verwirklicht: Die »Open University« (Fern-Funk-Universität) nimmt ihre Arbeit auf und wird ein solcher Erfolg, daß sie trotz der ursprünglichen Kritik seitens der Konservativen unter der Regierung Heath beibehalten wird.

1970 *2. März*: Rhodesien-Premier IAN SMITH ruft die unabhängige Republik Rhodesien aus. Daraufhin ordnet der UN-Sicherheitsrat den Abbruch aller konsularischen Beziehungen an.
2. April: Britisches Militär greift in Ulster ein; Verkündung des Belagerungszustandes.
18. Juni: Die von WILSON vorzeitig angesetzten Unterhaus-Wahlen bringen entgegen jeglicher Vorhersage den Sturz des Labour-Kabinetts und den Sieg für Oppositionsführer EDWARD HEATH: Konservative: 13,1 Mill.

Stimmen (46,4%) 330 Sitze; Labour: 12,1 Mill. (43%) 288; Liberale: 2,1 Mill. (7,4%) 6. – Heath bildet eine konservative Regierung mit DOUGLAS-HOME als Außenminister, ANTHONY BARBER (geb. 1920) als Schatzkanzler und GEOFFREY RIPPON (geb. 1914) als Europaminister.
30. Juni: HEATH läßt wieder offizielle EG-Beitrittsverhandlungen aufnehmen.
Der Mineralölkonzern British Petroleum (BP) entdeckt vor der Ostküste Schottlands große Erdöl-Vorkommen (Forty Fields). – Die danach einsetzende Euphorie weicht jedoch angesichts der enormen Erschließungs- und Förderungskosten jäher Ernüchterung.

seit 1970 Gegen den Widerstand großer Bevölkerungsgruppen wird die architektonische Modernisierung, Stadtplanung und Altstadtsanierung Londons mit einem neuen »Super«-Stadtteil »The Barbican« fortgesetzt.

1971 *Jan.*: Wirtschafts- und Versorgungskrise; über eine Million Arbeitslose; zahlreiche Streiks.
15. Febr.: Nach hartem und langjährigem Kampf bricht eine Münzreform mit dem alten anachronistischen Währungssystem: Fortan hat ein Pfund Sterling hundert Pennies.
10. April: Verteidigungsbündnis zwischen Großbritannien, Australien, Malaysia, Neuseeland und Singapur mit australisch-neuseeländisch-britischen Verbänden (ANZUK-Truppen).
3. Aug.: Die Regierung ruft den Notstand aus.
5. Aug.: HEATH bringt die unter Wilson gescheiterte Gewerkschaftsreform gegen alle inner- und außerparlamentarischen Widerstände wenigstens in der theoretischen, d. h. praktisch-legislativen Form durch.
Sommer: Gegen die vielfältige Kritik aus dem Labour-Lager und seitens der linken und linksliberalen Akademiker wehrt sich Ex-Premier WILSON mit seiner 800 Seiten starken Selbstverteidigung ›The Labour Government 1964–1970‹: Die internationale Lage und die ständigen Finanz- und Wirtschaftsquerelen hätten die soziale Revolution gebremst; jedoch die reformerische Expansion in Fürsorge und Sozialarbeit, in Gesundheitsdienst und nationaler Wohlfahrt, im Wohnungsbau und schließlich im Renten-, Versicherungs-, Schul-, Erziehungs- und Bildungswesen seien Großtaten seiner Regierung gewesen. – Im übrigen sei das nach dem ›Beveridge Report‹ bedeutendste Reformvorhaben des vergangenen Vierteljahrhunderts nur am Regierungswechsel gescheitert: der umfassender Pensions- und Rentenversicherungsplan von RICHARD CROSSMAN (1907–1974), der vier Jahre später wieder aufgenommen werden sollte.
28. Okt.: Das Unterhaus stimmt mit einer Mehrheit von 112 Stimmen und das Oberhaus mit 451 zu 48 Stimmen für Großbritanniens Beitritt zur EG.
24. Nov.: Außenminister DOUGLAS-HOME erreicht in Salisbury eine Änderung der rhodesischen Verfassung: Mit wachsendem Wohlstand sollen die Afrikaner stärkere politisch-parlamentarische Befugnisse und Rechte erhalten.

Der TUC bekräftigt noch einmal das bereits 1968 ausgesprochene Prinzip der Arbeiter-Mitbestimmung.
Die ›Industrial Relations Act‹ sieht staatliche Eingriffe in die Wirtschaft vor.

1971/72 Die Regierung HEATH legt im November 1971 einen Plan zur Lösung der Rhodesien-Krise vor, der vom ganzen rhodesischen Volk gebilligt werden muß. Das Vorhaben schlägt fehl, als die von einer Kommission unter Führung von Lord EDWARD H. PEARCE (geb. 1901) befragten Schwarzen aus Unkenntnis und Unsicherheit über die zu erwartende Verfassungs-Neuregelung sich negativ entscheiden. Im Mai 1972 nimmt das Kabinett den ›Pearce Report‹ an und akzeptiert damit, wie WILSON vorher, den erneuten Mißerfolg der britischen Rhodesien-Politik.

1972 *22. Jan.*: Unterzeichnung der Beitrittserklärung zur EG durch Großbritannien, Dänemark und Irland.
22. März: Amtsenthebung des nordirischen Premiers BRIAND FAULKNER (geb. 1921) infolge der Übernahme der direkten Regierungsgewalt durch London und der Auflösung des Belfaster Stormont-Parlaments. – Die Maßnahmen HEATHS finden die Unterstützung der Labour-Opposition.
Frühjahr: Im Zuge des indisch-pakistanischen Konflikts (Krieges) erklärt Pakistan im Januar seinen Austritt aus dem Commonwealth, dafür tritt im April der ostpakistanische Nachfolgestaat Bangla Desh ein.
8. Okt.: Die Regierung nominiert den ehemaligen Labour-Europaminister GEORGE THOMSON und den – konservativen – Botschafter in Paris Sir CHRISTOPHER SOAMES (geb. 1920) als Mitglieder der EG-Kommission in Brüssel.

1973 *1. Jan.*: Großbritannien tritt mit Dänemark und Irland in die EG ein (Neuner-Gemeinschaft) und damit auch in die 1951 gegründete Europäische Gemeinschaft für Kohle und Stahl (EGKS). Übergangsregelungen sollen Härten abbauen, die vor allem den Handel mit den Commonwealth-Staaten betreffen (Präferenzzölle; Butter- und Wollexporte aus Australien und Neuseeland usw.).
5. Febr.: SOAMES, Vizepräsident der EG-Kommission, spricht sich für enge Beziehungen zwischen der Gemeinschaft und der Volksrepublik China aus.
Nov.: FAULKNER wird Exekutiv-Vorsitzender Nordirlands.
Dez.: Der als Nordirland-Minister erfolgreiche WILLIAM WHITELAW (geb. 1919) wird von FRANCIS PYM (geb. 1922) abgelöst und von HEATH zum Minister für Beschäftigung und Produktivität und Stellvertretenden Schatzkanzler berufen.

1974 *7. Jan.*: Als Folge der angespannten Ölversorgungslage im Zuge des vierten israelisch-arabischen Krieges, des sog. »Jom-Kippur-Kriegs« (Oktober 1973), verkündet die Regierung die Drei-Tage-Woche zur Beschränkung der Energieversorgung: Maßhalte-Appelle von Energieminister PE-

TER A.R. Lord CARRINGTON (geb. 1919) und seines Vize, Staatsminister PATRICK JENKIN (geb. 1920).
5. Febr.: Nach Zurückweisung des Regierungsangebots einer dreizehnprozentigen (mit Nebenleistungen sechzehnprozentigen) Lohnerhöhung beschließt die Bergarbeiter-Führung den nationalen Streik für den 10. Februar. – Angesichts derart katastrophaler politischer und wirtschaftlicher Umstände setzt HEATH Neuwahlen an.
28. Febr.: Bei einer Wahlbeteiligung von rund 80 Prozent bringen die Wahlen ein von allen Demoskopen nicht erwartetes Ergebnis: Keine Partei erringt die absolute Mehrheit: Labour hat 37,2% der Stimmen und 301 Sitze; die Konservativen haben bei 38,2% nur 296, während die Liberalen unter JEREMY THORPE plötzlich 19,3% der Stimmen verbuchen können, aufgrund des englischen Systems aber nur 14 Mandate erhalten. – EDWARD HEATH will weiter regieren; die Liberalen aber lehnen eine Koalition mit den Konservativen ab und fordern mit Hinweis auf die schwierige Lage Großbritanniens eine Große Koalition.
4. März: Rücktritt HEATHS; Regierungsübernahme durch HAROLD WILSON (Minderheitsregierung). Schatzkanzler wird DENIS HEALEY, Außenminister JAMES CALLAGHAN, Innenminister ROY JENKINS, Handelsminister PETER SHORE (geb. 1924), Energieminister Lord THOMAS BALOGH (geb. 1905) und Nordirland-Minister MERLYN REES (geb. 1921). Insgesamt ist ein Linksruck im Kabinett zu verzeichnen.
8. März: WILSON verfügt einen Mietstopp.
11. März: Beendigung des Notstandes: Erhöhung der Altersrenten; Lebensmittel-Subventionierung; Beschneidung der Unternehmer- und Handelsgewinnspannen; Erhöhung der Bergarbeiterlöhne um 29 Prozent, daraufhin Ende des Streiks.
24. März: Aufhebung der Energiebeschränkungen.
26. März: Schatzkanzler HEALEY muß einen extrem defizitären Haushalt vorlegen.
Frühjahr: Spaltung der nordirischen Unionist Party. Zahlreiche Terrorakte mit über hundert Toten in Nordirland.
Mai: Rücktritt FAULKNERS wegen des von protestantischen Extremisten gegen seine Ausgleichspolitik angestrengten Generalstreiks. – Die radikalen Protestantenführer um Pfarrer IAN PASLEY (geb. 1926), BERNADETTE DEVLIN (geb. 1947), WILLIAM CRAIG (geb. 1924) und HARRY WEST (geb. 1917) lehnen im Verein mit dem konservativen »Enfant terrible« ENOCH POWELL (geb. 1912) das schon von WILLIAM WHITELAW angestrebte Prinzip des katholisch-protestantischen »power-sharing« ab und verweigern auch jede Zusammenarbeit mit der Regierung WILSON, die wie HEATH rund 350 Mill. Pfund jährlich nach Ulster zahlt, ohne die die Provinz sofort zugrundeginge.
15. Juli: Die zyprische Nationalgarde rebelliert; mit Hilfe Londons entkommt Präsident MAKARIOS ins Ausland.
Juli/Aug.: Dreierkonferenz der britischen, türkischen und griechischen Außenminister in Genf zur Regelung der Zypernkrise.

Herbst: Unter dem Titel ›The United Kingdom in 1980‹ legt die Pariser Zweigstelle des amerikanischen Hudson-Instituts eine vernichtende Analyse Großbritanniens und seiner Zukunft vor. Die britische Öffentlichkeit und vor allem die Presse reagieren wütend auf die in bezug auf Wachstumsraten, Technologie, Innovationen, Know-how, Investitionen, Volkswirtschaft, Zahlungsbilanz, Lebensstandard, Management und allgemeine Leistungsfähigkeit außerordentlich negative Studie, die dem Land einen allmählichen Verfall prophezeit, den auch das 1970 entdeckte »Nordseeöl« als möglicher »deus ex machina« nicht aufhalten könne.
21. Nov.: Bombenanschläge der IRA in zwei Birminghamer Pubs: zwanzig Tote und mehr als zweihundert Verletzte. – Die Rufe nach Wiedereinführung der Todesstrafe werden lauter. Die Regierung Wilson erwägt ein IRA-Verbot für England, Schottland und Wales.
26. Nov.: Angesichts der angespannten Wirtschafts- und Finanzlage läßt die Regierung den britisch-französischen Plan eines Tunnelbaus von Dover nach Calais vorerst fallen, obwohl mit dem Bau bereits begonnen wurde.
29. Nov.: Das Unterhaus billigt das IRA-Verbot für England, Wales und Schottland und erweitert zugleich in beträchtlichem Maße die Polizei-Exekutiv-Befugnisse. – Der Labour-Kongreß in London veröffentlicht ein Anti-EG-Papier; ein Volksentscheid über die weitere Mitgliedschaft Großbritanniens wird für Herbst 1975 in Aussicht gestellt.
10. Okt.: Neuwahlen, die der Labour Party mit 39,3% der Stimmen und 319 Sitzen die absolute Mehrheit bringen. Die Konservativen unter Heath erhalten 35,8% der Stimmen und 276 Sitze, die Liberalen unter Thorpe 18,3% und 13 Mandate.
13. Dez.: Malta erklärt sich zur Republik, will aber im Commonwealth bleiben.
Ende Dez.: Seit Beginn der nordirischen Unruhen (1969) mehr als 1000 Tote.

1974/75 56 Mill. Einwohner (E.), 350 E. pro qkm. London zählt 2,2 Mill. E., Groß-London 7,5–8 Mill., der Ballungsraum L. über 11 Mill. Weitere Ballungsräume (conurbations) sind: South East Lancashire mit 2,4 Mill. E. (Manchester 550000), die West Midlands mit 2,4 Mill. (Birmingham 1030000), West Yorkshire mit 1,8 Mill. (Leeds 500000), Merseyside mit 1,3 Mill. (Liverpool 610000) und in Schottland Central Clyside mit 1,8 Mill. (Glasgow 900000). – Es gibt 52 Grafschaften (shires), vier »royal« und 26 sog. »noble« dukes. – Im Zeichen einer gesamteuropäischen Konjunkturkrise liegt die Zahl der Arbeitslosen bei ca. 700000. Das Bruttosozialprodukt (BSP) beträgt (1973) rund 136 Milliarden Dollar (BRD: 225), das BSP je Einwohner (1973) 2870 Dollar (BRD: 4170). Die Inflationsrate beträgt (Ende 1974) 18,3 Prozent (BRD: 6,5–7%). Bei einer stagnierenden Wachstumsrate von knapp einem Prozent ist das Ausfuhr-Einfuhr-Verhältnis (1973, in Milliarden Dollar): 30,55 : 38,92; das bedeutet eine negative Außenhandelsbilanz von 8,37 Milliarden Dollar = rund 2,4 Milliarden Pfund. – Großbritannien hat 19,1 Mill. Rundfunkgenehmigungen;

17,3 Mill. angemeldete Fernsehteilnehmer und eine Buchproduktion von jährlich 36000 Neuerscheinungen. – Die größten multinationalen Konzerne und ihr Umsatz (1973) sind: Shell – 18,7 Milliarden Dollar; Unilever (GB/NL) – 11,0; BP – 7,7.
Unmittelbar mit der Krone verbundene Gebiete: Kanalinseln (Channel Islands) und Man (Isle of Man). – Abhängige Gebiete mit unterschiedlicher Selbstverwaltung: Assoziierte Staaten Westindiens (seit 1967), Belize (Britisch-Honduras), Bermuda, Britische Salomonen, Britisches Territorium im Indischen Ozean (seit 1965), Brunei, Caymans-Inseln, Falkland-Inseln, Gibraltar, Gilbert- und Ellice-Inseln, Hongkong, Pitcairn, St. Helena, Seychellen, Turks- und Caicos-Inseln, Jungferninseln. – Dominion mit voller Selbstverwaltung: Rhodesien. – Hoheitsgebiete in der Antarktis. – Britisch-französisches Kondominium: Neue Hebriden. – Commonwealth of Nations (unabhängige Mitglieder): Großbritannien und Nordirland, Australien, Bahamas, Bangla Desh (Rep.), Barbados (Kleine Antillen), Botswana (Rep.), Zypern (Rep.), Fidschi, Gambia (Rep.), Ghana (Rep.), Grenada, Guayana (Rep.), Indien (Bundesrep.), Jamaika, Kanada, Kenia (Rep.), Lesotho, Malawi (Rep.), Malaysia, Malta (Rep.), Mauritius, Nauru (Rep.), Neuseeland, Nigeria (Rep.), Sambia (Rep.), West-Samoa, Sierra Leone (Rep.), Singapur (Rep.), Sri Lanka (Ceylon, Rep.), Swasiland (Ngwane), Tansania (Rep.), Tonga, Trinidad und Tobago, Uganda (Rep.).

1975 *4. Febr.*: EDWARD HEATH wird als Fraktions- und Parteivorsitzender abgewählt.
11. Febr.: Führerin der Partei wird die frühere Erziehungsministerin MARGARET THATCHER (geb. 1925), die den rechten Flügel der Konservativen repräsentiert, mit 146 von 276 Stimmen über WILLIAM WHITELAW.
seit 1. Febr.: Waffenstillstand in Nordirland; ab Ende März jedoch erneuter Terror der IRA in Irland und England.
Anfang/Mitte April: Starkes Ansteigen der Inflation und drastische Steuererhöhungen, die von der Bevölkerung zum großen Teil den Gewerkschaften angelastet werden. Es wird deutlich, daß Inflationsraten zwischen 21 und 27 Prozent wie 1974/1975 und Steigerungsquoten der Grundlöhne von 32,5 Prozent das Land ruinieren müssen.
Im Hinblick auf das bevorstehende Europa-(EG-)Referendum beschränkt Premier WILSON die Redefreiheit der EG-Gegner im Kabinett.
26. April: Auf einem Labour-Sonderparteitag stimmen fast zwei Drittel der Mitglieder, geführt und durch Stimmenkumulation majorisiert von den militanten Trade Unions-Funktionären, gegen WILSON, dogmatisieren den Gegensatz zwischen »them« (die draußen in Europa) und »us« (wir hier in Großbritannien) und raten der Bevölkerung, im Referendum für den Austritt des Landes aus der EG zu votieren.
5. Juni: Europa-Referendum unter dem Motto »get Britain out« bzw. »Britain in Europe«: Bei einer Wahlbeteiligung von 63,4 Prozent stimmen 67,2 Prozent für den Verbleib in der EG, 32,8 Prozent dagegen. – Aufgrund dieses Ergebnisses muß ANTHONY WEDGWOOD BENN, vormals Lord

Stansgate (geb. 1925), linker Labour-Mann, engagierter Brite und Kritiker WILSONS, vom Industrie- ins Energieministerium wechseln.
seit Mitte Juli: Wiederaufflammen des irischen Terrors (Bombenanschläge, Überfälle, Geiselnahmen) mit zahlreichen Toten.
Sommer: Bei einer Inflationsrate von 26 bis 27 Prozent hat Großbritannien mit 1,3 Mill. Arbeitslosen (5,4 Prozent der Bevölkerung) die höchste Zahl seit 1940 erreicht. – Krise im halbstaatlichen Automobilkonzern British Leyland infolge der allgemeinen Wirtschafts- und Finanzlage, falschen Managements, verfehlter Modellpolitik und Exportproblemen. – Beunruhigende Lage der britischen Presse, die aufgrund übersteigerter Gewerkschaftsforderungen einem finanziellen Eklat entgegensteht.
11. und 23. Juli und 19./20. August: WILSON legt ein Anti-Inflations-Programm vor, das auch von einigen Gewerkschaftsführern im großen und ganzen akzeptiert wird (z.B. durch Ankündigung maßvoller Tariferhöhungen).
29. Sept. bis 3. Okt.: Auf dem Labour-Parteitag in Blackpool kommt es zu schweren Differenzen zwischen einzelnen Gewerkschaftsführern, gemäßigten Ministern und linksorientierten kommunistenfreundlichen Gruppen. Nur mit Mühe können WILSON und die gemäßigten Vertreter des TUC ihr Anti-Inflations- und Sozialprogramm durchsetzen.
Okt.: Auf den Forty Fields vor der schottischen Ostküste wird nach enormen Explorations- und Baukosten das erste Öl gefördert, was in ganz Großbritannien, vor allem aber in Schottland zu Euphorie, nationalem Egoismus und separatistischen Überlegungen führt. Angesichts der Tatsache, daß britisches Öl zu einem politischen Faktor werden könnte, auch wenn dafür Milliardenbeträge aufzuwenden sind, glaubt die Regierung, den übrigen EG-Mitgliedern die kalte Schulter zeigen und eine gemeinsame Finanz-, Agrar- und Energiepolitik ablehnen zu können.
Anfang Dez.: Die übrigen EG-Mitglieder, vor allem die Bundesrepublik Deutschland und Frankreich, zwingen WILSON in eine gemeinsame Energiefront gegenüber den erdölfördernden Staaten (OPEC

1976 *Mitte März*: Angesichts der großen Schwierigkeiten seines Landes (unversöhnliche Klassen-Politik der miteinander verfilzten Trade Unions und Labour Party; desolate Wirtschafts- und Finanzlage; fast 1,5 Mill. Arbeitslose bei starkem Pfund-Verfall und einer Inflationsrate von 27,5%; ungelöste Irland-Frage) resigniert Premier WILSON und kündigt seinen Rücktritt an. Es kandidieren um die Nachfolge CALLAGHAN und FOOT als Repräsentanten des linken gewerkschaftsorientierten Flügels gegen die gemäßigten Realisten HEALEY und JENKINS.
25. März: Es erhalten FOOT 90, CALLAGHAN 84, JENKINS 56 und HEALEY 30 Stimmen.
5. April: Im 2. Wahlgang siegt CALLAGHAN mit 176 Stimmen gegen FOOTS 137 und wird neuer Premier. FOOT wird am 8. 4. als Parlamentsminister, also Mittler zwischen Regierung und Gewerkschaften, zur Schlüsselfigur. Außenminister wird der Theoretiker und mehrfache Minister Anthony Crosland (geb. 1918).

Die englischen Könige und Königinnen

Regierungsdaten. Daten nach: Handbook of British Chronology, [2]1961.

Angelsächsische und dänische Könige

871– 899	Alfred der Große
899– 924	Eduard der Ältere
924– 939	Athelstan
939– 946	Edmund
946– 955	Edred
955– 959	Edwy
959– 975	Edgar
975– 978	Eduard der Märtyrer
978–1016	Ethelred
1016	Edmund Ironside
1016–1035	Knut
1035–1040	Harold Harefoot
1040–1042	Harthaknut
1042–1066	Eduard der Bekenner
1066	Harold Godwinson

Normannische Könige

1066–1087	Wilhelm der Eroberer
1087–1100	Wilhelm II.
1100–1135	Heinrich I.
1135–1154	Stephan von Blois

Anjou-Plantagenet

1154–1189	Heinrich II.
1189–1199	Richard I. Löwenherz
1199–1216	Johann Ohneland
1216–1272	Heinrich III.
1272–1307	Eduard I.
1307–1327	Eduard II.
1327–1377	Eduard III.
1377–1399	Richard II.

Lancaster

1399–1413	Heinrich IV.
1413–1422	Heinrich V.
1422–1461	Heinrich VI.

York

1461–1483	Eduard IV.
1483	Eduard V.
1483–1485	Richard III.

Tudor

1484–1509	Heinrich VII.
1509–1547	Heinrich VIII.
1547–1553	Eduard VI.
1553–1558	Maria I. die Katholische
1558–1603	Elisabeth I.

Stuart

1603–1625	Jakob I.
1625–1649	Karl I.
1649–1659	Republik (1649–1653 Commonwealth; 1653–1658 Oliver Cromwell Lord Protector; 1658/59 Richard Cromwell Lord Protector)
1659–1660	*Interregnum*
1660–1685	Karl II.
1685–1688	Jakob II.
1689–1702	Wilhelm III. von Oranien, bis 1694 zus. mit seiner Frau Maria II.
1702–1714	Anna

Hannover-Windsor-Mountbatten

1714–1727	Georg I.
1727–1760	Georg II.
1760–1820	Georg III.
1820–1830	Georg IV.
1830–1837	Wilhelm IV.
1837–1901	Viktoria
1901–1910	Eduard VII.
1910–1936	Georg V.
1936	Eduard VIII.
1936–1952	Georg VI.
seit 1952	Elisabeth II.

Herrscher, Könige und Königinnen von Schottland
Nach: Handbook of British Chronology, [2]1961

943– 954	Malcolm I.
971– 995	Kenneth II.
1005–1034	Malcolm II.
1034–1040	Duncan I.
1040–1057	Macbeth
1057–1058	Lulach

Canmore

1058–1093	Malcolm III.
1093–1094	Donald Bane
1094	Duncan II.
1094–1097	Donald Bane
1097–1107	Edgar
1107–1124	Alexander I.
1124–1153	David I.
1153–1165	Malcolm IV. der Unberührte
1165–1214	Wilhelm I. der Löwe
1214–1249	Alexander II.
1249–1286	Alexander III.
1286–1290	Margaret
1290–1292	*Erstes Interregnum*
1292–1296	John Balliol
1296–1306	*Zweites Interregnum*
1306–1329	Robert I. Bruce
1329–1371	David II.

Stuart

1371–1390	Robert II.
1390–1406	Robert III.
1406–1437	Jakob I.
1437–1460	Jakob II.
1460–1488	Jakob III.
1488–1513	Jakob IV.
1513–1542	Jakob V.
1542–1567	Maria
1567–1625	Jakob VI. = Jakob I. von England

Premierminister (Kabinette)

Nach: Handbook of British Chronology, [2]1961; der Monat der Regierungsübernahme steht in römischen Ziffern vor der jeweiligen Jahreszahl; wichtige Kabinettsmitglieder (Minister) sind mitangegeben. W = Whig; T = Tory; K = Konservativ; Lib = Liberal; Lab = Labour

Georg I.

X. 1720 Sir Robert Walpole (W)

Georg II.

VI. 1727 Sir Robert Walpole

II. 1742 John, Lord Carteret (W)

VIII. 1743 Henry Pelham (W)

III. 1754 Thomas Pelham, Herzog von Newcastle, Bruder Henry Pelhams (W)

XI. 1756 William Cavendish, Herzog von Devonshire (W); Secretary of State 1756 bis Anfang 1757: William Pitt d. Ä., Graf von Chatham

VII. 1757 Thomas Pelham, Herzog von Newcastle (2.); Secretary of State von Juni 1757 bis Okt. 1761: William Pitt d. Ä.

Georg III.

X. 1760 Thomas Pelham, Herzog von Newcastle

V. 1762 John Stuart, Graf von Bute (King's Friends)

IV. 1763 George Grenville (W)

VII. 1765 Charles Wentworth Watson, Marquess of Rockingham (W)

VII. 1766 William Pitt d. Ä., Graf von Chatham

X. 1768 August Henry Fitzroy, Herzog von Grafton (W)

I. 1770 Frederick, Lord North (T, King's Friends)

III. 1782 William Petty Fitzmaurice, Graf von Shelburne (W, King's Friends)

VII. 1782 Marquess of Rockingham (2., W)

IV. 1783 William Henry Cavendish-Bentinck, Herzog von Portland; Koalitionsministerium: Ch. J. Fox, Lord North (W–T)

XII. 1783 William Pitt d. J. (King's Friends u. Anhänger Chathams, nimmt allmählich Tory-Charakter an)

III. 1801 Henry Addington, Viscount Sidmouth (T)

V. 1804 William Pitt d. J. (2., T)

II. 1806 William Wyndham, Lord Grenville (Ministry of all Talents, W–T)

III. 1807 W.H. Cavendish-Bentinck, Herzog von Portland (2., T)

X. 1809 Spencer Perceval (T); Außensekretär: George Canning

VI. 1812 Robert Banks Jenkinson, Graf von Liverpool (T); Secretary of State bis 1822: Robert Stewart, Viscount Castlereagh

Georg IV.

I. 1820	Graf von Liverpool
IV. 1827	George Canning (liberal T)
VIII. 1827	Frederick John Robinson, Viscount Goderich (liberal T)
I. 1828	Arthur Wellesley, Herzog von Wellington (T)

Wilhelm IV.

VI. 1830	Herzog von Wellington
XI. 1830	Charles, Graf Grey (W)
VII. 1834	William Lamb, Viscount Melbourne (W)
XI. 1834	Herzog von Wellington (2., T)
XII. 1834	Sir Robert Peel (T)
IV. 1835	Viscount Melbourne (2., W)

Viktoria

VI. 1837	Viscount Melbourne
VIII. 1841	Sir Robert Peel (lib.-kons. »Peeliten«)
VI. 1846	John, Lord Russell (W)
II. 1852	Edward Geoffrey Stanley, Graf von Derby (T); Schatzkanzler: Benjamin Disraeli
XII. 1852	George Gordon, Graf von Aberdeen (Koalitionskab., »Peeliten« u. Whigs); Schatzkanzler: William Ewart Gladstone
II. 1855	Henry John Temple, Viscount Palmerston (W), oftmaliger Secretary of State (1830–34, 1835–41, 1846–51)
II. 1858	Graf von Derby (2.); Schatzkanzler: B. Disraeli
VI. 1859	Viscount Palmerston (2., W); Schatzkanzler: W. E. Gladstone
X. 1865	Lord Russell (2., W); Schatzkanzler: W. E. Gladstone
VI. 1866	Graf von Derby (3., T); Schatzkanzler: Disraeli
II. 1868	Benjamin Disraeli, Lord Beaconsfield (T)
XII. 1868	William Ewart Gladstone (Lib.)
II. 1874	B. Disraeli (2., K)
IV. 1880	W. E. Gladstone (2., Lib.)
VI. 1885	Robert Cecil, Marquess of Salisbury (K)
II. 1886	W. E. Gladstone (3., Lib.)
VII. 1886	Marquess of Salisbury (2., K)
VIII. 1892	W. E. Gladstone (4., Lib.)
III. 1894	Archibald Philip Primrose, Graf von Rosebery (Lib.)
VI. 1895	Marquess of Salisbury (3., K); Joseph Chamberlain bis 1903 Kolonialminister

Eduard VII.

I. 1901	Marquess of Salisbury
VII. 1902	Arthur James Balfour (K); Außenminister von 1900–1905: Henry Charles Keith-Fitzmaurice, Marquess of Lansdowne
XII. 1905	Sir Henry Campbell-Bannermann (Lib.); Schatzkanzler und Handelsminister: David Lloyd George; Außenminister bis 1916: Sir (Viscount) Edward Grey

IV. 1908 Herbert Henry Asquith (Lib.); Schatzkanzler und Handelsminister: D. Lloyd George

Georg V.

V. 1910 H. H. Asquith

V. 1915 H. H. Asquith (Koalitionskab.); D. Lloyd George von Mai 1915 bis Juli 1916 Munitions-, von Juli bis Dezember 1916 Kriegsminister

XII. 1916 David Lloyd George (Koalitionskab.); Außenminister bis 1919: Arthur James (Earl) Balfour, ab 1919: George Nathaniel (Earl) Curzon

X. 1922 Andrew Bonar Law (K)

V. 1923 Stanley Baldwin (K)

I. 1924 James Ramsay MacDonald (Lab); Innenminister: Arthur Henderson

XI. 1924 St. Baldwin (2., K); Außenminister bis 1929: Sir Joseph Austen Chamberlain, Schatzkanzler: Sir Winston Leonard Spencer Churchill

VI. 1929 J. R. MacDonald (2., Lab)

VIII. 1931 J. R. MacDonald (3., Koalitionskab.); bis 1937 Schatzkanzler: Arthur Neville Chamberlain

XI. 1931 J. R. MacDonald (4., Koalitionskab.)

VI. 1935 St. Baldwin (3., Koalitionskab.); von Dezember bis Februar 1938 Außenminister: Sir Robert Anthony Eden

Georg VI.

V. 1937 Arthur Neville Chamberlain (K); 1938–40 Außenminister: Edward F. L. Wood, Viscount (Earl) Halifax

V. 1940 Winston L. S. Churchill (Koalitionskab.); Außenminister bis 1945: Anthony Eden; Innenminister: H. St. Morrison

V. 1945 W. L. S. Churchill (K)

VII. 1945 Clement Richard (Earl) Attlee (Lab); Schatzkanzler: Hugh J. N. Dalton, 1947 Sir Richard Stafford Cripps, 1950 Hugh T. N. Gaitskell; Außenminister: Ernest Bevin

X. 1951 W. L. S. Churchill (K); Schatzkanzler: Richard Austin Butler; Außenminister: Anthony Eden

Elisabeth II.

IV. 1955 W. L. S. Churchill, Sir Anthony Eden, Graf von Avon (K); Schatzkanzler ab Dezember: Maurice Harold Macmillan; Außenminister ab Dezember: John Selwyn Brooke Lloyd

I. 1957 Harold Macmillan (K); Schatzkanzler: G. E. Peter Thorneycroft; Innenminister: R. A. Butler; Außenminister: Alexander Frederick Douglas, Graf von Home

X. 1963 Sir Alec Douglas-Home (K); Außenminister: R. A. Butler

X. 1964 Harold Wilson (Lab); Schatzkanzler: James Callaghan; Außenminister: Patrick G. Walker, ab Januar 1965: Michael Stewart

V. 1966 Harold Wilson (2., Lab); Außenminister seit August der europafreundliche George Brown

VI. 1970 Edward Heath (K); Schatzkanzler: Anthony Barber; Außenminister: Sir A. Douglas-Home

II. 1974 Edward Heath (2., K)

III. 1974 Harold Wilson (3., Lab); Schatzkanzler: Denis Healey; Außenminister: James Callaghan; Innenminister: Roy Jenkins

X. 1974 Harold Wilson (4., Lab)

IV. 1976 James Callaghan (Lab.); Außenminister: Anthony Crosland.

Die Unterhaus-Wahlen 1945–1974.

Jahr	Konservative		Labour		Liberale		Andere		Kabinett
	Stimmen in Mill.	Sitze	Stimmen in Mill.	Sitze	Stimmen in Mill.	Sitze	Stimmen in Mill.	Sitze	
1945	9,58	213	11,63	393	2,20	12	0,68	22	Attlee (Lab)
	39,8%	33,3%	48,3%	61,4%	9,1%	1,9%	2,8%	3,4%	
1950	12,50	298	13,27	315	2,62	9	0,38	3	Attlee (Lab)
	43,5%	47,7%	46,1%	50,4%	9,1%	1,4%	1,3%	0,5%	
1951	13,72	321	13,95	295	0,73	6	0,20	3	Churchill (K)
	48,0%	51,3%	48,8%	47,2%	2,5%	1,0%	0,7%	0,5%	
1955	13,31	345	12,41	277	0,72	6	0,32	2	Eden (K)
	49,7%	54,8%	46,4%	44,0%	2,7%	0,9%	1,2%	0,3%	
1959	13,75	365	12,22	258	1,64	6	0,28	1	Macmillan/
	49,4%	57,9%	43,8%	41,0%	5,9%	0,9%	0,9%	0,2%	Douglas-Home (K)
1964	12,00	304	12,21	317	3,09	9	0,35	–	Wilson (Lab)
	43,4%	48,3%	44,1%	50,3%	11,2%	1,4%	1,3%	0,0%	
1966	11,42	253	13,07	363	2,33	12	0,45	2	Wilson (Lab)
	41,9%	40,2%	47,9%	57,6%	8,5%	1,9%	1,7%	0,3%	
1970	13,10	330	12,10	288	2,10	6	0,90	6	Heath (K)
	46,4%	52,3%	43,0%	45,7%	7,4%	1,0%	3,2%	1,0%	
1974[1]	11,96	296	11,65	301	6,06	14	1,63	19	Wilson (Lab)
	38,2%	46,9%	37,2%	48,0%	19,3%	2,1%	5,3%	3,0%	
1974[2]	10,43	276	11,50	319	5,35	13	1,95	22	Wilson (Lab)
	35,7%	44,5%	39,3%	50,4%	18,3%	1,8%	6,7%	3,3%	

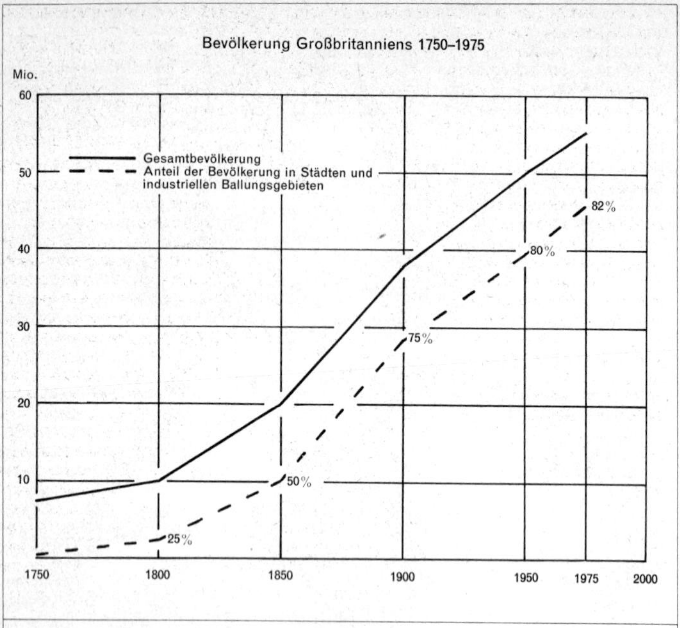
Bevölkerung Großbritanniens 1750–1975
Mio.
60
50
40
30
20
10
Gesamtbevölkerung
Anteil der Bevölkerung in Städten und industriellen Ballungsgebieten
82%
80%
75%
50%
25%
1750
1800
1850
1900
1950
1975
2000

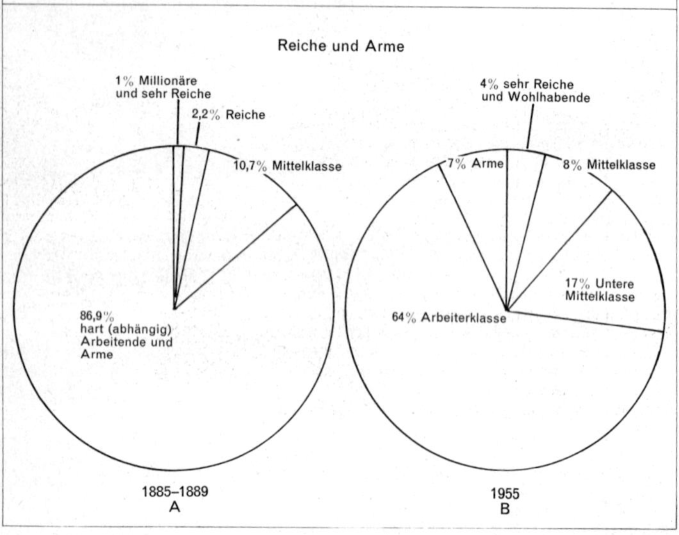
Reiche und Arme
1% Millionäre und sehr Reiche
2,2% Reiche
10,7% Mittelklasse
86,9% hart (abhängig) Arbeitende und Arme
1885–1889
A
4% sehr Reiche und Wohlhabende
7% Arme
8% Mittelklasse
17% Untere Mittelklasse
64% Arbeiterklasse
1955
B

Graphiken und Karte: Karl-Friedrich Schäfer

Bibliographie

Das vorliegende Literaturverzeichnis ist natürlich nicht vollständig, es soll lediglich Hinweise zum Weiterstudium geben. Von einigen Ausnahmen abgesehen, wird nur neuere Literatur aufgeführt. Im übrigen kann auf die Literaturangaben der ›Oxford History of England‹, der ›Pelican History of England‹, der ›English Historical Documents‹, der Annotations- und Rezensionsteile einschlägiger Zeitschriften sowie auf das ›Times Literary Supplement‹ verwiesen werden.

Abkürzungen

AHR	– American Historical Review	I.	– Ir(e)land
Brit.	– british, britisch	Jh.	– Jahrhundert
C., Cs.	– Century, Centuries	L	– London
Ca	– Cambridge	MA	– Middle Ages, Mittelalter
dt.	– deutsch	Med.	– medieval
E.	– England, English	Ox	– Oxford
Ed	– Edinburgh	Pb.	– Paperback
EHR	– English Historical Review	Rp.	– Reprint
G.	– Geschichte	S.	– Scotland, Schottland
H., h.	– History, historical	Tb.	– Taschenbuch
HZ	– Historische Zeitschrift	ZA	– Zeitalter

I: Literatur zur gesamten englischen Geschichte

1. Bibliographien

Annual Bulletin of Historical Literature, hrsg. v. d. Historical Association, L 1911 ff. – International Bibliography of Historical Sciences, L 1926 ff. – A. T. Milne: Writings on Brit. H., L 1934 ff. – J. C. Lancaster: Bibliography of Historical Works issued in the United Kingdom 1946–56, L 1957. – E. C. Furber (Hrsg.): Changing Views on Brit. H. Essays on Historical Writing since 1939, Harvard 1966 (ausgezeichnete Beiträge von 14 Autoren). – W. Kellaway (Hrsg.): Bibl. of Historical Works issued in the United Kingdom 1957–60, L 1962. – J. Roach (Hrsg.): A Bibl. of Modern H., Ca 1968 (gedacht als Bibl. z. New Cambridge Modern H., deckt somit zwar die brit. u. europ. G. seit 1493, läßt aber an Übersichtlichkeit, Auswahl u. Aktualität viele Wünsche offen). – Ch. Howard: England, Mittelalter. Literaturbericht, in: Sonderheft 2 der HZ (1965). – F. Trautz: England, Neuzeit. Literaturbericht, in: Sonderheft 1 der HZ (1962). – G. R. Elton: Bibl. über Neuerscheinungen 1945–67, in: Sonderheft 3 der HZ (1969). – Weitere Lit. Berichte in HZ 218/19 (1974) und HZ 220 (1975).
W. Bonser: An Anglo-Saxon and Celtic Bibliography (450–1087), 2 Bde., L 1957. – M. Levine: Tudor E. 1485–1603, L 1968 = Bibliographical Handbooks, hrsg. v. J. J. Hecht u. G. R. Elton. – C. Read: Bibl. of Brit. H., Tudor Period, 1485–1603, Ox [2]1959. – G. Davies: Bibl. of Brit. H., Stuart Period, 1603–1714, Ox 1928. Das grundlegende Werk wurde wesentlich erw. u. neubearb. v. M. F. Keeler, Ox 1970. – C. L. Grose: A Select Bibl. of Brit. H. 1660–1760, verb. Neudruck L 1967. – R. Walcott: The Later Stuarts, 1660–1714, in: AHR 67 (1962) (Lit. Ber. d. letzten 20 Jahre).

– W. T. u. C. S. Morgan: Bibl. of Brit. H. 1700–1715, 5 Bde., L 1934–42. – S. Pargellis u. D. J. Medley: Bibl. of Brit. H., The 18th C. 1714–1789, Ox 1951. – Für die Periode von 1789 bis 1815 ist zu benutzen: Subject Index of the London Library (1909, 1923, 1938).

R. T. Jenkins u. W. Rees: A Bibl. of the H. of Wales, 2. verb. Aufl. Cardiff 1962. – W. Rowlands: Cambrian Bibl., Amsterdam 1970. – C. Maxwell: A Short Bibl. of Irish H., L 1921. – E. M. Johnston: Irish H. A Select Bibl., L 1969. – In den Irish Historical Studies (Dublin) erscheint seit 1936 jährlich eine irische Bibl. – H. W. Meikle: Scotland. A Select Bibl., Ca 1950. – P. Hancock: A Bibl. of Books Relating to Scotl. 1916–50, 2 Bde., Ed 1960.

Aufschlußreich das Buch von G. R. Elton, der sich sowohl mit dem Spät-MA, der Tudorzeit als auch mit Problemen der Geschichtsschreibung beschäftigt: Modern. Historians on Brit. H. 1485–1945, A Critical Bibl. 1945–69, L 1970.

S. B. Chrimes u. I. A. Roots: English Constitutional H. A Select Bibl., L 1958. – The Cambridge Bibliography of English Literature, hrsg. v. F. W. Bateson, 4 Bde., Ca 1940.

Abschließend sei auf die jährliche Bibliographie der Zeitschriftenliteratur zur englischen Geschichte hingewiesen, die im Juli-Heft der English Historical Review (EHR) erscheint.

2. Zeitschriften, Periodica

English Historical Review (EHR), 1886 ff. (Schwerpunkt mittelalterliche u. frühneuzeitliche G.). – Historical Journal (HJ), 1958 ff. (bes. neuere engl. G.). – Past and Present (PP), 1952 ff. (Sozial- u. Wirtschaftsg.). – Economic History Review (EcHR), 1927 ff. – History, 1912 ff. (Geistesgeschichte, Geschichtsschreibung, wichtige Sammelrezensionen). – Bulletin of the Institute of Historical Research (BIHR), 1923 ff. (jährl. Abstracts d. histor. Dissertationen in Großbritannien). – Transactions of the Royal Historical Society (TRHS), 1869 ff. – Journal of British Studies (JBS), 1961 ff. (engl. G. d. Neuzeit). – University of Birmingham Historical Journal (UBHJ), 1947 ff. – Cambridge Historical Review (CHR), 1927 ff. – Scottish Historical Review (SHR), 1903–28, 1947 ff. – Welsh History Review (WHR), 1960 ff. – Irish Historical Studies (IHSt), 1938 ff. – Speculum, 1926 ff. (mittelalterl. engl. G.). – Huntingdon Library Quarterly (HLQ), 1931 ff. (engl. G. d. frühen Neuzeit). – Bulletin of the Society for the Study of Labour History (BLH), 1960 ff. (mit Bibl. u. Quellennachweisen). – Parliamentary Affairs (PA), 1947 ff.

3. Archive

Aufgrund der jahrhundertealten staatlichen Einheit Großbritanniens ist die Archivlage sehr gut. Fast jedes Quellenstudium führt über das British Museum (BM), das Public Record Office (PRO) oder das Imperial War Museum (IWM) in London. Daneben sind zu benutzen die Bodleian Library in Oxford, die Grafschafts- und Stadtarchive sowie die kirchlichen, vor allem die der Erzbistümer Canterbury und York. Ausgezeichnetes Material findet sich z. T. bei den großen Adelsfamilien. Im allgemeinen besteht in Großbritannien eine Archivsperre von 30 Jahren, die in besonderen Fällen jedoch gelockert wird.

4. Hilfswissenschaften, Wörterbücher, Nachschlagewerke

H. N. Blakiston, J. R. Ede u. L. C. Hector: Guide to the Contents of the Public Record Office, 2 Bde., L 1963. – Sir F. M. Powicke u. E. B. Fryde (Hrsg.): Handbook of British Chronology, L ^{2}1961 (unentbehrlich für Regierungs- bzw. Amtszeiten von Königen, Ministern, Kronbeamten, Erzbischöfen u. Bischöfen, Herzögen und Grafen, reicht bis 1957, es fehlen bei allen »Nobles« und »Bishops« und Ministern die

Lebensdaten). – C. R. Cheney (Hrsg.): Handbook of Dates for Students of English H., L 1961. – S. H. Steinberg u. I. H. Evans (Hrsg.): Steinberg's Dictionary of British H., L 1970 (verb. Rp. d. 2. Aufl. v. 1964; ein sehr nützliches Buch, wenn auch die Auswahl der Fakten und Begriffe manches zu wünschen übrig läßt). – The Dictionary of National Biography (DNB): 21 Bde. u. 1 Suppl.-Bd. (Von den Anfängen bis 1900), 1882ff., mehrere Rp.; DNB The 20th Century, 5 Bde. L 1901–50. – A. R. Wagner: English Genealogy, L 1960. – E. Ekwall: The Concise Oxford Dictionary of English Place-names, L ^{4}1960. – F. L. Cross (Hrsg.): The Oxford Dictionary of the Christian Church, L 1957. – The Concise Oxford Dictionary of Quotations, Ox 1972 (Pb. 1941). – The Concise Oxford Dictionary, Ox ^{4}1951. – E. Jowitt u. C. Walsh: The Dictionary of English Law, 2 Bde., L ^{2}1965. – The Encyclopaedia Britannica, 30 Bde. (Rp. L 1972). – C. Parry u. C. Hopkins: An Index of Brit. Treaties 1101–1968, 3 Bde., L 1971. – Encyclopaedia of Ireland, Dublin 1968. – B. R. Mitchell u. P. Deane: Abstract of British Historical Statistics, L 1962 (unentbehrliches Nachschlagewerk mit guter Bibliographie). – Für die laufenden Ereignisse wichtig sind die Jahrbücher: Britain, An Official Hand Book, hrsg. v. Central Office of Information. – Der Oxford Atlas, Ox 1963, enthält zahlreiche wirtschaftliche und gesellschaftliche Informationen. – Monthly Digest of Statistics, L 1946ff. – R. Breuer, R. Schöwerling: Das Studium der Anglistik, München 1974.

5. Quellen

English Historical Documents, hrsg. v. D. C. Douglas, 12 Bde. in 13, L 1953ff. (grundlegendes Werk mit ausgezeichneten Literaturangaben; es fehlen z. Z. noch die Bde. 2, 3, 4, 6, 7, 12). – A Documentary History of England, 2 Bde., Harmondsworth 1960/65, Bd. 1: 1066–1540, hrsg. v. J. J. Bagley u. P. B. Rowley; Bd. 2: 1559–1931, hrsg. v. E. N. Williams (enthalten Literatur und ein Glossar d. wichtigsten juristischen Begriffe). – W. Rees: A Historical Atlas of Wales, L 1959. – W. Croft Dickinson, G. Donaldson u. I. A. Milne: A Source Book of Scott. H., 3 Bde., L-Ed ^{2}1958–61. – G. Donaldson (Hrsg.): Scott. Histor. Documents, Ed 1970. – E. Curtis u. McDowell: Irish Historical Documents, 1172–1922, L-New York ^{2}1968.

6. Gesamtdarstellungen und Reihenwerke

W. Dibelius: England, 2 Bde., Stuttgart ^{6}1931. – G. M. Trevelyan: Geschichte Englands, 2 Bde., München ^{4}1949 (ein Beispiel für späte Whig-Historiographie, sehr einseitig, wenn auch teilweise amüsant). – H. Preller: Geschichte Englands, 2 Bde., Berlin ^{4}1967 (sehr knapp, doch alles Wesentliche, einschl. sozialer u. wirtschaftl. Fragen, vorhanden; mangelhafte Literaturangaben). – W. L. S. Churchill: A History of the English-speaking Peoples, 4 Bde., L 1956–58. – R. Marx: Histoire du Royaume-Uni, Paris 1967. – R. H. White: A Short H. of E., L 1967. – D. H. Willson: A H. of E., L 1967. – K. Kluxen: G. Englands. Von den Anfängen bis zur Gegenwart, Stuttgart 1968 (grundlegendes Werk, das bis auf den kulturellen Bereich umfassend informiert u. moderne Fragestellungen zeigt. Neben Herrscher- u. Ministertafeln weist es eine umfangreiche Bibliographie auf.) – H. Höpfl: G. Englands u. d. Commonwealth, Frankfurt ^{2}1973 (gute Darstellung ohne krit. Apparat, illustriert). – Eine stark soziologisch-ökonomisch-politologische Darstellung der letzten 350 Jahre gibt I. Fetscher: Politikwissenschaft, Frankfurt 1968.

The Oxford History of England, 14 (15) Bde., hrsg. v. Sir G. Clarke, Ox 1934–65, z. T. in mehreren verb. Aufl. (grundlegendes Werk von spezialisierten Kennern, die polit., wirtsch., gesellsch. u. kult. Entwicklung von den römischen Anfängen bis 1945 behandelnd; allerdings entsprechen nicht mehr alle Bände dem jüngsten Forschungsstand). – Methuen's History of England, 8 Bde., hrsg. v. Sir Ch. Oman (ein kurz nach der Jahrhundertwende begonnenes whigistisch gefärbtes Werk, das z. T. zahlreiche Neudrucke erlebte). Der »modernste« Band (4) ist von G. R. Elton: England under the Tudors 1485–1603, L 1955 (mehrere Rps., 1962 mit neuer Bibl.). – Nelson's History of England, 8 Bde., hrsg. v. C. Brooke u. D. M. Smith, L-Ed 1960ff. (noch nicht vollständig; mit linksliberalem Aspekt). – Longman's History of England, 10 Bde., hrsg. v. W. N. Medlicott, L 1955ff. (unvollständig). – The Pelican History of England, 9 Bde., Harmondsworth 1950ff. (zahlreiche verb. Aufl. u. Rps.; sehr anschaulich, mit meist knappen, aber guten Literaturangaben). – Gute Darstellungen Englands finden sich in den einzelnen Bänden des v. Th. Schieder hrsg. Handbuchs der Europäischen Geschichte, Stuttgart 1968ff. mit Register u. umfangreicher Bibl. (bisher Bde. 3, 4 u. 6).

7. Wales, Schottland, Irland; Regionalgeschichten

J. E. Lloyd: A H. of Wales from the earliest Times to the Edwardian Conquest, 2 Bde., Toronto [3]1939. – E. G. Bowen: Wales, a physical, historical, and regional Geography, L 1965 (völlige Neubearbeitung einer 1941 in Cardiff veröffentl. Studie). – A. H. Williams: Introduction to the H. of Wales, Bd. 1: bis 1063, 1941, Bd. 2, 1: bis 1284, Cardiff 1948. – D. Williams: A H. of modern Wales, L 1950. – R. Coupland: Welsh and Scottish Nationalism, L 1954. – J. Jones: Modern Welsh H. from 1485 to the present Day, L [3]1960. – H. Carter: The Towns of Wales, Cardiff 1962. – R. S. Rait u. G. S. Pryde: Scotland, L [2]1954. – W. Croft-Dickinson u. G. S. Pryde: A New H. of Scotl., 2 Bde., L-Ed 1961/62. – J. D. Mackie: A H. of Scotl., Harmondsworth 1964, Rp. d. verb. Aufl. von 1969: 1972 (ausgezeichnet, mit gutem Register, jedoch ohne krit. App.). – Das grundlegende Werk wird die Edinburgh H. of Scotland, hrsg. v. G. Donaldson, bisher Bde. 3 und 4, Ed-L 1965/68. – R. Mitchison: A H. of Scotland, L 1970. – E. Curtis: H. of Ireland, L [6]1951. – B. Inglis: The Story of Ireland, L [2]1966. – Moody u. Martin (Hrsg.): The Course of Irish H., Cork 1967. – J. C. Beckett: Geschichte Irlands, Stuttgart 1971 nach d. 8. Aufl. L 1969 (gute, doch für das 20. Jh. zu knappe Darstellung, weiterführende Literatur). – Geplant ist eine vielbändige Irische Geschichte nach dem Muster der Oxford History of E.
Den einzelnen Grafschaften widmet sich die bereits über 100 Bde. umfassende Victoria History of the Counties of E., L 1900ff. (z.B. für Lancashire 8 Bde.).

8. Verfassungs- und Rechtsgeschichte

W. Bagehot: The E. Constitution, L 1867, berühmt das Vorwort z. 2. Aufl. 1872 (zahlreiche Rps.; jüngste Ausgabe mit einem Vorwort von R. H. S. Crossman, M. P.: 1963: (1973 als Fontana Classics of H. and Thought). – J. Hatschek: Engl. VerfG. bis zum Regierungsantritt d. Königin Viktoria, München 1913. – F. W. Maitland: The Constitutional H. of E. A Course of Lectures, Ca 1908 (Rp. 1963). – W. S. Holdsworth: A H. of English Law, 12 Bde., L 1927–38 (grundlegend; Neudruck 1956ff.). – G. B. Adams: A Constitutional H. of E., L [2]1949 (reicht bis 1906). – J. W. Gough: Fundamental Law in English Constitutional H., Ox 1955. – J. E. A. Jolliffe: The Constit. H. of Med. E., L [4]1961. – D. L. Keir: The Constit. H. of Modern Britain since 1485, L [7]1964. – Philip S. James: Introduction to English Law, L [6]1966 (klare Darstellung d. engl. Rechts u. d. Aufbaus d. Gerichte). – S. B. Chrimes: English Constit. H., Ox 1970 (Rp. d. 4. Aufl. 1966). – P. C. Mayer-Tasch u. I. Contiades (Hrsg.): Die Verfassungen Europas, Stuttgart 1966.

9. Wirtschafts- und Sozialgeschichte

The Cambridge Economic History of Europe, hrsg. v. M. M. Postan u. H. J. Habakkuk, 6 Bde. in 7, Ca 1952ff. (CEHE, Standardwerk mit weiterführender Literatur). – The Agrarian History of England and Wales, hrsg. v. H. P. R. Finber, bisher Bd. 4: 1500–1640, v. J. Thirsk, L 1967. – L. Brentano: Eine G. d. wirtschaftl. Entwicklung

Englands, 4 Bde., Jena 1927–29. – E. Lipson: The Economic H. of E., 3 Bde., L 1947 (behandelt die Zeit vom MA bis zum ZA des Merkantilismus). – E. Lipson: The Growth of English Society. A Short Economic H., L ^{4}1959. – J. H. Clapham: A Concise Economic H. of Britain. From the Earliest Times to 1750, Ca 1966 (1949; auch als Pb.). – Daran anschließend J. H. Claphams Standardwerk: An Economic H. of Modern Britain, 3 Bde., Ca 1950–52 (1926–38). – Eine sehr gute Auswahl von Zeitschriftenartikeln enthalten E. Carus-Wilson (Hrsg.): Essays in Economic H., 3 Bde., L 1954–62 (1966), und D. V. Glass, D. E. C. Eversley (Hrsg.): Population and H., L 1965. – G. M. Trevelyan: Social H. of England, L 1944 (zahlreiche Aufl. u. Rps., dt. München 1948: historiographisch interessant, als wiss. Werk nicht mehr akzeptabel). – W. W. Rostow: The Process of Economic Growth, Ox 1953 (wegen seiner methodischen Fragestellung zu Wirtschaftsabläufen, Konjunktur- u. Krisenzyklen usw. wichtig). – T. Woodroffe: The Enterprise of England, L 1958. – E. A. Wrigley (Hrsg.): An Introduction to English Historical Demography, L 1965. – R. N. Salaman: The H. and Social Influence of the Potato, L 1949 (ausgezeichnet).

M. A. Lewis: H. of the British Navy, L 1959. – G. J. Marcus: A Naval H. of E., Bd. 1: The Formative Centuries, L 1961. – E. W. Sheppard, A Short H. of the British Army, L ^{4}1950.

C. Roth: A H. of the Jews in England, L ^{3}1964 (grundlegend). – D. M. Stenton: The English Woman in H., L 1957 (reicht bis 1869). – C. Hole: English Custom and Usage, L ^{3}1950. – M. W. Barley: The English Farmhouse and Cottage, L 1961. – I. Pinchbeck u. M. Hewitt: Children in English Society, Bd. 1: From Tudor Times to the 18th Century, L 1969 (grundlegende Arbeit).

Für Wales, Schottland und Irland gibt es kaum übergreifende wirtschafts- und sozialgeschichtliche Arbeiten. Einzelne Teilbereiche oder Jahrzehnte wurden untersucht; das gilt hauptsächlich für die Industrielle Revolution, das 19. und 20. Jahrhundert.

10. Kirchengeschichte

W. R. W. Stephens, W. Hunt (Hrsg.): A H. of the English Church, 9 Bde., L 1899–1910. – J. R. H. Moorman: A H. of the Church in England, 3. verb. Aufl. L 1973 (gute Darstellung mit Literaturangaben). – D. Knowles: The Religious Orders in England, Ca 1956–59. – H. M. Gwatkin: Church and State in England to the Death of Queen Anne [1714], L 1917. – W. F. Hook: Lives of the Archbishops of Canterbury, 12 Bde., L 1860–84. – E. F. Carpenter: Cantuar: The Archbishops in Their Office, L 1971. – Im Erscheinen begriffen ist eine moderne Ecclesiastical History of England, von der bislang ein Band die vor-normannische (M. Deanesly, 1961) und zwei Bände die Viktorianische Zeit (O. Chadwick, 1966/70) behandeln.

11. Literatur-, Kunst-, Musik- und Geistesgeschichte, Philosophie

The Cambridge History of English Literature, 15 Bde., Ca 1907–27 (Rp. ohne Bibl. 1949–53). – The Oxford History of English Literature, 12 Bde., Ox 1945 ff. – W. F. Schirmer: Geschichte d. engl. u. amerik. Lit. v. d. Anfängen bis zur Gegenwart, 2 Bde., 3. neubearb. Aufl. Tübingen 1960/62 (in einem Bd. ^{5}1968). – The Pelican Guide to English Literature, 7 Bde., Harmondsworth 1954–62. – Zahlreiche Einzeldarstellungen u. Interpretationen in: Kindlers Lit. Lexikon, 25 Bde., München 1974 (dtv). – Ähnlich, jedoch weit ausführlicher W. Erzgräber (Hrsg.): Interpretationen 7–9 Frankfurt a. M. 1970 (Tb., von Th. Morus – S. Beckett). – M. Pfister (Hrsg.): Hauptwerke d. engl. Lit. Vom MA bis zur Gegenwart, München 1976.

W. Armstrong: G. d. Kunst in Großbritannien u. Irland, Stuttgart 1909. – G. Baldwin Brown: The Art in Early England, 7 Tle., L 1903–37. – O. E. Saunders: A H. of English Art in the Middle Ages, Ox 1932.

The Oxford History of English Art, 6 Bde., Ox 1952–62. – H. Read: Contemporary

British Art, Harmondsworth 1951. – J. Rothenstein: British Art since 1900, L 1962. – M. Hürlimann: Englische Kathedralen, Zürich 1958. – G. F. Hartlaub: Die großen engl. Maler d. Blütezeit 1730–1840, München 1948. – A. C. Ritchie: Masters of British Painting, New York 1956. – Ch. Johnson: English Painting from the 7th C. to the Present Day, L 1932. – R. Th. Stoll u. J. Roubier: Britannica Romanica. Die hohe Kunst der romanischen Epoche in England, Schottland und Irland, Wien 1966. – F. Bond: An Introduction to English Church Architecture, 2 Bde., Ox 1913. – S. Sitwell: British Architects and Craftsmen, L 1945. – P. Kidson u. P. Murray: A H. of English Architecture, New York 1962.

The Oxford History of Music, 8 Bde., Ox 1929ff. – H. Davey: H. of English Music, L ²1921. – E. Blom: Musik in England, 1942. – G. Cecil: The H. of Opera in England, Taunton 1930.

F. S. Siebert: Freedom of the Press in England 1476–1776, Urbana 1952. – J. Frank: The Beginnings of the English Newspaper, Ca 1961. – C. E. Mallet: H. of the University of Oxford, 3 Bde., L 1924–27. – J. B. Mullinger: The University of Cambridge, 3 Bde., Ca 1873–1911. – H. T. Buckle: Geschichte der Zivilisation in England, 2 Bde., Leipzig ⁷1900. – A. Sampson: Wer regiert E.? Anatomie einer Führungsschicht, München 1963 (brillante Charakterisierung Englands u. d. Engländer, wenn auch von den heutigen Gegebenheiten ausgehend; neueste Aufl. mit dem Titel: Anatomy of Britain-Today, L 1968). – Sir W. J. Haley: The Formation of Public Opinion, L 1958. – W. D. Brogan: The English People, L 1943. – R. W. Leonhardt: 77 mal England. Panorama einer Insel, München 1964. – C. Hole: English Custom and Usage, L ³1950. – J. H. Grainger: Character and Style in English Politics. A Study of Leading English Politicians, from the Tudor Period to the Present Day, L 1969.

E. v. Aster: Geschichte der engl. Philosophie, Leipzig 1927. – R. Metz: Die philosophischen Strömungen der Gegenwart in Großbritannien, 2 Bde., Stuttgart 1935. – E. Leroux u. A. Leroy: La Philosophie Anglaise Classique, Paris 1951. – G. H. Sabine: A H. of Political Theory, New York ³1963. – A. J. Carlyle: Political Liberty. A H. of the Conception in the Middle Ages and Modern Times, L-Liverpool 1963 (1941).– H. J. Hanham: Scottish Nationalism, 1969.

II: Regierungssystem, Parteien, Parlamentarismus, Wahlen (s. a. I, 8 u. IX, 6)

1. Regierungssystem u. Verfassung

L. S. Amery: Thoughts on the Constitution, L ²1953. – A. H. Birch: Representative and Responsible Government, L 1964. – A. H. Birch: The British System of Government, L 1967. – M. R. Curtis: Central Government. An Introduction to the British System, L 1962. – C. S. Emden: The People and the Constitution, L ²1962. – H. R. G. Greaves: Die britische Verfassung, Frankfurt 1951. – A. H. Hanson u. M. Walles: Governing Britain, L 1969. – R. Hrbek u. W. Keutsch: Gesellschaft u. Staat in Großbritannien. Eine polit. Landeskunde, Tübingen 1971. – J. Bourke: Britain. A Short Introduction for Students of English, München 1971. – W. J. Stankiewicz (Hrsg.): Crisis in British Government. The Need for Reform, L 1967 (Ausdruck d. wachs. Unzufriedenheit mit dem System). – I. Jennings: The Law and the Constitution, L ⁵1959. – I. Jennings: Cabinet Government, Ca ³1965. – I. Jennings u. G. A. Ritter: Das britische Regierungssystem. Leitfaden u. Quellenbuch, Köln/Opladen ²1970 (wichtige Einführung; leider ist der Leitfaden sehr knapp, während das Quellenbuch auf aktuellem Stand ist). – H. J. Laski: Reflections on the Constitution, Manchester 1951 (linksliberaler Standpunkt). – K. Loewenstein: Staatsrecht u. Staatspraxis v. Großbritannien, 2 Bde., Berlin-Heidelberg-New York 1967 (grundlegend, mit ausgez. Bibl.). – J. P. Mackintosh: The Government and Politics of Britain, L 1970. – G. C. Moody: The Government of Great Britain, L ²1971. – H. H. Rass: Großbritannien. Eine politische Landeskunde, Berlin ²1971 (kurze Darstellung mit

Tabellen, Statistiken u. neuerer Lit.). – R. Rose (Hrsg.): Studies in British Politics. A Reader in Political Sociology, L 1966 (wichtige Aufsätze zur engl. Innenpolitik). – D. Schröder: Demokratien: Großbritannien, Hannover 1969. – K. Sontheimer: Das polit. System Großbritanniens, München 1972 (gute Darst. des Regierungs-, Parteien-, Wahlsystems usw. mit neuester Literatur). – E. C. S. Wade u. G. S. Phillips: Constitutional Law, L ^{7}1965. – F. Stacey: The Government of Modern Britain, Ox 1968 (gute Gesamtdarst.)

2. Parlament, Parlamentarismus

L. Abraham u. S. C. A. Hawtrey: A Parliamentary Dictionary, L 1964. – S. D. Bailey: British Parliamentary Democracy, L ^{2}1962. – P. Bromhead: The House of Lords and Contemporary Politics, L 1958. – R. Butt: The Power of Parliament, L 1967. – D. Coombes: The M. P. & the Administration, L 1966. – A. H. Hanson u. B. Crick (Hrsg.): The Commons in Transition, L 1970. – A. Hill u. A. Whichelow: What's wrong with Parliament? Harmondsworth 1964. – E. B. Fryde, E. Miller (Hrsg.): Historical Studies of the E. Parliament, 2 Bde, Ca 1970. – I. Jennings: Parliament, Ca ^{2}1957 (fast schon ein »Klassiker«, durch die Entwicklung d. letzten Jahre z. T. überholt). – K. Loewenstein: Der britische Parlamentarismus, Reinbek b. Hamburg 1964. – Sir T. E. May: The Law, Privileges, Proceedings & Usage of Parliament, L 1964. – H. Morrison: Regierung u. Parlament in England, München 1966 (Der Verf. war im Kriegskabinett Churchill 1940–45 Innenminister). – G. Reid: The Politics of Financial Control, L 1967. – K. R. Mackenzie: The English Parliament, Harmondsworth 1959. – P. G. Richards: Honourable Members, L 1959. – G. A. Ritter: Deutscher u. britischer Parlamentarismus. Ein verfassungsgeschichtlicher Vergleich, Tübingen 1962. – G. A. Ritter: Parlament und Demokratie in Großbritannien. Studien zur Entwicklung u. Struktur d. polit. Systems, Göttingen 1972 (gesammelte Aufsätze zu Divine Right u. Kgl. Prärogative, Parlament, Verfassung, Nation u. Gesellschaft, Regierung u. Verwaltung, Labour Partei; die einzelnen Abh. sind gut dokumentiert). – E. Taylor: The House of Commons at Work, Harmondsworth 1965. – S. A. Walkland: The Legislative Process in Great Britain, L 1968. – H. V. Wiseman: Parliament and the Executive, L 1966. – H. Wollmann: Die Stellung der Parlamentsminderheiten in England, der Bundesrepublik und Italien, Den Haag 1970.

3. Wahlen und Wähler

J. Blondel: Demokratie in England. Wähler, Parteien, Politiker, Frankfurt 1964 (Neuaufl. 1968, Übersetzung z.T. schlecht). – D. E. Butler u. A. King: The British General Election of 1964, L 1965. – M. Kinner: The British Voter. An Atlas and Survey since 1885, L 1968. – R. L. Leonard: Elections in Britain, L 1968. – Th. Oppermann: Britisches Unterhauswahlrecht und Zweiparteiensystem, Karlsruhe 1961. – P. G. J. Pulzer: Political Representation and Elections in Britain, L 1967. – R. Rose: Influencing Voters. A Study of Political Campaigning, L 1967.

4. Parteien, Parteigeschichte

A. Beattie (Hrsg.): English Party Politics, 2 Bde., L 1970. – S. H. Beer: Modern British Politics, L 1965. – N. Birch: The Conservative Party, L 1949. – I. Bulmer-Thomas: The Growth of the British Party System, 2 Bde., L 1965. – G. D. H. Cole: A H. of the Labour Party since 1914, L 1948. – H. Dietz: G. d. Konservativen Partei Englands, 1955. – R. J. Jackson: Rebels and Whips, L 1968. – Sir I. Jennings: Party Politics, 3 Bde., Ca 1960/62. – R. T. McKenzie: Politische Parteien in England, Köln-Opladen 1961 (Standardwerk, neueste engl. Aufl. L 1963). – H. Pelling: A Short H. of the Labour Party, L 1965. – J. Rasmussen: The Liberal Party. A Study of Retrenchment and Revival, L 1965. – G. M. Trevelyan: The Two-Party System in English Political H., L 1926 (whigistisch).

5. Regierung und Verwaltung

E. E. Barry: Nationalization in British Politics, L 1965. – S. H. Beer: Treasury Control, L 1957. – E. Bridges: Portrait of a Profession. The Civil Service Tradition, Ca 1950. – E. Bridges: The Treasury, L 1964. – H. Berkeley: The Power of the Prime Minister, L 1968. – The Civil Service Report of the Committee 1966–68, Bd.1, L 1968. – H. Daalder: Cabinet Reform in Britain 1914–63, L 1964. – A. Howard u. R. West: The Making of a Prime Minister, L 1965. – J. P. Mackintosh: The British Cabinet, L ^{2}1968. – H. Nicolson: Monarchy, L 1962. – W. Thornhill: The Nationalized Industries, L 1968. – Lord W. Strang: The Foreign Office, L 1955. – M. J. Barnett: The Politics of Legislation, L 1969. – R. G. S. Brown: The Administrative Process in Britain, L 1970. – J. J. Richardson: The Policy-making Process, L 1969. – R. Rose (Hrsg.): Policy-making in Britain, L 1969. – S. A. Walkland: The Legislative Process in Great Britain, L 1968.

6. Verbände, Gruppen, Gewerkschaften

V. L. Allen: Trade Unions and the Government, L 1960. – H. Eckstein: Pressure Group Politics, L 1960. – S. E. Finer: Anonymous Empire, L ^{2}1965. – J. W. Grove: Government and Industry in Britain, L 1962. – W. L. Guttsman: The British Political Elite, L ^{4}1968. – A. M. Potter: Organised Groups in British National Politics, L 1961. – H. Pelling: A H. of British Trade Unionism, Harmondsworth ^{2}1971 (ausgezeichnete Darstellung eines linksliberalen Historikers; wertvoll die Literaturangaben zu den wichtigsten Einzelgewerkschaften). – P. Self u. H. Storing: The State and the Farmer, L 1962. – A. Villiger: Aufbau und Verfassung der brit. Gewerkschaften, Berlin 1966. – A. Sampson: Wer regiert England? Anatomie einer Führungsschicht, München 1963. – G. Wootton: Workers, Union, and the State, L 1966. – P. G. Richards: Patronage in British Government, L 1963.

7. Local Government und Regionalismus

J. A. G. Griffith: Central Departments and Local Authorities, L 1966. – H. J. Hanham: Scottish Nationalism, L 1969. – R. J. Lawrence: The Government of Northern Ireland, L 1965. – W. J. M. Mackenzie: Regionalism and Local Government, L 1963. – J. P. Mackintosh: The Devolution of Power, L 1968. – W. A. Robson: Local Government in Crisis, L ^{2}1969. – U. J. Küpper: Regionale Geographie u. Wirtschaft in GB u. Irland, Berlin 1970. – B. E. Coates: Regional Variations in Britain. Studies in econ. and social Geography of G. B., L 1971.

8. Außenpolitik und Diplomatie

M. Beloff: The Future of British Foreign Policy, L 1969. – Sir D. Busk: The Craft of Diplomacy, L 1967. – H. Nicolson: Diplomatie, Bern 1947 (eine Kurzfassung: Frankfurt 1955). – K. Kaiser u. R. Morgan (Hrsg.): Strukturwandlungen der Außenpolitik in Großbritannien und der Bundesrepublik, München-Wien 1970. – N. Mansergh: The Commonwealth Experiment, L 1969. – J. Strachey: The End of Empire, L 1959. – D. Vital: The Making of British Foreign Policy, L 1968.

III: Römische Zeit und Mittelalter (bis 1485)

1. Gesamtdarstellungen und übergreifende Arbeiten

Oxford H. of E. (OHE), Bd. 1: R. G. Collingwood u. J. N. L. Myres: Roman Britain and the English Settlements, ^{4}1949; Bd. 2: F. Stenton: Anglo-Saxon E., c. 550–1087, ^{2}1947 (zahlreiche Rps.); Bd. 3: A. L. Poole: From Domesday Book to Magna Charta 1087–1216, ^{4}1958; Bd. 4: M. Powicke: The 13th C., 1216–1307, ^{2}1962; Bd. 5:

M. McKisack: The 14th C., 1307–1399, 1959; Bd. 6: E. F. Jacob: The 15th C., 1399–1485, 1961. – Nelson's H. of E. (NHE), Bd. 1: P. H. Blair: Roman Britain and Early E., 55 B. C. – A. D. 871, 1963; Bd. 2: C. Brooke: From Alfred to Henry III., 871–1272, 1961; Bd. 3: G. Holmes: The Later MAs, 1272–1485, 1961. – The Pelican H. of E. (PHE), Bd. 1: I. A. Richmond: Roman Britain, 1971 (Rp. d. 2. Aufl. v. 1963); Bd. 2: D. Whitelock: The Beginnings of English Society, 1971 (Rp. d. verb. 2. Aufl. v. 1968); Bd. 3: D. M. Stenton: English Society in the Early MAs, 1066–1307, 1971 (Rp. d. 4. Aufl. v. 1965); Bd. 4: A. R. Myers: E. in the Late MAs, 1307–1536, 1971 (Rp. d. 7. Aufl. v. 1969, illustr.). – Alle bisher aufgeführten Werke verfügen über gute Bibliographien. – English Historical Documents (EHD), Bd. 1: D. Whitelock: c. 500–1042, 1955; Bd. 2: D. C. Douglas u. G. W. Greenaway: 1042–1189, 1953; Bde. 3/4 (bis 1485) noch nicht erschienen. – The Cambridge Economic H. of Europe (CEHE), Bd. 1: M. M. Postan: The Agrarian Life of the MAs, ²1966; Bd. 2: M. M. Postan u. E. E. Rich: Trade and Industry in the MAs, 1952; Bd. 3: M. M. Postan u. E. E. Rich: Economic Organization and Policies in the MAs, 1963.
L. F. Salzman: English Life in the MAs, L 1926. – F. M. Powicke: Med. E. 1066–1485, L 1931. – H. Cam: E. before Elizabeth, L ²1952. – A. L. Poole: Med. E., 2 Bde., L 1958 (19 Beiträge üb. Religion, Erziehung, Kunst, Handel, Kriegswesen usw.). – H.-P. Geh: Insulare Politik in E. vor den Tudors, 1964 (engl. Außenpolitik seit 1066). – G. W. S. Barrow: Feudal Britain, the Completion of the med. Kingdoms, 1066–1314, L 1956. – P. H. Blair: An Introduction to Anglo-Saxon E., Ca 1956 – J. E. A. Jolliffe: The Constitutional H. of Med. E., L ⁴1961. – J. Tait: The Med. English Borough, Manchester 1936. – C. H. B. Quennell: Everyday Life in Anglo-Saxon, Viking and Norman Life, L 1926. – C. S. u. C. S. Orwin: The Open Fields, neu bearb. u. hrsg. v. J. Thirsk, Ox ³1967 (1938). – H. Cam: Law-Finders and Law-Makers in Med. E., L 1962. – C. M. Gray: Copyhold, Equity and the Common Law, L 1963. – A. Harding: The Law Courts of Med. E., L 1973.

2. Agrar- und Wirtschaftsgeschichte, Feudalismus

P. Vinogradoff: The Growth of the Manor, Ox ²1911. – W. G. Hoskins: The Making of the English Landscape, L 1955. – G. Duby: L'économie rurale et la vie de campagne dans l'occident médiéval, Paris 1962 (gute Einführung i. d. europ. Verhältnisse). – M. Bloch: Seigneurie française et manoir anglais, Paris 1960 (Beispiel für vergleichende Strukturgeschichte nach den Intentionen der »Annales«-Schule; gemäßigter marxist. Standpunkt). – G. G. Coulton: The Med. Village, L 1925. – E. M. Carus-Wilson: Med. Merchant Venturers, L 1954. – E. Power: The Wool Trade in Med. English H., Ox 1941. – G. T. Salisbury: Streetlife in Med. E., Ox ²1948. – Ph. Dollinger: Die Hanse, Hamburg 1966 (Paris 1964). – P. Ziegler: The Black Death, L 1969. – J. F. D. Shrewsbury: A H. of Bubonic Plague in the British Isles, Ca 1970 (Standardwerk). – S. Painter: Feudalism and Liberty, L 1961. – H. M. Chew: Engl. Ecclesiastical Tenants-in-Chief and Knight Service, L 1932. – I. J. Sanders: Feudal Military Service in E. A Study of the Constitutional and Military Powers of the Barones in Med. E., L 1956. – M. Bloch: La société féodal, 2 Bde., Paris 1939. – Zur Kontinuität von angelsächsischem und normannischem Feudalismus nimmt Stellung C. W. Hollister: Anglo-Saxon Military Institutions on the Eve of the Norman Conquest, L 1962. – Über »Bastardfeudalismus«: H. M. Cam: The Decline and Fall of English Feudalism, in: History 25 (1940). – E. A. Kosminsky: The Evolution of Feudal Rent in E. from the 11th to the 15th Cs., in: PP 7 (1955). – D. B. Lyon: From Fief to Indenture. The Transition from Feudal to Non-Feudal Contract in Western Europe, L 1957. – Stadtgeschichte: Neben Taits Standardwerk, s. o., H. M. Cam: Liberties and Communities in Med. E., L 1963 (Aufsatzsammlung). – M. Beresford: New Towns of the MA. Town Plantation in E., Wales and Gascony, L 1967. – Zahlreiche Einzelaspekte der mal.

WiG. finden sich in 22 Aufsätzen (von 1928–72) in 2 Bänden von M. M. Postan: Essays on Medieval Agriculture and General Problems of the Medieval Economy, Ca 1973, und: Medieval Trade and Finance, Ca 1973.

3. Kirchengeschichte, Königtum, Kultur- und Geistesgeschichte

M. Deanesly: A H. of the Med. Church 590–1500, L ^{6}1950. – C. H. Lawrence (Hrsg.): The Engl. Church and the Papacy in the MA, L 1965 (Sammelband, Bibl.). – E. S. Duckett: Anglo-Saxon Saints and Scholars, New York 1947. – J. C. Dickinson: Monastic Life in Med. E., L 1962 (sehr gute Einführung mit Glossar). – D. D. Knowles: The Religious Orders in E., 3 Bde., Ca 1948–59 (Standardwerk, reicht bis in die frühe Stuartzeit).

G. W. S. Barrow: Feudal Britain: The Completion of the Med. Kingdoms, 1066–1314, L 1962. – J. E. A. Jolliffe: Angevin Kingship, L ^{2}1963. – P. E. Schramm: G. des engl. Königtums im Lichte der Krönung, Göttingen 1937. – E. H. Kantorowicz: The King's Two Bodies, Princeton 1957. – W. Ullmann: A H. of Political Thought, The MA, L 1965. – Ch. Oman: H. of the Art of War in the MA, 2 Bde., L ^{2}1924. – L. F. Salzman: Building in E. down to 1540, L 1952 (gibt ausgezeichneten Einblick in Situation, Struktur, Arbeitswelt, Löhne usw.). – F. M. Powicke u. A. B. Emden: The Universities of Europe in the MAs, 3 Bde., Ox 1936 (Bd. 3 üb. d. engl. U.). – A. W. Parry: Education in E. in the MAs, L 1920. – M. Rickert: Painting in Britain. The MAs, Harmondsworth 1954 (Pb.). – L. Thorndike: A H. of Magic and Experimental Science, New York 1929 (Bde. 3 u. 4 zum MA).

4. Biographien und Monographien

4.1. Von den Anfängen bis 1066

S. Piggott: Neolithic Cultures of the British Isles, L 1954. – G. S. Hawkins: Stonehenge, L 1966. – M. Dillon: Die Kelten, Stuttgart 1966. – N. K. Chadwick: Celtic Britain, L 1964. – A. L. F. Rivet: Town and Country in Roman Britain, L 1958 (Rp. 1966). – J. M. C. Toynbee: Art in Britain under the Romans, L 1963. – P. H. Blair: An Introduction to Anglo-Saxon E., L 1956. – H. R. Loyn: Anglo-Saxon E. and the Norman Conquest, L ^{2}1963 (sozial- u. wirtschaftsgeschichtl. orientiert). – D. J. V. Fisher: The Anglo-Saxon Age 400–1042, L 1973. – J. E. A. Jolliffe: Pre-Feudal E. The Jutes, Ox 1933. – P. H. Blair: Roman Britain and Early E. 55 B. C. – A. D. 871, Ed 1963. – H. R. Loyn: Alfred the Great, L 1967. – T. D. Kendrick: A H. of the Vikings, L 1930. – H. P. Sawyer: The Age of the Vikings, L 1962. – L. M. Carson: Cnut the Great, New York 1912. – D. Whitelock, D. C. Douglas, C. H. Lemmon u. F. Barlow: The Norman Conquest. Its Setting and Impact, L 1966. – D. C. Douglas: William the Conqueror. The Norman Impact upon E., L 1964. – E. S. Duckett: The Wandering Saints, New York 1959 (üb. irisch-angelsächs. Mission). – C. J. Godfrey: The Church in Anglo-Saxon E., Ca 1962. – F. Barlow: The Engl. Church 1000–1066, A Constit. H., L 1963.

4.2. Von der normannischen Eroberung bis zur Magna Charta, 1066–1215

H. G. Richardson u. G. O. Sayles: The Governance of Med. E. from the Conquest to Magna Charta, L 1963. – I. J. Sanders: English Baronies. A Study of their Origin and Descent 1086–1327, L 1961. – N. F. Cantor: Church, Kingship and Lay Investiture in E. 1089–1135, L 1958. – K. Schnith: Die Wende d. engl. G. im 11. Jh., in: Hist. Jb. 86 (1966). – R. W. Finn: An Introduction to Domesday Book, L 1961. – Seit 1952 erscheint eine von H. C. Darby hrsg. Domesday Geography, von der bisher 6 Bände vorliegen. – R. W. Southern: Saint Anselm and his Biographer. A Study of Monastic Life and Thought 1059–1130, L 1963.

J. Harvey: The Plantagenets, L ^{2}1959. – D. M. Stenton: Engl. Justice 1066–1215,

L 1965. – C. R. Cheney: From Becket to Langton. English Church Government 1170–1213, L 1956. – R. Foreville: L'église et la royauté en Angleterre sous Henri II., Paris 1944 (Standardwerk). – B. B. Broughton: The Legends of King Richard I. Coeur de Lion, Den Haag 1966. – W. L. Warren: King John, L 1961. – F. M. Powicke: The Loss of Normandy 1189–1204, Ox ²1961. – J. C. Holt: The Northeners. A Study in the Reign of King John, L 1961. – J. C. Holt: Magna Charta, L 1965. – H. Wagner (Hrsg.): Magna Charta Libertatum von 1215, Bern 1951 (lat.-dt.-engl. Ausgabe). – D. D. Knowles: Archbishop Thomas Becket. A Character Study, Ca 1950. – F. M. Powicke: Stephan Langton, Ox 1928. – G. Misch: Johann v. Salisbury u. d. Problem des mittelalterlichen Humanismus, Göttingen 1960.

4.3. Die Anfänge des Parlaments, 1216–1399

B. Wilkinson: Constit. H. of Med. E., 1216–1399, 3 Bde., L 1948–58 (grundlegend, Quellenauszüge u. Interpretation). – F. M. Powicke: King Henry III and the Lord Edward. The Community of the Realm in the 13th C., 2 Bde., Ox 1947 (Standardwerk). – T. F. T. Plucknett: Edward I and Criminal Law, L 1960. – W. A. Morris, J. F. Willard u. W. H. Dunham (Hrsg.): The E. Government at Work 1327–1336, 3 Bde. Ca/Mass. 1940–50. – J. C. Davies: The Baronial Opposition to Edward II, L 1918 (Rp. 1967). – H. F. Hutchinson: The Hollow Crown. A Life of Richard II, L 1961. – V. H. H. Green: The Later Plantagenets. A Survey of E. H. between 1307 and 1485, L 1955. – R. H. Jones: The Royal Policy of Richard II., L 1968. – G. A. Holmes: The Estates of the Higher Nobility in 14th C., Ca 1957 (behandelt die Familien Mortimer, Bohun, Montague, Courtenay, Vere, DeBurgh). – F. Trautz: Die Könige v. Engl. u. d. Reich 1272–1377. Mit einem Rückblick auf ihr Verhältnis zu den Staufern, Heidelberg 1961. – E. Perroy: La guerre de cent ans, Paris 1945, engl. L ²1959. – M. M. Postan: The Costs of the Hundred Years' War, in: PP 27 (1964). – W. Fesefeldt: Englische Staatstheorie des 13. Jhs. Henry de Bracton u. sein Werk, Heidelberg 1962. – P. Spufford: Origins of the Engl. Parliament, L 1967 (gute Bibl.). – A. Marongiu: Med. Parliaments. A Comparative Study, L 1968. – H. G. Richardson u. G. O. Sayles: Parliaments and Great Councils in Med. E., L 1961. – J. S. Roskell: The Commons and their Speakers in English Parliaments, Manchester 1965. – J. E. Powell u. K. Wallis: The House of Lords in the MAs, L 1968. – J. W. M. Bean: The Decline of Engl. Feudalism 1215–1540, Manchester 1958. – H. J. Hewitt: The Organization of War under Edward III., Manchester 1966. – J. A. Robson: Wiclif and the Oxford Schools, Ox 1961. – G. G. Coulton: Chaucer and his E., L ²1937. – M. Aston: Thomas Arundel. A Study of Church Life in the Reign of Richard II., L 1967. – E. F. Jacob: Essays in the Conciliar Epoch, L ³1963 (wichtige Aufsatzsammlg.). – G. R. Elton: England 1200–1640. Studies in the Uses of Historical Evidence, Ithaca 1969. – G. R. Elton: The Body of the whole Realm. Parliament and Representation in Med. and Tudor E., Charlottesville 1969.

4.4. Lancaster, York und der Ausgang des Mittelalters, 1399–1485

Sir J. H. Ramsay: The Genesis of Lancaster, 2. Bde., Ox 1913. – Sir J. H. Ramsey: Lancaster and York, 2 Bde., Ox ²1912. – S. B. Chrimes: Lancastrians, Yorkists and Henry VII., L 1964. – K. A. Fowler: The Age of Plantagenet and Valois. The Struggle for Supremacy 1328–1498, L 1967. – J. Schmidt-Liebich: Ludwig IX und Ludwig XI, Zürich 1973, in: Die Großen der Weltgeschichte 4 (behandelt im Überblick auch die die engl.-frz. Beziehungen von 1200–1500). – C. Bingham: The Stewart Kingdom of Scotland 1371–1603, L 1974. – E. Simons: The Reign of Edward IV, L 1966. – R. H. Jones: The Royal Policy of Richard II, L 1968. – R. Bird: The Turbulent London of Richard II, L 1949. – Ch. Oman: The Great Revolt of 1381, L 1906, neu bearb. u. komm. 1968 v. E. B. Fryde. – Sir J. E. Lloyd: Owen Glendower, L 1931. – S. Armitage

Smith: John of Gaunt, L 1904 (Rp. 1964). – R. L. Storey: The End of the House of Lancaster, L 1966. – E. F. Jacob: Henry V and the Invasion of France, L 1947. – J. R. Lander: The Wars of the Roses, L 1965. – A. L. Rowse: Bosworth Field and the Wars of the Roses, L 1966. – C. D. Ross: Edward IV, L 1971. – P. M. Kendall: Richard III, L 1955 (Pb. 1972). – P. M. Kendall: Warwick the Kingmaker, and the Wars of the Roses, L 1957 (Pb. 1973). (Beide Biographien Kendalls, bes. die über den umstrittenen Richard III, sind grundlegende Werke.)
S. B. Chrimes u. A. L. Browne: Engl. Constit. Documents 1307–1485, L 1961. – M. Aston: Lollardy and Sedition 1381–1431, in: PP 17 (1960). – B. Wilkinson: The Constit. H. of E. in the 15th C., L 1964. – B. P. Wolffe: The Crown Lands 1461–1536, L 1970. – H. S. Bennett: The Pastons and their England, Ca 1922 (behandelt die Paston-Familie u. ihren berühmten Briefwechsel). – N. F. Blake: Caxton and his World, L 1969 (üb. die Anfänge des Buchdrucks in E.). – F. R. H. Du Boulay: An Age of Ambition. English Society in the Late MAs, L 1970. – E. E. Power u. M. M. Postan (Hrsg.): Studies in Engl. Trade in the 15th C., L 1933. – J. Evans: English Art 1307–1461, Ox 1949. – G. Matthew: The Court of Richard II, L 1968. – A. R. Myers: The Household of Edward IV, Manchester 1959.

IV: England unter den Tudors, 1485–1603

J. D. Mackie: The Earlier Tudors 1485–1558, Ox 1952 (OHE 7). – J. B. Black: The Reign of Elizabeth 1558–1603, Ox ^{2}1959 (OHE 8). – G. R. Elton: England under the Tudors, L 1962 (MHE 4). – L. Stone: The Tudor Age 1485–1603, L 1973 (NHE 4). – J. A. Williamson: The Tudor Age, L ^{2}1957. – S. T. Bindoff: Tudor England, Harmondsworth 1972 (PHE 5, 1950, Rp. mit einem bibl. Stand von 1961). – EHD 5: 1485–1558, L 1967, hrsg. v. C. H. Williams. – G. R. Elton (Hrsg.): The Tudor Constitution. Documents and Commentary, Ca 1960, ^{2}1965 (sehr wichtig). – G. R. Elton: The Tudor Revolution in Government, L 1953 (neue Sicht der Tudor-Verfassungsgeschichte, auch als Pb.). – J. P. Dawson: A H. of Lay Judges, L 1960 (Gerichtsverfassung). – G. J. O. Duncan: The High Court of Delegates, Ca 1971 (ausgez. Darstellung d. v. Heinrich VIII errichteten und bis 1832 in Funktion gebliebenen Oberappellationsgerichtes, mit Anhang, Urteilen u. Bibl.). – Zu Eltons Beurteilung der frühen Tudors s. J. Hurstfield: Was there a Tudor Despotism after all?, in: TRHS 5. Ser. (1967). – R. L. Storey: The Reign of Henry VII, L 1968. – A. F. Pollard: Henry VIII, L 1951. – A. F. Pollard: Wolsey, L 1929 (Rp. 1953). – J. J. Scarisbrick: Henry VIII, L 1968. – R. W. Chambers: Sir Thomas More, L 1935 (Pb. 1963). – Krit. Ausgabe von Mores Utopia bei J. H. Hexter u. E. Surtz (Hrsg.): The Compl. Works of St. Thomas More, Vol. 4: Utopia, New Haven – L 1965 (Yale Edition, hervorragend). – Th. Nipperdey: Thomas Morus, in: Klassiker d. Polit. Denkens I, hrsg. v. H. Maier, H. Rausch u. H. Denzer, München 1968 (gute Bibl.). – A. G. Dickens: Thomas Cromwell and the Engl. Reformation, L 1959. – A. G. Dickens: The English Reformation, L 1964. – P. Hughes: The Reformation in E., 3 Bde., L 1950–54 (umfassend, röm.-kath. Sicht). – D. Knowles: The Religious Orders in E. The Tudor Age, L 1959 (ausgez. über die Klosterauflösung). – H. F. M. Prescott: A Spanish Tudor. The Life of »Bloody Mary«, L ^{2}1953, dt. 1966. – H. W. Chapman: The Last Tudor King, L 1958. – W. Schenk: Reginald Pole, Cardinal of E., L 1950. – C. Morris: Political Thought in E. from Tyndale to Hooker, L 1953. – A. B. Ferguson: The Articulate Citizen and the Engl. Renaissance, L 1965. – K. Charlton: Education in Renaissance E., L 1965.
J. E. Neale: Queen Elizabeth I, L ^{2}1952 (Pb. 1964). – B. W. Beckinsale: Elizabeth I, L 1963. – A. G. R. Smith: The Government of Elizabethan E., L 1967. – J. E. Neale: Elizabeth I and her Parliaments, 2 Bde., L 1953–57. – J. E. Neale: The Elizabethan

House of Commons, L ^{2}1963 (Pb.). – S. T. Bindoff, J. Hurstfield u. C. H. Williams (Hrsg.): Elizabethan Government and Society. Essays presented to Sir John Neale, L 1961. – C. Read: Mr. Secretary Walsingham and the Policy of Queen Elizabeth, 3 Bde., L 1925. – C. Read: Mr. Secretary Cecil and Queen Elizabeth, L 1955. – C. Read: Lord Burghley and Queen Elizabeth, L 1960. – J. A. Williamson: Hawkins of Plymouth, L 1950. – J. A. Williamson: Sir Francis Drake, L 1951. – D. B. Quinn: Raleigh and the Brit. Empire, L 1947. – P. Lefranc: Sir Walter Raleigh écrivain, Paris 1968. – G. Doublier: M. Stuart, Paris 1959. – A. Fraser: Mary, Queen of Scots, Manchester 1969 (Pb. ^{3}1972, umfassend, ill., Bibl.). – P. Collinson: The Elizabethan Puritan Movement, L 1967. – C. H. u. K. George: The Protestant Mind of the Engl. Reformation, L 1961. – W. R. Trimble: The Catholic Laity in Elizabethan E., L 1964. – Ch. Hill: Economic Problems of the Church. From Archbishop Whitgift to the Long Parliament, L 1956. – A. G. Dickens u. D. Carr: The Reformation in E. to the Accession of Elizabeth I, L 1967 (Pb.). – A. V. Judge: The Elizabethan Underworld, L 1930. – J. A. Williamson: The Ocean in Engl. H., L 1941. – G. D. Ramsay: Engl. Overseas Trade during the Cs. of Emergence, L 1957. – G. Mattingly: The Defeat of the Spanish Armada, Boston 1959, dt. 1960 (Standardwerk). – Ch. Wilson: Queen Elizabeth and the Revolt of the Netherlands, Ca 1970. – A. L. Rowse: The Expansion of Elizabethan E, L 1955. – E. M. W. Tillyard: The Elizabethan World Picture, L 1943. – J. Lies-Milne: Tudor Renaissance, L 1951. – M. St. C. Byrne: Elizabethan Life in Town and Country, L 1954. – C. T. Onions (Hrsg.): Shakespeare's England, L 1917. – P. Quennell: William Shakespeare, L 1964. – J. Paris: Shakespeare, Reinbek 1970 (Bibl. bis 1964).

Die neuere Wirtschafts- und Sozialgeschichtsschreibung für die Tudor- und frühe Stuart-Epoche wird fast gänzlich von der sog. »Gentry-Kontroverse« beherrscht; zahlreiche Bücher, Symposien, Aufsatzsammlungen und Zeitschriftenbände – vor allem der »Ec. History Review« sowie von »Past and Present« zeigen die wissenschaftliche Debatte, die ihren Anfang hat mit R. H. Tawney: The Agrarian Problem in the 16th C., L 1912, neu hrsg. v. L. Stone 1967; Tawney: Religion and the Rise of Capitalism, L 1926 (Pb. 1938) und Tawney: The Rise of the Gentry 1558–1640, in: EcHR. 11 (1941). – Dazu nun H. R. Trevor-Roper: The Gentry 1540–1640 (EcHR, Erg. Bd. 1, 1953). – L. Stone: The Crisis of Aristocracy 1558–1641, Ox 1965. – J. H. Hexter: Storm over the Gentry, in: Ders.: Reappraisals in History, L 1961 (mit ausführl. Bibliographie). – Eine Sammlung mit Auszügen der wichtigsten Kontrovers-Schriften gibt L. Stone: Social Change and Revolution in England 1540–1640, L ^{3}1967. – Th. K. Rabb: Enterprise and Empire. Merchant and Gentry Investment in the Expansion of England 1575–1630, L 1967 (wichtig wegen des finanz- und außenpolitischen Ansatzes). – A. Carridge: Agrarian Problems in the 16th Century and after, L 1969.

R. H. Tawney u. E. Power (Hrsg.): Tudor Economic Documents, 3 Bde., L 1924. – J. Thirsk (Hrsg.): The Agrarian H. of E. and Wales, Bd. 4, L 1967. – M. Campbell: The E. Yeoman under Elizabeth and the Early Stuarts, L 1942 (Rp. 1971). – L. Boynton: The Elizabethan Militia 1558–1638, London 1967 (Pb. 1967). – J. T. Cliffe: The Yorkshire Gentry. From the Reformation to the Civil War, L 1969. – W. Wiegandt: Die Merchant Adventurers' Company auf dem Kontinent z. Z. der Tudors u. Stuarts, Kiel 1972.

V: England unter den Stuarts, 1603–1714

G. Davies: The Early Stuarts 1603–1660, Ox 1963 (^{2}1959, OHE 9). – Sir G. Clark: The Later Stuarts 1660–1714, Ox 1965 (Rp. d. verb. 2. Aufl. von 1961, OHE 10).

– Ch. Hill: The C. of Revolution, 1603–1714, L–Ed 1961 (zahlreiche Rps., NHE 5). – M. Ashley: England in the Seventeenth C., Harmondsworth 1971 (Rp. d. verb. 3. Aufl. v. 1967, PHE 6). Immer noch lesenswert ist L. v. Ranke: Engl. G., vornehmlich im XVII. Jh. Vollständ. Ausgabe in 2 Bdn., neu hrsg. v. M. Freund, Stuttgart 1955. – H. Schreiber: Die Stuarts, Genie u. Unstern einer kgl. Familie, München 1970 (ill., Bibl.). – EHD 7: 1603–1660, hrsg. v. M. Coates, ist im Erscheinen begriffen. – EHD 8: 1660–1714, hrsg. v. A. Browning, L 1953. – J. P. Kenyon: The Stuart Constitution 1603–88. Documents and Commentary, Ca 1966. – Aufgrund ihrer Materialfülle sind noch immer unentbehrlich die zahlreichen Gesamtdarstellungen und Monographien zur Geschichte Jakobs I., Karls I., Cromwells, des Bürgerkriegs, des Commonwealth und Protektorats sowie Schottlands aus den Federn von S. R. Gardiner und Sir Ch. Firth aus den Jahren 1880–1940. Auf einzelne Angaben zu diesen Werken sei hier verzichtet. – D. H. Willson: James VI and I, L 1956 (neubearb. Pb. 1966). – R. Ashton (Hrsg.): James I by His Contemporaries. An Account of his Career and Character as seen by some of his Contemp., L 1969. – D. Mathews: James I, L 1967. – R. H. Tawney: Business and Politics under James I, Ca 1958. – T. L. Moir: The Addled Parliament of 1614, Ox 1958.

Zur Verfassungsgeschichte, bes. zur königl. Autorität und Prärogative, bzw. zur Frage nach Common und Natural Law: W. B. Mitchell: The Rise of the Revolutionary Party in the Engl. House of Commons 1603–29, New York 1957. – F. D. Wormuth: The Royal Prerogative 1603–49, Ithaca 1939. – J. N. Figgis: The Divine Right of Kings, L 1896, ²1914, Rp. mit einer Einleitung v. G. R. Elton, Gloucester/Mass. 1970 (Standardwerk, wenn auch heute weitgehend korrigiert). – Cl. Roberts: The Growth of Responsible Government in Stuart England, Ca 1966. – G. A. Ritter: Divine Right und Prärogative d. engl. Könige 1603–40, in: HZ 196 (1963), (jetzt auch in G. A. Ritters Aufsatzband ›Parl. u. Demokratie in GB‹, Göttingen 1972). Einen guten Überblick über die wichtigsten politischen Theorien bietet E. Voegelin (Hrsg.): Zwischen Revolution und Restauration. Polit. Denken in E. im 17. Jh., München 1968 (Jakob I, Filmer, Harrington, Hobbes, Winstanley, Locke). – W. H. Greenleaf: Order, Empiricism and Politics. Two Traditions of Engl. Political Thought 1500–1700, Ox 1964.

Eine umfassende Biographie Karls I. fehlt weiterhin. Daher nützlich E. John: King Charles I, L ²1952 (1934). – D. Mathew: The Age of Charles I, L 1951. – G. E. Aylmer: The King's Servants. The Civil Service of Charles I 1625–1642, L 1961. – F. W. F. Smith, Earl of Birkenhead: Strafford, Lordkanzler Karls I., München 1946. – C. V. Wedgwood: Strafford, L 1935 (Rp. 1957). – H. F. Kearney: Strafford in Ireland, Manchester 1959. – H. R. Trevor-Roper: Archbishop Laud 1573–1645, L 1940, ²1962 (grundlegend). – Zur Einschätzung fremder Nationen durch die Puritaner M. A. Breslow: A Mirror of E. Engl. Puritan Views of Foreign Nations 1618–1640, Ca/Mass. 1970.

Abgesehen von den älteren Darstellungen hat auch die Zahl der jüngsten Untersuchungen zur Englischen Revolution derart zugenommen, daß hier nur eine knappe Auswahl getroffen werden kann. Ch. Blitzer (Hrsg.): The Commonwealth of E. Documents of the Engl. Civil Wars 1641–1660, New York 1963. – W. Haller: Tracts on Liberty in the Puritan Revolution, 3 Bde., New York 1934 (unentbehrliches Werk). – J. R. Powell u. E. K. Timings: Documents relating to the Civil War 1642–1648, New York 1963. – M. P. Ashley: The Greatness of Oliver Cromwell, New York 1958. – C. Bridenbaugh: Vexed and Troubled Englishmen, 1590–1642, L 1968. – M. Freund: Die Große Revolution in E. Anatomie eines Umsturzes, Hamburg 1951 (mit wichtigem Anhang, Lit. u. Kurzbiographien). – W. Förster: Thomas Hobbes u. d. Puritanismus. Grundlagen u. Grundfragen seiner Staatslehre, Berlin 1969, – R. L. Greaves: The Puritan Revolution and Educational Thought. Background for Reform,

New Brunswick/N. J. 1969. – J. H. Hexter: The Reign of King Pym, Ca/Mass. 1941. – Wichtig die Arbeiten des linksliberalen Ch. Hill: Society and Puritanism in Prerevolutionary E., L 1964. – Intellectual Origins of the Engl. Revolution, L 1965. – Puritanism and Revolution. Studies in Interpretation of the Engl. Revolution of the 17th C., L 1958 (Pb. 1962). – E. W. Ives (Hrsg.): The Engl. Revolution. A Series of Essays, L 1968 (Pb.). – M. A. Judson: The Political Thought of Sir Henry Vane the Younger, Philadelphia 1969. – W. M. Lamont: Godly Rule, Politics and Religion 1603–60, L-New York 1969. – M. F. Keeler: The Long Parliament 1640/41, Philadelphia 1954. – G. Lenz: Demokratie u. Diktatur i. d. engl. Rev. (1640–1660), München-Berlin 1933. – J. F. H. New: Anglican and Puritan. The Basis of their Opposition 1558–1640, L 1964. – V. Pearl: London and the Outbreak of the Puritan Revolution. City Government and National Politics 1625–1643, Ox 1961. – R. Stadelmann: G. d. engl. Revolution, Wiesbaden 1954. – L. Stone: The Causes of the Engl. Revolution 1529–1642, L 1972. – D. Underdown: Royalist Conspiracy in E. 1649–60, New Haven 1960. – J. F. Wilson: Pulpit in Parliament. Puritanism During the Engl. Civil Wars 1640–48, Princeton 1969. – G. Yule: The Independents in the Engl. Civil War, Ca 1958. – Einzelne Aspekte: C. V. Wedgwood: The King's War 1641–47, L [2]1958 (= C. V. W.: The Great Rebellion, Bd. 2). – C. V. Wedgwood: The Trial of Charles I, L 1964, dt. 1968. – L. F. Solt: Saints in Arms. Puritanism and Democracy in Cromwell's Army, Stanford-Ox 1959. – H. N. Brailsford: The Levellers and the Engl. Rev., hrsg. v. Ch. Hill, L 1961. – P. Wende: Liberty and Property in der polit. Theorie d. Levellers, in: Zs. f. hist. Forschung 1 (1974/75). – P. G. Rogers: The Fifth Monarchy Men, L 1966. – P. Zagorin: A H. of the Political Thought in the Engl. Rev., L [2]1965. – Die grundlegende Arbeit zu den politischen u. sozialen Ideen der Levellers, bei Harrington, Hobbes u. Locke, die allerdings eine Forschungskontroverse nach sich zog, ist C. B. Macpherson: Die politische Theorie des Besitzindividualismus. Von Hobbes bis Locke, Frankfurt 1967.

G. Davies: The Restoration of Charles II, 1658–60, San Marino/Calif. 1955 (grundlegendes, minutiös ausholendes Werk, wenn auch stark ereignisgeschichtl. orientiert). – R. S. Bosher: The Making of the Restoration Settlement. The Influence of the Laudians 1649–62, L [2]1957. – R. W. Ramsey: Richard Cromwell, Protector of E., L 1935. – P. Morrah: 1660, the Year of Restoration, L 1960. – Ch. Hill: Oliver Cromwell, 1658–1958, L 1958. – R. Paul: The Lord Protector. Religion and Politics in the Life of O. Cromwell, L 1955.

Sir A. Bryant: King Charles II, L–Glasgow [2]1964. – H. W. Chapman: The Tragedy of Charles II in the Years 1630–1660, Boston-Toronto 1964. – D. Ogg: E. in the Reign of Charles II, 2 Bde., Ox 1955, einbändige Ausg. Ox 1967 (umfassende Darst.). – W. L. Sachse: Restoration England 1660–69, Ca 1971. – B. H. G. Wormald: Clarendon. Politics, History and Religion 1640–60, Ca 1951. – M. Lee jr: The Cabal, L 1965. – G. K. Feiling: British Foreign Policy 1660–72, L 1930. – H. C. Foxcroft: The Character of a Trimmer. Being a Short Life of the First Marquis of Halifax, L 1946. – L. F. Brown: The First Earl of Shaftesbury, Washington 1933. – J. P. Kenyon: Robert Spencer, Earl of Sunderland, 1641–1702, L 1958. – A. Browning: Thomas Osborne, First Earl of Danby and Duke of Leeds, 3 Bde., Glasgow 1944–51. – F. C. Turner: James II, L 1948. – D. Ogg: E. in the Reign of James II and William III, Ox [2]1957. – K. H. D. Haley: The First Earl of Shaftesbury, L 1968. – St. Baxter: William III, Ca/Mass. 1966 (Standardwerk, wenn auch mit einigen anfechtbaren Thesen). – G. M. Trevelyan: Die Engl. Revolution 1688/89, München 1950 (Whig-Interpretation). – L. Hammermayer: Restauration u. »Revolution von oben« in GB (1685–88), in: HJB 87 (1967). – J. Carswell: The Descent on E. A Study of the Engl. Rev. of 1688 and its European Background, New York 1969. – R. Hatton u. G. Holmes (Hrsg.): Britain after the Glorious Rev. 1689–1714, L 1969. – J. S. Bromley: William III and

Louis XIV 1600–1720. Essays by and for M. A. Thomson, L 1968. (wichtige Aufsatzsammlung, vor allem zur Außenpolitik). – G. M. Trevelyan: E. under Queen Anne, 3 Bde., L 1930–34 (klassische Darstellung). – G. Holmes: British Politics in the Age of Anne, L 1967. – G. S. Pryde: The Treaty of Union of Scotland and E., L 1950. – W. L. S. Churchill: Marlborough. His Life and Times, 4 Bde., L 1933–38, dt. 2 Bde., München 1968/69. – M. Ashley: Marlborough, New York 1958.
Zur Geschichte von Regierung und Verwaltung, Verfassung, Parlament und Parteien, 1660–1714: W. C. Costin u. J. Steven-Watson: The Law and Working of the Constitution 1660–1914, 2 Bde., L ^{2}1961/62. – J. H. Plumb: The Growth of Political Stability in E. 1675 to 1725, L 1965. – B. Kemp: King and Commons 1660–1832, L 1957 (grundlegend). – J. B. Mackintosh: The British Cabinet, L ^{2}1968. – St. B. Baxter: The Development of the Treasury 1660 to 1702, Ca/Mass. 1957. – J. H. Plumb: The Organization of the Cabinet in the Reign of Queen Anne, in: TRHS V/7 (1957). – J. H. Plumb: The Growth of the Electorate in E. from 1600 to 1715, in: PP 36 (1969). – G. E. Aylmer: Some 17th C. Origins of Non-Political Civil Service, in: TRHS V/15 (1965). – P. G. M. Dickson: The Financial Rev. in E. A Study in the Development of Public Credit 1688–1756, L 1967 (wichtig). – D. T. Witcombe: Charles II and the Cavalier House of Commons, L 1966. – J. R. Jones: The First Whigs. The Politics of the Exclusion Crisis 1678–1683, L 1961. – K. Feiling: A H. of the Tory Party 1640–1714, Ox 1925, Ca ^{2}1965. – D. R. Lacey: Dissent and Parliamentary Politics in E. 1661–89. A Study in the Perpetuation and Tempering of Parliamentarism, New Brunswick/N. J. 1969. – G. Holmes u. W. A. Speck: The Divided Society. Party Conflict in E. 1694–1715, L 1967 (Pb.). – J. Levin: The Charter Controversy in the City of London 1660–88, and its Consequences, L-New York 1969.
Zur Wirtschafts-, Sozial- und Geistesgeschichte der Stuart-Ära, 1603–1714: Ch. Wilson: E.'s Apprenticeship 1603–1763, L 1965. – Ch. Wilson: Profit and Power. A Study of E. and the Dutch Wars, L 1957. – W. Notestein: The Engl. People on the Eve of Colonization 1603–1630, L 1954. – B. Supple: Commercial Crisis and Change in E. 1600 to 1642. A Study in the Instability of a Mercantile Economy, L 1959. – R. Ashton: The Crown and the Money Market 1603–40, L 1960. – S. J. Madge: The Domesday of Crown Lands. A Study of the Legislation, Surveys, and Sales of Royal Estates under the Commonwealth, L 1938 (Rp. 1968). – E. Schulin: Handelsstaat E. Das politische Interesse der Nation am Außenhandel vom 16. bis ins frühe 18. Jh., Wiesbaden 1969. – M. Ashley: Financial and Commercial Policy under the Cromwellian Protectorate. L 1934. – M. James: Social Problems and Policy during the Puritan Rev., L 1930 (Rp. 1966). – L. A. Harper: The English Navigation Laws. A 17th C. Experiment in Social Engineering, L 1939. – R. Davies: Engl. Foreign Trade 1660–1700, in: EcHR. 7 (1954). – G. L. Beer: The Old Colonial System 1660–1715, Tl. 1: The Establishment of the System, 2 Bde., L 1912 (Rp. 1958). – J. Thirsk: Engl. Peasant Farming, L 1957. – R. Davis: The Rise of the Engl. Shipping Industry in the 17th and 18th Cs., L 1962. – R. W. K. Hinton: The Engl. Trade and the Commonwealth in 17th C., L 1939. – J. H. Clapham: The Bank of E. A H., L 1944. – J. Giuseppi: The Bank of England. A H. from its Foundation in 1694, L 1966.
J. G. Growther: Francis Bacon. The First Statesman of Science, L 1960. – J. R. Hale (Hrsg.): The Evolution of Brit. Historiography. From Bacon to Namier, L 1967. – C. Robbins: The 18th C. Commonwealth Man. Studies in the Transmission, Development and Circumstance of Engl. Liberal Thought from the Restoration of Charles II until the War with the Colonies, L 1959. – M. Cranston: John Locke. A Biography, L 1957. – J. W. Yolton: John Locke and the Way of Ideas, Ox 1968. – R. Rotermundt: Das Denken John Lockes, Frankfurt a. M. 1976. – Kurze Einführung und Gegenüberstellung von Locke und Hume bei J. Schmidt-Liebich: John Locke und David Hume, in: Die Großen d. Weltgeschichte, Zürich 1975. – A. R. Hall: Die Geburt der

naturwissenschaftlichen Methode 1630–1720. Von Galilei bis Newton, Gütersloh 1965. – M. Purver: The Royal Society. Concept and Creation, L 1967. – H. T. Swedenberg jr. (Hrsg.): E. in the Restoration and Early 18th C. Essays on Cultured Society, Berkeley 1972. – F. Wagner: Church H. and Secular H. as reflected by Newton and his Time, in: History and Theory 8 (1969). – F. Wagner: Neue Diskussionen über Newtons Wissenschaftsbegriff, München 1969. – R. S. Westfall: Science and Religion in 17th C. England, New Haven 1958. – M. Ashley: Life in Stuart E., L 1967. – W. A. L. Vincent: The State and School Education, L 1950. – M. H. Curtis: Oxford and Cambridge in Transition, Ox 1959. – C. V. Wedgewood: Poetry and Politics under the Stuarts, Ca 1960. – J. F. Wittkop: Swift, Reinbek 1976 (rm 242; guter Einblick i. d. Zeit Wilhelms, Annas, Marlboroughs und Georgs I.).
R. Bagwell: Ireland under the Stuarts, 3 Bde., L 1909–16. – J. G. Simms: Jacobite Ireland, L 1969. – L. M. Cullen: Anglo-Irish Trade 1660–1800, Manchester 1968. – G. S. Pryde: Scotland from 1603 to the Present Day, L 1962.

VI: England bis zum Abfall der amerikanischen Kolonien, 1714–83

1. Gesamtdarstellungen und politische Geschichte; Biographien

B. Williams: The Whig Supremacy 1714–60, Ox ²1962 (OHE 11, durchschnittl. Werk). – J. Steven-Watson: The Reign of George III, 1760–1815, Ox 1960 (OHE 12, sehr gut). – D. Marshall: 18th C. E., L ²1963. – J. H. Plumb: E. in the 18th C., Harmondsworth 1971 (Rp. d. verb. Aufl. v. 1963; gut, doch Bibl. auf Stand von 1962). – Ein großartiges Werk, wenn man den übertriebenen Whig-Standpunkt außer acht läßt, ist noch immer W. E. H. Lecky: A H. of E. in the 18th C., 8 Bde., L 1878–90, besser die zweite »Cabinet Edition«, 7 Bde. 1892/93, auch dt. Leipzig 1879–83, 4 Bde. – Für die Jahre 1715–42 das monumentale Werk von W. Michael: Engl. G. im 18. Jh., 5 Bde., Hamburg 1896–1955. – J. H. Plumb: The First Four Georges, L–Glasgow 1973 (1956, Rp. d. 2. verb. Aufl. 1966, Pb.). – EHD Bd. 9: American Colonial Docs. to 1776, hrsg. v. M. Jensen; Bd. 10: 1714–1783, hrsg. v. D. B. Horn u. M. Ransome, L 1958. – J. H. Plumb: Sir Robert Walpole, 2 Bde., L 1956/60. – J. B. Owen: The Rise of the Pelhams, L 1957. – J. Hart: Bolingbroke. Tory Humanist, L 1965. – B. Williams: Carteret and Newcastle, L 1943. – J. H. Plumb: Chatham, L 1953. – O. A. Sherrard: Lord Chatham, 3 Bde., L 1952–58. – P. Brown: The Chathamites. A Study in the Relationship between Personalities and Ideas in the 2nd. Half of the 18th C., L 1968. – R. H. Davis: Horace Walpole, L 1963.
D. B. Horne: Great Britain and Europe in the 18th C., L 1967. – G. H. Hilton Jones: The Mainstream of Jacobitism, L 1954. – R. C. Jarvis: The Jacobite Risings of 1715 and 1745, L 1954. – J. Carswell: The South-Sea Bubble, L 1960. – M. Schlenke: E. und d. friderizianische Preußen 1740–63. Ein Beitrag z. Verhältnis von Politik u. öffentl. Meinung im E. des 18. Jhs., Freiburg-München 1963 (sehr informativ, gute Bibl.). – R. Pares: American vs. Continental Warfare, 1739–1763, in: ders.: The Historian's Business and other Essays, hrsg. v. R. A. u. E. Humphrey, L 1961. – Ch. R. Ritcheson: Brit. Politics and the American Revolution. The Path to War, 1773–75, L 1964. – J. R. Pole: Political Representation in E. and the Origins of the American Republic, L 1966. – I. R. Christie: Crisis of Empire. Great Britain and the American Colonies 1773–75, L 1966. – V. T. Harlow: The Founding of the Second Brit. Empire 1763–93, 2 Bde., L 1964 (Standardwerk).

2. Verfassung, Regierung, Parlament und Parteien

W. Holdsworth: A H. of Engl. Law, Bd. 10, L 1938 (grundlegend). – N. Sykes: Church and State in the 18th C., L 1934 (wichtig). – J. R. Western: The Engl. Militia in the 18th C. The Story of a Political Issue, L 1965. – Wichtige Aufsätze z. Verfassungsgeschichte bei R. Mitchison (Hrsg.): Essays in 18th C. H., from the EHR., L 1966. – J. Redlich: Recht u. Technik d. engl. Parlamentarismus, 3 Bde., Leipzig 1905. – G. P. Judd: Members of Parliament 1734–1832, L 1955. – K. Kluxen: Das Problem der engl. Opposition. Entwicklung u. Wesen d. engl. Zweiparteienpolitik im 18. Jh., München 1956. – Einen ausgezeichneten Einblick in die komplizierten innenpolitischen und parlamentarischen Verhältnisse, auch unter Einbeziehung von Methoden- und Forschungsproblemen, gibt G. A. Ritter: Das britische Parlament im 18. Jh., 1964; in überarb. Form in Ders.: Parl. u. Demokratie in GB, Göttingen 1972. – A. S. Foord: His Majesty's Opposition, L 1964. – K. Feiling: The Second Tory Party, L ²1951. – Die zahlreichen minutiös-analytischen und strukturgeschichtlichen Arbeiten Sir L. B. Namiers zu Politik, Staat, Gesellschaft, Parlament u. Parteien im 18. Jh. räumen zwar mit traditioneller Whig-Historie auf, unterliegen aber selbst wiederum wissenschaftlicher Kritik: H. Butterfield: George III and the Historians, L 1957. – Den Ansatz Namiers modifiziert R. Pares: King George III and the Politicians, L ²1967. – I. R. Christie: Wilkes, Wyvill and Reform, The Parliamentary Reform Movement in Brit. Politics 1760–1785, L 1962. – G. Rudé: Wilkes and Liberty, Ox 1962 (Pb.). – H. Butterfield: George III, Lord North and the People 1779–80, L 1950. – I. R. Christie: The End of Lord North's Ministry 1780–82, L 1958. – Wie Pares und Christie ist auch J. Cannon ein »revisionistischer« ehemaliger Namier-Anhänger: The Fox-North Coalition. Crisis of the Constitution, Ca 1969. – A. C. Carter: The Engl. Public Debt in the 18th C., L 1968. – D. M. Clark: The Rise of the Brit. Treasury. Colonial Administration in the 18th C., L 1960. – W. R. Ward: The Engl. Land Tax in the 18th C., L 1953.

3. Wirtschafts- und Sozialgeschichte, Industrielle Revolution

T. S. Ashton: An Economic H. of E. The 18th C., L ²1964. – G. E. Mingay: Engl. Landed Society in the 18th C., L 1963. – T. S. Ashton: Economic Fluctuations in E. 1700–1800, Ox 1959. – E. N. Williams: Life in Georgian E., L 1962. – L. Sutherland: The East India Company in 18th C. Politics, L 1952. – Ch. Wilson: Anglo-Dutch Commerce in the 18th C., L ²1966. – R. H. Campbell: Scotland since 1707. The Rise of an Industrial Society, Ox 1965. – E. J. Hobsbawm: Industrie und Empire. Brit. Wirtschaftsgeschichte seit 1750, 2 Bde., Frankfurt 1970 (sehr gut, linksliberal). – Ph. Deane u. W. A. Cole: Brit. Economic Growth 1688–1959. Trends and Structure, Ca ²1967. – P. Mathias: The First Industrial Nation. An Economic H. of Britain 1700–1914, L 1969. – J. D. Chambers u. G. E. Mingay: The Agricultural Revolution 1750–1880, L 1966. – W. E. Michinton: The Growth of Engl. Overseas Trade in the 17th and 18th Cs., L 1969. – F. Barker u. P. Jackson: London. 200 Years of a City and its People, L 1974 (hervorragender, wiss. zusammengestellter Text- und Bildband). Aus der riesigen Zahl von Arbeiten zur »Industriellen Revolution«, vor allem der letzten 15 Jahre, kann hier nur eine sehr knappe Auswahl gegeben werden. Neben den kurzen, aber gut kommentierten Literaturangaben bei E. J. Hobsbawm, s. o., sei vor allem auf folgenden Sammelband mit ausgezeichneten, methoden- und sachtypischen Aufsätzen, großem Anmerkungsapparat und ausgezeichneter Bibliographie hingewiesen: R. Braun, W. Fischer, H. Großkreutz u. H. Volkmann (Hrsg.): Industrielle Revolution. Wirtschaftliche Aspekte, Köln-Berlin 1972. – Entsprechend von denselben Herausgebern: Gesellschaft in der Industriellen Revolution, Köln-Berlin 1973. – Einen guten bibliographischen Überblick gibt K. Borchardt: Probleme der ersten Phase der industriellen Rev. in E. Ein bibl. Bericht üb. wirtschaftsgeschichtl. Publikationen u. d. Stand d. Forschung im engl. Sprachraum, in: Vierteljahresschrift f. Soz.- u. Wirtschaftsg. 55 (1968). – M. Schlenke: Sozialgeschichtl. Aspekte der Industriellen Rev. in E., in: GWU 25 (1974). – M. W. Flinn: The Origins of the Industrial Rev.

1760–1830, New York 1966 (Pb.). – D. S. Landes: Der entfesselte Prometheus. Technologischer Wandel und industrielle Entwicklung in Westeuropa von 1750 bis zur Gegenwart, Köln 1973. – W. W. Rostow: Stadien wirtschaftlichen Wachstums. Eine Alternative zur marxistischen Entwicklungstheorie, Göttingen [2]1967. – E. M. Carus-Wilson: Essays in Economic H., 3 Bde., L 1954–62, hier Bd. 3, L [2]1966 (wichtige Aufsatzsammlung). – H. J. Habakkuk u. M. M. Postan (Hrsg.): The Industrial Revolutions and After, Ca 1965 (CEHE 6). – R. M. Hartwell (Hrsg.): The Causes of Industrial Rev. in E., L 1967. – H. G. J. Aitken (Hrsg.): Explorations in Enterprise, Ca/Mass. 1965. – J. W. Gough: The Rise of the Entrepreneur, L 1969. – A. E. Musson u. E. Robinson: Science and Technology in the Industrial Rev., Manchester 1969. – Auf Einzelfragen zur Eisen- und Stahl-, Holz- und Textilindustrie usw. muß hier verzichtet werden; ebenso auf Probleme wie »take-off« und »innovation«. – I. Pinchbeck: Women Workers in the Industrial Revolution, L 1969.

4. Geistesgeschichte

R. u. E. Forster: European Society in the 18th C., L 1969. – L. G. Crocker (Hrsg.): The Age of Enlightment, L-Melbourne 1969. – S. Letwin: The Pursuit of Certainty. David Hume, Jeremy Bentham, John St. Mill, Beatrice Webb, L 1965. – J. Clifford (Hrsg.): Man vs. Society in 18th C. Britain. Six Points of View, L 1968. – J. Schmidt-Liebich: John Locke u. David Hume, s. Teil V. – T. W. Copland: Edmund Burke. Six Essays, L 1950. – A. Ellis: A H. of the Coffee-Houses, L 1956. – J. J. Hecht: The Domestic Servant Class in 18th C. E., L 1956. – I. Watt: Der bürgerliche Roman, Aufstieg einer Gattung. Defoe, Richardson, Fielding, Frankfurt 1974. – M. D. George: Engl. Political Caricature to 1792, Ox 1959. – J. Habermas: Strukturwandel d. Öffentlichkeit. Untersuchungen zu einer Kategorie d. bürgerl. Gesellschaft, Neuwied-Berlin 1962 (darin gute Abschnitte üb. Engl., Daily Life, Clubs, Kaffeehäuser, Presse usw.). – H. Medick: Naturzustand u. Naturgeschichte d. bürgerl. Gesellschaft. Die Ursprünge d. bürgerl. Sozialtheorie als Geschichtsphilosophie u. Sozialwissenschaft bei Samuel Pufendorf, John Locke u. Adam Smith, Göttingen 1973.

VII: Das Ende des alten Systems. Englands Übergang zur bürgerlichen Ära, 1783–1832/37

Neben den in Teil VI genannten Werken: A. Aspinall u. E. A. Smith (Hrsg.): 1783–1832, Ox 1959, = EHD 11. – L. Woodward: The Age of Reform 1815–70, Ox [2]1962, = OHE 13. – A. Briggs: The Age of Improvement 1783–1867, L [3]1962, = LHE 8. – D. Thomson: E. in the 19th C. 1815–1914, Harmondsworth 1971 (PHE 8, Rp. d. 1. Aufl. v. 1950 mit erg. Bibl. v. 1964). – Knapper Überblick bei R. Fulford: Hanover to Windsor, L 1972 (Rp. v. 1960, Pb.). – E. Halévy: A H. of the Engl. People in the 19th C., engl. 6 Bde. in 7, L [2]1949–52 (Rp. 1960). – J. W. Derry: William Pitt, L 1962. – J. Ehrman: The Younger Pitt, L 1969. – C. Hobhouse: Fox, L 1934 (Pb. 1964). – L. G. Mitchell: Charles James Fox and the Disintegration of the Whig-Party 1782–1794, Ox 1970. – L. Bergeron, F. Furet u. R. Koselleck: Das ZA d. europ. Revolution 1780–1848, Frankfurt-Hamburg 1969 (ausgezeichnet, wenn auch die strukturgeschichtl. Darstellung einige Vorkenntnisse erfordert; gute Bibl.). – I. R. Christie: Myth and Reality in Late 18th C. British Politics, L 1970. – E. Longford: Wellington. The Years of the Sword, London 1969 (Pb. 1971, illustr.). – A. Brett-James: Life in Wellington's Army, L 1972. – D. Gray: Spencer Perceval. The Evangelical Prime Minister 1762–1812, Manchester 1965. – H. A. Kissinger: Großmacht-Diplomatie. Von der Staatskunst Castlereaghs und Metternichs, Düsseldorf-Wien 1962 (Pb. 1972). – H. Temperley: The Foreign Policy of Canning, L 1925,[2] 1966. – W.

Hinde: George Canning, L 1973. – K. Griewank: Der Wiener Kongreß u. d. europ. Restauration 1814/15, Leipzig ²1954. – A. Cobban: Edmund Burke and the Revolt against the XVIIIth C., L 1961. – H. Mitchell: The Underground War against Revolutionary France, Ox 1965. – B. T. Wilkins: The Problem of Burke's Political Philosophy, L 1967. – G. C. Bolton: The Passing of the Irish Act of Union, Ox 1966. – J. Carty: Ireland from Grattan's Parliament to the Great Famine, Dublin 1949.
G. S. Veitch: The Genesis of Parliamentary Reform, L 1913; neu hrsg. v. I. R. Christie, L 1964 (grundlegend). – A. Aspinall: The Cabinet Council 1783–1835, in: Proceed. of the Brit. Academy 38 (1952). – D. E. Ginter (Hrsg.): Whig Organization in the General Election of 1790, L 1967. – W. R. Brock: Lord Liverpool and Liberal Toryism 1820–27, L 1941. – M. Roberts: The Whig Party 1807–12, L ²1965. – G. I. T. Machin: The Catholic Question in Engl. Politics, 1820–30, L 1964. – G. Davie: The Democratic Intellect. Scotland and her Universities in the 19th C., L ²1964. – R. J. White: Waterloo to Peterloo, Harmondsworth 1968 (L 1957). – E. P. Thompson: The Making of the Engl. Working Class, Harmondsworth 1972 (Rp. d. 2. verb. Aufl. v. 1968; bahnbrechendes Werk). – Über die Anfänge der Gewerkschaftsbewegung einiges bei H. Pelling: A H. of Brit. Trade Unionism, Harmondsworth 1971 (Rp. d. verb. Aufl. v. 1970; sehr gut). – E. L. Jones u. G. E. Mingay (Hrsg.): Land, Labour and Population in the Industrial Revolution. Essays pres. to J. D. Chambers, L 1967. – J. Plamenatz: The Engl. Utilitarians, L ²1958. – P. Hollis (Hrsg.): Class and Conflict in 19th C. E. 1815–1850, L 1973.

VIII: Die Viktorianische Epoche, 1832/37–1901

1. Gesamtdarstellungen, Politische Geschichte

G. Kitson-Clark: The Making of Victorian E., L 1962. – J. L. Altholz: Victorian E., Ca 1970. – Guy Palmade: Das bürgerliche Zeitalter, Frankfurt 1969. – W. J. Mommsen: Das ZA des Imperialismus, Frankfurt-Hamburg 1969. – R. Ensor: E. 1870–1914, Ox ⁵1949, = OHE 14. – G. M. Young: Early Vict. E. 1830–65, 2 Bde., L 1934/36. – H. W. V. Temperley u. L. M. Penson: Foundations of British Foreign Policy from Pitt 1792 to Salisbury 1902, Ca 1938 (Rp. 1966). – G. M. Young u. W. D. Handcock (Hrsg.): 1833–74. L 1956, = EHD 12, 1. – D. C. Platt: Finance, Trade and Politics in Brit. Foreign Policy 1815–1914, L 1967. – E. Longford: Victoria R. I., L 1972 (Pb., Rp. d. Aufl. v. 1966; umfassend, personalistisch, illustr.). – C. Woodham-Smith: Queen Victoria, Bd. 1: 1819–1861, L 1972. – F. Eyck: The Prince Consort. A Political Biography, L 1959. – N. Gash: Politics in the Age of Peel, L ²1955. – N. Gash: Mr. Secretary Peel, L 1961. – D. Cecil: Lord Melbourne, L 1956. – Lady F. Balfour: Life of George Earl Aberdeen, 2 Bde., L 1923. – A. W. Tilby: Lord John Russell, L 1930. – J. Ridley: Lord Palmerston, Manchester 1970 (Pb. 1972, umfassend, krit. App., illustr.). – Ch. Webster: The Foreign Policy of Palmerston 1830–41, 2 Bde., L 1951. – R. Blake: Disraeli, L 1966. – Ph. Magnus: Gladstone, L 1960 (Rp.). – J. L. Hammond: Gladstone and Liberalism, New York 1966. – M. Cowling: Disraeli, Gladstone and the Revolution, Ca 1967. – Zum Imperialismus-Problem s. neben Mommsen auch Heft 4 (1. Jg.) der von ihm mithrsg. Zs., Geschichte u. Gesellschaft, Göttingen 1975. Weiter H.–U. Wehler (Hrsg.): Imperialismus Köln 1974 (NWB 37) und R. v. Albertini (Hrsg.): Moderne Kolonialgeschichte, Köln 1973 (NWB 39). – G. Martin: The Durham Report and Brit. Foreign Policy, Ca. 1972. – J. A. Grenville: Lord Salisbury and Foreign Policy. The Close of the 19th C., L 1964. – C. J. Lowe: Salisbury and the Mediterranean 1886–1896, L 1965. – M. Pinto-Duschinski: The Political Thought of Lord Salisbury, L 1967. – R. O. A. Milnes: Lord Rosebery, 2 Bde., L 1931. – R. Gallagher, R. Robinson u. A. Denny: Africa and the Victorians,

Robinson u. A. Denny: Africa and the Victorians, L 1961. – A. J. Marder: The Anatomy of Brit. Sea-Power. A H. of Brit. Naval Politics in the Pre-Dreadnought Era 1880–1905, L 1964. – J. L. Hammond: Gladstone and the Irish Nation, L 1938. – P. Alter: Die irische Nationalbewegung zw. Parlament u. Revolution (1880–1918), Köln 1971. – A. Macintyre: The Liberator. Daniel O'Connell and the Irish Party 1830–47, L 1965. – C. C. O'Brien: Parnell and his Party 1880–90, Ox 1957. – J. L. Garvin u. J. Amery: Life of Joseph Chamberlain, 3+2 Bde., L 1932–34 u. 1951–53. – Als Beispiel für Englands außenpolitisches Engagement sei hier nur der Krimkrieg, bzw. sein Ende und Englands Diplomatie genannt: W. Baumgart: Der Friede von Paris 1856. Studien zum Verhältnis von Kriegführung, Politik und Friedensbewahrung, München-Wien 1972.

2. Innenpolitik, Parlamentsreform und Parteien

K. Kluxen: Die Umformung d. parlament. Regierungssystems in GB beim Übergang z. modernen Massendemokratie, in: ders. (Hrsg.): Parlamentarismus, Köln ³1971. – D. Southgate: The Passing of the Whigs 1832–86, L 1962. – W. D. Jones: Lord Derby and Victorian Conservatism, Athens/Georgia 1956 (über Edward Henry D., Staatssekretär f. Indien u. AM). – Ideas and Institutions of Vict. Britain. Essays in Honour of G. Kitson–Clark, L 1967. – A. Setzer: Wahlsystem und Parteienentwicklung in E. Wege zur Demokratisierung d. Institutionen 1832–1948, Frankfurt/M 1973 (Tb). – F. Hardie: The Political Influence of the Brit. Monarchy, 1868–1952, L 1970. – N. Gash: Reaction and Reconstruction in British Politics 1832–52, L 1965. – I. Bulmer-Thomas: The Growth of the Brit. Party System, 2 Bde., L 1965/66. – H. J. Hanham: Elections and Party Management. Politics in the Time of Disraeli and Gladstone, L 1959. – F. B. Smith: The Making of the Second Reform Bill, L 1966. – F. C. Mather: Public Order in the Age of the Chartists, Manchester 1959. – P. Smith: Disraelian Conservatism and Social Reform, L 1967. – J. R. Vincent: The Formation of the Brit. Liberal Party 1857–68, Harmondsworth 1972 (1966). – J. R. Vincent: Pollbooks. How Victorians Voted, L 1967. – P. Thompson: Socialists, Liberals and Labour. The Struggle for London 1885–1914, L 1967. – D. Roberts: The Victorian Origins of the British Welfare State, L 1960. – C. Rover: Women's Suffrage and Party Politics in Britain 1866–1914, L 1967. – G. D. H. Cole: A Short H. of the Brit. Working Class Movement 1789–1947, New York 1960/61 (grundlegend neben der Arbeit von E. P. Thompson). – E. J. Hobsbawm: Labouring Men. Studies in the H. of Labour, L ²1965 (gute Aufsatzsammlung). – H. A. Clegg, A. Fox u. A. F. Thompson: H. of Brit. Trade Unionism from 1889, 3 Bde., Ox 1964 ff. – H. Pelling: The Origins of the Labour Party, L 1954, 2. verb. Aufl. 1965. – H. Pelling: Short H. of the Labour Party, verb. Aufl. L 1968. – A. M. McBriar: Fabian Socialism and Engl. Politics 1884–1918, Ca 1962. – R. E. Dowse: Left in the Centre. The Independent Labour Party 1893–1940, L 1966.

3. Politische und soziale Ideen, Kultur- und Geistesgeschichte

C. Brinton: Engl. Political Thought in the 19th C., New York 1933, ²1962 (Pb.). – J. W. Burrow: Evolution and Society. A Study in Victorian Social Theory, L 1966. – E. Barker: Political Thought in E. from Spencer to the Present Day, L 1958. – J. W. Adamson: Engl. Education 1789–1902, L 1930. – F. M. L. Thompson: Engl. Landed Society in the 19th C., L 1963. – Ideas and Institutions of Victorian Britain. Essays in Honour of George Kitson Clark, L 1967. – R. Dutton: The Victorian Home, L 1954. – R. Lambert: Sir John Simon and Engl. Social Administration, L 1963. – D. Forbes: The Liberal Anglican Idea of History, L 1952. – W. Karrer u. E. Kreutzer: Daten der engl. u. amerik. Literatur von 1890 bis zur Gegenwart, München 1973 (dtv 3107). – P. Funke: Oscar Wilde, Reinbek 1969 (rm 148). – L. E. Elliott-Binns: Religion in the Vict. Era, L 1936.

4. Wirtschafts- und Sozialgeschichte
S. G. Checkland: The Rise of Industrial Society in E. 1815–1885, L 1964 (gut, Bibl.). – J. D. Chambers: The Workshop of the World. Brit. Econ. H. from 1820 to 1880, L 1961 (Rp. 1964). – W. O. Henderson: Britain and Industrial Europe 1750–1870, Liverpool 1954, 2. Aufl. L 1965. – D. K. Fieldhouse: Economics and Empire 1830–1914, L 1973. – W. Ashworth: An Econ. H. of E. 1870–1939, L ²1969. – V. Cowles: Die Rothschilds. Geschichte einer Familie, dt. Würzburg 1974. – F. Engels: Die Lage der arbeitenden Klasse in E., München 1973 (dtv 6012). – J. D. Chambers u. G. E. Mingay: The Agricultural Revolution 1750 to 1880, L 1966. – H. J. Habakkuk: American and British Technology in the 19th C. The Search for Labour-Saving Inventions, Ca 1962. – M. C. Reed (Hrsg.): Railways in the Victorian Economy. Studies in Finance and Econ. Growth, Newton Abbot 1969. – A. Birch: The Econ. H. of the Brit. Iron and Steel Industry 1784–1879. Essays in Industrial and Econ. H. with Special Reference to the Development of Technology, L 1967. – H. Rosenberg: Die Weltwirtschaftskrise 1857–59, Göttingen 1974 (Pb.). – F. St. L. Lyons: Ireland since the Famine, L 1971. – A. R. Hall (Hrsg.): The Export of Capital from Britain 1870–1914, L 1968. – Einen erst jüngst bedeutungsvoll gewordenen Aspekt behandelt N. Cossons: The BP Book of Industrial Archaeology, Newton Abbot 1975. – Im übrigen siehe die Beiträge u. d. umfangreiche Bibl. bei Braun, Fischer, Großkreutz, Volkmann (Hrsg.): Industrielle Revolution, Köln-Berlin 1972 (s. Teil VI, 3).

IX: Großbritannien im 20. Jahrhundert, 1901–1976

1. Gesamtdarstellungen und allgemeine politische Geschichte
A. J. P. Taylor: English H. 1914–1945, Ox 1965, = OHE 15. – H. Pelling: Modern Britain 1885–1955, L 1960, = NHE 8. – D. Thompson: E. in the 20th C. 1914–63, Harmondsworth 1971, = PHE 9 (Rp. v. 1965). – W. N. Medlicott: Contemporary E. 1914–64, L 1967, = LHE 10. – B. B. Gilbert: Britain since 1918, L 1967. – A. Marwick: Britain in the C. of Total War, Peace and Social Change 1900–1967, L 1968. – D. Butler u. W. Freeman (Hrsg.): British Political Facts 1900–1968, L ³1969.

2. England in der Weltpolitik seit 1901
W. J. Mommsen: Das ZA d. Imperialismus, op. cit. – R. A. C. Parker: Das Zwanzigste Jahrhundert I. 1918–45, Frankfurt-Hamburg 1969. – Dazu folgende Bde. der dtv-Weltgeschichte d. 20. Jhs.: H. Herzfeld: Der Erste Weltkrieg, München 1968 (Bd. 1). – G. Schulz: Revolutionen u. Friedensschlüsse 1917–20, ebd. 1967 (Bd. 2). – E. Nolte: Die faschistischen Bewegungen. Die Krise d. liberalen Systems u. d. Entwicklung d. Faschismen, ebd. 1966 (Bd. 4). – H. Graml: Europa zw. d. Kriegen, ebd. 1969 (Bd. 5, vorwiegend polit./diplom. G.). – L. Gruchmann: Der Zweite Weltkrieg. Kriegführung u. Politik, ebd. 1967 (Bd. 10). – F. Ansprenger: Auflösung d. Kolonialreiche, ebd. 1966 (Bd. 13). – W. N. Medlicott: British Foreign Policy since Versailles 1919–1963, L ²1968. – M. R. Gordon: Conflict and Consensus in Labour's Foreign Policy 1914–1965, Stanford/Cal. 1969. – N. Mansergh: The Commonwealth Experiment, L 1969.

3. Politik, Verfassung, Wirtschaft und Gesellschaft im 20. Jahrhundert (s. a. I, 8 u. II)
S. H. Beer: British Politics in the Collectivist Age, L 1965. – F. M. G. Willson (Hrsg.): The Organization of Brit. Central Government, L ²1968. – G. H. L. LeMay: Brit. Government 1914–53. Select Documents, L 1955. – K. Sontheimer: Das polit. System GBs, München 1972 (vor allem auf das 20. Jh. eingehend; mit Bibl.) – G. A. Ritter:

Parlament u. Demokratie in E., Göttingen 1972 (bes. die 2 letzten Aufsätze zu Verfassung, Regierung u. Verwaltung). – F. W. S. Craig: Brit. Parliamentary Elections 1918–68, Glasgow 1968. – H. Daalder: Cabinet Reform in Britain 1914–1963, L 1964.
W. Johnson u.a.: A Short Econ. and Social H. of 20th C. Britain, L 1967. – A. S. Milward: The Impact of World Wars on the Brit. Economy, L 1970. – S. Pollard: The Development of Brit. Economy 1914–1967, L 1969. – A. J. Youngson: Britains Economic Growth 1920–1966, L 1967. – J. M. Livingstone: Britain and the World Economy, Harmondsworth 1966 (Pb.). – S. Brittan: Steering the Economy, L 1969. – W. J. Baumol: Welfare Economics and the Theory of the State, L ^{3}1967. – M. Bruce: The Coming of the Welfare State, L ^{4}1968. – M. Bruce (Hrsg.): The Rise of the Welfare State, L 1973. – D. C. Marsh: The Welfare State, L 1970. – M. P. Hall: The Social Services of Modern E., L ^{6}1965. – B. B. Gilbert: The Evolution of National Insurance in Britain. The Origins of the Welfare State, L 1966. – G. G. Routh: Occupation and Pay in Britain 1906–60, L 1965. – R. Fulford: Votes for Women. The Story of a Struggle, L 1957. – H. Pelling: Brit. Communist Party, L 1958.
A. Briggs: The H. of Broadcasting in the United Kingdom, 2 Bde., L 1961/65. – P. F. McDonald, J. C. Sager: The Languages of E. Journalism, München 1974. – H. Kasper: Freiheit u. Planung im engl. Schulwesen d. Gegenwart, Braunschweig 1967. – T. Burgess: A Guide to Engl. Schools, Harmondsworth 1964 (Pb.).

4. Die Zeit vor dem Ersten Weltkrieg, 1901–1914
A. P. Thornton: The Imperial Idea and its Enemies. A Study in Brit. Power, L ^{2}1966. – Ph. Magnus: King Edward VII, L 1964. – D. Judd: Balfour and the British Empire, L 1968. – G. Monger: The End of Isolation. Brit. Foreign Policy 1900–1907, L 1964. – D. C. Gordon: The Dominion Partnership in Imperial Defence 1870–1914, L 1965. – R. Jenkins: Asquith, L 1964. – Th. Jones: Lloyd George, L 1951. – A. M. Gollin: Proconsul in Politics. A Study of Lord Milner, L 1964. – G. M. Trevelyan: Grey of Fallodon, Boston 1937. – Ph. Magnus: Kitchener. Portrait of an Imperialist, L 1958. – W. K. Hancock: Smuts. The Sanguine Years 1870–1919, Ca 1963. – A. J. Marder: From the Dreadnought to Scapa Flow, 4 Bde., Ox 1964–1970.

5. Erster Weltkrieg und Zwischenkriegszeit, 1914–1938/39
A. Marwick: The Deluge. Brit. Society and World War I, L 1965. – Auf die Kriegszieldiskussion in der modernen Forschung sowie auf den Kriegsverlauf kann hier nicht eingegangen werden. – G. R. Crosby: Disarmament and Peace in Brit. Politics 1914–18, L 1957. – H. R. Winkler: The League of Nations Movement in Great Britain 1914–18, L 1952. – P. McGuinn: Brit. Strategy and Politics 1914–18, Ox 1965. – M. Lord Hankey: The Supreme Command 1914–18, 2 Bde., New York-L 1961. – G. Hardach: G. d. Weltwirtschaft im 20. Jh., Bd. 2: Der Erste Weltkrieg, München 1973 (dtv 4122). – L. Woodward: GB and the War of 1914–18, L 1967. – P. Stansky (Hrsg.): The Left and War. The Brit. Labour Party and World War I, Ox 1969. – V. H. Rothwell: Brit. War Aims and Peace Diplomacy 1914–18, Ox 1971. – S. J. Hurwitz: State Intervention in Great Britain. A Study of Economic and Social Response 1914–19, New York 1949. – H. I. Nelson: Land and Power. Brit. and Allied Policy on Germany's Frontiers 1916–19, L-Toronto 1963. – F. Lank: Der Wirtschaftskrieg u. d. Neutralen 1914–18, Berlin 1946. – M. C. Siney: The Allied Blockade of Germany 1914–16, Ann Arbor/Mich. 1957. – Neues Licht auf die »Lusitania«-Affäre und damit auf zweifelhafte Praktiken der engl. Seekriegsführung wirft C. Simpson: Lusitania, Frankfurt 1973.
C. L. Mowat: Britain between the Wars 1918–40, L 1955. – F. S. Northedge: The Troubled Giant. Britain between the Great Powers 1916–39, L 1966. – E. Monroe:

Britain's Moment in the Middle East 1914–56, L 1963. – C. Simpson u. Ph. Knighley: The Secret Lives of Lawrence of Arabia, L 1969. – R. v. Albertini: Dekolonisation: Die Diskussion über Verwaltung und Zukunft d. Kolonien 1919–1960, Köln-Opladen 1966. – D. Rothermund: Die politische Willensbildung in Indien 1900–1960, Wiesbaden 1965. – G. Padmore: How Britain rules Africa, L 1936. – A. P. Thornton: The Imperial Idea and its Enemies. A Study in British Power, L 1959. – T. Wilson: The Downfall of the Liberal Party 1914–35, L 1965. – D. Williams (Hrsg.): The Irish Struggle 1916–26, L 1966. – M. Caulfield: The Easter Rebellion, L 1964. – E. Holt: Protest in Arms. The Story of the Irish Troubles 1916–23, L 1960. – R. B. McDowell: The Irish Convention 1917/18, L 1970. – A. T. Q. Stewart: The Ulster Crisis, L 1967. – R. J. Lawrence: The Government of Northern Ireland, Ox 1965.

K. J. Newman: Zerstörung u. Selbstzerstörung d. Demokratie. Europa 1918–38, Köln-Berlin 1965 (Rp. 1972). – R. Blake: The Unknown Prime Minister. The Life and Times of Andrew Bonar Law 1858–1923, L 1955. – B. Sacks: J. R. MacDonald in Thought and Action, Albuquerque 1952. – A. J. P. Taylor: Beaverbrook, Harmondsworth 1956. – Sir Ch. A. Petrie: J. Austen Chamberlain. Life and Letters, 2 Bde., L 1939/40. – Sir J. W. Wheeler-Bennett: King George VI, L 1965. – K. Feiling: Life of Neville Chamberlain, L 1946. – I. MacLeod: Neville Chamberlain, L 1961. – C. B. Pyper: Chamberlain and his Critics, L 1962. – Die Literatur über die Person W. L. Sp. Churchills, seine Politik usw. ist mittlerweile unübersehbar. Daher seien hier nur wenige Titel angeführt: M. Gilbert (Hrsg.): Winston Churchill, L 1966. – R. Churchill: Winston Churchill, 2+3 Bde., L 1966–69 (Darstellung aus der Sicht des Sohnes). – S. Haffner: Churchill. In Selbstzeugnissen u. Bilddokumenten, Reinbek/Hamburg 1967 (gute Bibl.). – D. Aigner: Winston S. Churchill, München 1970, in: R. K. Hočevar, H. Maier u. P.-L. Weinacht (Hrsg.): Politiker d. 20. Jhs., Bd. 1: Die Epoche d. Weltkriege (neueste Literatur). – H. Pelling: Winston Churchill, L 1974 (ausgezeichnete Darstellung durch einen der bekanntesten engl. Zeithistoriker). – R. F. Harrod: The Life of John Maynard Keynes, L ²1963. – Ph. Goodhart u. U. Branston: »The 1922«. The Story of the Conserv. Backbenchers' Parliament Committee, L 1973. Zu Chamberlains umstrittener Appeasement-Politik M. Gilbert u. R. Gott: The Appeasers, L 1963. – M. George: The Warped Vision. Brit. Foreign Policy 1933–39, Pittsburgh 1965, L ²1967. – F. L. Loewenheim (Hrsg.): Peace or Appeasement? Hitler, Chamberlain and the Munich Crisis, Boston 1965. – W. R. Rock: Appeasement on Trial. Brit. Foreign Policy and its Critics 1938/39, Hamden/Connect. 1966. – J. C. Doherty: Das Ende des Appeasement. Die brit. Außenpolitik, die Achsenmächte u. Osteuropa nach dem Münchner Abkommen, Berlin 1973 (stark diplomatiegeschichtl., vgl. dagegen u. Wendt). – R. W. Lynham: The First Labour Government 1924, L 1957. – J. Symons: The General Strike, L 1957. – L. Chester u. a.: The Zinoview Letter, L 1967. – R. Lekachman: The Age of Keynes, L 1966. – R. Skidelski: Politicians and the Slump, L 1967. – J. M. Keynes: The Economic Consequences of the Peace, L 1919. – H. W. Richardson: Economic Recovery in Britain 1932–39, L 1967. – E. V. Morgan: Studies in Brit. Financial Policy 1914–25, L 1952. – B. J. Wendt: Economic Appeasement. Handel u. Finanz i. d. brit. Deutschland-Politik 1933–39, Düsseldorf 1971. – W. Hannington: Unemployed Struggles 1919–36, L 1936. – B. Granzow: A Mirror of Nazism. Brit. Opinion and the Emergence of Hitler 1929–1933, L 1964. – C. Gross: The Fascists in Britain, L 1961. – G. Aster: The Making of the Second World War, L 1973.

6. Zweiter Weltkrieg und Nachkriegsengland, 1939–1976

Die Zahl der ernstzunehmenden Werke und Aufsätze über den Zweiten Weltkrieg geht mittlerweile in die Hunderttausende. So sei neben Taylor, Medlicott und Gruchmann nur auf zwei neuere englische Arbeiten verwiesen: Sir B. H. Liddell Hart: H. of

Mord u. Terror. Britischer Imperialismus: Nordirland, Frankfurt/M. 1974. – W. Hamilton: My Queen and I, L 1975 (ironisch-zynische Kritik eines schott. Labour-Abg. am Königtum und vor allem an Elisabeth II). – G. Hutchinson: Edward Heath, L 1973. – A. Roth: Edward Heath, L 1973. – P. G. Walker, The Cabinet, L 1970 (Zusammensetzung und Arbeitsweise der Wilson–Reg.).

Orts- u. Sachregister

the Second World War, L 1970; dt.: Düsseldorf-Wien 1972, 2 Bde. (aus der Feder des führenden brit. Militärhistorikers; gegenüber der alliierten Politik u. Kriegführung recht kritisch; leider verzichtet der Autor auf jegliche Anmerkungen u. Bibl.). – A. S. Milward: Krieg, Wirtschaft und Gesellschaft 1939–1945, München 1976 (dtv). – H. Pelling: Britain and the Second World War, L-Glasgow 1970 (Rp. 1972). – E. L. Woodward: Brit. Foreign Policy in the Second World War, L 1962. – H. Feis: Churchill, Roosevelt, Stalin. The War they waged and the Peace they sought, Princeton [2]1967. – H. Nicolson: Tagebücher und Briefe, 2 Bde., Frankfurt 1969. – Neben der großangelegten offiziellen britischen Kriegsgeschichte, die sich durch große Sachlichkeit und hohes Niveau auszeichnet, ist noch immer lesenswert W. L. S. Churchill: The Second World War, 6 Bde., L 1948–54; auch in deutscher Fassung. – F. L. A. Smith, Lord Birkenhead: Halifax, L 1965. – Ch. W. M. Lord Moran: The Struggle for Survival 1940–1965,L 1968, dt. München 1968. – K. Young: Churchill and Beaverbrook. A Study in Friendship and Politics, L 1967. – D. Aigner: Das Ringen um E., München 1969. – A. Armstrong: Bedingungslose Kapitulation, Wien 1965. – Sir P. W. Gretten: Former Naval Person. Winston Churchill and the Royal Navy, L 1968. – T. Higgins: W. Churchill and the Second Front 1940–43, New York 1957. – W. L. Neumann: After Victory. Churchill, Roosevelt and Stalin and the Making of Peace, New York 1967. – K. Hancock u. M. M. Gowing: Brit. War Economy, L 1949. – R. M. Titmuss: Problems of Social Policy, L 1950. – P. Inman: Labour in the Munition Industries, L 1957. – M. M. Gowing: Britain and Atomic Energy 1939–45, L 1964. – Zu den Problemen des »War Cabinet« s. J. Eaves: Emergency Powers and the Parliamentary Watchdog 1939–51, L 1957. – G. M. Thomson: Vote of Censure, L 1968 (über die Kritik an Churchills Führungsstil im War Cabinet seit 1942). – Zu den Konferenzen von Teheran, Jalta und Potsdam siehe neben Feis noch A. Fischer (Hrsg.): Teheran-Jalta-Potsdam. Die sowj. Protokolle v.d. Kriegskonferenzen der Großen Drei, Köln 1968. – E. Deuerlein: Potsdam 1945. Ende und Anfang, Köln 1970. – E. Deuerlein: Deklamation oder Ersatzfrieden? Die Konferenz von Potsdam 1945, Stuttgart–Köln–Mainz 1970.

F. Boyd: Brit. Politics in Transition 1945–63. A Short Political Guide, L 1964. – C. M. Woodhouse: British Foreign Policy since the Second World War, L 1961. – M. Sissons u. Ph. French: Age of Austerity 1945–51, L 1964 (gute Aufsatzsammlung zur Politik der Regierung Attlee). – P. Gregg: The Welfare State. A Social and Economic H. of Britain from 1945 to the Present, L 1967. – J. Beveridge: Beveridge and his Plan, L 1954 (aus der Sicht der Tochter). – H. Eckstein: The Engl. Health Service, Ca/Mass. 1958. – F. Williams: Ernest Bevin, New York 1953. – A. Bullock: The Life and Times of Ernest Bevin, 2 Bde., L 1961/67. – C. A. Cooke: The Life of R. S. Cripps, L 1957. – M. Foot: Aneurin Bevan, bisher Bd. 1, L 1962. – R. S. Churchill: The Rise and Fall of Sir Anthony Eden, L 1959, dt. Bern 1960. – F. S. Northedge: Brit. Foreign Policy. The Process of Readjustment 1945–61, L 1961. – H. Thomas: The Suez Affair, L 1967. – U. W. Kitzinger: Britain, Europe and Beyond, L 1964. – M. Camps: Britain, France and the New Europe, L 1967. – D. E. Butler u. A. King: The Brit. General Election of 1964, L 1965. – D. E. Butler und M. Pinto-Duschinsky: The Brit. General Election of 1970, L 1971. – S. Brittan: The Treasury under the Tories 1951–64, Harmondsworth 1964 (Pb.). – H. Wilson: The Labour Gouvernment 1964–1970, L 1971. – The Civil Service Report of the Committee 1966–68, L 1968. – Zum britischen EG-Beitritt: Lord Gladwyn: Plädoyer für Europa, Köln 1967. – K. O. Nass: Englands Aufbruch nach Europa, Bonn 1971. – D. Spanier, D. Kennedy, A. Blom u. E. Bjøl: ... plus vier. GB, Irland, Norwegen u. Dänemark – die neuen der Gemeinschaft, Bonn 1972. – Zur inneren und sozialpolitischen Konfliktsituation der 70er Jahre: A. Gly u. B. Sutcliffe: Die Profitklemme. Arbeitskampf u. Kapitalkrise am Beispiel Großbritanniens, Berlin 1974 (systemkritisch, linksorientiert). – G. Krämer:

Personenregister

dtv Gebhardt

Neunte, neu bearbeitete Auflage, herausgegeben von Herbert Grundmann
WR 4201–4217

1. Ernst Wahle:
   Ur- und Frühgeschichte im mitteleuropäischen Raum

2. Heinz Löwe:
   Deutschland im fränkischen Reich

3. Josef Fleckenstein und Marie Luise Bulst-Thiele:
   Begründung und Aufstieg des deutschen Reiches

4. Karl Jordan:
   Investiturstreit und frühe Stauferzeit (1056 bis 1197)

5. Herbert Grundmann:
   Wahlkönigtum, Territorialpolitik und Ostbewegung im 13. und 14. Jahrhundert (1198–1378)

6. Friedrich Baethgen:
   Schisma und Konzilszeit, Reichsreform und Habsburgs Aufstieg

Handbuch der deutschen Geschichte

7. Karl Bosl:
   Staat, Gesellschaft, Wirtschaft im deutschen Mittelalter
8. Walther Peter Fuchs:
   Das Zeitalter der Reformation
9. Ernst Walter Zeeden:
   Das Zeitalter der Glaubenskämpfe (1555–1648)
10. Max Braubach:
    Vom Westfälischen Frieden bis zur Französischen Revolution
11. Gerhard Oestreich:
    Verfassungsgeschichte vom Ende des Mittelalters bis zum Ende des alten Reiches
12. Wilhelm Treue:
    Wirtschaft, Gesellschaft und Technik in Deutschland vom 16. bis zum 18. Jahrhundert
13. Friedrich Uhlhorn und Walter Schlesinger:
    Die deutschen Territorien
14. Max Braubach:
    Von der Französischen Revolution bis zum Wiener Kongreß
15. Theodor Schieder:
    Vom Deutschen Bund zum Deutschen Reich
16. Karl Erich Born:
    Von der Reichsgründung bis zum Ersten Weltkrieg
17. Wilhelm Treue:
    Gesellschaft, Wirtschaft und Technik Deutschlands im 19. Jahrhundert

Daten der englischen und amerikanischen Literatur von 1890 bis zur Gegenwart

von
Wolfgang Karrer und Eberhard Kreutzer
Ein Studienbuch und Nachschlagewerk zur modernen englischen und amerikanischen Literatur.
445 Artikel mit Inhaltsangaben und Charakteristiken einzelner Werke.
Mit einem sozial- und geistesgeschichtlich angelegten Abriß der Entwicklung, bibliographischen Daten, Literaturhinweisen und Register.

»Wer sich kurz, prägnant auf dem Felde der englischen und amerikanischen Literatur von 1890 bis zur Gegenwart informieren will, wer einen knappen Abriß der Tendenzen, Querströmungen, der wechselseitigen Einflüsse, der Parallelereignisse sich vor Augen stellen will, dem ist dieses chronologische Register sehr zu empfehlen.«

Frankfurter Rundschau

3107

dtv